ESSAI SUR LES PRINCIPES

DE

L'ÉCONOMIE POLITIQUE

TYPOGRAPHIE

EDMOND MONNOYER

LE MANS (SARTHE)

ESSAI

SUR LES PRINCIPES

DE

L'ÉCONOMIE POLITIQUE

PAR

ALPHONSE FOY

TOME DEUXIÈME

PARIS

GUILLAUMIN ET Cie, ÉDITEURS

de la *Collection des principaux économistes*, du *Journal des économistes*,
du *Dictionnaire de l'économie politique*,
du *Dictionnaire universel du commerce et de la navigation*, etc.

14, RUE RICHELIEU, 14

1878

LIVRE TROISIÈME

DE LA RÉPARTITION DE LA RICHESSE PRODUITE

Quand on jette les yeux sur un pays anciennement peuplé, on en trouve le sol presque entièrement conquis à la culture et chargé d'une masse énorme de capitaux immobilisés pour en améliorer la fécondité ; on aperçoit une foule de constructions et de bâtiments divers, les uns servant à l'habitation, les autres à conserver les produits de l'agriculture et de l'industrie ainsi que les marchandises du commerce ; on voit, dans les situations favorables, s'élever de nombreuses manufactures et d'immenses usines ; ces grandes maisons de travail sont garnies de puissants outils, de machines de toute espèce, d'instruments de tout genre pour aider les efforts de l'homme ou armer la main de l'ouvrier ; d'énormes amas de denrées alimentaires, de matières premières, d'objets ayant déjà reçu un commencement d'élaboration, de produits parfaits destinés à la consommation, sont disposés en tous lieux, placés dans une multitude de mains et prêts à satisfaire à tous les besoins de la vie et du travail ; en outre, un capital en monnaie métallique d'une valeur considérable circule sans cesse et anime, en le facilitant, tout le grand mouvement des échanges : ainsi sont accumulés, dans chaque État, la propriété foncière et la propriété bâtie, des capitaux fixes et circulants, enfin le capital en numéraire et la monnaie métallique.

Cette grande agglomération de richesses, résultat de l'intelligence pratique, du labeur opiniâtre, de l'économie prévoyante et de l'abstinence prolongée de tant de générations disparues, a reçu des événements passés et des siècles écoulés une division et une attribution légitimées par les institutions de chaque pays et consacrées par une longue possession. Ce n'est point de cette richesse anciennement amassée que nous avons à parler, la distribution en est faite et il faut la respecter. Heureux les peuples jouissant comme les Français de lois civiles fondées sur le principe d'égalité et qui, en maintenant le droit de chacun, garantissent la justice à tous et réservent l'avenir! C'est de cet avenir que l'on va s'occuper, et il prend son origine dans la répartition de cette portion de richesse que les efforts et les labeurs de toutes les personnes agissant dans la production réussissent, chaque année, à créer et à développer.

Chaque année, la totalité de la richesse circulante active est consommée et, chaque année, elle est reproduite avec accroissement par l'emploi intelligent des capitaux fixes et circulants s'alliant à l'action combinée du travail et des forces naturelles: le travail sous un double aspect, travail manuel et travail industriel, est un élément producteur spécial aux *ouvriers* et aux *directeurs* de l'action productive, c'est-à-dire aux *entrepreneurs* et à leurs *délégués;* quelques-unes des forces naturelles et notamment les forces végétatives sont possédées par une classe particulière, *les propriétaires des biens ruraux* ou *les propriétaires fonciers;* les forces naturelles indépendantes du sol, utilisables aussi à l'aide de capitaux immobilisés pour les saisir, sont à la disposition des maîtres des capitaux qui les ont captées, et l'usage de ces forces est, la plupart du temps, mesuré par la quantité de capital circulant destiné à en faire naître les effets; d'un autre côté, le travail ne peut être mis en activité qu'à la condition de fournir aux ouvriers les matières premières sur lesquelles ils doivent l'employer, et qu'autant qu'on procure aux travailleurs les choses nécessaires à leur entretien ou l'équivalent de ces choses; c'est le capital circulant qui donne et les matières premières indispensables à toute production et les choses fournissant à l'entretien des ouvriers, entretien nécessaire à l'existence même du travail ; les *travailleurs manuels*, les *entrepreneurs*, les *capitalistes* et les *propriétaires fonciers* concourent ainsi à la production annuelle et fournissent tous les éléments essentiels à la transformation et à l'accroissement de la richesse : dès lors ils ont tous un droit légitime à se partager cette richesse renouvelée et accrue.

Mais les quatre classes que l'on vient de signaler ne sont pas les seules influant sur la création de la richesse ; il en est d'autres ayant sur son développement une action moins directe, il est vrai, mais puissante encore, car les causes primordiales et, pour ainsi dire, matérielles que l'on a indiquées, ne sont pas exclusivement efficaces ; il en est d'autres d'un caractère assurément plus vague et moins technique, mais sans l'intervention desquelles les efforts du travail et l'action des capitaux n'offriraient qu'une énergie incertaine et n'auraient que des résultats douteux : celles-ci sont les causes exerçant une influence sur les deux facteurs déterminant le produit total annuel, et les nouvelles classes ayant droit d'apparaître au partage sont celles des *fonctionnaires publics*, des personnes appartenant aux *professions libérales* et l'ensemble de tous ceux venant en aide à la production ou aux producteurs. L'utilité incontestable d'une autorité centrale, la présence de classes nouvelles exerçant une influence protectrice ou aidante, supposent une répartition secondaire donnant à l'État un revenu indispensable et aux différentes catégories de ces nouveaux agents apportant secours et protection, la rémunération de leurs utiles services. Cette nouvelle distribution, appelant de nouvelles classes au grand banquet de la richesse, se réalise par l'*impôt*, qui paye les services publics, et par un *prélèvement volontaire* qui solde les services privés.

Ces deux répartitions successives se complétant l'une par l'autre et répandant d'une manière régulière la richesse, comme un sang généreux, dans toutes les artères du corps social, peuvent, ainsi que tous les grands actes de la vie des peuples, être troublées par de secrets accidents ou des tourmentes soudaines dérangeant l'ordre normal et détruisant l'harmonie des mouvements accoutumés ; il conviendra d'étudier ces *perturbations*, d'en rechercher les causes et d'en expliquer les effets.

En outre, le produit total annuel, résultat de l'action combinée des causes directes et indirectes, peut subir différentes modifications dans son étendue et dans son importance ; ces variations dans le montant de la masse à partager doivent apporter des changements dans les quantités absolues comme dans les parts relatives afférentes aux diverses classes, et peuvent exercer des influences variées et considérables sur l'aisance et le bien-être de tous les ordres de citoyens ; au milieu de toutes ces oscillations et pour arriver à comparer les situations réelles des différentes classes sociales, il importera de rechercher l'origine et d'examiner les conséquences des variations de grandeur du produit social.

Quatre choses doivent ainsi attirer principalement l'attention, ce sont : la distribution première entre les quatre classes concourant à la production directe, la répartition secondaire complétant le partage, les perturbations arrivées par des circonstances accidentelles, les variations affectant la grandeur du produit total et les conséquences qu'elles entraînent dans la situation des différentes classes de citoyens.

PREMIÈRE PARTIE.

De la répartition entre les classes concourant directement à la production.

Les quatre classes concourant directement à la production, soit par le travail, soit par les choses qu'elles possèdent, sont celles des travailleurs manuels, des entrepreneurs, des capitalistes et des propriétaires fonciers. C'est entre ces classes que doit se partager le produit net, parce que ce sont elles qui le produisent. Si, parmi ces classes, toutes faisaient de semblables avances, si elles couraient la même fortune, si elles subissaient également les chances bonnes ou mauvaises, si elles voulaient ou pouvaient attendre le moment de la liquidation, moment auquel se réalise le gain ou se manifeste le dommage, il y aurait alors entre elles une véritable société, et la masse de richesse produite dans l'année devrait, après le solde de toutes les dépenses, être répartie entre les copartageants dans la mesure de l'action productive développée, soit par les efforts personnels de chacun d'eux, soit par les choses qu'ils ont mises au service de la production. Mais il est rare que ces conditions soient remplies ; on a déjà vu avec quelles difficultés se forment et avec quelles hésitations se maintiennent les associations réunissant, dans un but commun, tous les éléments productifs et toutes les personnes prenant part à la création de la richesse, les ouvriers et les patrons, les travailleurs et les capitalistes, les journaliers et les propriétaires ruraux. On sait parfaitement aussi que c'est du temps, de la diffusion des connaissances économiques, de la complète intelligence qu'aura chaque classe de l'aide effective apportée à l'œuvre commune par le concours des autres classes, que c'est surtout par les progrès de l'esprit de justice et de concorde qu'on peut seulement attendre la multiplication de ces unions pour ainsi dire fraternelles ; jusqu'à présent ces associations ne sont que d'honorables exceptions, montrant le but vers lequel on doit s'efforcer de marcher plutôt que l'état réel des choses. Il faut prendre le monde industriel tel qu'il est et tel qu'il sera longtemps encore, il faut étudier les lois présidant à la répartition dans les conditions sociales actuelles et sous l'influence des faits dominants.

Des quatre classes productives, une seule, celle des entrepreneurs, prépare l'œuvre et dirige l'opération ; elle seule fait à ses risques et périls les avances nécessaires ; elle seule est soumise aux chances malheureuses ; elle seule attend dans l'anxiété le moment où la terminaison de l'entreprise lui permettra de retirer ses capitaux engagés ; elle seule, si le succès a couronné son audace, doit en bonne justice profiter de l'accroissement de valeur et toucher le bénéfice.

Mais ce gain douteux et ce bénéfice incertain ne peuvent être réalisés qu'à de rigoureuses conditions : il faut d'abord que les entrepreneurs rémunèrent pleinement les secours qu'ils ont reçus ; pour produire, ils sont obligés d'employer la main-d'œuvre, propriété exclusive des ouvriers, et ceux-ci n'accordent leur concours que moyennant une rémunération appelée *salaire ;* il conviendra de rechercher quelles sont les circonstances amenant la transaction et il conviendra d'établir d'après quels éléments se déterminent les salaires ou le prix de la main-d'œuvre ; il se fait dans la production annuelle un emploi très-important des forces naturelles attachées au sol ; or le sol appartient aux propriétaires fonciers qui n'en cèdent la possession qu'en échange d'une indemnité ou d'une rente ; on devra examiner les causes donnant naissance à ces rétributions et en mesurer l'étendue ; les entrepreneurs ont encore à pourvoir au remplacement de l'outillage usé et à l'amortissement du capital fixe employé ; enfin ils doivent reprendre sur la valeur de la masse produite les capitaux circulants dépensés en matières premières et en matières diverses indispensable à l'usage des machines. Quand toutes ces dépenses ont été prélevées, le reste formant le profit leur appartient, sauf l'indemnité qu'ils doivent aux capitalistes qui leur ont prêté des fonds ; mais comme un grand nombre d'entrepreneurs sont en même temps capitalistes, que le loyer des capitaux dépend en grande partie du taux des profits, on s'efforcera d'abord de chercher les règles fixant les *profits*, se réservant d'examiner ensuite comment ils se partagent entre les capitalistes et les entrepreneurs.

Si l'on imagine qu'on ait découvert les lois déterminant les profits et qu'on soit aussi en possession des règles servant à les diviser en deux parts, l'une appartenant aux capitalistes, l'autre aux entrepreneurs ; si l'on suppose qu'on ait trouvé les causes et la mesure des rétributions dues aux propriétaires fonciers ; si l'on admet, enfin, qu'on ait recueilli les éléments de la transaction fixant les salaires, on aura obtenu d'importants résultats sur la part de chaque classe et sur les principes qui la règlent, mais on ne possédera rien de précis sur la position de chaque classe par rapport aux autres, ni sur l'avenir vers lequel toutes jettent leurs regards : il restera donc à étudier une grande question, celle qui touche de plus près aux parties intimes de la vie sociale, il restera à comparer entre elles les parts revenant aux quatre classes productrices et à essayer, enfin, de prévoir le sort que l'avenir réserve à chacune d'elles.

De l'examen général que l'on vient de faire ressort cette évidente conséquence qu'il peut, à certains moments, y avoir opposition d'intérêts entre les entrepreneurs et les ouvriers, entre les entrepreneurs et les capitalistes, entre les propriétaires ruraux et les fermiers. Ces conflits d'intérêts opposés, accrus souvent par les passions humaines, peuvent amener des luttes et des crises réagissant sur la formation des parts ; il y aura donc lieu d'examiner les effets de cet antagonisme qui peut se manifester entre les classes productrices.

CHAPITRE PREMIER.

Des salaires ou de la part revenant aux travailleurs manuels.

A la fin de chaque année, lorsque l'œuvre de la production a été accomplie, la richesse circulante active se compose d'une masse de produits parfaits destinés à la consommation des diverses classes de la société ou à l'alimentation des machines, de matières premières et de produits imparfaits n'ayant reçu qu'un commencement d'élaboration. L'ensemble de toutes ces choses forme le capital circulant, lequel ne peut rendre de profit que par sa mise en activité ou son emploi. On emploie le capital de deux manières : en salaires pour acheter de la main-d'œuvre; en matières, soit en matières premières à ouvrer, ou en matières dont l'élaboration doit être achevée, soit en matières diverses propres à mettre en jeu les machines ou destinées à l'entretien et à l'usage du capital fixe ; la totalité de la richesse circulante active se divise donc en deux fonds principaux : le fonds des salaires et le fonds des matières.

Les relations entre les deux parties composantes du capital actif sont variables selon les emplois du capital, selon les dispositions et les habitudes industrielles de chaque peuple ; ces rapports éprouvent de lentes, mais de successives variations par l'accroissement continu de la puissance productive : tantôt, par suite d'économies dans le fonds des matières, les salaires obtiennent quelques légères augmentations ; tantôt, et cela arrive le plus souvent, le fonds des salaires subit une diminution à mesure que la division du travail augmente et que l'emploi du capital fixe devient plus fréquent et plus large.

Dans chaque industrie, le salaire dépend de trois choses : de l'importance du capital circulant, de sa division en fonds de salaires et en fonds de matières, enfin, du nombre de ses renouvellements dans l'année. Pour évaluer les salaires dans chaque industrie, il faut donc en connaître le fonds de roulement, trouver le rapport de la somme payée en main-d'œuvre à la dépense en matières, chercher, enfin, la loi du renouvellement annuel. En multipliant la fraction du fonds de roulement employée en salaires par le coefficient de renouvellement, on obtient le fonds spécial des salaires dans chaque industrie particulière, et la somme de tous ces fonds spéciaux donnerait la valeur totale du fonds général des salaires.

On diminuerait beaucoup la difficulté et la lenteur de ces recherches en remarquant que, dans chaque grande branche de la production, il y a une moyenne assez bien définie et pour la division du capital et pour son renouvellement; c'est en s'appuyant sur ce fait qu'on a admis qu'en France le capital de roulement se divisait, dans l'industrie manufacturière, un tiers en salaires et deux tiers en matières, et que ce capital se renouvelait deux fois dans l'année ; que, dans l'agriculture, il se partageait une moitié en salaires et l'autre moitié en semences, engrais, nourriture pour les chevaux et les bestiaux, ainsi qu'en matières diverses, et qu'il était employé sans renouvellement pendant l'année ; que, dans le commerce en gros, on pouvait estimer à un douzième du capital de roulement la somme employée en salaires, et que le renouvellement se faisait tous les quatre mois ; qu'enfin, dans le commerce de détail, les salaires ne formaient que le quarante-huitième du capital actif, qui se renouvelle six fois dans l'année. Lorsqu'on s'est assuré de l'exactitude de ces résultats, il est comparativement facile de trouver le rapport du fonds des salaires à la masse entière du capital circulant actif.

Pour compléter les remarques que l'on vient de présenter, on va en faire une application à notre pays en acceptant les données que l'on a rappelées dans le paragraphe précédent[1]. On supposera encore qu'en France, le capital circulant agricole est de 5 milliards 400 millions, c'est-à-dire qu'il forme les neuf vingtièmes du capital circulant actif de notre pays, capital dont l'importance est de 12 milliards ; que le fonds de roulement de la grande et de la petite industrie est de 3 milliards 300 millions, ou les onze quarantièmes du capital circulant productif ; que les capitaux engagés dans le commerce en gros s'élèvent à 2 milliards 200 millions, ou aux onze soixantièmes de la masse du capital actif ; que le commerce de détail retient à son service 1,100 millions, soit les onze cent vingtièmes du fonds total. Ceci posé, on peut dresser le tableau suivant :

Capital de roulement.	Rapport au capital circulant.	Renouvellement dans l'année.	Totalité du capital employé.	Fractions appartenant aux salaires.	Salaires par branch.	Total des salaires.
Agriculture, 5,400	$\frac{5400}{12000}=\frac{9}{20}$	1	$\frac{9}{20}$	$\frac{1}{2}$	$\frac{9}{40}$	0,465
Industrie, 3,300	$\frac{3300}{12000}=\frac{11}{40}$	2	$\frac{22}{40}$	$\frac{1}{3}$	$\frac{11}{60}$	
Commerce, en gros 2,200	$\frac{2200}{12000}=\frac{11}{60}$	3	$\frac{33}{60}$	$\frac{1}{12}$	$\frac{11}{240}$	
en détail $\frac{1100}{12000}$	$\frac{1100}{12000}=\frac{11}{120}$	6	$\frac{66}{120}$	$\frac{1}{48}$	$\frac{11}{960}$	

Ainsi, à l'aide de ces données, on trouve que le fonds des salaires serait égal aux quatre cent soixante-cinq millièmes du

[1] Les données dont il s'agit sont malheureusement entachées de quelques évaluations arbitraires, les renseignements statistiques ne sont ni assez détaillés, ni assez précis pour leur communiquer le degré de certitude qu'il serait nécessaire de pouvoir atteindre. On essayera dans un des chapitres suivants de justifier en grande partie les assertions que l'on vient de mettre en avant.

capital circulant actif, c'est-à-dire qu'il s'élèverait à près de la moitié ; voilà un résultat d'une extrême importance et qui fait sentir combien il est intéressant d'appeler l'attention des statisticiens sur les faits devant rectifier ou affirmer les assertions que l'on vient de mettre sous les yeux du lecteur.

Dans chaque pays, selon l'exactitude et l'étendue des recherches statistiques, on approchera plus ou moins de l'expression vraie du fonds des salaires; mais on ne saurait contester que, dans tous les États où l'industrie et le commerce ont pris un notable développement, ce fonds ne soit toujours une quote-part importante du capital circulant.

Comment cette masse énorme de richesse, rémunération de tant de labeurs, donnant le pain de chaque jour à tant de millions de créatures humaines, se partage-t-elle entre les travailleurs manuels? La première et la principale question est de savoir si la distribution se fait d'une manière égale entre toutes les industries, ou si, au contraire, elle suit des règles particulières selon les différentes espèces d'entreprises et de travaux. Adam Smith, qui l'a traitée, a établi le principe suivant : que, dans les pays où la liberté d'industrie est complète, les salaires sont égaux dans tous les emplois du travail, et que les différences accidentelles tiennent à certaines circonstances attachées aux emplois eux-mêmes et qui, pour quelques-uns d'entre eux, suppléent à la modicité de la rémunération ou en contrebalancent la supériorité [1].

Si tous les emplois du travail étaient également sains et agréables, s'ils demandaient tous la même habileté et le même temps d'apprentissage ou d'études; si toutes les industries auxquelles s'appliquent les travailleurs avaient des chances égales de réussite et de durée ; si, dans un même pays, la dépense d'entretien de l'ouvrier était toujours la même, partout les salaires devraient être égaux. Il n'en saurait être autrement ; car, si, dans un pays où tout homme peut librement offrir le service de ses bras à qui il veut, un certain genre

[1] *Richesse des nations*, t. I, pp. 203 et suiv.

de travail présentait plus d'avantages que les autres occupations, une foule de travailleurs quitteraient les emplois les moins rétribués pour demander de l'ouvrage dans l'industrie donnant des salaires plus élevés ; cette offre nouvelle de bras ferait baisser le prix de la main-d'œuvre dans cette industrie et la ramènerait au taux courant [1].

Mais il s'en faut beaucoup que la condition de l'ouvrier soit la même dans les divers emplois ; la durée du travail, l'habileté qu'il demande, la fatigue qu'il entraîne, l'influence qu'il exerce sur la santé, la considération qu'on lui accorde, la cherté de la vie dans le lieu où doit résider l'ouvrier sont rarement semblables ; cette diversité dans les conditions du travail ou dans les qualités du travailleur, détruit l'équilibre et constitue dans le montant du salaire des différences servant à contrebalancer les inconvénients ou les avantages particuliers à certaines professions. Si l'on prend pour unité le prix d'une journée de travail entraînant une certaine dépense de force musculaire, il est juste que le travail éprouve une augmentation proportionnelle : 1° quand la dépense de force est plus grande ; 2° quand les circonstances sont plus désagréables ou plus dangereuses. Le salaire doit, à l'opposé, subir une diminution : 1° lorsque la dépense de force est moindre ; 2° lorsque les circonstances rendent le travail plus facile ou plus agréable. Quand l'apprentissage d'un métier a exigé la dépense d'un certain capital, c'est une chose conforme au principe d'égalité que le salaire soit augmenté d'une annuité suffisante pour le remboursement de la somme dépensée. Les causes de toutes ces exceptions confirment la règle et, comme la plupart des augmentations nécessitées par l'existence de circonstances défavorables sont compensées par des diminutions amenées par la présence de conditions favorables, on peut négliger ces déviations accidentelles et regarder les salaires comme uniformément égaux.

Ce point établi, on n'a plus à s'occuper des industries parti-

[1] Mac Culloch, *Principles of political economy*, book III, ch. I.

culières ; la question se simplifie et l'on peut se borner à rechercher quelles sont les causes déterminant le taux général des salaires.

La valeur du travail, comme celle des produits, est souverainement déterminée par le principe de l'offre et de la demande ; ce sera donc par le rapport entre la demande de bras et la quantité de travail offerte que sera fixé, à un moment donné, le prix de la main-d'œuvre ou la part des travailleurs manuels ; la demande de travail est mesurée par la quote-part du capital circulant attribuée au fonds des salaires, le nombre des bras est fixé par le chiffre de la population laborieuse, on obtiendra le salaire moyen en divisant le fonds des salaires par le nombre des ouvriers.

Mais les travailleurs, recevant leur salaire en argent, sont obligés de l'échanger contre les objets propres à satisfaire leurs besoins ; cet échange nécessaire peut être affecté par des circonstances agissant sur la valeur des articles consommés par les ouvriers ; ainsi les *salaires réels* ou la quantité de choses utiles que les travailleurs manuels obtiennent chaque année, dépendra à la fois tant du rapport existant entre le fonds des salaires et le nombre des ouvriers que de la valeur propre des produits qu'ils consomment.

Les classes ouvrières ne peuvent vivre et se maintenir qu'autant qu'elles reçoivent des salaires suffisants pour les pourvoir des choses nécessaires à leur entretien. Quelles que soient donc les variations des salaires en argent et des salaires réels, ils ne peuvent tomber au-dessous d'une certaine limite, laquelle est la quantité d'aliments suffisante pour faire vivre les ouvriers et leur permettre d'entretenir leur famille et d'élever leurs enfants ; ce salaire minimum est, en effet, une condition nécessaire de l'existence même du travail manuel, premier et essentiel élément de toute action productive. D'un autre côté, le principe de propagation de l'espèce possédant une tendance normale et permanente à faire marcher la population jusque vers la limite des moyens de subsistance, les salaires réels peuvent ainsi être fatalement ramenés vers un certain terme qui est leur limite : ils ne peuvent ni rester au-dessous, ni s'élever pour longtemps au-dessus de la quantité d'aliments nécessaire à l'entretien et à la propagation de la classe ouvrière ; le travail manuel a ainsi un prix que l'on peut appeler *naturel* et *nécessaire ;* il a aussi un prix courant.

On aura donc à examiner trois espèces différentes de salaires : les salaires en argent ou les salaires courants, les salaires réels, les salaires naturels.

PREMIÈRE SECTION.

Des salaires en argent.

Le taux des salaires courants est déterminé par le rapport du fonds des salaires au nombre des ouvriers ; la valeur de ce rapport ou le quotient de la division du premier terme par le second donne le salaire moyen en argent ; mais un rapport varie avec les variations de ses deux termes : le fonds des salaires en est le numérateur, le chiffre de la population laborieuse en forme le dénominateur, la valeur du rapport suivra d'une part et dans le même sens toutes les oscillations du fonds des salaires ; elle sera entraînée, d'autre part, à prendre une marche inverse à celle de la population ouvrière ; en telle sorte que pour connaître les modifications dont est susceptible le taux des salaires, il faut savoir apprécier les variations que peuvent éprouver tant le fonds des salaires que le nombre des travailleurs manuels.

Le fonds des salaires étant une certaine quote-part du capital circulant, peut varier soit par les changements éprouvés par le montant du capital, soit par ceux ressentis par le coefficient fractionnaire caractéristique.

Le capital circulant éprouve de lentes ou de brusques variations ; les premières ont presque toujours une durée notable, et l'influence en est grande et permanente ; les secondes n'ont le plus souvent qu'un effet temporaire ; mais, comme il s'exerce sur la portion active du capital, les variations qu'il amène, quelque peu durables qu'elles soient, peuvent, en certains cas, affecter gravement le sort des classes ouvrières.

Les causes dont l'action graduelle, mais continue, tend à accroître progressivement le capital, sont, avant tout, le taux des profits et la grandeur de l'épargne ; puis le remplacement successif de la circulation métallique par la circulation fiduciaire, l'importation des capitaux étrangers, la diminution de l'habitude de thésauriser. Elles sont, il est vrai, combattues par l'amoindrissement du taux des profits, par l'augmentation des dépenses publiques, par l'accroissement des goûts de luxe, par la transformation du capital circulant en capital fixe; mais, en général, les causes d'augmentation l'emportent de beaucoup sur les causes ayant un effet opposé; le capital suit une marche ascendante et le fonds des salaires en reçoit un proportionnel accroissement.

L'épargne est principalement faite par les capitalistes et les entrepreneurs : ce sont eux qui touchent les profits, ce sont eux qui peuvent et veulent épargner; ce sont eux enfin qui le font avec avantage pour la fortune publique. Les hommes de main-d'œuvre, bien qu'ils aient le plus grand intérêt à l'accroissement du capital, sont de toutes les classes sociales celle pour laquelle il est le plus difficile de faire quelques économies; le salaire de l'ouvrier est à peine suffisant à satisfaire ses besoins les plus urgents; quand le travailleur manuel a le bonheur de lui voir dépasser ce taux nécessaire, le meilleur emploi qu'il puisse faire du surplus est de se mieux nourrir et de se mieux vêtir, de se mieux loger, d'épargner à ses enfants le travail dans leurs jeunes années et de leur donner l'instruction. Ce que les ouvriers doivent rechercher par-dessus tout, c'est de se fortifier l'âme et le corps. Quelle que soit l'importance de ces conseils, comme l'ensemble des salaires forme un capital énorme puisqu'en certains pays il peut atteindre et quelquefois dépasser la moitié du capital circulant actif, on ne saurait trop engager les travailleurs manuels à faire toutes les économies que d'heureuses circonstances leur permettraient de réaliser. C'est pour recevoir et accroître ces précieuses ressources qu'a été fondée cette admirable institution des *caisses d'épargne*. Le succès qu'elles ont eu, en France, où les dépôts s'élèvent à 500 millions de francs, et en Angleterre, où ils dépassent un milliard et demi, démontre quels importants résultats on peut espérer de l'esprit d'ordre et de prévoyance se répandant dans la classe laborieuse. En réalisant une pareille accumulation, non-seulement les travailleurs manuels se ménagent des réserves pour les mauvais jours ou pour leurs vieilles années, mais ils augmentent notablement encore le fonds destiné à leurs travaux journaliers. L'économie chez les personnes de la classe ouvrière, est à la fois une mesure de prudence individuelle et un acte de prévoyance envers toute la classe des hommes de main-d'œuvre.

L'épargne de la classe des propriétaires fonciers n'est point, en général, considérable, et ce n'est point sur cet ordre de personnes que l'on peut compter pour augmenter le capital circulant.

A côté de l'épargne, les autres causes permanentes d'accroissement ou de diminution du capital circulant n'ont qu'une influence tout à fait secondaire, et, comme on a déjà eu l'occasion de développer les circonstances qui les font naître, on n'en dira rien ici et l'on s'occupera seulement des causes temporaires ayant accidentellement une assez grave action sur les salaires courants.

Les mouvements faisant varier le capital circulant ont, en général, pour résultat plutôt la diminution que l'augmentation de ce grand agent productif. Les principales causes de ces rapides changements, sont : la transformation subite d'une certaine quantité de capital circulant en capital fixe, le retour trop accéléré à une circulation métallique, l'émigration des capitaux nationaux et la sortie des capitaux étrangers, la diminution de valeur du capital circulant par l'affaiblissement instantané de la demande et l'inertie d'une certaine portion du capital circulant, portion frappée d'inactivité.

Quand la transformation du capital circulant en capital fixe n'a pas pour résultat immédiat d'augmenter la puissance productive et d'élever les profits, elle entraîne une véritable diminution du fonds des salaires. Il en est ainsi lorsque les particuliers emploient des sommes considérables en maisons de plaisance ou en folles constructions, lorsque les gouvernements gaspillent d'immenses capitaux en grands travaux improductifs. C'est une grande erreur de croire que ces sortes d'entreprises peuvent améliorer le sort de la classe ouvrière :

elles favorisent, il est vrai, certains groupes de travailleurs, les maçons, les terrassiers et les journaliers, mais au préjudice de la classe laborieuse tout entière; car, si les sommes dépensées improductivement avaient continué à faire partie du capital circulant, elles auraient mis en mouvement une quantité de travail manuel à peu près égale à celle exigée par les constructions et les dépenses d'embellissement dans lesquelles elles se sont fixées, et elles se seraient en outre reproduites avec accroissement, en telle sorte qu'au lieu de diminuer, le capital circulant aurait grandi ; il en est autrement dans les travaux improductifs, le capital dépensé en salaires et consommé par les ouvriers disparaît presque entièrement; en échange, il ne reste que des villas, des théâtres et des palais : ces folles dépenses peuvent, durant de courtes années, aider certaines classes de travailleurs et augmenter même leurs salaires, mais, si elles sont exorbitantes, elles préparent à tous les ouvriers une longue détresse.

Il est heureusement peu ordinaire que les transformations de capital circulant en capital fixe aient ce degré d'inutilité. Il arrive bien rarement que les particuliers fassent en ce genre d'énormes dépenses : les jouissances que l'on retire d'une élégante habitation, d'un magnifique château ne sont pas aussi vives que celles données par des habitudes de profusion, et l'on a vu cependant que l'esprit de prévoyance resserrait dans d'étroites limites les dissipations de la prodigalité. Dans les pays libres, les pouvoirs constitutionnels maintiennent le plus souvent, dans de justes bornes, les dépenses des grands travaux publics, et ce n'est que dans les États despotiques que d'immenses capitaux s'immobilisent en embellissements, en monuments, en palais et en châteaux royaux destinés à satisfaire la vanité ou le caprice du maître.

Quand la transformation a lieu pour augmenter la puissance productive et que le but a été atteint, voici les heureuses conséquences : les frais de production de certains articles éprouvent une notable diminution ; cet amoindrissement dans la dépense a pour résultat immédiat, mais temporaire, d'augmenter les profits des entrepreneurs, et pour effet définitif, de diminuer la valeur monétaire des objets fabriqués à l'aide du capital nouvellement immobilisé ; dans les premiers moments, l'industriel, auteur de la transformation, voit ses bénéfices s'accroître et peut réaliser une épargne plus considérable ; c'est là un premier résultat tendant à réparer la brèche faite au capital circulant ; l'augmentation des profits attire les capitaux dans cette fabrication, la concurrence amène la baisse des prix ; la consommation de ces articles s'accroît ; quand les gros profits cessent pour les fabricants, l'économie commence pour les consommateurs ; il y a donc toujours une épargne réalisée, épargne formant une portion notable de la diminution obtenue dans les frais de production ; on peut se faire une idée de l'importance à laquelle peut s'élever cette économie, en se rappelant l'énorme diminution de prix que les inventions de Watt et d'Arkwright ont fait subir aux articles de coton.

A cette cause de reconstitution du capital, on doit en ajouter une autre. Dans le prix réduit des objets fabriqués à l'aide des nouveaux procédés, se trouve nécessairement comprise une annuité d'amortissement dépendant de la durée du capital fixe engagé et devant, dans cet espace de temps, en faire rentrer la valeur entière dans les mains de l'entrepreneur. Toutes les fois que l'emploi du capital fixe a augmenté la puissance productive, et c'est seulement dans ce cas que la transformation a été utile, il arrive toujours que le capital circulant est reconstitué bien avant la destruction du capital immobilisé ; après cette rentrée comblant le vide causé par la transformation, les sommes représentant l'annuité d'amortissement et les épargnes amenées par l'accroissement des profits et la baisse des prix continuent, sans interruption, à accroître le capital roulant jusqu'au moment où périt le capital immobilisé ou la machine ayant produit de si grands avantages. Quand cet instant arrive, le capital circulant qui s'y était immobilisé, est non-seulement rétabli dans la masse circulante, mais il y est rentré avec un accroissement considérable.

C'est à ce résultat certain de toute immobilisation intelligente du capital circulant, qu'il faut attribuer les heureux effets des machines pour améliorer le sort des ouvriers. Il ne faut pas oublier toutefois que la transformation a toujours une tendance à altérer le rapport suivant lequel le capital circulant se divise en fonds des salaires et en fonds des matières ; mais à la suite de semblables immobilisations, les accroissements du capital circulant sont ordinairement d'une telle importance, qu'ils suffisent non-seulement à compenser toutes les conséquences de l'amoindrissement du coefficient déterminant la quote-part des salaires, mais à former un surplus notable. C'est à l'extrême économie apportée dans la production par l'abondant emploi du capital fixe, que l'Angleterre doit l'immense augmentation de son capital circulant. Cet accroissement a été si considérable, que, malgré les immenses dépenses auxquelles s'est livrée la Grande-Bretagne pour combattre la Révolution française, et, malgré le doublement de sa population ouvrière depuis la fin du dernier siècle, les salaires y sont plus élevés qu'en aucun pays d'Europe. Ainsi, et quelque étrange que paraisse une semblable assertion, on peut affirmer que l'amélioration graduelle du sort des ouvriers est intimement liée à la successive augmentation de l'emploi des machines.

Si la transformation du capital circulant en capital fixe, a pour résultat définitif une réelle et grande augmentation du capital circulant, le remplacement d'une partie de la circulation fiduciaire par le numéraire métallique a un effet exactement opposé et entraîne une diminution du capital circulant actif. Lorsque la circulation fiduciaire a reçu, dans un pays, des développements exagérés, et que les pouvoirs publics jugent nécessaire de faire retour à la circulation métallique, il faut remplacer le papier par des espèces d'or ou d'argent ; mais le papier n'a par lui-même aucune valeur intrinsèque, tandis que l'or et l'argent en ont une très-élevée ; on ne peut obtenir les métaux précieux nécessaires à la formation de la monnaie qu'en les payant avec des produits ; l'or et l'argent acquis de cette manière, au lieu de remplacer les produits vendus, sont convertis en espèces et deviennent du capital-monnaie, favorisant sans doute les échanges et donnant une véritable stabilité à la valeur du numéraire, évitant de fâcheuses perturbations, mais inutiles à la production immédiate ; tout remplacement de la circulation fiduciaire par la circulation métallique entraîne donc une diminution du capital circulant, diminution d'autant plus grande que le papier avait pris plus d'importance dans la circulation.

La conséquence forcée d'un pareil remplacement s'est fait vivement sentir, en Angleterre, lorsqu'on a obligé la banque à reprendre les payements en espèces, et, quoique cette mesure ait été bien loin de ressembler à une abolition de la circulation fiduciaire, et bien qu'elle ait été conduite avec cette réserve qu'on était en droit d'attendre d'un homme d'État aussi expérimenté que l'était sir Robert Peel, il en est résulté cependant une certaine diminution du capital circulant, et les salaires s'en sont ressentis.

La sortie des capitaux étrangers, l'émigration des capitaux nationaux, la diminution de valeur du capital actif par l'affaiblissement subit de la demande, l'inertie momentanée de quelques-unes de ses parties composantes, tous effets dus à des causes accidentelles, disparaissent avec les événements qui les ont amenés ; lorsque la crise est passée, le capital circulant reprend son élasticité et le fonds des salaires retrouve toute son importance.

En résumant la sommaire investigation à laquelle on vient de se livrer, on remarque qu'à vrai dire, il n'y a qu'une seule cause principale et dominante agissant sur la grandeur du capital circulant, et cette cause est l'épargne annuelle ; toutes les autres n'ont que des effets temporaires ou accidentels ; elles peuvent servir à donner l'explication de crises particulières ou locales, mais elles ne sauraient rendre compte de la marche progressive de la richesse circulante ; c'est à l'accumulation périodique due à l'épargne, accumulation rendue d'autant plus considérable que les entrepreneurs réussissent mieux à augmenter la puissance productive, qu'il faut presque entièrement attribuer la croissante grandeur du capital circulant.

Le fonds des salaires n'étant qu'une fraction du montant de la richesse circulante active, il faut, pour en fixer la valeur, étudier les changements pouvant affecter le coefficient qui la détermine. Ce facteur dépend, dans chaque pays, de la manière suivant laquelle le capital se divise entre les diverses branches de l'industrie ; il peut varier selon les nations ; mais, pour chacune d'elles, il reste comparativement constant : ce coefficient augmentera, lorsqu'un peuple agricole deviendra manufacturier ; il éprouvera, au contraire, une diminution, quand une nation manufacturière se livrera au commerce de transport ; mais ces grandes évolutions dans l'emploi des capitaux circulants sont lentes et graduelles, et leur influence ne peut se faire sentir qu'après un long intervalle de temps ; quand on considère des espaces de temps assez restreints, on peut, sans craindre de tomber dans de graves erreurs, regarder le coefficient caractéristique comme une quantité à peu près invariable.

Si par des recherches appropriées, on a obtenu le coefficient fractionnaire déterminant la quote-part du capital circulant actif qui donne le fonds des salaires, et si on connaît le montant du capital circulant, on peut facilement en tirer l'importance réelle du fonds des salaires, premier terme du rapport mesurant le prix de la main-d'œuvre ; le second, la population ouvrière, trouve sa limite supérieure dans la grandeur même du fonds des salaires, sa limite inférieure, dans la sagesse et la prévoyance de chaque peuple. Les travailleurs manuels n'ont, comme on l'a vu, qu'une bien faible action pour accroître le fonds qui doit payer leurs labeurs ; ils ne peuvent agir sur le rapport déterminant la rémunération qui leur est due, qu'en modérant l'accroissement de la population ouvrière. Leur avenir dépend presque entièrement de la prudence avec laquelle ils obéissent aux règles de la contrainte morale. Ce qu'il faut souhaiter, ce n'est point qu'un nombre immense de créatures humaines reçoivent la douce lumière du jour pour vivre en souffrant et périr de misère, mais bien que tous les êtres dotés de la vie puissent en jouir dans l'aisance et aient sans cesse l'occasion de bénir leur naissance. L'humanité ne saurait atteindre cet heureux état, que par l'élévation graduelle des salaires, et, pour que ce fait puisse se réaliser, il est nécessaire que l'accroissement de la population ne marche pas plus rapidement que l'accumulation du capital. Or, comme on a vu qu'en général le principe de la propagation de l'espèce a une tendance à dépasser le mouvement du capital, la prévoyance doit arrêter cette force dans ce qu'elle a de surabondant et d'aveugle. C'est par l'effet de la restriction morale que les classes ouvrières tiennent dans leur volonté leur avenir et celui de leurs enfants.

Les salaires courants en argent étant déterminés par le rapport du fonds des salaires à la population ouvrière, et, d'un autre côté, le fonds des salaires formant une quote-part à peu près constante du capital circulant, comme la population ouvrière une fraction toujours à peu près la même de la population totale, on peut en conclure d'une manière générale que les salaires courants doivent suivre une marche semblable à celle du rapport du capital circulant à la population totale : il est extrêmement important de vérifier si cette importante conclusion se trouve vérifiée par les faits.

Malgré l'insuffisance et la pénurie des documents, on va essayer de traiter cette question, mais seulement pour la France.

Dans une autre partie de cet ouvrage, on a eu l'occasion de calculer l'importance du produit total annuel aux quatre époques de 1780, 1824, 1847 et 1866, et, en comparant les différentes valeurs obtenues à celle du produit total en 1780 [1], on a formé un tableau indiquant les variations comparatives du montant de la production annuelle dans l'espace de temps écoulé de 1780 à 1866. Mais ce tableau ne peut-il pas représenter

[1] Voyez t. I, p. 287.

aussi la marche progressive du capital circulant pendant la même époque ? Il en serait certainement ainsi, si l'on venait à supposer que, dans ce laps de temps, la puissance productive eût reçu un accroissement proportionnel à celui acquis par le capital circulant. Si la puissance productive avait pris un mouvement moins rapide que celui du capital, la série indiquée donnerait des chiffres trop faibles pour le capital ; mais l'énorme augmentation acquise par la production industrielle française de 1780 à 1866, ne permet pas de s'arrêter à cette hypothèse. Le tableau dont on a parlé présenterait, au contraire, des chiffres trop forts pour le montant du capital circulant, si, dans la période considérée, la puissance productive avait marché à pas plus rapides que ceux du capital ; mais il ne faut pas oublier que, dans cet espace de temps, la puissance productive de l'agriculture française a éprouvé une successive diminution, et, comme la production agricole forme dans notre pays une quote-part prépondérante dans le produit total, on peut croire parfaitement que c'est à peine si l'accroissement progressif de la puissance productive industrielle suffit à compenser la défaillance de la puissance productive agricole ; en telle sorte qu'on peut affirmer qu'on ne s'éloigne guère de l'état réel des choses en admettant que de 1780 à 1866, les accroissements du capital et de la puissance productive ont été réciproquement proportionnels. Par conséquent le capital circulant a dû croître à peu près comme le produit total qu'il a formé. Ce que nous venons de dire sur le capital circulant, on peut le conclure de même du fonds des salaires qui en est une quote-part comparativement constante. Donc la série des valeurs successives du produit total donnera réellement aussi la suite des valeurs progressives du fonds des salaires ; d'un autre côté les chiffres des divers recensements de la population comparés à celui de la population de la France en 1780, fourniront la série des nombres successifs des ouvriers correspondant à la population laborieuse en 1780 ; en ordonnant ces deux séries par époque et en divisant les termes de la première par les termes correspondants de la seconde, on obtiendra approximativement les rapports déterminant les salaires à chaque époque, salaires comparés à ceux de 1780 pris pour unité :

Années.	Valeur du produit total rapporté à la valeur de ce produit en 1780.	Population rapportée à celle de 1780.	Série des rapports des salaires.
1780	1	1	1
1824	2,15	1,27	1,66
1847	3,5	1,4	2,5
1866	4,2	1,5	3

Ainsi, d'après les principes que nous avons exposés, et en admettant l'exactitude des recherches faites pour évaluer les différents produits annuels de 1780 à 1866, les salaires courants à la dernière époque devraient être triples des salaires de 1780.

Voilà ce que donne la théorie : voyons maintenant si les faits répondent à ces déductions, les confirment ou les modifient.

Dans un voyage agronomique fait en France, de 1787 à 1790, Arthur Young s'est livré à des investigations très-étendues pour constater les salaires des journaliers, et il est arrivé à cette conclusion, qu'en 1790 le salaire moyen était de 19 sols. Il dit aussi que d'après des recherches qu'il avait faites dans les livres et sur des instructions, ce salaire devait être de 16 sols par jour vingt ans auparavant. Ainsi de 1770 à 1790, il avait augmenté d'environ 20 pour 100 [1]. En adoptant l'évaluation faite par le célèbre agronome, on peut regarder le prix de la journée de travail en 1780, comme étant de 17 sols et demi, soit 87,5 centimes. On acceptera 1 fr. 15 cent. comme le prix moyen de la journée de 1820 à 1830, c'est celui indiqué par M. le baron Charles Dupin dans son rapport du 5 mars 1822 sur la loi des céréales. On trouve dans l'excellente statistique sur la France par M. Maurice Block un tableau présenté, en 1852, à l'Empereur par le

[1] Arthur Young, *Voyage en France*, t. III, pp. 122 et 123.

ministre de l'Intérieur et indiquant par département la valeur du travail salarié. Il résulte de ce tableau que la moyenne du salaire du journalier était à cette époque, de 1 fr. 75 cent M. Block considère cette évaluation comme au-dessous de la réalité, et estime qu'on doit y ajouter 20 p. 0/0 pour atteindre le taux réel des salaires [1]. En faisant cette correction on aurait 2 fr. 10 cent. pour la journée de travail en 1860. On gardera ce chiffre pour l'année 1866 et on estimera à 1 fr. 70 c. la journée en 1847. En acceptant ces données, en les ordonnant par époque et en les comparant au prix de la journée de travail en 1780, journée de travail prise pour unité, on aurait la série suivante :

Années.	Prix moyen de la journée de travail.	Rapport au prix de la journée en 1780.
1780	0,87,5	1
1824	1,15	1,31
1847	1,70	1,94
1866	2,10	2,40

Quand on compare la série des valeurs des salaires données par le relevé des prix courants moyens à la série des chiffres procurés par les déductions théoriques, on voit que ces deux séries ont entre elles de grands rapports, mais que les valeurs des salaires courants données par le relevé des prix moyens de la journée de travail sont, en général, d'un peu plus du quart au-dessous de ceux fournis par la théorie.

Cette différence trouve une facile explication dans un fait constaté par tous les auteurs qui se sont occupés de l'économie rurale de notre pays et notamment par M. Léonce de Lavergne [2], c'est que, depuis 1780, le nombre des journées de travail fourni par chaque journalier s'est beaucoup augmenté : il suffirait, en effet, que de 200 journées de travail par an, ce nombre se fût élevé à 250, pour que le salaire touché par les

[1] Maurice Block, *Statistique de la France*, t. II, p. 33.

[2] Léonce de Lavergne, *Économie rurale de la France*, p. 58, 2e édit.

travailleurs agricoles cadrât exactement avec le salaire calculé théoriquement.

Il existe donc une harmonie complète entre les déductions théoriques et les faits les mieux constatés, et l'on peut affirmer avec certitude que, dans notre pays, de 1780 à 1866, les salaires en argent touchés par les journaliers ont triplé par rapport à ce qu'ils étaient en 1780. C'est là un fait d'une extrême importance et qui paraît établi. Il restera à voir quelle amélioration véritable il en est résulté dans le sort de la classe ouvrière. Voilà une question réservée et que l'étude des salaires réels va permettre de résoudre.

DEUXIÈME SECTION.

Des salaires réels.

Les salaires réels sont la quantité d'objets propres à leur usage que les ouvriers obtiennent en échange de leur travail; c'est la masse de produits divers qu'ils achètent avec les salaires en argent : voilà le véritable salaire; car l'argent n'est que l'intermédiaire au moyen duquel le travailleur acquiert les choses dont il a besoin.

La consommation des travailleurs manuels se compose principalement de denrées alimentaires fournissant la subsistance à eux et à leurs familles. En France, en Angleterre et dans tous les pays européens dont la civilisation est avancée, la valeur des denrées alimentaires consommées par les ouvriers forme les trois quarts de leur dépense annuelle [1]. Dans les contrées où les produits agricoles sont à bas prix, et dans lesquelles l'état peu avancé de l'industrie donne un prix élevé aux objets fabriqués, la part de l'alimentation est un peu moins forte, mais elle est toujours prépondérante. Ainsi le salaire de l'ouvrier est partout employé en très-grande partie à acheter les vivres. Le prix des produits agricoles doit par conséquent exercer une influence prédominante sur les salaires réels, et l'on peut dire qu'on en obtient une expression assez exacte en divisant le salaire en argent par le prix des céréales. Le résultat de cette opération donne, en effet, la quantité équivalente de denrées alimentaires que les ouvriers peuvent acheter avec leurs salaires en argent.

Les produits agricoles ont, comme tous les articles de

[1] Bergery, *Économie industrielle*, t. Ier, p. 134. — Joseph Lowe, *The present state of England, appendix*, p. 92. Londres, 1822.

richesse, une valeur naturelle ou normale et une valeur courante ou variable : la valeur naturelle en est dans chaque pays en raison inverse de la puissance productive du capital agricole, la valeur courante dépend des circonstances du marché. Le prix des céréales est surtout influencé par les phénomènes météorologiques, causes des bonnes et des mauvaises récoltes, augmentant ou diminuant la quantité offerte alors que la demande reste la même. En temps ordinaire, lorsque la saison n'a présenté aucun accident particulier, la valeur courante se confond le plus souvent avec la valeur normale : de là on peut tirer cette conséquence générale que, dans tous les pays où les salaires en argent sont égaux, les salaires réels chez chacun d'eux varient en raison directe du bon marché des denrées alimentaires ou de la puissance productive du capital agricole. Dans les circonstances particulières amenées par des influences atmosphériques défavorables, les salaires réels sont en raison inverse des prix auxquels s'élèvent les céréales.

Considérons d'abord le cas le plus général, celui des circonstances ordinaires : alors le salaire réel est égal au salaire courant divisé par le prix naturel du blé ; or ce prix est d'autant moindre qu'est plus grande la puissance productive du capital agricole ; celle-ci se mesure, en effet, par le nombre d'hectolitres de blé que l'unité de capital rapporte sur une terre ne payant pas de fermage. Quand on veut comparer les divers degrés de la puissance productive des différents peuples, on peut les supposer exprimés par des fractions ayant toutes pour dénominateur l'unité de capital et pour numérateur les divers nombres d'hectolitres de blé que la même unité de capital produit dans les différents pays. Supposons, par exemple, que dans un certain pays, en employant un capital de roulement de 100 fr., on obtienne 5 hectolitres de blé, la puissance productive en pourra être exprimée par la fraction $\frac{5}{100} = \frac{1}{20}$, fraction donnant 20 fr. pour le prix normal de l'hectolitre ; si, dans un autre pays, le même capital de 100 fr. produit 10 hectolitres de blé, l'expression de la puissance productive de cette contrée sera $\frac{10}{100} = \frac{1}{10}$, fraction mettant à 10 fr. le prix de l'hectolitre : ces deux puissances productives seront entre elles comme 5 est à 10, c'est-à-dire que la puissance productive agricole du second pays sera double du premier. Ceci posé, on comprend qu'au lieu de dire que le salaire réel est égal au salaire en argent divisé par le prix normal du blé, on puisse affirmer que, dans chaque pays, le salaire réel est égal au salaire en argent multiplié par la puissance productive agricole. Cette dernière formule n'est qu'une traduction de la première, mais elle offre quelque avantage pour agrandir et simplifier la discussion.

La valeur finale des salaires réels dépendant de deux facteurs, le salaire en argent et la puissance productive agricole, pourra changer par les variations de ces deux éléments : si l'on compare les salaires en deux pays A et B, il pourra arriver que les salaires en argent soient moindres dans le pays A que dans B et que cependant les salaires réels y soient égaux ou supérieurs ; cela aura lieu, quand la puissance productive agricole de A dépassera celle du pays B. Ce principe explique les différences énormes existant dans les salaires en argent suivant les pays. Si l'on suppose, en effet, que la fraction $\frac{5}{100}$ exprime la puissance productive agricole de l'Angleterre, et $\frac{10}{100}$ celle de la Russie, la puissance productive étant double en Russie, le salaire en argent devra être en Angleterre le double de ce qu'il est dans l'empire du czar, pour que les travailleurs anglais aient des salaires réels égaux à ceux des journaliers russes.

Dès qu'il est établi que les salaires réels dépendent de la puissance productive agricole, rien ne saurait être plus avantageux pour en élever le taux que les améliorations dans la culture : l'invention d'un meilleur système d'assolement, l'introduction d'une nouvelle plante préparant mieux le sol, l'usage des engrais chimiques, l'emploi de machines perfectionnées pour labourer, semer, faucher les récoltes et battre les gerbes, sont d'heureuses pratiques augmentant le produit ou diminuant les frais. Ces améliorations agissent par une double voie pour accroître les salaires réels : en premier lieu, elles diminuent le prix naturel et normal du blé et, par cela même, elles augmentent directement les salaires réels; mais ce n'est pas leur seul effet; car, en diminuant les frais de culture, elles relèvent les profits des cultivateurs et avec eux, comme on le verra bientôt, tous les autres profits; l'épargne s'accroît, le capital circulant augmente et avec lui le fonds des salaires ; les salaires en argent ont une tendance à s'élever au moment même où l'amélioration de la puissance productive agricole grandit les salaires réels.

On ne peut malheureusement s'attendre à voir ce mouvement se continuer avec quelque durée : les progrès incessants de la population obligent de mettre successivement en culture des terrains d'une fertilité toujours décroissante, et le produit de l'unité de capital va généralement en diminuant ; c'est là une cause permanente tendant à faire augmenter la valeur naturelle ainsi que le prix normal des denrées alimentaires, et, par conséquent, à diminuer les salaires réels. Voici une des grandes raisons devant déterminer la libre entrée des grains étrangers, moyen le plus radical d'arrêter la hausse de prix des céréales ; c'est aussi le moyen le plus propre à limiter l'amoindrissement de la puissance productive agricole et la baisse des salaires réels. La diffusion des principes économiques en Angleterre, a permis aux hommes d'État de ce pays d'abolir les *corn-laws* et d'y faire accepter la libre entrée des céréales ; par là ils ont rendu un immense service à la classe ouvrière et à toute l'industrie de la Grande-Bretagne.

On a jusqu'à présent regardé comme incontestable cette proposition, que le salaire en argent étant donné, le salaire réel est complétement déterminé par le degré de puissance productive du capital agricole ; cela serait d'une parfaite exactitude si les travailleurs manuels n'achetaient avec leurs salaires que des produits du sol ; mais, comme on le sait, une certaine partie de leur salaire, fraction s'élevant jusqu'au quart et au delà, est employée à l'acquisition d'objets manufacturés dont le prix dépend de la puissance productive du capital industriel; or, comme celle-ci va toujours en s'accroissant et que, par une conséquence immédiate, le prix de ces objets doit s'abaisser graduellement, la fraction des salaires restant aux ouvriers après l'achat des denrées alimentaires, leur permet d'obtenir de jour en jour en plus grande quantité les articles industriels devant satisfaire la variété de leurs besoins. Cette partie des salaires réels va donc toujours en s'accroissant, et l'augmentation en est, dans chaque pays, exactement proportionnelle à l'amélioration qu'a reçue la puissance productive du capital manufacturier.

Cet heureux résultat compense en partie la fatale influence de la décroissante fertilité du sol cultivé en dernier lieu. Ainsi, il y a lutte entre l'accroissement continu des facultés productives industrielles et la tendance à l'affaiblissement de la faculté productive du capital agricole; pour que l'avantage demeure du côté des salaires réels, il faut arrêter la diminution de la puissance productive du capital fournissant les denrées alimentaires : on ne le peut que par les perfectionnements de la culture indigène et la libre admission des grains étrangers. Quand on y réussit, le champ reste ouvert à l'expansion large et continue de la puissance productive industrielle, et les salaires réels en éprouvent une nécessaire amélioration, tant par l'accroissement du capital circulant augmentant les salaires en argent que par l'abaissement de prix des articles manufacturés consommés par les ouvriers.

Une perspective aussi consolante est souvent troublée par des accidents dérangeant l'ordre régulier des choses, et forçant la valeur courante des céréales de s'écarter beaucoup de leur valeur normale, tantôt l'abaissant au-dessous, tantôt l'élevant au-dessus; dans ces deux cas, se produisent des effets opposés, mais dignes, tous deux, d'attirer l'attention.

A la suite d'une série de saisons favorables, il arrive sur le marché une telle surabondance de céréales, que les prix du blé s'abaissent outre mesure et tombent quelquefois au-dessous des prix de revient; quand un pareil fait se réalise, les salaires réels en éprouvent momentanément une grande élévation et le sort de la classe ouvrière en est singulièrement amélioré ; mais cette heureuse situation ne saurait être de longue durée : l'abaissement extrême du prix des céréales engage les agriculteurs à abandonner le froment pour développer les cultures variées et notamment celles des plantes industrielles, de la betterave, du colza, du lin, du chanvre, de la garance, de la vigne ; la quantité de blé diminuant, les prix des céréales se relèvent et les salaires réels s'abaissent à leur ancien niveau.

Mais, comme dans le songe expliqué par Joseph, les années maigres viennent après les années grasses : des étés pluvieux, des froids excessifs, une sécheresse prolongée amènent de mauvaises récoltes. Alors les denrées agricoles subissent une énorme diminution dans leur quantité et quelquefois une grande détérioration dans la qualité ; la menace de la disette et le désir d'y échapper engagent les personnes craintives à faire des approvisionnements ; la demande augmentant et se trouvant en face d'une quantité réduite, les prix s'exagèrent ; les salaires réels subissent une baisse notable et la situation des classes ouvrières devient extrêmement pénible. Leur gêne est d'autant plus grande que la hausse des prix est plus forte et qu'est plus faible la portion des salaires en argent ordinairement employée en achat d'objets manufacturés.

Les classes riches ne peuvent se faire une idée de la détresse de la famille ouvrière en de pareilles circonstances : quand la hausse des prix est telle qu'en employant à acheter des aliments toute la portion de leurs salaires destinée à les fournir d'articles fabriqués, ils ont peine à assurer la nourriture de leurs enfants, ces braves gens, accoutumés à vivre de leur travail, en sont réduits aux plus dures extrémités ; ils demandent à des denrées de qualité inférieure et de moindre prix une alimentation qu'ils ne peuvent plus obtenir en produits agricoles de bonne qualité ; ils renoncent au pain pour vivre de pommes de terre, de galettes d'avoine ou de sarrasin ; heureux encore lorsqu'ils peuvent apaiser la faim avec ces aliments grossiers ou d'une équivoque salubrité ; quelques-uns même n'y peuvent parvenir ! C'est pour ces moments terribles que l'ouvrier prudent doit se faire une réserve qui le mette en état de suppléer au salaire devenu insuffisant ; c'est aussi en de pareilles circonstances que la charité privée et la bienfaisance publique peuvent le plus utilement se manifester, car elles réparent alors des maux contre lesquels la prévoyance des classes ouvrières n'a que d'impuissants remèdes. Les mauvaises récoltes sont la cause la plus fréquente des grandes misères populaires, un gouvernement vigilant doit employer tous ses soins à en prévenir les désastreuses conséquences ; rien n'est plus utile sous ce rapport que l'établissement de libres relations commerciales permettant de s'approvisionner de denrées alimentaires là où elles sont à meilleur marché.

Dans ces temps malheureux, ce n'est point par un accroissement de leurs salaires en argent que les classes laborieuses peuvent espérer le soulagement de leur détresse : la gêne, pesant sur une grande partie de la population, engage des personnes ne prenant ordinairement aucune part aux travaux manuels à venir offrir leurs services à l'industrie, au commerce et même à l'agriculture ; l'augmentation de l'offre de bras fait baisser le prix de la main-d'œuvre ; en supposant que ces nouveaux travailleurs se rattachassent en très-grande partie à la classe vivant de salaires, il en résulterait toujours qu'au moment où la classe ouvrière a tant de peine à vivre, elle n'obtiendrait le même revenu qu'au moyen d'une plus grande masse de travail.

Les travailleurs manuels évitent une grande partie des maux qui les accablent dans les années de cherté, quand une portion de leur salaire leur est payée en denrées alimentaires : dans un pareil arrangement, le malheur des temps est supporté à la fois par le patron et par l'ouvrier, par le cultivateur et par le journalier. Le système des salaires en nature était appliqué autrefois avec de nombreux avantages dans nos pays de grande culture ; je l'ai vu, dans ma jeunesse, rendre de grands services aux journaliers de nos campagnes de Picardie ; il paraît qu'en Chine il est en usage pour tous les ouvriers à la journée [1] ; en Europe, un pareil système pourrait exposer les entrepreneurs à des charges tellement onéreuses, que, dans les années de disette, elles présenteraient le danger d'amener la cessation de toute fabrication. Peut-être serait-il possible de favoriser certains arrangements permettant aux industriels et aux manufacturiers de fournir à leurs ouvriers le pain et la viande à des prix déterminés à l'avance. Déjà ce système a été appliqué avec succès dans quelques grandes usines, et les ouvriers y trouvent un grand allégement de leurs souffrances. Tous les amis des classes laborieuses doivent chercher à développer l'usage des salaires en nature ; l'application générale qui en serait faite épargnerait au peuple d'immenses misères et à l'État de graves dangers.

Quels que soient les efforts de la bienfaisance publique et de la charité privée, quels que puissent être les arrangements dus à la bienveillance des chefs d'industrie ou les effets des mesures prises par la vigilance des gouvernements, le plus puissant secours que les classes ouvrières puissent recevoir dans les temps de cherté, doit sortir de leur sein et se trouver dans les ressources que leur prudence a mises en réserve. Cette accumulation d'économies lentement amassées, leur permettra de conserver leur indépendance, les préservera de toute dégradation, maintiendra leur santé et conservera leur situation. Grands et heureux effets de leur constance au travail et de leur sobriété, deux vertus bien dignes de l'admiration générale ! Cette immense famille laborieuse, frappée par l'orage, mais abritée par les couverts qu'elle s'était préparés, laisse passer la tempête et se remet allègrement au travail aussitôt que les rayons du soleil lui annoncent le retour du beau temps. Mais pour que les classes ouvrières puissent attendre la réapparition des années favorables, il faut qu'elles aient pu faire des économies : en ont-elles la faculté ? Ceci nous conduit à examiner la marche progressive des salaires.

1 Ellis, *Journal of the late embassy to China*, London, 2e vol., p. 27. III. De Beauvoir, *Voyage à Pékin*.

Dans tous les pays où la puissance productive du capital circulant recevra une impulsion croissante, les salaires réels obéiront au même mouvement et suivront la même fortune ; ils grandiront et s'élèveront d'une manière continue, mais sous deux principales conditions : la première, que la décroissance de fertilité de la terre soit retardée et contenue, tant par les incessants efforts de la culture indigène, que par la libre admission des céréales étrangères ; la seconde, que l'augmentation de la population soit limitée par la contrainte morale. Protégés par l'accomplissement de cette double condition, les ouvriers, prenant sans doute une large part dans les labeurs de la production, mais appelés, par la force des choses, à participer dans une grande mesure aux bénéfices résultant du succès, les ouvriers verront la rémunération qui leur revient aller toujours grandissant et leur situation s'élever progressivement ; la classe des travailleurs manuels prendra naturellement dans la vie commune une place de plain-pied avec toutes les autres classes et deviendra leur égale en instruction, en savoir, en moralité et en importance.

Ce serait une chose du plus grand intérêt de pouvoir suivre les progrès des salaires réels chez les principales nations civilisées ; malheureusement la science est encore trop pauvre en renseignements statistiques pour qu'on puisse espérer de réussir dans cette recherche. On se bornera à présenter les faits recueillis en France et se rapportant aux salaires réels des ouvriers agricoles. De tous les ouvriers, ce sont, il est vrai, les moins rétribués ; mais l'exemple qu'on en tirera aura d'autant plus d'autorité. Pour obtenir les salaires réels, il faut comparer les salaires en argent au prix du blé pour la partie de ces salaires achetant des denrées alimentaires, et au prix moyen des articles fabriqués consommés par les travailleurs manuels pour la fraction des salaires en argent employée à les acheter. On va prendre les salaires en argent tels qu'on les a obtenus dans la section précédente, et on calculera, à chaque époque, le nombre de journées de travail qu'il a fallu aux journaliers pour acquérir un hectolitre de froment.

Années.	Salaires en argent Prix de la journée de travail.	Prix de l'hectolitre de blé.	Nombre de journées de travail nécessaire pour acheter un hectolitre de blé.
1780	0 fr. 875	15 fr. 10	17 j. 25
1824	1 15	17 63	15 33
1847	1 70	19 20	11 29
1866	2 10	22 »»	10 47

Ainsi, il ne fallait, en 1866, aux travailleurs manuels agricoles que dix journées et demie de travail pour gagner un hectolitre de blé, tandis qu'en 1780, ils n'obtenaient la même quantité de grains qu'au prix de dix-sept journées un quart ; en supposant qu'aux deux époques ils aient été occupés le même nombre de jours, les salaires réels de 1866 seraient égaux aux salaires de 1780 multipliés par le facteur 1,64; mais il est incontestable que le nombre de journées de travail des ouvriers agricoles s'est beaucoup accru de 1780 à 1866 ; si l'on suppose que ce nombre se soit augmenté d'un quart, le salaire réel de 1866 serait au salaire réel de 1780 comme 2,05 est à 1 ; il aurait donc doublé.

Dans ce salaire ainsi doublé, une fraction, environ le quart, au lieu d'être estimée en blé, devrait l'être par le prix moyen des articles manufacturés consommés par les journaliers ; mais, si, depuis 1780, le prix du blé a graduellement augmenté, le prix moyen des articles fabriqués a, au contraire, constamment diminué ; il y aurait ainsi à faire bénéficier les salaires réels de cette correction ; celle-ci opérée, on peut affirmer que les salaires réels en seraient augmentés d'un huitième, et qu'ils seraient, en 1866, environ deux fois et un tiers ce qu'ils étaient en 1780.

Voilà une heureuse et consolante conclusion, montrant combien le sort de cette classe si intéressante de nos journaliers agricoles s'est amélioré depuis moins d'un siècle ; ce sont cependant les moins rétribués parmi la classe laborieuse ; la situation des ouvriers des villes, dont la rémunération est bien plus considérable, a dû s'améliorer dans une proportion encore plus grande. De ces deux classes de travailleurs, la première, quoique plus éprouvée, a eu la sagesse de placer ses économies en acquisition de petites parcelles de terre, de bordages, de petits héritages. Ils se sont assuré ainsi un asile pour leurs vieux jours et du pain pour les années malheureuses. C'est à la classe ouvrière des villes d'imiter ce prudent exemple; nos ouvriers urbains ne peuvent facilement acquérir de la terre, mais ils ont la faculté d'accumuler un capital; ce capital, ressource précieuse dans les années de cherté ou en cas de manque de travail, peut, dans les années prospères, devenir l'instrument de leur indépendance et de leur fortune: car, en France, toutes les carrières sont ouvertes à tous, et les hommes qui ont fréquenté la classe des entrepreneurs savent que ceux de ces habiles industriels qu'ils ont vus le plus honorablement et le plus heureusement prospérer, étaient d'anciens ouvriers qu'un travail opiniâtre, une conduite exemplaire, une économie prudente, une sobriété prolongée avaient placés à la tête de leur profession.

TROISIÈME SECTION.

Des salaires naturels.

« Le travail, » dit Ricardo[1], « ainsi que toutes les choses que « l'on peut acheter ou vendre et dont la quantité peut aug- « menter ou diminuer, a un prix naturel et un prix courant. « Le prix naturel du travail est celui qui fournit, en général, « aux ouvriers les moyens de subsister et de perpétuer leur « espèce sans accroissement ni diminution. » Le prix naturel des salaires est une nécessité sociale, car le nombre des travailleurs manuels irait toujours en diminuant et leur race finirait par disparaître, s'ils n'obtenaient en échange de leurs labeurs des quantités d'aliments suffisant à leur entretien et à celui de leurs familles. Pour que la population ouvrière reste en rapport avec l'accroissement du capital et la demande correspondante de travail, il est indispensable que les entrepreneurs payent au moins le prix naturel et nécessaire de la main-d'œuvre ; il faut qu'ils donnent des salaires suffisants pour mettre les ouvriers en état de vivre, de maintenir leur vigueur et d'élever leurs enfants.

Comme les denrées alimentaires, les vêtements, le combustible et tous les autres objets nécessaires à l'existence varient en quantité, en espèces et en valeur selon les peuples et les climats, les salaires naturels doivent changer avec les nécessités physiques, les mœurs et les habitudes de chaque pays. Ainsi le prix naturel du travail sera bien plus élevé en Angleterre, où l'ouvrier est accoutumé à avoir pour aliments solides du pain blanc et de la viande, à prendre pour boisson du thé et une bière généreuse, où il regarde comme une des nécessités de la vie d'être vêtu de drap, de porter de bonnes chaussures, d'habiter un logement sain et confortable, d'avoir un foyer bien chauffé modifiant une température froide et humide, qu'il

[1] Ricardo. *Les Principes de l'économie politique et de l'impôt*, t. I, p. 128.

ne peut l'être dans l'Indoustan où la douceur du climat dispense le travailleur manuel des frais de combustible, de vêtements et même de logement et où le peuple n'a pour aliment solide que le riz et pour boisson que l'eau. « Un salaire qui rédui-« rait l'ouvrier anglais à un tel degré de misère qu'il perdrait « tout désir de chercher à se marier et à propager sa race, « pourrait, au contraire, devenir pour le travailleur indou des « gages suffisants pour le tenir dans l'aisance et lui permettre « d'élever une nombreuse famille. Les frais de production du « travail diffèrent ainsi selon les climats, et il y a, dans chaque « pays, un taux particulier pour les salaires naturels. Ce taux « est mesuré par la valeur normale des articles de richesse « que la nécessité du climat et les mœurs des peuples rendent « propres à l'entretien convenable de la classe ouvrière [1]. »

Les salaires naturels exercent sur les salaires réels des effets à peu près semblables à ceux que la valeur naturelle des produits peut avoir sur leur valeur normale; mais il existe dans cette action des différences qu'il importe de signaler: par exemple, il serait exagéré de dire que le prix courant du travail ne peut s'élever longtemps au-dessus de son prix naturel. On ne saurait, en effet, assimiler les lois régissant la propagation de l'espèce humaine à celles déterminant les conditions de la fabrication des produits ; quand il s'agit des articles de richesse, il est toujours facile aux entrepreneurs d'étendre ou de restreindre presque instantanément la production de manière à rapprocher les prix courants des prix naturels et nécessaires; mais, quelle que soit l'énergie du principe de population, il n'a pas un semblable pouvoir. Si l'accroissement rapide du capital circulant grandit le fonds des salaires et augmente la demande de bras, le principe de population donnera des enfants et non des ouvriers ; ce ne sera qu'après un certain nombre d'années que la demande de bras pourra être en rapport avec la grandeur accrue de capital et l'équilibre rétabli ; il y a ainsi dans l'action des frais de production du travail une différence dans

[1] Mac Culloch, *Principles of political economy*, book III, ch. II.

le temps dont il faudra tenir grand compte ; mais cependant la tendance générale sera toutefois de ramener le prix moyen des salaires courants vers leur prix naturel.

Lorsque la difficulté de produire les denrées alimentaires va en augmentant, lorsque le prix du pain s'élève d'une manière progressive et permanente, les salaires réels s'abaissent, l'aisance de toutes les classes de travailleurs manuels va en diminuant ; ceux des ouvriers qui, avant la hausse du blé, avaient de la peine à vivre sont réduits à un état d'extrême détresse : en présence de circonstances aussi déplorables, le nombre des mariages et des naissances décroît, les décès augmentent ; la mort aveugle frappe également les hommes et les enfants ; la population diminue, le nombre des travailleurs manuels s'amoindrit, le rapport du capital circulant au chiffre des ouvriers s'accroît, les salaires en argent haussent et les salaires réels se relèvent : voilà les circonstances fatales ne permettant pas aux salaires réels de tomber au-dessous des salaires naturels.

Portons nos regards sur un spectacle plus consolant ; plaçons-nous dans un milieu plus heureux ; admirons les découvertes des hommes de science inventant de nouveaux engrais pour rendre à la terre épuisée les éléments minéraux que les récoltes lui enlèvent ; regardons avec intérêt les efforts intelligents des cultivateurs ranimant dans le sol les forces végétatives engourdies ; réjouissons-nous de voir la prudence des hommes d'état ouvrir nos ports aux denrées alimentaires du monde entier, établir, ainsi, une sorte d'assurance contre les disettes, et, en rassurant tout le monde, modérer les effets des mauvaises saisons et tempérer la cherté du prix du blé ; rendons, enfin, grâce à Dieu dont la main libérale répand la fécondité sur nos campagnes. Par le concours de la providence divine et de l'intelligence humaine, tous les moyens de subsistance deviennent plus abondants, le prix des céréales baisse, le pain est à bon marché, les salaires réels éprouvent une hausse correspondante, les ouvriers voient disparaître la gêne qui les accablait, les sentiments naturels refleurissent, les mariages se multiplient, les naissances augmentent, l'aisance qui donne la santé désarme en partie la mort, les décès diminuent, la population s'accroît; au bout d'un certain nombre d'années, une nouvelle génération paraît sur le grand marché de l'industrie et vient offrir son travail; alors les salaires en argent et les salaires réels inclinent à la baisse et tendent à se rapprocher des salaires naturels. Mais, comme il y a eu un intervalle de temps notable entre la hausse des salaires réels et l'apparition de ces nouveaux travailleurs venant faire concurrence aux anciens ouvriers, la classe laborieuse a pu améliorer son régime, relever ses habitudes, grandir sa situation ; par cette sage conduite, elle a haussé le niveau des salaires naturels qui ne peuvent retomber au taux où ils étaient auparavant, quand se sont manifestés l'accroissement du capital circulant et l'amélioration de la puissance productive du capital agricole.

Si les salaires naturels haussent nécessairement avec les difficultés de la culture et la cherté croissante des denrées alimentaires, ils peuvent donc s'élever aussi par l'amélioration du régime de vie et le rehaussement des habitudes diététiques des classes ouvrières. S'ils baissent par l'amélioration de la puissance productive du capital agricole, ils peuvent malheureusement baisser aussi par la dégradation du régime alimentaire des classes laborieuses ; il faut étudier quelles sont les causes préparant ce bonheur ou amenant cette calamité.

Lorsque les salaires réels acquièrent une hausse durable, soit parce que l'accumulation du capital a marché plus vite que la population, soit parce que la fécondité du sol a été augmentée, la classe des travailleurs manuels en éprouve un véritable bien-être; cette amélioration dans l'aisance du peuple ouvrier et cette faculté nouvelle qu'il possède de contenter les besoins qui le pressent ou de satisfaire les désirs qui l'agitent, peuvent se résoudre en deux progrès différents : l'accroissement de la population, le rehaussement de la condition des travailleurs manuels; tous deux utiles, lorsqu'ils marchent de conserve; chacun ayant des inconvénients, lorsqu'il exclut l'autre. Il convient donc de rechercher séparément les conséquences de ces deux grands faits naissant de l'élévation durable des salaires réels, la multiplication des hommes et l'amélioration du sort des ouvriers.

Dans le premier cas, le surplus du salaire est entièrement employé à fournir aux frais d'établissement de nouvelles familles; dans le second, la hausse sert à maintenir la santé et à accroître la vigueur de la population laborieuse existante; elle améliore la qualité de ses aliments et en augmente l'abondance; elle lui procure une foule de choses utiles qui lui manquaient; elle la fait participer à des jouissances dont elle était privée. Ces deux résultats ont des conséquences économiques dissemblables : l'une augmente le nombre des êtres vivants et prépare pour l'avenir un large recrutement d'ouvriers, mais ne fait rien pour retirer la classe laborieuse de l'état de gêne et de souffrances où elle est plongée; l'autre laisse immobile la population et peut arrêter la formation de nouveaux ouvriers et restreindre ainsi l'offre des bras au préjudice de la classe des entrepreneurs, mais il améliore le bien-être des ouvriers et accroît la somme de bonheur allouée à la classe laborieuse.

« Lorsqu'on recherche, » dit Malthus[1], « les causes pouvant « amener l'une ou l'autre de ces deux influences, on trouve « généralement que la première est une suite nécessaire de « tout ce qui contribue à dégrader les classes inférieures, la « conséquence ordinaire de tout ce qui obscurcit leur intel- « ligence, de tout ce qui leur ôte le pouvoir ou la volonté de « juger de l'avenir par le passé, de tout ce qui les porte pour « se procurer des jouissances d'un moment, à se résigner à « vivre avec très-peu d'aisance et de considération; la seconde « est, au contraire, l'effet naturel de tout ce qui tend à élever le « caractère moral des classes ouvrières, de tout ce qui les « rapproche davantage des classes distinguées par leur pré- « voyance et refusant de se soumettre à l'affligeante perspec- « tive d'un état qui leur enlève ainsi qu'à leurs enfants les « moyens d'acquérir l'aisance, la considération et le bonheur. »

[1] Malthus, *Principes d'économie politique*, trad. française, t. I, p. 360.

Les circonstances propres à élever le caractère du peuple, à en perfectionner les habitudes morales, à lui communiquer le juste désir d'atteindre à un état de bien-être et d'aisance, sont par-dessus tout la liberté civile et politique, l'éducation, l'exemple des classes placées en évidence. Les causes susceptibles, au contraire, de dégrader les mœurs et le caractère des classes ouvrières, sont principalement la tyrannie publique et l'oppression privée, le défaut d'instruction et le mauvais exemple des classes occupant dans la société les rangs que l'on regarde comme les plus élevés.

De toutes les causes pouvant donner à un peuple les qualités d'honneur et de probité dignes de lui attirer l'estime et la considération des autres peuples, il n'en est pas de plus puissante que la jouissance de la liberté civile et politique ; l'égalité devant la loi communique à chaque citoyen le sentiment de sa dignité personnelle ; chaque homme ne relève que de lui-même et n'est soumis qu'à la loi commune ; il sait qu'il n'a à craindre ni violence ni injustice ; la satisfaction d'être libre ennoblit tous les sentiments, rehausse tous les instincts, épure tous les appétits ; l'esprit d'ordre et d'économie se répand partout ; le bonheur moral comme le bien-être physique font dans tous les rangs de successifs progrès.

L'éducation exerce, comme la liberté, une douce et heureuse influence ; l'instruction ouvre l'intelligence, dissipe les préjugés, répand dans les esprits l'idée de justice et doit amener le respect du droit d'autrui, chose si nécessaire au maintien de l'harmonie entre les différentes classes sociales ; l'enseignement primaire bien dirigé donne aux ouvriers une foule de connaissances utiles, augmente la puissance productive de leur travail et rehausse le prix de la main-d'œuvre ; l'éducation communique à la classe laborieuse la prévoyance propre aux esprits éclairés, développe, enfin, le sentiment religieux, cette force protectrice de l'ordre moral des sociétés, agissant encore lorsque la puissance de la force matérielle a disparu.

C'est par une espèce d'enseignement le plus puissant de tous, l'enseignement par l'exemple, que les classes élevées ont une si grande et, quelquefois, une si heureuse influence sur les mœurs et les habitudes des autres classes. Dans un pays comme le nôtre, où il n'y a aucune séparation réelle entre les divers groupes de la société, où l'on voit à chaque instant les ouvriers laborieux, sobres, intelligents, s'élever à la position de patron et d'entrepreneur; où tous les hommes se distinguant dans le commerce, dans l'industrie, dans les arts et dans les sciences arrivent aux premiers rangs; où il existe, ainsi, une chaîne non interrompue reliant ensemble tous les citoyens, il se forme une sorte de communauté de vie et de mœurs entre les diverses agglomérations sociales : toute amélioration dans les classes que l'on cherche à imiter se reflète sur le reste du peuple, en perfectionne les habitudes, en adoucit les mœurs, en relève le caractère et la condition.

Si la liberté, si l'éducation, si le sage exemple des classes distinguées agissent de la manière la plus efficace pour perfectionner les habitudes des travailleurs manuels, améliorer leur manière de vivre et amener une hausse des salaires naturels, l'oppression, l'ignorance dominant dans les multitudes et le mauvais exemple donné par les classes placées en évidence, pèsent, au contraire, sur le caractère moral de la classe ouvrière, lui ôtent tout esprit de prévoyance et lui font perdre l'occasion de rehausser le prix naturel du travail; la vue constante de la violence et de l'injustice, la crainte de se voir enlever des épargnes réalisées avec tant de peine, la sujétion permanente à une tyrannie habituelle, accoutument les hommes à vivre au jour le jour. L'ignorance dans laquelle ils croupissent laisse devant leurs yeux la brume épaisse des préjugés; ils ne croient pas aux merveilleuses conséquences de l'économie et de la bonne conduite, parce qu'ils n'ont pas l'esprit assez éclairé pour en prévoir les résultats, ni le courage assez ferme pour pratiquer ces vertus; ils n'imitent des classes supérieures que leurs folies, leurs extravagances et leurs vices; ils singent les passions brutales de leurs maîtres ou de ceux qu'ils regardent comme leurs chefs, parce que c'est le seul aspect sous lequel ils peuvent leur ressembler.

Les conséquences affreuses de cet avilissement des classes laborieuses, cette sorte d'affaissement moral qui les laisse tomber dans l'abîme de la misère, doivent frapper les esprits et émouvoir les cœurs. Pour conjurer ce danger terrible, c'est aux bons citoyens, c'est à tous les honnêtes gens de chercher à répandre l'instruction parmi les ouvriers, de s'efforcer de leur rendre le juste orgueil appartenant aux hommes libres, de les encourager à profiter des chances heureuses pour améliorer leur genre de vie, pour se ménager des ressources, réserves précieuses pour les années de cherté ou de manque de travail ; il faut, enfin, que les classes riches les soutiennent de leurs bienfaits dans les mauvais jours pour écarter cet immense malheur, la dégradation de la situation de la classe ouvrière.

Quand d'heureuses circonstances permettent aux salaires réels de grandir et de s'élever, il est vivement souhaitable que les suites de l'aisance qu'elles apportent aux classes laborieuses se partagent toujours entre ces deux faits, l'accroissement de la population laborieuse et l'amélioration du sort de l'ouvrier. Dans l'état de bien-être comparatif où se trouvent tout à coup les travailleurs manuels, il est dans l'ordre qu'ils cèdent au sentiment naturel portant l'homme à se choisir une compagne ; il est louable qu'ils veuillent fonder une famille ; il est désirable, dans l'intérêt des mœurs publiques, dans celui de la force virile du pays, qu'ils se marient dans leurs jeunes années, alors que l'homme est dans la plénitude de l'existence ; des institutions particulières qui contrarieraient cette tendance, agiraient contre le vœu de la nature ; il faut laisser leur libre expansion à ces passions légitimes. Mais ces sentiments intimes, tout sacrés qu'ils sont, doivent, comme tous les actes du libre arbitre, être gouvernés par la raison ; or cette sagesse innée que Dieu a mise dans chaque homme, lui enseigne qu'il ne doit songer à fonder une famille qu'autant qu'il a l'espoir assuré de pouvoir accomplir les devoirs que ce grand acte va lui imposer : voilà la base du principe de la contrainte morale, principe suffisant pour élever sans cesse la condition de l'ouvrier qui devient laborieux, sobre et prévoyant pour mériter le beau titre de père de famille.

Si les considérations que l'on vient de présenter reposent sur la base solide des sentiments intimes de l'homme, c'est dans les pays libres, dans ceux où la justice règne, où l'instruction est le plus répandue, où la religion pénètre au fond des âmes, que les progrès des salaires naturels doivent être les plus grands. Ces progrès sont mesurés par le rehaussement successif des salaires réels, dont les salaires naturels sont la véritable base et qui s'écartent fort peu au-dessus du type qui les fonde. Voici les renseignements que l'on a pu recueillir en France et en Angleterre sur la marche des salaires comparés au prix du blé.

Dans ses recherches sur la valeur de la monnaie, recherches publiées au commencement du siècle, Arthur Young a inséré un tableau des variations comparatives des prix du blé et du travail, en Angleterre, depuis le XIIIe siècle jusqu'en 1810; voici un extrait de ce document[1] :

TABLEAU DE L'ÉLÉVATION PROGRESSIVE DES PRIX DEPUIS LE XIIIe SIÈCLE.

Epoques.	Froment.	Bœuf et porc. Prix tirés des livres de l'administration des vivres.	Travail.	Population.	Commerce calculé d'après les exportations.
XIIIe siècle	5 1/2	»	3 1/2	»	»
XIVe siècle	6 1/4	»	4 3/4	»	»
XVIe siècle	6	»	5 1/2	»	»
XVIIe siècle	9 1/4	»	8	»	»
22 ans de 1767 à 1789.	11	11	12 1/2	13 1/2	8 1/4
34 ans de 1767 à 1800.	12	12 1/3	14	15 3/4	11
14 ans de 1790 à 1803.	13	17	16 3/4	18 3/4	15 1/2
7 ans de 1804 à 1810.	20	20	20	20	20

1 Lowe, *The present state of England;* London, 1822; appendix, p. 88.

On voit, par ce tableau, que depuis le XIIIe siècle jusqu'au commencement du XIXe, le prix du travail s'est graduellement élevé de manière à suivre la marche du prix du blé et même à la devancer; cela indique un successif accroissement des salaires naturels ; mais, pour préciser davantage, on prendra pour unité les prix du blé et du travail au XIIIe siècle ; on en conclura les prix comparatifs de ces deux éléments aux autres époques et on calculera en même temps les prix correspondants des salaires réels; on s'arrêtera à 1789, parce que les années suivantes ont été troublées par les conséquences de la Révolution française.

Époques.	Valeurs comparatives du blé.	Valeurs comparatives du travail.	Valeurs comparatives des salaires réels.
XIIIe siècle,	1	1	1
XIVe siècle,	1,13	1,35	1,19
XVIe siècle,	1,09	1,57	1,44
XVIIe siècle,	1,68	2,28	1,35
23 ans de 1767 à 1789.	2	3,57	1,79

Il résulte de ce calcul que les salaires réels ont à peu près doublé du XIIIe siècle à la fin du XVIIIe ; les salaires naturels ont incontestablement suivi le même mouvement et acquis un accroissement proportionnel. C'est un progrès certain et une amélioration évidente dans le sort des travailleurs manuels ; on ne peut s'empêcher toutefois de reconnaître que c'est un progrès très-lent et une bien faible amélioration pour tant de centaines d'années.

Depuis la Révolution française, le progrès a pris une marche beaucoup plus rapide. Les remarquables travaux de M. Léonce de Lavergne sur l'économie rurale de l'Angleterre ont, en effet, constaté que les salaires des journaliers de ce pays ont doublé de 1780 à 1857. Or, en 1780, le prix moyen du quarter de froment était, en Angleterre, de 45 shellings 2 pence, 19 fr. 41 l'hectolitre, et, en 1855, le prix moyen du quarter ne dépassait pas 55 shellings 10 pence, 24 fr. l'hectolitre; ainsi dans les 75 années, de 1780 à 1855, le salaire réel avait augmenté à peu près des trois cinquièmes. Si l'on prend pour unité le salaire réel en 1780, le même salaire en 1855 serait exactement 1,61. Il leur faudrait moins de cent vingt-cinq ans pour doubler. La rapidité de l'accroissement serait quatre fois plus grande qu'avant 1780.

Si l'on ajoute, comme on doit le faire, à l'expression des salaires naturels l'avantage résultant de l'abaissement de prix des articles manufacturés consommés par les journaliers, on trouvera que l'expression des salaires réels pour 1855 serait 1,80. Ainsi les salaires réels ou les salaires naturels qui admettent un mouvement parallèle, auraient, dans un espace de temps de soixante-quinze années, augmenté des quatre cinquièmes, et cela en présence d'une élévation du prix moyen du blé dépassant le quart du prix moyen du blé en 1780, et d'un accroissement de la population passant du simple au double.

Cette heureuse amélioration du sort de la classe laborieuse, en Angleterre, a pris son origine dans les éclatants succès de la production manufacturière et dans l'accumulation consécutive du capital circulant. C'est aux inventions merveilleuses des industriels, aux étonnants progrès du commerce, aux efforts incessants des cultivateurs que les ouvriers ont dû le grand accroissement du fonds des salaires, accroissement servant de base au développement des salaires courants; mais c'est aussi à la sagesse avec laquelle les travailleurs anglais ont su profiter des progrès des salaires, que leur pays a dû de voir à la fois augmenter sa population et accroître les salaires naturels de ses ouvriers.

On va trouver, en France, pendant la même époque, un avancement des salaires encore plus considérable, mais cet avantage est diminué et attristé par un retard notable dans le développement de la population. Quoi qu'il en soit, on a déjà vu qu'en prenant pour unité le salaire réel du journalier agricole, en 1780, on pouvait affirmer que le salaire du même travailleur, en 1866, pouvait être évalué à 3 fr. 25 et c'est aussi dans la même proportion qu'ont dû s'élever les salaires naturels; c'est là certainement une hausse considérable, annonçant une grande amélioration dans la situation de la classe laborieuse.

Cette hausse des salaires et l'amélioration subséquente du sort des ouvriers, se sont manifestées malgré une élévation du prix du blé bien plus considérable qu'en Angleterre ; car la valeur de cette céréale s'est élevée, en France, d'environ la moitié en sus, alors que de l'autre côté du détroit, elle n'a grandi que du quart. La décroissance de fertilité plus grande dans notre pays que dans le Royaume-Uni, a rendu plus difficile la hausse des salaires réels ou naturels, et a enlevé en grande partie à nos travailleurs manuels le douloureux avantage que leur donnait la lenteur de l'accroissement de la population.

Le rehaussement tout à fait remarquable des salaires naturels depuis 1780, démontre que les ouvriers français ont su, comme les travailleurs anglais, profiter de l'augmentation progressive des salaires réels pour améliorer leurs habitudes et relever leur situation. Il faut aussi attribuer une grande partie de cet heureux résultat à la justice de nos lois et à l'égalité régnant parmi tous les Français.

Ces heureux effets de la prévoyance chez les nations les plus libres et les plus civilisées, sont remplacés chez les peuples opprimés ou plongés dans l'ignorance par une misère croissante et une détresse infinie. Aucun pays ne présente ce fait sous des apparences plus sombres et sous des couleurs plus tristes, que ne le fait la malheureuse Irlande. La race indigène et catholique, longtemps persécutée par une race étrangère et protestante, tenue dans l'oppression et dans une sorte de servitude, privée de l'appui et de l'exemple des classes élevées désertant le pays natal, s'est abandonnée à la plus grande imprévoyance. La population s'y est accrue plus rapidement que le capital ; il paraît, d'après un rapport présenté au parlement, que la population de l'Irlande, qui était de 2 millions d'âmes en 1781, s'élevait à 7 millions en 1831, ayant presque quadruplé en quatre-vingt-dix ans, lorsque, dans le même espace de temps, la population de la Grande-Bretagne n'avait pas doublé : chacun sait cependant que l'accumulation du capital est autrement grande en Angleterre et en Écosse qu'elle ne l'est en Irlande. Cet accroissement extraordinaire du nombre des hommes dans un pays pauvre, devait avoir de funestes conséquences et elles ne tardèrent pas à se manifester, les classes inférieures, abandonnant le pain, avaient pris la pomme de terre pour nourriture exclusive ; par ce seul fait, les salaires naturels s'étaient forcément abaissés et, à la suite de cette dégradation des conditions de la vie, vint l'abaissement nécessaire des salaires réels et avec ce résultat une misère croissante. « Le nombre des per-« sonnes sollicitant de l'ouvrage, » dit un économiste anglais, « devint si considérable comparé aux moyens de payer le travail « que les salaires furent réduits à la portion la plus faible « qui puisse soutenir la vie au moyen de l'aliment le plus « grossier et le moins cher [1]. »

Le fléau qui, en 1845 et en 1846, a frappé la pomme de terre, a jeté la population de l'Irlande dans la plus effroyable détresse ; malgré les efforts inouïs qu'a faits la générosité anglaise, la famine a étendu ses ravages sur toute la population de cette île infortunée : des tribus entières ont été détruites faute de nourriture ; plus de 2 millions d'individus quittèrent le pays pour passer en Amérique ; jamais on n'avait vu une pareille calamité ! Cette affreuse situation de tout un pays jetant le cri de la faim, émut tous les cœurs et consterna le parlement ; de grands exemples d'humanité furent alors donnés par toutes les classes de la société britannique, et l'on chercha par tous les moyens possibles à atténuer le mal. Des esprits généreux et éclairés, craignant le renouvellement d'un pareil désastre, ont pris à tâche de régénérer l'Irlande et de réparer les injustices dont son peuple a été la victime. Puissent-ils réussir dans ce noble projet ! c'est le vœu de tous les honnêtes gens ;

1 Mac Culloch, *Principles of political economy*, book III, ch. IV.

mais ils éprouveront de bien grandes difficultés à remédier aux maux que la dureté de la conquête et l'orgueil anglais ont fait peser sur ce malheureux pays ; il faudra de longues années avant qu'on puisse rendre la santé à cet horrible malade que la justice céleste a attaché au flanc de l'Angleterre.

CHAPITRE DEUXIÈME.

De la part afférente aux propriétaires fonciers.

Dans le grand œuvre de la production, la terre joue un rôle immense : elle enferme en son sein les forces végétatives donnant les plantureuses moissons et les riches récoltes ; de ses entrailles sont retirés les métaux, la houille et une quantité d'autres minéraux utiles; sur les terrains en pente se précipitent des cours d'eau fournissant de grandes puissances mécaniques. Mais ces forces naturelles adhérentes au sol et ces matières fossiles, sont en la possession des propriétaires fonciers qui n'en cèdent la jouissance, l'usage ou l'exploitation qu'en échange de certaines rémunérations.

Les locations faites par les propriétaires ou les cessions de jouissance qu'ils accordent, se rapportent à trois espèces d'objets différents : les forces végétatives, le droit d'exploitation des substances minérales, la puissance mécanique des chutes. On donne le nom de *fermage* ou de *rente de la terre* à ce qui est payé pour la location des forces végétatives ; on appelle *profit foncier des mines* le prix de la faculté d'exploitation des matières fossiles ; on garde le nom de *loyer* à ce qui est dû pour l'usage de la puissance mécanique fournie par les cours d'eau.

PREMIÈRE SECTION.

Du fermage.

Dans le langage ordinaire, on comprend sous la dénomination de *fermage tout ce qui est payé au propriétaire par le fermier;* mais, dans cette location, on confond ensemble des choses fort différentes et qu'il est nécessaire de distinguer.

Divers éléments agissent sur le produit d'une terre cultivée et peuvent avoir une réelle influence sur le prix d'un *bail à ferme;* ce sont : la fertilité naturelle du sol, les travaux exécutés et les dépenses faites pour le rendre susceptible d'être cultivé, la fertilité acquise par l'incorporation dans le terrain mis en culture d'un capital dépensé soit en travaux de défrichement, de drainage et d'appropriation du sol, soit en engrais accumulés dans la terre arable ; la facilité de l'exploitation favorisée par la construction de bâtiments destinés à loger le fermier, à recevoir le bétail, à engranger les récoltes, par la clôture des champs ; le cheptel vivant attaché à la ferme. De ces éléments, les uns obéissent aux lois déterminant les fermages, les autres à celles réglant les profits, il faut savoir les reconnaître et les séparer.

La fertilité naturelle dépend de l'équilibre entre les trois éléments principaux (chaux, silice, alumine) composant essentiellement le sol superficiel, du degré d'humidité de la terre, et des qualités du sous-sol. Elle a, sans contredit, une action primordiale sur les forces végétatives ; mais cette action n'est pas exclusive et presque toujours elle est subordonnée aux effets de l'emploi du travail et du capital.

Pour les cultures les plus importantes, comme par exemple pour celle des céréales, on ne saurait, en réalité, profiter de la fertilité naturelle du sol qu'à certaines conditions : il faut nécessairement défricher et défoncer les terrains secs ou dessécher les terres inondées. Cette dépense en travail et en capital, première et solide base de la propriété foncière, se confond intimement quant à l'énergie productive avec la fertilité naturelle ; car elle est une condition indispensable de l'utilité réelle qu'on en peut retirer.

Après cette nécessaire incorporation du capital, le propriétaire peut faire sur sa terre d'autres travaux et d'autres dépenses pour en augmenter la fécondité ; mais il faut distinguer les emplois de capitaux communiquant au sol des qualités durables et permanentes de ceux ne lui apportant que des avantages temporaires et facilement épuisables : les premiers ajoutent à la fertilité naturelle, s'incorporent avec elle et en prennent le caractère ; tels seraient, par exemple, les travaux entrepris pour drainer des terrains trop humides, pour faciliter l'irrigation de ceux ayant trop de sécheresse, pour changer d'une manière permanente la composition élémentaire de la couche superficielle ; les autres, comme le marnage des terres argileuses, le chaulage des terrains tourbeux, n'ayant que des effets restreints à un petit nombre d'années, sont naturellement soumis aux lois réglant les profits des capitaux.

Il en sera de même de toutes les dépenses en bâtiments, granges, hangars, clôtures de champs. Ces emplois de capitaux avantageux au fermier, mais n'ayant aucune action sur les forces végétatives, rentrent dans la règle générale s'imposant aux différentes manières d'engager le capital.

Le cheptel attaché à la ferme n'est qu'un moyen de donner à l'exploitant la faculté de se procurer à bon marché les engrais nécessaires. C'est un emploi du capital dépendant aussi de la loi des profits.

L'analyse à laquelle on vient de se livrer, va nous permettre de préciser nettement ce qu'on doit entendre par fermage. On prendra le mot de *fermage* pour désigner la location exclusive des forces végétatives adhérentes au sol d'une manière permanente, que ces forces soient dues à la composition primitive du terrain ou qu'elles aient été définitivement acquises par des dépenses incorporées au sol et par des travaux postérieurs à l'occupation du terrain [1].

Le fermage peut être payé en denrées ou en argent ; on traitera d'abord du fermage en nature, parce qu'il permet de considérer la question sous les termes les plus simples.

§ I.

Du fermage en nature.

Le fermage en nature est cette portion du produit de la terre payée pour l'usage des forces végétatives. On en trouve l'origine et la cause dans les différences de puissance productive d'une même unité de capital, employée sur des sols de fertilité inégale ou appliquée successivement sur le même terrain. Dans chaque cas particulier, l'importance du fermage est mesurée par la différence existant entre le produit donné par une certaine somme de ce capital dépensé dans des circonstances favorables, et celui fourni par la même unité dépensée sur le sol dans les circonstances les moins avantageuses, mais rapportant cependant le taux moyen des profits.

Dans les contrées nouvelles où les terres n'ont point de maître et sont en telle abondance que tout homme voulant se livrer à la culture n'a qu'à prendre possession de la terre qui lui agrée, le fermage est inconnu. Pourquoi irait-on payer une prime pour l'usage d'un terrain occupé, lorsque toutes les terres sont libres et présentent les mêmes conditions de fertilité. Le fermage ne peut exister dans de pareilles circonstances, et l'on ne voit, en effet, rien de semblable dans ces immenses régions situées à l'ouest du Mississipi et que les pionniers américains vont conquérir à la culture. Mais, lorsque les meil-

[1] Ricardo a presque complétement épuisé le sujet que l'on va traiter. Tout ce qu'on va lire ici sur le fermage est en très-grande partie tiré de ses ouvrages. *Ricardo's works*, p. 36 et suiv.

leures terres, les plus fertiles et les mieux situées sont occupées, si la population augmente et qu'il se forme une nouvelle demande de denrées alimentaires, il faut alors, soit cultiver de nouveaux terrains, soit accroître le rendement des terres anciennement défrichées : on ne peut réaliser l'une ou l'autre de ces opérations qu'en faisant un nouvel emploi de capital, emploi rapportant un moindre produit ; voilà le fait qui va donner naissance au fermage.

Les meilleures terres d'un pays étant occupées et cultivées, supposons qu'il se forme une demande additionnelle de blé et que les prix s'élèvent assez haut pour encourager la mise en culture de terrains moins bons que ceux déjà cultivés ; admettons encore que, pour une certaine dépense de capital, les terres du premier degré de fertilité rapportent 100 hectolitres de blé et que, pour l'emploi de la même unité de capital, les terres qui viennent après ne donnent que 90 hectolitres de blé de même qualité ; les choses étant ainsi, un homme voulant se faire cultivateur trouvera autant d'avantage à payer 10 hectolitres de fermage aux propriétaires des terres du premier degré de fertilité qu'à exploiter les terres libres du second.

En effet, le blé récolté sur le terrain de première qualité se vendant au même prix que celui produit par les terrains moins fertiles, les cultivateurs des premières terres font un bénéfice égal à la différence de fertilité entre les deux espèces de terrains, et ce bénéfice est la vraie cause du fermage ; car la concurrence des agriculteurs désirant profiter des avantages recueillis par ceux qui exploitent les terrains les plus fertiles, ne permettra pas à ces personnes de conserver ce profit extraordinaire et le transportera tout entier aux propriétaires.

Si les besoins croissants de la population augmentée continuent à faire élever les prix des denrées agricoles, on pourra mettre successivement en culture des terres ne rapportant que 80, 70, 60 et peut-être 50 hectolitres de blé pour les mêmes frais produisant 100 hectolitres sur les meilleures terres. Dès qu'on est obligé, par les exigences de la demande, d'avoir recours à des sols de qualité inférieure, les terres plus fertiles doivent donner des fermages mesurés par les différences de fertilité. Si l'on suppose, par exemple, que les sols les moins bons rapportent 60 hectolitres de blé au moyen de l'unité de capital, le fermage des terres du premier degré de fertilité sera de 100 hectolitres moins 60 hectolitres, ou de 40 hectolitres; celui des terres de seconde qualité sera égal à la différence entre 90 et 60 hectolitres; il sera de 30 hectolitres; celui des terres de troisième ordre ne serait que de 20 hectolitres.

Le blé des terres cultivées en dernier lieu doit être toujours vendu à un prix assez élevé pour donner aux exploitants le taux ordinaire des profits; car, s'il en était autrement, on abandonnerait la culture des terrains les moins fertiles; mais, en admettant la parité dans la situation par rapport aux centres de consommation, il ne doit y avoir qu'un même prix pour le blé de même qualité, quel que soit le sol qui l'ait donné; dès lors, le produit des terrains d'un degré de fertilité plus élevé contiendra, outre les impenses et les profits ordinaires, un certain fermage, puisque, pour la même dépense en capital, ces terres produisent davantage que celles mises les dernières en culture, et cet excédant est à la fois la cause et la mesure du fermage [1].

Dans les pays anciennement peuplés où la culture a pris une grande extension, les terres sont toutes occupées, et les plus mauvaises elles-mêmes paraissent payer un fermage; en pareille circonstance, il semble qu'on ne puisse expliquer ce fait que par le monopole dont jouiraient les propriétaires et non par la différence de fertilité; mais le fermage n'est pas seulement amené par la différence de produit entre les terres fertiles et les terres libres de qualité inférieure, il peut prendre naissance par la différence de rapport d'une même unité de capital engagée successivement sur la même terre ou sur des terres différentes [2].

[1] Mac Culloch, *Principles of political economy*, partie III, ch. III; *Ricardo's works*, p. 36.

[2] *Ricardo's works*, p. 27.

Pour faire comprendre ce fait, imaginons que dans un pays très-peuplé toutes les terres aient été mises en culture, que les moins bonnes ne produisent que 55 hectolitres de blé et que le prix courant de cette céréale ne fasse rapporter à l'unité de capital que les impenses de culture et le taux ordinaire des profits ; ces terres ne payeront aucun fermage. Admettons que les terres du degré de fertilité immédiatement supérieur produisent pour la même dépense une récolte de 60 hectolitres de blé et qu'elles payent au propriétaire une rente de 5 hectolitres ; supposons, enfin, que la population augmente, que la demande de blé s'accroisse, que le prix courant des grains s'élève, dans un pareil état de choses, comme il n'y a plus de terres libres, on ne pourra satisfaire la demande additionnelle de denrées alimentaires qu'en augmentant le rendement des terres déjà cultivées : chaque agriculteur s'efforcera d'y réussir ; les fermiers occupant les terres rangées dans le pénultième degré de fertilité et payant une rente de 5 hectolitres, chercheront, par exemple, à augmenter leur production en blé en forçant la culture ; ils supprimeront des jachères, accroîtront la masse de leurs engrais, feront des labours plus profonds, nettoieront les terres par des sarclages répétés ; ils obtiendront des récoltes plus abondantes, mais leur dépense s'accroîtra. Si, par l'emploi d'une nouvelle unité de capital, ils obtiennent un nouveau produit de 50 hectolitres, et que le prix auquel ils vendent le blé leur assure la reprise des impenses et le taux ordinaire des profits, ils seront portés à continuer et à étendre cet emploi du capital, emploi qui leur rapportera autant que s'ils engageaient leurs fonds disponibles dans toute autre entreprise. Quand on en est arrivé à ce point, les personnes voulant s'adonner à l'exploitation de la terre seront disposées à payer un fermage de 5 hectolitres aux propriétaires des terres les moins fertiles, terres n'ayant jusqu'alors payé aucun fermage. Car le capital de ces nouveaux cultivateurs leur rapportera encore le taux commun des profits ; mais, quel que soit le désir des propriétaires de ces terrains d'augmenter leur revenu et quelques efforts qu'ils fassent en se coalisant pour louer leurs terres à un prix plus élevé, ils ne pourront y parvenir. Dans les circonstances données, la concurrence pour la production du blé viendra des personnes détenant les terres de qualité supérieure. Tous ceux de ces cultivateurs (et il y en aura un nombre immense) qui, par l'emploi d'une nouvelle unité de capital, pourront obtenir 50 hectolitres de blé, feront une concurrence désastreuse à ceux des fermiers payant au-delà de 5 hectolitres de fermage pour les terres de la plus mauvaise qualité, et il sera impossible aux propriétaires de ces terrains de les louer au-dessus de ce taux.

Les rapports différents d'une même unité de capital employée successivement sur la terre et la concurrence faite par les détenteurs des terres déjà cultivées, rendent compte de tous les fermages, même du fermage de pâture qu'on paye aux propriétaires des landes pour avoir le droit de parcours. Pour obtenir des terres arables la quantité additionnelle de fourrage nécessaire à la nourriture des animaux lâchés dans les landes, il faudrait faire une nouvelle dépense avec un revenu amoindri, et l'on évite cette dépense en payant aux propriétaires des terres vagues un certain fermage représentant la différence entre le produit de l'unité primitivement employée et celui de l'unité qu'on serait forcé d'appliquer nouvellement à la terre pour obtenir le supplément de fourrage dont on a besoin.

La véritable origine du fermage se trouve dans ce fait unique, qu'une même unité de capital appliquée successivement au sol donne des produits d'une importance décroissante. Le fermage n'est dû ni à l'occupation de toutes les terres, ni au monopole des propriétaires fonciers, il est le résultat nécessaire, la conséquence forcée des différences existant entre les produits d'une même unité de capital employée successivement, soit sur des terres diverses, soit sur le même sol.

Dans les observations que l'on vient de faire, on a supposé que le prix du blé était le même dans les divers lieux de production, mais il n'en est pas ainsi : la valeur des céréales varie dans chaque localité, non-seulement d'après les facultés productives des différentes contrées, mais aussi selon la distribution des habitants d'un même pays. Elle est toujours plus élevée sur les marchés des grandes villes et dans les campagnes qui les environnent, que dans l'intérieur des terres. Ce fait est dû aux frais de transport des lieux de production aux centres de consommation. Mais cette addition au fermage naturel suit d'autres lois que celles qu'on vient d'exposer ; elle varie avec les circonstances influant sur les frais de transport, et déjà, dans les environs de Paris, on s'est aperçu d'une influence de cette nature ; depuis l'exécution des chemins de fer, les prix de location de terre ont faibli dans le département de Seine-et-Oise, tandis qu'ils ont haussé dans la Beauce et dans la Picardie.

§ III.

Du fermage en argent.

Quand on suppose écartées les variations tenant aux modifications dont est susceptible la valeur du numéraire, le fermage en argent résulte de principes parfaitement identiques à ceux réglant les fermages en nature. Le fermage en argent est déterminé par les différences du rapport en argent d'une ou de plusieurs unités de capital employées sur une certaine terre comparé au rapport en argent de l'unité de capital employée dans les circonstances les plus défavorables.

Le rapport en argent de tout emploi de capital dans la culture est égal à la quantité de blé récoltée multipliée par le prix courant. Le prix étant toujours fixé dans chaque localité par la mercuriale du marché centre de consommation diminuée des frais de transport, le fermage en argent comprend à la fois le fermage principal mesuré par la différence de fertilité et le fermage additionnel représentant le rapprochement du centre de consommation.

Quelles sont les circonstances déterminant le prix du blé ?

La valeur échangeable d'un objet quelconque, qu'il soit agricole ou manufacturier, n'est jamais fixée par la moindre quantité de capital suffisante pour le produire ; elle dépend toujours, au contraire, des frais de production pesant sur les personnes qui le produisent dans les circonstances les plus défavorables et avec le plus de dépenses, quand cette production coûteuse est indispensable pour satisfaire la demande[1]. Les choses doivent nécessairement s'arranger de cette manière; car, si le prix moyen du marché ne se réglait pas en définitive sur les frais de production dans les circonstances les moins avantageuses, et que la valeur fût moindre que le prix de revient, tous ceux qui se trouveraient dans une semblable position éprouveraient des pertes continuelles et cesseraient de produire, la quantité offerte diminuerait, les prix s'élèveraient et ce mouvement persisterait jusqu'à ce que les cultivateurs placés dans les conditions les plus défavorables pussent obtenir le taux commun des profits. Mais le prix moyen du blé ne dépassera pas ce terme régulateur ; car, s'il venait à s'élever d'une manière permanente au-dessus de ce taux, les cultivateurs feraient des gains plus considérables que ceux des autres entrepreneurs, la culture deviendrait une occupation particulièrement lucrative, une masse de capitaux afflueraient dans les entreprises agricoles; la production du blé s'accroissant, le prix en baisserait et la baisse ne s'arrêterait qu'à l'instant où les agriculteurs obtenant le blé dans les circonstances les plus défavorables ne réaliseraient que le taux ordinaire des profits.

Le prix moyen du blé, comme celui de tous les autres produits, est donc réglé par la quantité de travail nécessaire pour produire cette céréale dans la situation la plus désavantageuse, et ce prix est ainsi déterminé par la quantité de capital dépensé pour l'obtenir dans les circonstances défavorables. Dès lors, le fermage en argent doit varier dans chaque pays selon que la production des dernières portions de blé nécessaire à la

[1] *Ricardo's works*, pp. 37 et suiv.

consommation exige l'emploi d'une plus grande somme de capital.

Le prix du blé est donc tout à fait indépendant des fermages. La valeur échangeable du blé est une des *causes*, et non un *effet*, du taux de location des terres. « Le blé, » dit Ricardo, « ne renchérit pas parce qu'on paye un fermage, c'est, au con- « traire, parce que le blé est cher que l'on paye un fermage; « et l'on a remarqué avec raison que le blé ne baisserait pas, « lors même que les propriétaires fonciers en feraient l'aban- « don entier. Cela n'aurait d'autre effet que de mettre quel- « ques fermiers en état de vivre en seigneurs, mais ne dimi- « nuerait nullement la quantité de travail nécessaire à faire « venir le blé sur les terrains les moins fertiles [1]. »

Cette nécessité fatale attachée à l'industrie agricole d'obliger le cultivateur, à mesure que la population augmente, d'avoir recours à des terres moins fertiles ou d'être réduit à n'obtenir, par l'emploi d'une nouvelle unité de capital, qu'un produit amoindri, établit une distinction tranchée entre l'agriculture et les fabrications manufacturières. Dans l'industrie, on commence par employer de grossières machines, n'accroissant la puissance productive que d'une manière faible et imparfaite, mais chaque jour de nouvelles inventions viennent les perfectionner : on en développe les effets, on en obtient avec la même dépense une plus grande masse de produits. Ces améliorations successives n'ont point de limite, et, comme on peut toujours se procurer les machines les plus nouvelles et les plus puissantes, la concurrence ne manque point de réduire le prix des objets manufacturés, prix allant naturellement toujours en s'abaissant, et c'est, en effet, ce qui se réalise chez tous les peuples civilisés [2].

Dans l'agriculture, au contraire, on emploie d'abord les

[1] Ricardo, *Principes d'économie politique*, t. I, pp. 81, 82. *Ricardo's works*, p. 39.

[2] Mac Culloch, *Principles of political economy*, book III, chap. v. — *Ricardo's works*, p. 39. — Malthus, *Inquiry into the nature and progress of rent*, p. 37.

meilleurs sols, c'est-à-dire les meilleures machines, et à mesure que la population augmente, on est obligé d'avoir successivement recours à des sols de qualité inférieure ou à des machines progressivement moins bonnes; les améliorations agricoles peuvent temporairement obvier à la nécessité de recourir aux terrains de moindre fertilité, mais cet effet n'est point de longue durée; la baisse de la valeur moyenne du blé augmente les salaires réels, le principe de population en reçoit une nouvelle énergie, le nombre des hommes s'accroît, et alors renaît cette fatale obligation de mettre en culture des sols moins fertiles, c'est-à-dire la nécessité d'avoir recours à des machines moins bonnes, nécessité terrible, cause de la hausse du prix du blé et de l'accroissement des fermages en nature et en argent.

§ III.

Des causes de la hausse et de la baisse des fermages.

L'origine du fermage étant connue, les causes de son développement expliquées, la mesure de son importance fixée, on peut étudier maintenant les circonstances amenant la hausse généralement permanente des fermages ou leur baisse ordinairement temporaire.

Il y aura hausse toutes les fois que, par suite d'un accroissement dans la demande des produits du sol, on sera amené à défricher et à livrer à la culture des terrains d'un degré de fertilité moindre que celui des terres déjà cultivées, ou lorsqu'on sera engagé à faire sur les sols exploités un nouvel emploi de capital devant rapporter un produit moindre que celui de l'unité de capital employée en dernier lieu; car les différences de produit entre les divers terrains cultivés et le sol nouvellement défriché, seront plus grandes qu'elles ne l'étaient avant le dernier défrichement; les différences de rapport entre les unités de capital successivement engagées sur les terres arables suivront la même loi. Tout au contraire, les fermages éprouveront une baisse, lorsque les cultivateurs, par suite d'une diminution permanente dans le prix des grains, seront forcés, soit de retirer les unités de capital donnant le moindre rapport, soit d'abandonner la culture des terrains les moins productifs.

Voilà les faits donnant naissance à une hausse et à une baisse des fermages ; mais il reste à rechercher les causes directes ou indirectes, générales ou particulières amenant une plus grande demande de blé et l'extension de la culture, ou une baisse du prix des céréales et la réduction de l'emploi du capital dans l'exploitation du sol.

Il existe quatre causes pouvant entraîner l'extension de la culture et, par conséquent, une hausse des fermages, ce sont : l'augmentation de la population, l'accumulation du capital, les améliorations dans la culture, le haut prix momentané des denrées agricoles. Les deux premières sont des causes générales et directes ; la troisième est une cause générale mais indirecte et médiate ; la quatrième, une cause directe mais accidentelle et temporaire.

Dans un pays dont la population s'accroît, la demande de denrées alimentaires va toujours en grandissant, les prix s'élèvent, les profits des cultivateurs dépassent les autres profits ; les entreprises agricoles deviennent comparativement lucratives, les capitaux se dirigent vers cette branche de la production, la culture prend de l'extension : à l'instant où l'on se met à défricher des terrains moins fertiles ou à employer de nouvelles unités de capital avec un moindre rapport, les fermages haussent de toute la différence mise à jour : cet effet se continue jusqu'à ce que la demande additionnelle de produits agricoles soit complétement satisfaite ; alors les capitaux employés sur le sol ne rapportant que le taux moyen des profits, le mouvement d'extension de la culture s'arrête et les fermages restent stationnaires.

L'augmentation du capital, quand elle n'est pas accompagnée d'un accroissement simultané de la population laborieuse, entraîne toujours une hausse des salaires, hausse permettant aux classes ouvrières de satisfaire leurs besoins avec plus d'ampleur ; cette aisance comparative favorise les mariages, multiplie les naissances, diminue les décès, la population s'augmente et avec elle s'accroissent la demande de blé et les fermages.

Les améliorations agricoles sont de deux sortes : les unes proviennent d'économie dans les frais d'exploitation, les autres d'accroissement dans le produit ; les premières diminuent les dépenses du cultivateur en laissant le rendement stationnaire, les autres augmentent la fécondité du sol cultivé, et, pour une même dépense en capital, donnent un produit plus considérable.

Les premières résultent de toute simplification dans la culture : tels sont, l'intelligent emplacement de la ferme, le bon emploi du personnel et l'habile aménagement des attelages, l'adoption de machines perfectionnées pour exécuter certains travaux agricoles, etc. La quantité de blé apporté au marché restant la même, les prix n'éprouvent aucune baisse ; mais, comme les économies réalisées augmentent les profits, ces améliorations ont pour résultat définitif d'accroître le rendement de l'unité de capital et ont, par conséquent, une légère tendance à empêcher la hausse des fermages.

Les améliorations grandissant le rendement en grain se rapportent à la suppression des jachères, au système des assolements, aux procédés de la culture intensive ; isolées et particulières à certaines localités, elles ont pour effet direct d'augmenter le fermage des terres où elles sont réalisées ; multipliées et générales, elles agissent de deux manières différentes et opposées dans leurs résultats définitifs. Dans les premiers moments, elles tendent à faire baisser le prix des céréales et déterminent par suite une baisse des fermages en argent et quelquefois même des fermages en nature ; mais cette influence ne saurait être permanente, car l'élévation des salaires réels, conséquence nécessaire de l'abaissement de prix des denrées alimentaires offre à l'accroissement de la population un véritable encouragement : la demande s'accroît, la valeur des produits agricoles se relève, et comme les améliorations ont augmenté la fertilité générale, lorsque les prix sont remontés à leur ancien niveau, il existe entre les divers sols mis en culture de plus grandes différences dans le rendement et, par conséquent, les fermages soit en nature, soit en argent, ont dû recevoir une augmentation mesurée par le surcroît de produit réalisé.

Cette cause indirecte, mais définitive de la hausse des fermages a les plus heureux effets ; elle permet d'étendre la culture et d'obtenir des quantités de produits de plus en plus considérables, sans diminuer le rapport réel d'une même unité de capital. C'est à l'accroissement simultané des puissances productives de son capital agricole comme de son capital manufacturier, que l'Angleterre doit l'étonnante prospérité à laquelle elle est parvenue ; c'est aux immenses améliorations réalisées depuis 1760 dans l'agriculture de ce pays, par l'introduction des prairies artificielles, par la culture du turneps, par les marnages et la multiplication du bétail, que les cultivateurs anglais doivent d'avoir pu retirer du sol une quantité de denrées alimentaires double de celle qu'ils produisaient il y a un siècle, et de pouvoir payer des fermages doubles de ceux qu'ils payaient, sans que les profits agricoles aient baissé et sans que le prix du blé ait augmenté de plus d'un cinquième.

La quatrième cause de la hausse des fermages, provient de l'élévation du prix courant du blé au-dessus de sa valeur normale. Ce fait est dû à des causes accidentelles : une succession de mauvaises récoltes, une exportation extraordinaire de blé, la formation de grands approvisionnements pour l'entretien d'armées en campagne.

L'élévation du prix du blé augmente d'abord les fermages en argent, mais là ne s'arrête pas le mouvement. Quand la hausse a quelque durée, elle tend aussi à faire croître les fermages en nature ; car les cultivateurs vendant les grains à des prix élevés, sont fort encouragés à en augmenter la production. On défriche de nouvelles terres, on force le rendement de sols déjà exploités, et cela amène une hausse des fermages en nature. Quand les circonstances temporaires ont cessé, les prix retombent à leur ancien taux ; mais la hausse des fermages en nature ne disparaît pas toujours, parce que l'activité sollicitée par les hauts prix, conduit souvent à des perfectionnements dont l'effet est durable, et ceux-ci maintiennent en partie la hausse obtenue.

Deux causes peuvent faire baisser les fermages, ce sont : l'amoindrissement du capital et la diminution de la population.

Quelle que soit la cause amenant une diminution de la population, comme elle entraîne un amoindrissement proportionnel dans la demande des denrées alimentaires, elle conduit à la baisse des prix courants et à la décroissance des profits agricoles : les capitaux se retirent de la culture de la terre ou, du moins, ne s'y engagent plus ; on restreint les exploitations ; on rend à la pâture les terres les moins fertiles ou on les plante en bois. Il en résulte une baisse des fermages.

L'amoindrissement du capital a une influence exactement semblable, mais d'un effet moins immédiat : la diminution du fonds des salaires jette d'abord la détresse parmi les classes ouvrières ; la demande de blé diminue et entraîne une baisse des fermages.

Cette baisse est ainsi le résultat de tout ce qui tend à appauvrir et à amoindrir les nations. La hausse de la rente de la terre, à l'opposé, signale presque toujours un mouvement continu de prospérité. C'est un signe de prospérité, mais ce n'est point une cause de richesse ; car on verra bientôt que, sauf l'heureuse influence des améliorations agricoles, la hausse des fermages est presque toujours inséparablement unie à une baisse des profits, et on sait que l'affaiblissement des profits amène nécessairement un ralentissement forcé dans la marche de la fortune publique.

DEUXIÈME SECTION.

Du profit foncier des mines.

L'homme ne cultive pas seulement la surface de la terre, il en fouille les entrailles pour en retirer les trésors que la nature y tient cachés : c'est à l'exploitation des mines que la société doit l'or et l'argent servant d'intermédiaire dans les échanges, le fer, le cuivre et les autres métaux formant la substance des outils et des machines ; c'est à cette grande industrie souterraine qu'elle doit encore les combustibles minéraux, immenses magasins de puissance mécanique. Si les efforts des cultivateurs donnent à l'homme les denrées nécessaires à l'existence des travailleurs, ceux des mineurs leur fournissent les moyens les plus efficaces d'augmenter la puissance productive du travail lui-même.

Les mines ont, comme les terres, divers degrés de fécondité : les unes affleurent à la surface du sol, offrent en abondance un minerai riche et de facile réduction ; d'autres, au contraire, s'enfoncent dans les profondeurs, sont inondées par les eaux souterraines ou ne renferment qu'un minerai pauvre et difficile à traiter. Comme les terres, les mines rapportent des produits d'une importance très-variable.

Dans aucun pays la différence du rapport des mines en raison de la richesse qui leur est propre, n'a été plus sensible qu'au Mexique ; la plupart des exploitations des minerais argentifères n'y donnent que le taux ordinaire des profits ; mais il y a certaines localités privilégiées qui ont fait la fortune des inventeurs et qui maintiennent celle de leurs descendants. Ainsi la mine de Valenciana, dans le district de Guanaxuato, a rapporté communément pendant les vingt-cinq dernières années du XVIIIe siècle, trois millions de francs aux propriétaires [1].

[1] Humboldt, *Essai politique sur la Nouvelle-Espagne*, t. III, p. 413.

La mine d'Himmelfurst, la plus riche des exploitations de Saxe, n'a donné pendant le même temps que 900,000 fr. de bénéfice net. La plus grande partie des mines de Freyberg ne rendent que le taux moyen des profits. Au Mexique, on abandonne continuellement des mines d'or et d'argent parce qu'elles ne donnent pas les bénéfices ordinaires des capitaux.

Une diversité semblable existe aussi dans les produits de toutes les exploitations minérales ; mais les prix courants des métaux et ceux de toutes les matières minérales, ne sont point déterminés d'après les frais de production de ces substances aux lieux où elles sont obtenues le plus facilement ; ils sont, au contraire, mesurés par les frais de production dans les localités où on les obtient avec le plus de difficulté. Car, si les matières fossiles exploitées dans les conditions les plus défavorables sont nécessaires à l'approvisionnement du marché, elles doivent obtenir un prix suffisant pour assurer aux exploitants le taux ordinaire des profits. S'il n'en était pas ainsi, ces personnes abandonneraient leur exploitation pour engager leurs capitaux dans une industrie plus favorisée ; le marché n'étant plus aussi bien fourni, les prix s'élèveraient jusqu'au point nécessaire pour donner les bénéfices ordinaires à ceux qui exploitent dans les conditions les plus difficiles.

Mais les valeurs échangeables des produits miniers ne pourront jamais dépasser le prix rémunératenr nécessaire aux exploitations placées dans les plus mauvaises situations ; si elles allaient au delà, on ferait dans les affaires de mines de plus grands bénéfices que dans les autres entreprises ; les capitaux y afflueraient, la production augmenterait, l'approvisionnement surabondant amènerait la baisse et, au bout de peu de temps, les prix courants seraient déterminés par les valeurs normales des produits minéraux obtenus dans les circonstances les plus défavorables.

Les prix des produits miniers, comme ceux des produits agricoles, sont ainsi fixés par les frais de production de celles de ces substances extraites dans les conditions les plus mauvaises. Or il n'y a, sur le marché, qu'un seul prix pour tous les produits de même espèce et de même qualité, quels que soient les lieux d'où ils proviennent et quels qu'en aient été les frais de production ; dès lors, les propriétaires des mines dont l'exploitation est moins dispendieuse vendent leurs produits aussi cher que les exploitants dont les mines sont moins avantageuses ; les premiers font des gains plus considérables ; l'excédant de ces gains sur le taux ordinaire des bénéfices constitue le profit foncier de chaque mine.

Pour mesurer cet excédant, il faut constater les différences entre le rapport de l'unité de capital employée dans la situation la plus défavorable et celui de la même unité dans la mine dont on veut calculer le produit foncier. Supposons, par exemple, que la mine d'Himmelfurst rende à ses propriétaires 7 kilogrammes d'argent à 900 millièmes de fin par chaque emploi d'un capital de 1,000 francs, et que les autres mines de Freyberg laissent à l'exploitant 5 kilogrammes et demi d'argent au même titre pour la même dépense et qu'elles ne rapportent que le taux ordinaire des profits. Dans une pareille hypothèse, le profit foncier de la mine d'Himmelfurst sera d'un kilogramme et demi d'argent pour chaque unité de 1,000 francs employée dans l'exploitation, et, si les propriétaires voulaient l'affermer, ils pourraient obtenir une redevance fixée par cette évaluation.

Il est très-rare dans l'industrie des mines, que les exploitations soient conduites par d'autres que par les propriétaires eux-mêmes. Dans de pareilles entreprises, il faut immobiliser des capitaux trop considérables pour que de simples fermiers puissent aborder de semblables dépenses. Le profit foncier des mines se confond donc le plus souvent avec les profits des capitaux fixes et circulants engagés dans ces exploitations. Mais la rente des mines est chose fort distincte de la portion du produit net devant appartenir aux propriétaires comme capitalistes et entrepreneurs ; la première est déterminée par la différence des produits, l'autre est fixée par la loi réglant les profits.

Si, de tout temps, le sol souterrain et les gîtes métallifères avaient été connus comme le terrain superficiel, si les exploitations minérales avaient, comme les entreprises agricoles, commencé par les couches les plus productives, si les mines conservaient le même degré de richesse, comme les terres gardent le même degré de fertilité, si, enfin, les produits minéraux possédaient, comme les denrées agricoles, la faculté de se créer une demande proportionnelle à leur abondance, alors les principes établis pour les fermages eussent été entièrement applicables aux profits fonciers des mines. Mais cela n'est pas, et l'on est loin des conditions qui pourraient autoriser la complète application des mêmes règles.

On connaît très-imparfaitement la topographie des dépôts métallifères : ce n'est que depuis un demi-siècle que la science a pu tracer quelques règles pour guider le mineur dans la recherche des gîtes. D'un moment à l'autre, on peut encore découvrir des filons dont l'exploitation soit plus lucrative que celle de mines plus anciennes. L'extension de la production n'est pas non plus nécessairement suivie d'une diminution dans le rendement. L'histoire de l'industrie minière au Mexique en offre de célèbres exemples : les recherches des gîtes argentifères et les travaux d'exploitation avaient commencé bien avant la conquête, et cependant ce ne fut qu'en 1760 que fut découverte la fameuse mine de Valenciana, la plus riche de la Nouvelle-Espagne, et ce n'a été qu'en 1778 qu'on ouvrit les galeries mettant à jour le gîte de Catorce qui occupe le second rang [1]. Les lavages si productifs des sables de Californie, le succès des chercheurs de pépites d'or dans les districts de Melbourne et de Vittoria, la prospérité croissante des grandes compagnies exploitant les quartz aurifères dans les Montagnes Rocheuses et en Australie, sont des faits tout récents.

Les mines ne conservent pas toujours le même degré de richesse : les exploitations des minerais en couches, comme, par exemple, celles des gîtes houillers, sont faciles et lucratives tant qu'on attaque les bancs supérieurs ; mais, au bout d'un

[1] Humboldt, *Essai politique sur la Nouvelle-Espagne*, t. III.

certain temps, le mineur est obligé d'abandonner les couches épuisées pour exploiter des couches parallèles situées plus profondément, et les frais augmentent considérablement à mesure que les travaux s'enfoncent. Dans l'exploitation des filons, la variation du produit est encore bien plus grande : la veine métallifère tantôt se resserre et tantôt s'élargit, la matière qu'elle contient varie de même en quantité et en richesse. Ainsi plusieurs causes se réunissent pour faire varier le revenu foncier des mines.

Quelque utiles que soient les produits des mines, ils ne possèdent pas toutefois cette faculté particulière aux produits agricoles de se créer des consommateurs : le bon marché des denrées alimentaires n'est jamais que temporaire, parce que le bas prix des subsistances est un puissant encouragement à la multiplication des hommes et, par conséquent, à la demande de blé. La baisse de valeur des produits minéraux en augmente la consommation, mais ne fait que suivre la dépréciation et cesse avec elle ; la baisse augmente le nombre des consommateurs pour le présent, mais ne fait rien pour les multiplier dans l'avenir. Les améliorations agricoles entraînent toujours, au bout d'un certain temps, une hausse des fermages; tandis qu'à l'opposé les progrès dans l'exploitation des mines amenant une baisse générale et permanente dans le prix des substances minérales, on doit en conclure que la loi générale réglant la rente foncière des mines est de subir une diminution progressive et proportionnelle à la baisse des prix [1].

[1] Il faut excepter de cette conclusion trop générale les profits fonciers de certaines exploitations d'espèces minérales dont les dépôts sont limités et dont les valeurs échangeables peuvent acquérir un prix de monopole ; tels sont, par exemple, les combustibles minéraux.

TROISIÈME SECTION.

Du loyer de la puissance mécanique des cours d'eau.

La surface de la terre est parcourue par de grands fleuves, traversée par une multitude de rivières, sillonnée par un nombre infini de ruisseaux ; tous ces cours d'eau, non-seulement portent la fertilité dans les campagnes qu'ils arrosent, mais offrent encore à l'industrie humaine des forces mécaniques nombreuses et puissantes. La mer, qui enveloppe de sa masse liquide les continents et d'innombrables îles, élève et abaisse, par le mouvement périodique et oscillatoire des marées, d'énormes vagues dont la vitesse et le poids développent une puissance mécanique incommensurable. Or l'homme sait changer la puissance mécanique en travail et le travail a une grande valeur industrielle ; la possession des cours d'eau et le voisinage de la mer peuvent devenir ainsi de grandes sources de revenu.

Parmi les eaux courantes, les unes sont des propriétés publiques, les autres des propriétés privées. Sur les fleuves et les rivières, les gouvernements accordent des concessions permettant d'utiliser une portion de l'immense force motrice contenue dans ces grandes masses fluides. En général, chez les peuples civilisés, le rivage de la mer appartient à l'État, qui peut concéder aux riverains ou même à des étrangers le droit de s'emparer de cette force mécanique immense qui se dépense à battre les rochers du rivage ou à démolir les falaises. Là où les lois du pays n'ont point réservé le rivage de la mer comme propriété publique, les propriétaires riverains jouissent de cet avantage comme d'un accessoire de leurs fonds. Les concessionnaires d'établissements à la mer ou de chutes sur les fleuves et rivières, comme les propriétaires de cours d'eau ou d'emprises sur les marées, peuvent se réserver l'usage de la puissance mécanique dont ils disposent, ou en céder la jouissance moyennant une certaine rémunération.

Le loyer des chutes varie suivant l'importance de la puissance mécanique qu'elles possèdent. Il y a, entre les revenus des établissements profitant de la force motrice contenue dans l'eau en mouvement, des différences comparables à celles existant entre les fermages et à celles des profits fonciers des mines ayant des richesses inégales ; mais ils se distinguent nettement de ces deux espèces de revenus territoriaux ; car, si les fermages et les rentes foncières sont toujours déterminés par le rapport de la dernière unité de capital employée dans les circonstances les plus défavorables, comparé à celui de l'unité engagée dans chaque entreprise particulière, les loyers payés pour la jouissance du pouvoir mécanique donné par les cours d'eau ou fourni par les vagues heurtant le rivage, sont toujours réglés par le prix auquel revient la force motrice artificielle produite à l'aide des machines les plus perfectionnées et les moins coûteuses.

Peu importe, en effet, à l'entrepreneur d'industrie que le moteur dont il se sert lui soit donné par une chute d'eau, par une machine à vapeur ou par un manége, il en offrira un prix égal, si les circonstances de situation sont les mêmes ou lui sont indifférentes. Or il est toujours possible de créer partout des forces motrices artificielles d'une puissance déterminée ; celles-ci font alors partout et toujours une concurrence inévitable aux forces motrices naturelles et en déterminent la valeur. Les loyers des puissances mécaniques attachées au sol et, notamment, ceux des chutes et des vagues domptées ne sauraient dépasser les frais de production d'une force motrice artificielle d'une égale intensité.

CHAPITRE TROISIÈME.

Des profits ou de la part revenant aux capitalistes et aux entrepreneurs.

Le produit total de l'action réunie et combinée du travail, du capital et de la terre, doit se partager entre les travailleurs manuels, les propriétaires fonciers et les entrepreneurs ; mais on vient de voir que la part afférente aux propriétaires ruraux est réglée par des faits tellement en dehors de l'ordre ordinaire, que la rétribution qui leur est dévolue n'entre pour rien dans les prix. Si l'on retranche de la masse produite cette part spéciale, ce qui reste appartient aux ouvriers, aux entrepreneurs et aux capitalistes. Or on sait que la part des travailleurs est fixée par une transaction anticipée, transaction qui n'a d'ailleurs rien qui leur soit défavorable, et l'on a étudié les règles servant à en déterminer les éléments ; on connaît dès lors la part revenant aux entrepreneurs et aux capitalistes ; car elle est égale au produit total, moins les salaires et les fermages.

Cette portion se compose toujours de deux parties : l'une n'étant que le remboursement des avances faites, avances comprenant le payement des salaires, l'achat des matières premières et des matières diverses consommées dans l'usage des outils et machines, l'annuité d'amortissement du capital fixe ; l'autre formant le profit ou le surplus obtenu par l'opération productive. La première n'est que la reprise des impenses, la rentrée des fonds dépensés ; la seconde est le résultat de la puissance créatrice communiquée aux capitaux par l'habile direction de l'entreprise et l'heureux emploi des éléments producteurs.

Le profit est le surplus du produit total sur le capital dépensé, c'est l'excédant de la valeur des objets créés sur les frais de production. Si l'on suppose qu'un fabricant emploie 500 francs de matières premières et 500 francs de salaires pour un objet vendu 1,200 francs, le profit sera 200 francs. Quand la production se fait à l'aide d'une machine ou de tout autre emploi de capital fixe, le montant de l'annuité d'amortissement entre dans la somme des impenses. Si, par exemple, à l'aide d'une machine coûtant 800 francs et d'une durée de quatre années, exigeant, par conséquent, 200 francs d'amortissement annuel, on obtient, en dépensant 400 francs de salaires et 400 francs de matières, tant premières que diverses, un article qu'on vende 1,320 fr., les frais de production étant de 1,000 francs, le profit sera de 320 francs. Dans la pratique, on rapporte les profits au capital engagé et on les mesure par l'expression de ce rapport exprimé en centièmes. Ainsi, dans le premier exemple, la dépense étant de 1,000 francs et le gain de 200 francs, le profit est le cinquième du capital engagé et l'on exprime ce fait en disant que le profit est de 20 p. 0/0. Dans le second, le capital dépensé s'élevant à 800 francs et le capital immobilisé dans la machine étant également de 800 francs, le capital total engagé dans l'entreprise est de 1,600 francs, le profit montant à 320 francs, il est encore de 20 p. 0/0. Cette façon d'évaluer les profits paraît naturelle ; car l'entrepreneur, connaissant toujours le capital qu'il a engagé, peut facilement établir le prix de vente. Mais il ne faut pas oublier qu'il n'y a de profit qu'après la vente et par la réalisation d'un excédant de valeur du produit vendu sur le montant du capital dépensé.

Le profit existe dans le prix de l'objet vendu ; mais, pour l'en dégager, il faut en retrancher la dépense tant en matières qu'en salaires, ainsi que l'annuité d'amortissement. Pour rendre cette opération possible, il convient que tous les éléments du calcul soient de même nature ; or les matières peuvent se composer d'une foule d'articles divers, les salaires sont payés en argent ou en blé ; l'annuité d'amortissement se compte en argent ; le produit créé est toujours un objet différent soit de la matière employée, soit des salaires, et le prix en est indiqué en argent. On ne peut cependant arriver à l'expression du profit à moins de rapporter ces divers éléments à une commune mesure ; or, de toutes les communes mesures, la monnaie est la plus usitée ; le profit sera donc exprimé en argent.

Quand, dans un pays, l'industrie est parfaitement libre et que les capitaux peuvent, sans difficultés, entrer dans tous les emplois, le taux des profits doit y être parfaitement identique. S'il se rencontrait, en effet, un emploi dans lequel les profits fussent plus élevés que dans les autres, les capitaux y afflueraient, la production s'y développerait ; l'offre s'accroissant, les prix baisseraient et, avec eux, les profits. Cet effet certain se continuerait jusqu'au moment où cette industrie ne rapporterait que le taux commun.

Ce raisonnement suppose que toutes choses sont égales d'ailleurs par rapport à l'emploi du capital, c'est-à-dire que les emplois sont d'une égale sécurité, de même agrément et d'une semblable facilité. Les profits se composent, en réalité, de trois éléments : l'intérêt du capital engagé, le dédommagement pour risques encourus, la rémunération du temps employé et du talent manifesté dans la direction de l'entreprise. Si les emplois particuliers du capital ou les lieux dans lesquels il est engagé entraînent quelques changements dans les parties intégrantes constituant le profit, il est juste et conforme à l'égalité relative que le taux des profits en soit augmenté ou diminué.

L'intérêt du capital est sensiblement le même dans le même pays pour les prêts faits dans les conditions offrant d'égales garanties ; mais il diffère, chez les divers peuples, selon le degré de sécurité dont on y jouit. Car, l'intérêt étant la rémunération de l'abstention du capitaliste résistant au désir de consommer ce qu'il a gagné, dans l'espoir d'en retirer un avantage dans l'avenir, plus cet avenir est incertain, plus il est nécessaire que la prime d'intérêt soit élevée pour engager l'homme à épargner.

Le dédommagement pour risques encourus est variable pour chaque industrie, selon les pertes qui lui sont propres. Quand ces chances peuvent être garanties par des compagnies d'assurance comme le sont, par exemple, les sinistres maritimes, les pertes par incendie et par la grêle, les primes payées constituent une dépense et entrent dans les frais de production ; mais, quand les risques sont trop variables pour être classés dans les faits assurés, ils peuvent varier, soit selon les grandes divisions de l'action productive, soit même selon les singularités des fabrications particulières.

Les chances de pertes, par suite de non-payement, doivent certainement être moins grandes dans l'agriculture, où, en général, toutes les ventes se font au comptant, que dans l'industrie et le commerce, où la coutume est de faire crédit il est donc naturel d'admettre que les profits des cultivateurs soient de ce chef moindres que ceux des fabricants et des marchands.

Quand on quitte ces grandes divisions de la production pour descendre dans le détail des industries particulières, on voit se prononcer davantage l'influence de l'inégalité des chances de pertes. Tout le monde a entendu parler des profits énormes réalisés par les tailleurs des grandes villes : l'élévation des gains de ces industriels paraît être due aux risques qu'ils courent et aux pertes qu'ils éprouvent par suite de la facilité avec laquelle ils accordent crédit ; ils font payer à leurs bonnes pratiques les sommes que leur enlèvent les mauvaises. Dans toutes les parties de la production soumises à l'empire de la mode, les bénéfices sont aussi considérables : les bijoutiers, les marchands de nouveautés et d'articles de fantaisie, les libraires, etc., gagnent beaucoup plus que le taux ordinaire des profits, parce qu'ils sont exposés à avoir des *fonds de boutique*.

Le troisième élément, la rémunération du temps employé, de la peine supportée, du talent montré dans la direction de l'entreprise, est sujet à de grandes variations et amène le plus souvent de l'inégalité dans le taux des bénéfices. Cette portion composante du profit a naturellement une grande analogie avec les salaires et doit être affectée par les mêmes causes : ainsi la rémunération doit être moins considérable dans toutes les positions auxquelles l'opinion publique ou la coutume accorde une considération particulière que dans celles que l'on regarde comme plus humbles. Mais ce qui a le plus d'influence pour élever le profit, c'est la continuité de l'occupation, les connaissances qu'elle suppose ou les dangers qu'elle peut entraîner.

Les marchands en détail gagnent des profits plus élevés que ceux des agriculteurs, des manufacturiers et des marchands en gros, non-seulement parce qu'on les place à tort dans une classe moins relevée, mais principalement encore parce que la multiplicité de leurs ventes les oblige à une assiduité presque continue.

Il arrive aussi que certaines entreprises font courir des dangers personnels ou causent des désagréments particuliers: les négociants faisant le commerce du Brésil, de l'Inde ou de la Chine, les marchands allant trafiquer avec les tribus sauvages de l'Amérique du Nord, tous ceux qui commercent avec les populations lointaines ou barbares font des gains supérieurs à ceux qu'on réalise dans l'intérieur du pays natal. Ces bénéfices extraordinaires sont le prix des périls encourus par les personnes qui trafiquent dans des régions si différentes de celles où elles ont été élevées. Même dans le commerce intérieur, il existe quelques professions ou métiers dans lesquels le capital rapporte des profits singulièrement élevés : les bouchers et les aubergistes sont dans ce cas; les gains extraordinaires qu'ils font, trouvent une juste cause dans les conditions pénibles ou désagréables attachées aux industries qu'ils exercent.

Certains emplois exigent une instruction et une habileté acquises par de la dépense et du travail; les personnes s'adonnant à ces industries spéciales, prélèvent outre les profits ordinaires une sorte de prime ou d'indemnité pour le capital dépensé et la peine supportée pendant l'apprentissage ou les études nécessaires pour acquérir les connaissances exigées ; c'est l'origine des gros profits des pharmaciens.

En mettant à part les emplois de capitaux présentant des conditions spéciales, en retranchant de certains profits extraordinaires les frais particuliers aux industries qui les donnent, on peut poser en principe général que, dans un même pays, le taux des profits ou le tant pour cent sur le capital engagé, est égal dans tous les emplois des capitaux. Ce principe établi, on peut rechercher les causes générales faisant varier le taux des profits.

Le profit ou l'excédant de valeur obtenu dans la production, est égal au montant du produit total moins le capital dépensé en salaires, en matières et en annuités d'amortissement ; mais les matières transformées ou consommées dans l'acte productif sont elles-mêmes des produits du travail et du capital, et se résolvent en salaires et en profits ; les machines et les outils employés dans la production, usés ou détruits au bout d'un certain nombre d'années, les constructions de toute espèce aidant le travail et abritant les ouvriers, ont été fabriqués ou bâties à l'aide d'une grande dépense en salaires et en matières, c'est-à-dire en salaires et profits ; les annuités représentant la détérioration éprouvée par ce capital fixe, se résolvent donc aussi en salaires et en profits. L'analyse des impenses nous conduit à cette conclusion certaine, qu'elles consistent en salaires nouveaux ainsi qu'en salaires et profits anciens ; le profit est donc égal au montant du produit total, moins une dépense consistant en salaires anciens et nouveaux ainsi qu'en profits anciens accumulés. Comme les profits anciens accumulés forment par rapport à la masse totale des salaires anciens et nouveaux un terme d'une faible importance et tout à fait secondaire, on peut, en le négligeant momentanément, arriver aux conclusions générales suivantes : le taux des profits haussera ; 1° quand, les salaires restant stationnaires, le montant du produit total haussera ; 2° quand la valeur du produit total ne changeant pas, les salaires baisseront. Le taux des profits faiblira : 1° quand les salaires demeurant les mêmes, le produit total viendra à diminuer ; 2° lorsque le produit total ne variant pas, les salaires hausseront ; enfin, quand les deux éléments variables changent en même temps et avec des actions opposées, il y aura hausse ou baisse des profits selon que les influences dans un sens l'emporteront sur celles qui leur sont contraires.

Il y a ainsi deux éléments principaux agissant sur les profits, ce sont l'importance du produit total et les salaires réels : comme le premier, peut exercer une grande influence sur le second, il sera utile, pour rendre plus simple la discussion, de commencer par lui et il faudra séparer, dans le produit total, la création des objets destinés à la consommation des travailleurs de la production des articles consommés par les autres classes. On commencera par étudier l'effet des variations de l'efficacité productive relativement à cette dernière classe de produits, parce que l'influence qu'elle exerce sur les profits est peu considérable et qu'il convient de l'éliminer.

Quand, par un des nombreux moyens augmentant la puissance productive, on est parvenu à améliorer les procédés de fabrication dans les mille industries satisfaisant les besoins variés des classes aisées, il y a diminution dans les frais de production et augmentation momentanée dans les bénéfices de ces fabrications particulières ; mais bientôt la concurrence y ramènera les profits au taux commun légèrement surhaussé ; l'abaissement des prix permettra aux propriétaires fonciers, aux capitalistes, aux entrepreneurs et à ceux des travailleurs manuels dont les salaires sont les plus élevés de réaliser quelques économies sur leur dépense ordinaire ou les engagera à augmenter leur consommation de ces articles particuliers ; mais le taux des profits n'en sera pas sensiblement affecté, car les salaires réels n'en éprouvent aucun changement.

La diminution de la puissance productive dans ces industries si élégantes serait un fait extraordinaire, n'apparaissant qu'en de rares occurrences ; dans tous les cas, il aurait un effet exactement opposé à celui qu'on vient d'examiner, et, comme il n'aurait qu'une faible influence, il n'y a pas lieu de s'y arrêter.

Le développement ou l'atténuation de la puissance productive dans la création des denrées alimentaires ou dans la fabrication des articles destinés à la consommation des classes ouvrières, a sur les profits une influence bien autrement importante et bien plus durable.

Comme on a déjà eu l'occasion de le faire remarquer, dans les pays anciennement civilisés, et notamment en France et en Angleterre, les aliments forment environ les trois quarts de la dépense de la classe ouvrière, le dernier quart étant employé en vêtements, combustibles, logement. Ainsi, dans presque tous les États ayant une vieille existence, la consommation des classes laborieuses porte en très-grande partie sur les denrées alimentaires, produits directs du sol et dont la valeur dépend du degré de puissance productive du capital agricole; mais les frais de production des denrées alimentaires déterminant les salaires naturels qui eux-mêmes réagissent sur les salaires réels et par conséquent sur le taux des profits, il y a donc un extrême intérêt à étudier la marche de la production agricole.

Dans les contrées où les terres libres et fertiles sont d'une étendue illimitée, on ne met la charrue que dans les sols les plus riches et les mieux situés ; les travaux agricoles y sont récompensés par d'abondantes moissons : en de semblables circonstances, la puissance productive agricole est très-grande, la quantité d'hectolitres de blé fournie par l'unité de capital est fort considérable, et, comme les salaires naturels et réels sont comparativement bas, les profits y atteignent un taux élevé. Voilà ce qui arrive dans les immenses terrains que les pionniers américains vont défricher au-delà du Mississipi ; c'est ce qui se présente aussi partout où l'on fonde une colonie nouvelle sur un sol fertile. Mais à mesure que la population croît et se développe, elle fait une plus grande demande de produits agricoles et, si elle ne peut s'éparpiller indéfiniment sur de nouvelles terres libres et fertiles, on est obligé d'avoir successivement recours à des terrains de moins en moins fertiles :

l'unité de capital donne un nombre d'hectolitres qui va en se réduisant, les prix des céréales s'accroissent, les salaires naturels et les salaires courants augmentent, par suite les profits baissent.

Cette décroissance progressive dans la fécondité des terres mises successivement en culture, est heureusement combattue par les améliorations agricoles : il n'est pas douteux, par exemple, que les perfectionnements réalisés depuis un demi-siècle en Angleterre n'aient souvent retardé la diminution de la puissance productive du capital agricole. Si l'on s'en rapporte, en effet, aux renseignements donnés par les auteurs les mieux informés, on voit que, de 1780 jusqu'à nos jours, la production territoriale a doublé d'importance et cependant le prix du blé n'a augmenté que d'un cinquième. Un résultat à peu près semblable s'est reproduit dans notre pays : dans les cinquante années écoulées de 1820 à 1870, la production du blé s'est élevée de 12 hectolitres à 15 par hectare, c'est-à-dire qu'elle a augmenté du tiers en sus, alors que le prix du blé ne s'est accru que du quart.

Mais si les améliorations agricoles peuvent retarder les inévitables effets de l'accroissement de la population et de la décroissance de fertilité, elles ne sauraient s'y opposer d'une manière permanente et victorieuse : l'unité de capital rapporte avec le temps une quantité de produits progressivement atténuée ; les prix des céréales s'élèvent et avec eux les salaires ; de ce chef les profits reçoivent une inévitable tendance à la baisse.

Comment arrêter ou retarder cette fatale tendance ? On ne le peut que de deux manières : augmentation de la puissance productive agricole à l'intérieur, libre acquisition des céréales à l'étranger.

L'amélioration de la puissance productive du capital agricole à l'intérieur et la baisse consécutive du prix du blé, peuvent être amenées par deux procédés : en faisant produire à l'unité de capital un plus grand nombre d'hectolitres de grains, en diminuant les frais nécessaires pour produire une même quantité de blé.

On atteint le premier but par une habile rotation des récoltes, par l'introduction des plantes sarclées, par le bon choix des semences, par l'application raisonnée des engrais, par le soigneux aménagement de la terre.

Le second procédé consiste à diminuer les frais de production, frais se composant de salaires et de matières consommées dans la culture.

Comme les salaires des journaliers ruraux suivent la même loi que les salaires généraux et que ceux-ci dépendent avant tout de la puissance productive agricole, il n'y a rien à en dire.

Les matières consommées dans la culture comprennent les semences et les engrais, véritables matières premières de l'industrie agricole, les fourrages et les vivres dépensés pour nourrir les attelages, enfin les matières variées propres à l'entretien du matériel.

La semence étant un produit de la terre, suit naturellement le prix du blé, et la dépense que les semailles entraînent augmente avec la décroissance de fertilité ; la seule réduction dont elle soit susceptible est l'amoindrissement de la quantité par l'usage des *semis clairs*.

Les engrais forment environ la moitié de la dépense en matières ; dans l'état actuel de l'agriculture de notre pays, les engrais sont presque entièrement fournis par le fumier, c'est-à-dire, par les pailles mêlées aux déjections des animaux ; la valeur en dépend du prix des nourritures et des litières, tous produits du sol et dont le coût s'accroît avec les difficultés de la culture. Mais on peut employer aussi, et avec grand avantage, des engrais commerciaux, tels que le guano, les tourteaux, les poudrettes, les boues des villes, les tangues et varechs, qui ne sont pas des produits de la terre et dont la valeur ne suit pas le prix du blé. Enfin, dans ces derniers temps, quelques savants, et principalement MM. Boussingault, Liebig et Georges Ville, ont démontré que les engrais chimiques pouvaient remplacer avec avantage le fumier de ferme ; de jour en jour les engrais chimiques entrent plus largement dans les procédés agricoles, et, comme certains gisements géologiques contiennent en immense quantité plusieurs des matières fertilisantes enlevées aux champs par les récoltes, comme certaines fabrications produisent d'assez fortes portions d'engrais très-puissants, on peut espérer, lorsque l'activité industrielle se mettra à exploiter ce nouveau débouché, que les frais de production de ces engrais retirés de terrains étrangers à la culture iront en diminuant, comme il arrive à la plupart des produits industriels ou commerciaux. Si cet espoir venait à se réaliser, il y aurait là un fait d'une bien grande importance économique : une forte partie de la dépense en engrais, peut-être la moitié, étant formée de produits industriels dont la valeur devrait aller en décroissant, éprouverait une successive diminution et compenserait l'augmentation de valeur de l'autre moitié.

La force matérielle employée dans la culture est presque entièrement fournie par des bêtes de trait ou de joug, par des chevaux ou des bœufs. Comme l'élevage et l'entretien de ces animaux entraînent une consommation de produits du sol, les frais de revient de la force mécanique qu'ils fournissent augmentent avec la décroissance de fertilité. Depuis une dizaine d'années, on a heureusement essayé de substituer la vapeur à l'emploi des animaux, et l'on a réussi : c'est ainsi que les *locomobiles* ont généralement remplacé les manéges pour le battage des grains ; on a tenté aussi le labourage à la vapeur et quelques hardis cultivateurs ont obtenu d'importants succès. Le jour où une locomotive armée de socs et de versoirs pourra entrer dans nos plaines et ouvrir dix sillons à la fois, un progrès immense aura été accompli et les conditions de la culture seront profondément changées. Si l'on en croit d'audacieux inventeurs, ce jour est près de luire ; acceptons-en l'espoir, car on pourra alors obtenir une grande diminution sur les frais de culture et un abaissement du prix du pain.

L'entretien et le renouvellement du matériel agricole dépendent presque entièrement de la puissance productive du capital industriel, mais cette dépense est relativement peu considérable ; pour la France et l'Angleterre, on ne peut guère l'évaluer à plus d'un neuvième de la dépense en matière.

Quand on jette un coup d'œil sur l'ensemble des améliorations dont est susceptible la culture de la terre, on voit que l'activité humaine a encore devant elle une vaste marge de progrès, progrès arrêtant la hausse des salaires naturels et empêchant la baisse des profits. A ces espérances on peut ajouter encore un secours efficace, c'est la libre entrée du blé étranger.

Il reste encore sur le globe des espaces infinis, vides et inhabités, des terrains d'une immense étendue et d'une fécondité inépuisable, terrains que la charrue n'a pas entamés, de vastes plaines produisant les seules herbes que les vents y ont semées, des forêts vierges couvrant des pays entiers. Il existe aussi par le monde de nombreuses contrées où la production des denrées alimentaires est facile, ne demande qu'une faible dépense en travail et en capital. Quand les hommes, se rappelant qu'ils sont frères, répudieront un isolement égoïste et renverseront les barrières qui les séparent, quand chaque peuple ouvrira de libres relations commerciales avec toutes les tribus humaines, on obtiendra les céréales et toutes les denrées alimentaires à meilleur marché : le prix du blé baissera, le sort des classes ouvrières en sera considérablement amélioré ; mais comme les salaires naturels et les salaires courants auront baissé ou resteront stationnaires, les profits se seront accrus. Voilà ce que le sentiment public a compris en Angleterre et ce qu'a réalisé la sagesse de ses hommes d'État. En proposant l'abolition des *corn-laws*, sir Robert Peel a rendu à son pays le plus grand des services, donné aux entrepreneurs le plus puissant des encouragements et doté en même temps les classes ouvrières du plus libéral des bienfaits.

Cette mise en concurrence des prix d'acquisition des denrées alimentaires à l'étranger avec leur prix à l'intérieur, cette présence, sur le marché national, du blé payé avec les produits industriels en regard de celui produit par le capital agricole, relie la puissance productive agricole de chaque nation à la puissance productive territoriale du monde entier et devient le moyen le plus radical d'opposer un arrêt à la décroissance de fertilité. Voilà un résultat d'une véritable importance, mais ce n'est pas le seul : sollicités et ravivés par la concurrence, l'activité et le génie des agriculteurs se retournent vers les secours que leur présente la science ; cette ressource est dans la transformation de la culture, dans la substitution actuelle des éléments industriels aux éléments tirés du sol ; c'est le grand progrès qui s'accomplit actuellement en Angleterre, progrès qui permet aux agriculteurs de ce pays de lutter contre la concurrence étrangère ; c'est un progrès qui, heureusement, commence aussi en France.

On peut donc espérer, soit par l'accroissement de la puissance productive agricole, soit par l'introduction des céréales étrangères, de voir arrêter la décroissance de fertilité ; il est même possible que les améliorations soient assez importantes et les avantages du libre commerce assez grands pour faire baisser d'une manière durable le prix des denrées alimentaires, entraîner une baisse des salaires et une hausse des profits. Cet effet est aidé et accru par l'augmentation continue de la puissance productive du capital engagé dans la fabrication des articles manufacturés propres à satisfaire certains besoins des classes ouvrières. On a déjà constaté qu'en France et en Angleterre, cette portion s'élevait au commencement du siècle, à environ le quart de la dépense d'entretien. Chez les peuples en voie de prospérité, cette fraction des salaires va toujours en s'accroissant ; on est donc porté à croire qu'elle forme maintenant, dans les deux pays que l'on vient de citer, le tiers du salaire normal. . . . .

Cette augmentation successive de la portion des salaires composée de produits manufacturés, augmentation accompagnant toujours le rehaussement progressif de la part revenant aux travailleurs manuels, est d'une grande importance pour l'avenir de la production ainsi que pour les intérêts combinés des ouvriers et des entrepreneurs : car, si les articles manufacturés consommés par la classe des travailleurs manuels ne consistent qu'en vêtements très-simples et en objets obtenus par des procédés peu compliqués, la production de ces choses n'en profite pas moins de toutes les grandes découvertes industrielles, et le prix de ces articles est notablement diminué par la mise en pratique des nouveaux procédés. Ainsi, les marchandises destinées à la consommation des classes laborieuses obtiennent par l'amélioration des moyens de transport autant et de plus grands avantages que celles préparées pour l'usage des autres classes, parce qu'elles ont un plus grand poids pour une même valeur. L'énorme diminution des frais de revient par l'introduction de la machine à vapeur pour filer et tisser la laine et le coton, le lin et le chanvre, se montre aussi dans le prix des étoffes dont s'habille la classe ouvrière, et c'est même pour les articles qu'elle consomme que toutes les grandes inventions commencent, parce qu'ils se fabriquent en immenses quantités, et que le moindre perfectionnement dans leur fabrication entraîne des résultats considérables et attire naturellement l'attention des inventeurs.

Quand, par les moyens propres à augmenter la puissance productive des capitaux employés à obtenir des denrées alimentaires et à fabriquer les articles destinés aux besoins de la classe ouvrière, on est parvenu à réduire les frais de production des objets qu'elle consomme, les prix de toutes les choses achetées par les travailleurs manuels venant à baisser et les salaires en argent restant les mêmes, les salaires réels augmentent, la classe ouvrière éprouve un bien-être nouveau, le principe de propagation reprend toute son énergie, le nombre des travailleurs s'accroît graduellement, les salaires en argent baissent, cette baisse générale s'étend successivement à toutes les industries, et le taux des profits s'élève dans tout le pays et dans toute la production.

Mais ce mouvement universel se fera avec une extrême lenteur et sans amener aucun trouble : car la dépense à soustraire du produit total pour en dégager le profit se compose de salaires ainsi que de profits anciennement accumulés ; les salaires eux-mêmes comprennent des salaires anciens payés lors de la confection des matières premières, des matières diverses et pour l'entretien du capital fixe ; cette distinction des salaires en deux parties dont l'une forme une somme fixe non modifiable subitement, et n'admettant de variation qu'après un temps d'une durée plus ou moins longue, démontre que les impenses de la production sont toujours soumises à un certain tempérament. Les modifications totales dans le taux des profits, modifications résultant de baisse dans les salaires, n'ont donc lieu qu'après un temps variable selon les industries et la durée des capitaux fixes qu'elles emploient.

Quand on veut arriver à calculer l'effet définitif et total d'une hausse ou d'une baisse des salaires, il faut supposer cependant que les causes primordiales de la variation aient assez de durée pour atteindre successivement tous les emplois du travail quelque anciens qu'ils soient ; lorsqu'il en est ainsi, les modifications définitives dans le taux des profits sont proportionnelles à la quantité totale des salaires et inverses aux variations qui les atteignent. Comme, dans le cas de la baisse des salaires courants par suite d'améliorations de la puissance productive agricole, ce n'est qu'après un temps assez considérable que l'abaissement des prix peut se réaliser, il convient de rechercher s'il est dans la nature de cet effet d'avoir une permanence notable.

Pendant la baisse successive des salaires, les profits des entrepreneurs haussent graduellement et les économies réalisées accroissent d'une manière continue la masse du capital circulant, la demande de bras augmente sans cesse, et avec elle s'accroissent les salaires en argent et les salaires réels ; la population se développe et fait chaque jour une plus grande demande de denrées alimentaires. On ne peut y satisfaire que de deux manières : en forçant la culture intérieure ou en achetant une plus grande quantité de grains étrangers ; mais il est rare qu'en défrichant de nouveaux terrains, on obtienne un rendement égal à celui que donne l'unité de capital dans les terres anciennement cultivées ; presque toujours aussi, un nouvel emploi de capital sur des terres déjà livrées à la charrue, rapporte un revenu moindre que celui qu'on obtenait ; enfin, l'accroissement de la demande de blé à l'étranger n'est pas sans influence pour élever les prix dans les pays d'où on les importe.

On a déjà fait remarquer que sur le plus grand marché des États-Unis, sur le marché de New-York, le prix des céréales diffère, pour l'ordinaire, extrêmement peu des prix d'Europe, et cependant il n'est guère de pays offrant, comme l'Amérique du Nord, tous les avantages favorables à l'extension de la culture. En Pologne, les demandes de blé pour l'étranger ont assez élevé les prix pour diminuer considérablement l'exportation. Enfin, bien que la Russie possède des terrains d'une grande étendue et d'une inépuisable fertilité, bien que la production du blé puisse s'y développer d'une manière presque indéfinie, les difficultés des transports et l'accroissement de la demande ont graduellement élevé les prix à Odessa.

Il existe, il est vrai, sur la surface de notre planète, d'immenses contrées, telles que les steppes de l'Asie centrale, les *llanos* des versants orientaux des Cordillières, les bassins si fertiles des grands fleuves de l'Amérique du Sud, les hauts plateaux de l'Afrique équatoriale, les grandes plaines vagues de l'Australie, qui pourraient fournir d'incommensurables quantités de denrées alimentaires à des prix fort réduits ; mais le capital manque pour entamer l'exploitation de ces vastes terrains, et la population y est trop rare pour que la culture de la terre y soit même établie d'une manière régulière. La production des céréales à l'étranger est donc nécessairement limitée, et, en présence de l'accroissement progressif que reçoit la population dans tous les pays où l'industrie est florissante, comme en Angleterre et dans la plupart des États européens, les frais de production ou d'acquisition de toutes les denrées alimentaires ont une inévitable tendance à hausser, et, par conséquent, les prix doivent s'élever ; mais on sait que l'élévation de valeur des denrées alimentaires agit directement sur une fraction notable des salaires naturels, fraction qui, au commencement du siècle, était égale aux trois quarts et qui, actuellement, n'est pas encore moindre des deux tiers ; on n'ignore pas non plus que la hausse graduelle d'une portion aussi considérable des salaires naturels doit entraîner le rehaussement forcé des salaires réels, et, par conséquent, la baisse générale des profits.

Cet effet certain et jusqu'ici prépondérant de l'accumulation successive du capital et de l'accroissement consécutif de la population est, il est vrai, combattu par l'amélioration incessante de la puissance productive du capital industriel ; cette progressive intensité d'énergie manifestée par ce capital, agit, sur les salaires, de deux manières différentes : indirectement, en retardant la diminution de la puissance productive agricole par l'emploi des engrais chimiques et commerciaux, par la substitution du pouvoir mécanique de la vapeur à la force matérielle fournie par les animaux, enfin par l'amoindrissement des frais d'entretien du matériel agricole ; directement, par la diminution de la valeur normale des articles échangés contre le blé étranger, enfin par l'augmentation de la puissance productive du capital employé dans la fabrication des objets manufacturés destinés à la consommation de la classe ouvrière.

On est ainsi amené à comparer entre elles les deux espèces de puissances productives, l'agricole et l'industrielle ; et l'on est conduit à examiner d'une manière générale les principes impulsifs auxquels elles obéissent. Elles suivent des lois entièrement opposées : l'une éprouve un affaiblissement graduel, l'autre ne cesse de croître et de grandir, *viresque acquirit eundo*. La nécessité d'avoir recours à des sols d'une fertilité décroissante diminue de jour en jour le rapport des dernières unités du capital appliqué à la culture. La difficulté de la production agricole augmente, de pays en pays, de siècle en siècle, à mesure que la terre doit fournir la nourriture à un plus grand nombre d'êtres humains. Un résultat opposé se manifeste, au contraire, dans la production industrielle : à mesure que le capital augmente, que la population s'accroît, que la société s'élève vers un degré de civilisation plus avancé et plus parfait, les sciences font de grands progrès, l'instruction se répand dans toutes les classes, l'éducation publique avance et se complète, les entrepreneurs deviennent plus habiles, les ouvriers plus intelligents, on perfectionne les machines anciennes et l'on en invente de plus ingénieuses et de plus énergiques ; au lieu de diminuer avec l'accroissement du capital et de la population, la puissance productive industrielle et commerciale va incessamment en se développant, la valeur naturelle des produits industriels et des marchandises suit une marche inverse et va sans relâche en diminuant, alors que les valeurs naturelles du blé et de tous les produits agricoles s'élèvent d'une manière continue. Il y a donc lutte perpétuelle entre ces deux tendances : mais, dans ce combat de l'intelligence et de l'énergie de l'homme contre la stérilité de la terre, l'homme est vaincu à la longue ; et la décroissance de fertilité agissant sur une plus forte quote-part des salaires naturels ou des frais de production du travail, l'emporte sur l'influence exercée sur les mêmes éléments par l'accroissement constant de la puissance productive industrielle agissant sur une moindre fraction des salaires ; les profits doivent donc subir un inévitable amoindrissement, loi fatale que leur imposent la décroissance de fertilité et l'accroissement consécutif du prix de la main-d'œuvre. L'homme résiste à cet arrêt du destin ; tantôt les perfectionnements agricoles ajoutent à la puissance productive du capital engagé sur le sol plus que ne lui enlève la défaillance de la terre, tantôt la libre introduction des céréales étrangères retarde pendant un long temps la hausse des prix, tantôt enfin la puissance productive du capital industriel et commercial s'accroissant d'une manière merveilleuse, vient amoindrir la valeur des objets fabriqués consommés par la classe ouvrière : ces causes agissant ensemble ou séparément peuvent durant un temps plus ou moins long diminuer les salaires naturels, réduire le montant des salaires réels et rehausser le taux des profits ; mais elles doivent céder, à la fin, à la nécessité d'avoir recours à des sols moins fertiles ou plus éloignés, nécessité imposée pour fournir de denrées alimentaires la population croissante qu'appelle à la vie l'augmentation incessante du capital.

Cette baisse fatale des profits arrêtée momentanément par les améliorations agricoles et la libre entrée des grains étrangers, toujours retardée par l'accroissement incessant de la puissance productive industrielle et commerciale, peut-elle subir une décroissance indéfinie et ne doit-elle avoir d'autre limite que l'instant terrible où le capital ne rapporterait plus aucun profit ? Non, il n'en peut être ainsi : pour chaque peuple il existe un certain *minimum* au-dessous duquel le taux des profits ne peut descendre.

La cause première de la baisse des profits est l'augmentation croissante du capital circulant, augmentation grandissant le fonds des salaires, élevant le prix de la main-d'œuvre, accroissant la population et avec elle la demande de denrées alimentaires ; mais, pour que le capital augmente, il faut deux conditions essentielles : 1° qu'il y ait épargne ; 2° qu'existe aussi la ferme volonté d'engager dans les hasards de la production le capital épargné. Or ces deux faits sont nécessairement influencés par les profits ; l'énergie en augmentant avec la grandeur des profits et décroissant plus rapidement qu'eux quand ils baissent.

L'épargne résulte de l'abstinence que s'imposent des personnes prudentes dans l'espoir que le capital épargné rapportera, soit à elles, soit à ceux qu'elles préfèrent à elles-mêmes, des avantages plus grands que les privations qu'elles s'imposent actuellement. L'avantage qu'on espère retirer, dans l'avenir, d'un capital économisé dans le présent, se mesure par le taux des profits : quand ce taux diminue, le nombre des personnes disposées à épargner s'amoindrit, l'épargne annuelle décroît et s'affaiblit, il peut même arriver un moment où il n'y a plus de mis en réserve que ce que l'extrême prudence thésaurise pour subvenir, soit aux cas imprévus comme les accidents et les maladies, soit aux difficultés atteignant l'homme vers la fin de la vie.

Le montant du capital actif, et c'est la seule portion que l'on doive considérer, car c'est la seule agissant sur l'importance du fonds des salaires, le montant du capital actif dépend avant tout de la hardiesse avec laquelle les entrepreneurs engagent les capitaux, de l'entrain qu'ils mettent dans les tentatives industrielles, du courage qu'ils déploient en bravant les risques inséparables des entreprises de la production : or le ressort qui donne l'impulsion à cette énergie gît dans le gain qu'ils espèrent réaliser ; mais, quand le taux des profits décroît, la cause impulsive de tout le mouvement producteur tend continuellement à s'affaiblir ; une partie des entrepreneurs quittent les affaires pour se réfugier dans le rôle plus tranquille de rentier ; d'autres, qui conservent encore le goût des entreprises et aiment le mouvement qu'elles entraînent, transportent en d'autres pays, où les bénéfices sont plus élevés, leurs capitaux, leur activité et leurs espérances.

Quand, chez un peuple quelconque, la baisse des profits amoindrit le goût de l'épargne et décourage les entrepreneurs, il arrive toujours un moment où par la réduction de l'épargne, l'émigration des capitaux et la thésaurisation, le capital actif ne reçoit plus d'accroissement, le taux des profits a alors atteint un *minimum* au-dessous duquel il ne peut descendre.

Ce minimum varie chez chaque peuple, selon les institutions qui le régissent, les mœurs qui y règnent et la sécurité dont on y jouit. Dans certaines contrées orientales, ce minimum peut s'élever jusqu'à 20 pour 100, tandis qu'en Angleterre, il peut descendre aussi bas que 3 pour 100.

Cette dépression considérable du taux des profits dans certains pays favorisés par une grande prospérité industrielle et jouissant d'une complète sécurité, n'est pas sans utilité pour l'avancement de la production universelle ; la surabondance du capital chez certains peuples et la baisse des profits qui en est la conséquence forcée, amènent les entrepreneurs à transporter chez d'autres nations tous les éléments producteurs, et obligent les capitalistes à diriger leurs fonds disponibles vers les pays où ils trouvent un intérêt plus élevé ; c'est par l'action de cette cause que les contrées sans ressources reçoivent les capitaux servant à mettre en valeur la richesse de leur sol et les propriétés particulières de leur climat ; il se fait un déversement continu de la richesse accumulée dans les pays les plus opulents vers les régions les plus dépourvues ; et tout le monde y gagne ; ce sont les nombreux capitaux de l'Angleterre qui exploitent en ce moment les immenses prairies de l'Australie et les mines des districts de Melbourne et de Victoria.

Ce grand écoulement de capital des contrées riches vers les pays destitués de ressources, est une de ces belles lois montrant tous les avantages de la paix et de l'union entre les hommes. Elle manifeste hautement que tous les peuples sont solidaires, et qu'ils doivent trouver dans une sorte d'union fraternelle la réalisation du bien être universel.

Les profits appartiennent en entier à tout homme travaillant avec ses propres fonds ; mais, lorsque l'entrepreneur est obligé d'avoir recours au crédit, il doit payer un certain loyer pour les capitaux qu'il emprunte ; ce qui lui reste, quand on soustrait du produit net la somme payée aux capitalistes prêteurs, forme la rémunération de l'intelligence qu'il a déployée, des peines qu'il a prises, du talent qu'il a montré, ainsi qu'une juste prime pour l'assurer contre les risques qu'il court. On peut diviser les profits en deux parties distinctes, l'une revenant aux capitalistes, l'autre aux entrepreneurs. On appelle *profit réel* du capital ou *intérêt*, ce qu'on doit attribuer à l'usage du capital ; on nomme *profit personnel*, la rémunération due à l'entrepreneur.

PREMIÈRE SECTION.

Du profit réel du capital ou de la part afférente aux capitalistes.

Le loyer annuel d'un capital ou l'intérêt de l'argent prêté peut dépendre de deux éléments, de l'indemnité due pour l'usage du capital, de la prime nécessaire pour assurer le prêteur contre les risques de n'être pas remboursé à l'échéance. Pour simplifier la question, on supposera d'abord que le prêteur n'a aucun risque à courir : alors, l'intérêt se confond entièrement avec le profit réel du capital.

Dans les conditions posées, l'intérêt procède à la fois tant du taux général des profits bruts que du rapport existant entre le profit réel et le profit personnel.

Admettons pour un instant que le rapport existant entre ces deux espèces de profit soit une quantité constante ; comme chacune d'elles forme une certaine quote-part des profits bruts, chacune recevra une augmentation ou une diminution proportionnelle à l'accroissement ou à l'affaiblissement éprouvé par le produit net, et l'intérêt suivra la marche des profits bruts. Cette conclusion avait été pressentie et parfaitement indiquée par Adam Smith. « On peut », dit-il, « établir pour « maxime, que partout où on pourra faire beaucoup de profits « par le moyen de l'argent, on en donnera communément « beaucoup pour avoir la faculté de s'en servir et qu'on don- « nera, en général, moins quand il n'y aura que peu de profits « à faire par son moyen. Ainsi, suivant que le taux ordinaire « de l'intérêt de la place varie dans un pays, nous pouvons « compter que les profits ordinaires des capitaux varient en « même temps, qu'ils baissent quand il baisse et qu'ils montent « quand il monte. Les progrès de l'intérêt peuvent donc nous « conduire à quelques notions des profits des capitaux [1]. »

[1] *Richesse des nations*, t. I, page 180.

Le profit réel suit donc en très-grande partie l'influence du taux des profits bruts : jamais il ne peut s'élever jusqu'à leur montant total, mais il croît et diminue avec eux. On s'est souvent servi de ce principe pour remonter de l'intérêt de l'argent aux profits bruts. Pour évaluer toutefois avec exactitude la relation existant entre l'intérêt et les profits, il faut savoir apprécier les causes qui, en outre du taux des profits, peuvent encore agir sur l'intérêt.

Dans le grand mouvement de la production annuelle, il y a beaucoup de manufacturiers, de négociants, d'agriculteurs opérant avec leurs propres capitaux : ces personnes n'entrent pour rien dans la fixation des profits réels ; mais il se trouve aussi un nombre considérable d'entrepreneurs de toute espèce usant du crédit et travaillant avec des capitaux empruntés : ceux-ci, fermiers, négociants, entrepreneurs de transport ou manufacturiers, recherchent des capitaux et offrent une certaine prime ou intérêt pour en obtenir l'usage. D'un autre côté, il se rencontre toujours, dans une société active et prospérante, une classe de gens ayant à leur disposition une certaine quantité de richesse accumulée, et qui, soit par amour du repos, soit par crainte des chances hasardeuses des entreprises, se soucient peu de rester dans les affaires ; dans cette disposition d'esprit, ces personnes sont portées à céder la jouissance de leurs fonds contre une certaine indemnité : entre les entrepreneurs recherchant les capitaux et les capitalistes désireux d'en prêter, il s'établit un prix courant fixant le taux de l'intérêt de l'argent ou les profits réels. Les négociations amenant la détermination de ce prix sont singulièrement facilitées par l'intervention des banquiers servant de véritables intermédiaires entre les capitalistes et les entrepreneurs.

Le prix moyen de l'intérêt de l'argent est, comme tous les autres prix, fixé par le rapport entre l'offre et la demande : il varie suivant les circonstances ; il augmente avec le nombre des emprunteurs et la rareté des capitaux ; il baisse quand les capitaux sont abondants ou quand la demande en diminue.

Ce prix, variable selon les circonstances du marché, est le

prix courant de l'intérêt ; mais l'intérêt de l'argent n'aurait-il pas, comme toutes les choses qui se marchandent, un prix naturel ou normal ?

Le profit réel doit naturellement comprendre tout ce qui est le revenu du capital, c'est-à-dire, tout ce que peut rapporter le capital lorsqu'on retranche des profits bruts, tant la juste rémunération due aux personnes qui en ont dirigé l'emploi que l'indemnité pour les risques qu'elles courent ; mais il ne doit rien rapporter au delà : le prêteur n'ayant point à s'occuper de l'emploi de son capital et ne courant aucun risque, n'a rien à réclamer sous ces deux chefs ; tout ce qui peut être dû, tant pour les salaires et émoluments des personnes dirigeant l'entreprise que pour le risque encouru, forme la part spéciale des profits personnels [1]. Ceci posé, toutes les fois que l'intérêt de l'argent rapportera le profit réel intégral ou, si l'on veut, le profit réel normal ou naturel, il y aura toujours beaucoup de capitalistes disposés à prêter leurs fonds pour s'épargner le souci et les embarras des affaires : le nombre des prêteurs s'augmenterait notablement, si le prix courant de l'intérêt s'élevait au-dessus du profit réel normal ; l'offre des capitaux augmentant, l'intérêt baisserait et la baisse ne s'arrêterait qu'au moment où le prix courant de l'argent se confondrait avec le profit réel intégral. Un effet exactement opposé se produirait, si le prix courant de l'intérêt descendait au-dessous du taux naturel ; les capitalistes ne touchant pas ce qui doit raisonnablement leur revenir, seraient moins disposés à livrer leurs fonds ; l'offre se restreignant, l'intérêt grandirait, et ce mouvement continuerait jusqu'à ce que les capitalistes trouvassent dans le taux courant un intérêt égal au profit réel normal.

D'un autre côté, quand une personne intelligente, possédant les connaissances pratiques nécessaires pour exercer une industrie ou un commerce, a l'espoir fondé de retirer par l'emploi d'un capital emprunté, non-seulement la somme nécessaire pour en payer l'intérêt, mais encore les salaires qu'elle

[1] Mac Culloch, *Principles of political economy*, book III, ch. III.

gagne et l'indemnité suffisante pour la couvrir des risques, elle incline facilement à emprunter et à se faire entrepreneur ; car, si elle ne gagne d'abord qu'une somme égale aux émoluments qu'elle touchait, elle a, au moins, l'avantage d'être maître et elle jouit de la considération attachée à une position indépendante ; de plus, elle a l'espoir d'accroître son gain par un redoublement d'activité et de soins ; mais il faut qu'elle ait en perspective d'obtenir d'une manière certaine un gain au moins égal aux salaires qu'on accorderait à un commis laborieux et intelligent : car tout homme sensé qui, en faisant usage d'un capital emprunté, prenant la direction d'une entreprise et courant les hasards des affaires, ne gagnerait pas ce qu'il reçoit en travaillant pour un patron, serait disposé à quitter cette position pleine de péril pour reprendre la situation plus assurée qu'il avait auparavant. Dans de semblables circonstances, il y aurait diminution dans la demande de capital, baisse de l'intérêt et accroissement des profits personnels. Si, au contraire, le capital prêté laissait aux entrepreneurs un profit personnel plus grand que le profit normal, il y aurait augmentation dans la demande d'argent, l'intérêt monterait et le profit personnel baisserait jusqu'à ce qu'il soit revenu au taux normal.

Lorsque l'intérêt est à un taux suffisant pour que le profit réel soit entier et que le profit personnel atteigne son taux normal, l'offre des capitaux est en équilibre avec la demande, et il faut des circonstances nouvelles pour rompre cette harmonie ; quand, à l'opposé, l'intérêt payé aux capitalistes leur procure un bénéfice plus grand que le taux normal, l'équilibre est rompu ; mais, à l'instant, entrent en jeu des forces puissantes agissant pour le rétablir : les capitalistes faisant des gains inusités, les offres d'argent se multiplient ; d'autre part, les entrepreneurs, ne trouvant pas dans l'emploi des capitaux la juste rémunération qui leur est due, diminuent leurs demandes ; l'intérêt décroît par une double action, et la baisse ne s'arrête qu'au moment où l'intérêt devient égal au profit réel normal. Quand le prix courant de l'intérêt est au-dessous

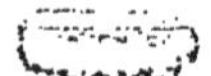

du taux normal, les profits personnels deviennent élevés, les entrepreneurs sont alors tentés d'user largement du crédit, les demandes d'argent s'accroissent ; d'un autre côté, les capitalistes, ne touchant qu'un faible intérêt, cherchent à employer eux-mêmes leurs fonds disponibles ; l'offre tend à diminuer par une double cause; l'intérêt doit hausser, et le mouvement se continue jusqu'à ce que l'équilibre soit rétabli [1].

On est ainsi amené à cette conclusion, que le prix normal de l'intérêt de l'argent doit toujours osciller de part et d'autre du profit réel normal ; et, en supposant que les profits bruts ne changent pas dans l'intervalle, on peut obtenir la véritable valeur du profit réel normal en prenant la moyenne de l'intérêt pendant une certaine période de temps.

On possède donc un moyen d'apprécier assez exactement le profit réel. Si, par des recherches appropriées, on parvenait à connaître les profits bruts, on arriverait à calculer le profit personnel moyen, ainsi que le rapport de ce profit à l'intérêt ; mais ce calcul n'aurait de valeur que pour des époques déterminées : car le rapport entre le profit personnel et le profit réel est une quantité variable, et il convient d'étudier les circonstances qui peuvent en changer la valeur.

Le profit personnel se compose de salaires et d'une prime pour risques encourus : celle-ci reste la même, quelle que soit l'importance des profits bruts ; mais il n'en est pas ainsi des émoluments qui, jusqu'à un certain point, doivent suivre la marche des salaires, obéir aux mêmes lois, être réglés par de semblables principes ; or les salaires courants prennent dans le produit total une part d'autant plus grande qu'est plus faible la puissance productive du capital agricole ; car la valeur des salaires naturels, comme celle des salaires courants, croît à mesure que s'élève le prix du blé ; les profits bruts, au contraire, suivent un mouvement inverse : lorsqu'ils viennent à baisser, comme ils en ont la fatale tendance, la partie du profit personnel représentant la rémunération des entrepreneurs

[1] Mac Culloch, *Principles of political economy*, book III, chap. III.

loin de s'amoindrir proportionnellement, tend plutôt à résister à la baisse et à rester stationnaire, si elle ne peut grandir ; l'autre partie intégrante du profit personnel, l'indemnité pour risque restant constante, la fraction exprimant le rapport du profit personnel aux profits bruts tend à grandir, la fraction complémentaire indiquant le profit réel diminue ; ce dernier profit éprouve donc un double affaiblissement, une diminution proportionnelle à celle éprouvée par les profits bruts et une nouvelle réduction égale au retard que le profit personnel met à suivre l'abaissement des profits bruts.

Un effet entièrement opposé se produirait, si les profits bruts venaient à hausser, soit par suite d'améliorations agricoles, soit par l'introduction des céréales étrangères, soit à cause d'une grande augmentation de la puissance productive industrielle : dans ces circonstances, la part relative revenant aux salaires baisserait, et la quote-part revenant au profit personnel en éprouverait une certaine diminution relative dont s'accroîtrait la fraction complémentaire mesurant le profit réel.

Si l'on suppose que, dans les mouvements relatifs des deux termes composant les profits bruts, il y ait un moment où le profit réel soit égal au profit personnel (et ce moment paraît arrivé pour notre pays), et qu'on prenne cette époque pour point de départ, on peut hardiment poser en principe général que, si les profits bruts viennent à augmenter, l'intérêt de l'argent s'élèvera dans une proportion plus forte. Dans ce cas, on serait induit en erreur, si l'on évaluait les profits bruts en doublant le taux courant de l'intérêt. On se tromperait en sens inverse, dans le cas d'une baisse des profits bruts, car l'intérêt aurait alors éprouvé une baisse plus grande que celle des profits bruts.

Adam Smith avait clairement indiqué le principe que l'on vient essayer de développer [1]. « La proportion », dit-il, « que « le taux de l'intérêt au cours de la place doit garder avec le

[1] *Richesse des nations*, t. I, p. 198, traduction de Garnier.

« taux ordinaire du *profit net*[1], varie nécessairement selon « que le profit hausse ou baisse. Dans la Grande-Bretagne, on « porte au double de l'intérêt ce que les commerçants appel- « lent un profit *honnête*, *modéré*, *raisonnable* ; toutes expres- « sions qui, à mon avis, ne signifient autre chose qu'un profit « commun et d'usage. Dans un pays où le taux ordinaire du « profit net est de 8 à 10 pour 100, il peut être raisonnable « qu'une moitié de ce profit aille à l'intérêt, toutes les fois « que l'affaire se fait avec de l'argent d'emprunt. Le capital « est aux risques de l'emprunteur qui, pour ainsi dire, est « l'assureur de celui qui prête ; et, dans la plupart des « genres de commerce, 4 ou 5 pour 100 peuvent être à la « fois un profit suffisant pour le risque de cette assurance et « une récompense suffisante pour la peine d'employer le ca- « pital ; mais, dans tous les pays où le taux ordinaire des « profits est ou beaucoup plus bas ou beaucoup plus haut, la « proportion entre l'intérêt et le profit net ne saurait être la « même ; étant beaucoup plus bas, peut-être ne pourrait-on « pas en retrancher une moitié pour l'intérêt ; étant plus haut, « il pourrait peut-être aller au-delà de la moitié. »

On vient d'examiner les règles déterminant le taux moyen de l'intérêt ou le profit réel normal ; il convient maintenant, pour compléter cet important sujet, d'examiner les circonstances pouvant en changer le taux courant.

Le prix courant de l'intérêt dépend entièrement de l'offre et de la demande. Quand les transactions sont parfaitement libres, ce prix tend sans cesse à se rapprocher du profit réel normal ; mais il peut se présenter certaines circonstances qui dérangent cette marche régulière. Il arrive, par exemple, que de grands établissements de crédit, tels que les banques, prêtent au-dessous du cours ordinaire, et elles le font de propos délibéré pour faire circuler une plus grande masse de

[1] Le *profit net* de M. Garnier, *clear profit* d'Adam Smith, doit s'entendre ici du profit total que nous avons appelé *profit brut*. En lui donnant le nom de *clear profit*, *profit net*, Adam Smith et M. Garnier l'ont confondu avec le *produit net*.

leurs billets. Cet incident ne change en rien les profits bruts parfaitement indépendants de semblables opérations ; mais il est de nature à faire varier le taux courant de l'intérêt : la quantité d'argent placé au-dessous du cours diminue d'autant la demande de ceux qui auraient consenti à le prendre au cours normal, alors que l'offre des prêteurs au taux ordinaire est toujours la même : dans cette position des choses, le prix courant de l'intérêt doit baisser. Un effet exactement opposé se produirait, si le gouvernement ou de grands établissements publics levaient de l'argent en offrant un intérêt supérieur à l'intérêt normal : la demande prenant plus d'intensité, l'intérêt s'élèverait au-dessus du taux qu'il aurait atteint, si les choses étaient restées dans leur état naturel. Ces mouvements extraordinaires de l'intérêt n'ont le plus souvent qu'une assez courte durée ; mais il faut en tenir compte, lorsqu'on veut calculer la valeur du profit réel normal.

On a admis jusqu'ici que le prêteur n'avait aucun risque à courir quant à la solvabilité de l'emprunteur, mais c'est là une supposition gratuite : il arrive souvent, au contraire, que le prêteur peut avoir à craindre de n'être pas payé du tout ou de ne pas l'être à l'échéance. Comme il y a fort peu de garanties matérielles mettant le prêteur à l'abri de tous les risques et que ces garanties sont la plupart du temps gênantes et coûteuses pour l'emprunteur, les placements de cette espèce rapportent ordinairement un intérêt plus bas que le taux courant. Le taux de certains prêts faits aux gouvernements est souvent plus ou moins affecté par une marge plus ou moins grande laissée à l'augmentation du capital. Enfin certains placements à échéances très-courtes, comme ceux qu'on fait en prenant des *bons du Trésor*, ne donnent qu'un intérêt au-dessous du cours, parce qu'ils offrent des avantages particuliers qui les font rechercher.

Si l'on met de côté toutes ces circonstances accidentelles et qu'on ne tienne compte que du degré de solvabilité de l'emprunteur, le taux de l'intérêt devra naturellement varier selon les risques encourus par le prêteur : aucun capitaliste ne consentira, en effet, à prêter à un négociant dont le crédit est douteux au même taux qu'il le ferait à une personne dont la réputation et la fortune présenteraient toute la sécurité désirable ; le taux de l'intérêt doit donc s'élever au-dessus du taux courant d'une somme formant une prime suffisante pour indemniser le prêteur des risques qu'il court.

Ce nouvel élément entrant dans le taux de l'intérêt est variable comme la position de l'emprunteur ; il n'est pas possible, en effet, de renfermer à cet égard l'intérêt dans un cercle déterminé ; lors donc que le législateur défend de prêter au-dessus d'un certain taux, c'est comme s'il défendait de prêter à certaines personnes. Dans quelques cas particuliers, une pareille mesure a pu être regardée comme une sage précaution contre l'avidité des usuriers, mais le maintien durable d'une semblable prohibition ne saurait être que très-nuisible ; car elle empêche le libre mouvement des capitaux et paralyse l'usage du crédit [1].

Au reste, la surélévation que les craintes sur la solvabilité de l'emprunteur peuvent amener dans le taux de l'intérêt, dépend de circonstances accidentelles et variables, et ne saurait influer réellement sur le taux normal du profit réel. Quand on veut rechercher cet important élément du taux général des profits, il faut avoir soin, en calculant la moyenne des prix courants dans les transactions relatives à l'intérêt, de n'employer que des données dégagées des aggravations amenées par cette cause extraordinaire, de même qu'on doit aussi soigneusement écarter les cas d'intérêts évidemment abaissés par suite des circonstances spéciales que nous avons signalées.

[1] Mac Culloch, *Principles of political economy*, book III, ch. VIII.

DEUXIÈME SECTION.

Du profit personnel ou de la part revenant aux entrepreneurs.

Le profit personnel est la portion des profits bruts restant à l'entrepreneur après qu'on en a retranché l'intérêt des capitaux dont il dispose. Le profit personnel est le prix des soins donnés à la production. Cette rémunération se compose de salaires pour la peine prise et le temps employé, d'émoluments pour l'habileté déployée dans la direction de l'entreprise, et d'une indemnité pour les risques encourus.

Le profit personnel étant une partie intégrante des profits bruts, doit suivre naturellement leur marche : il grandit, quand ils haussent; il décroît, quand ils baissent. En obéissant à l'impulsion générale communiquée par la masse dont il forme une quote-part, le profit personnel accepte cependant un mouvement propre, soumis à certaines modifications et n'ayant qu'une étendue limitée. Ce résultat est amené par la nature même des éléments composant le profit personnel. Ces éléments sont, comme on le sait déjà, des salaires, des émoluments et une compensation pour risques : de ces trois termes, l'un, la prime pour assurer l'entrepreneur contre les chances aventureuses, est une quantité comparativement constante, ne pouvant admettre de changement notable que dans les temps de crise prolongée ou à des époques de prospérité grande et continue; les deux autres sont soumis à l'influence des salaires courants pour leur grandeur absolue, et à celle des salaires proportionnels pour leur grandeur relative. Or, si les salaires courants ont une tendance générale à s'élever quand les profits bruts viennent à hausser, ils ne suivent pas également le mouvement inverse; ils résistent à la baisse et n'y cèdent que lentement. De ces faits et de l'analogie existant entre les salaires et les éléments composant le profit personnel, on peut en conclure que, pendant une hausse prolongée des profits bruts, les profits personnels devront s'élever d'une manière graduelle et à peu près proportionnelle à l'accroissement du produit net, sauf un léger retard par rapport à la marche simultanée des profits réels, retard causé par la formation lente de l'accroissement reçu par le fonds des salaires; mais que, dans la baisse fatale du taux des profits, les profits personnels seront difficilement entraînés et que, dans tous les cas, ils baisseront comparativement beaucoup moins que les profits réels. Leur affaiblissement sera aussi comparativement moindre que celui des profits bruts.

On pourrait obtenir le profit personnel moyen, dans chacune des grandes branches de la production, en retranchant le profit réel normal de la moyenne du produit net, moyenne obtenue dans chaque grande division productive par des recherches spéciales : ce serait là sans doute un résultat d'une grande importance; mais le profit personnel doit avoir aussi une valeur courante dans chaque embranchement particulier, et il faut, autant que possible, étudier les circonstances qui peuvent le faire varier.

Cette rémunération propre que l'entrepreneur obtient, dans chaque cas spécial, dépend surtout de l'habileté avec laquelle l'emploi du capital a été dirigé; déjà un adage célèbre : *Tant vaut l'homme, tant vaut la terre,* a donné à ce fait la consécration et l'autorité d'un proverbe pour les entreprises de culture; mais, si cette grande vérité a été établie pour l'agriculture, on peut affirmer encore avec plus de raison et de force que, dans le commerce et surtout dans l'industrie, la maxime correspondante : *Tant vaut l'homme, tant vaut l'affaire*, est encore d'une certitude plus générale et plus assurée. Dans la pratique agricole, le produit s'accroît sans doute avec le labeur, l'intelligence et l'expérience du cultivateur ; mais il dépend beaucoup aussi des phénomènes météorologiques sur lesquels l'homme n'a le plus souvent aucune puissance, tandis que, dans l'industrie, le résultat obtenu ressort presque entièrement de l'habileté, de la science et de l'activité de l'entrepreneur.

Quelle que soit la puissance productive du capital engagé dans une affaire spéciale et quelles que soient les causes qui l'aient développée et en aient assuré le succès, le directeur de l'entreprise ne paye toujours que le taux commun de l'intérêt; on sait même, d'un autre côté, que l'intérêt auquel les fonds sont livrés aux industriels et aux commerçants, est plus ou moins élevé selon la confiance qu'ils inspirent et les garanties qu'ils présentent : on peut donc conclure de ces observations que les profits personnels de chaque entrepreneur sont en raison composée de son habileté et de son crédit.

Il est fort difficile de tirer de la règle générale que l'on vient d'énoncer, une utilité réelle pour évaluer dans la pratique le montant des profits personnels : les faits se rapportant aux profits individuels sont de leur nature cachés et, pour ainsi dire, intimes; les industriels et les commerçants gardent volontiers le plus profond secret sur les détails de leurs affaires; on ne peut donc espérer d'obtenir sur ce point des données suffisamment exactes pour arriver à la solution du problème.

C'est avec regret que l'on constate cette difficulté : car l'expression de la valeur absolue des profits personnels courants et du profit personnel moyen, marquerait l'importance des rémunérations accordées, chez chaque peuple, aux hommes directeurs de la production et manifesterait l'encouragement donné, en chaque pays, aux entreprises industrielles. La comparaison entre le profit personnel moyen et le profit réel normal, indiquerait le rapport entre la récompense accordée à l'habileté productive des entrepreneurs et le prix payé pour l'aide du capital.

CHAPITRE QUATRIÈME.

De la comparaison des parts revenant aux quatre classes directement productives.

On a essayé d'exposer les principes déterminant la division du produit total annuel, entre les quatre classes dont les travaux et l'habileté, les capitaux circulants et les fonds immobiliers ou immobilisés en amènent la formation ; on s'est efforcé de faire comprendre les règles limitant la part de chacune d'elles. On va entreprendre maintenant de comparer ces parts entre elles : c'est là un sujet plein d'intérêt, car il touche dans ses profondeurs aux parties les plus intimes de la vie sociale ; les recherches qui pourraient l'éclairer, mettraient en lumière certaines faces d'un problème tenu dans une obscurité menaçante et qu'il importe à tous de voir résolu. En trouver la solution et la proclamer avec autorité, n'appartient qu'aux hommes possédant tous les moyens d'investigation ; on n'a point d'aussi hautes prétentions : on n'offre ici que des études préliminaires, et l'on ne présente au lecteur que de rudes éléments destinés à servir comme de premières pierres à l'établissement de recherches plus complètes et plus autorisées.

Les entrepreneurs, faisant seuls, à leurs risques et périls, la grande affaire de la production annuelle, restent seuls maîtres du produit total, lorsqu'ils ont payé aux capitalistes l'intérêt des fonds prêtés, aux propriétaires fonciers leurs fermages et leurs loyers, aux ouvriers leurs salaires. Les profits réels, part des capitalistes, sont fixés par les relations s'établissant entre l'offre et la demande des capitaux ; mais ils sont, en général, proportionnels aux profits bruts, baissant plus qu'eux quand ceux-ci diminuent, s'augmentant à l'inverse dans un plus grand rapport quand ils haussent. La part des propriétaires fonciers est principalement déterminée par le produit de l'unité de capital employée en dernier lieu et sur une terre ne payant pas de fermage; elle est réglée par les différences entre le produit de cette dernière unité et le rapport de l'unité de capital employée sur chaque propriété particulière. Quant aux salaires, ils sont nécessairement mesurés par le rapport du fonds des salaires au chiffre de la population laborieuse, rapport variant normalement comme la relation du capital circulant à la population totale.

La part absolue des entrepreneurs se mesurant par l'importance du produit total, et les parts des autres classes dépendant en très-grande partie de la puissance productive générale et spécialement de la puissance productive agricole, il est utile d'étudier les relations pouvant s'établir entre les parts des quatre classes dans les trois circonstances pouvant se présenter dans l'évolution productive territoriale, à savoir : l'accroissement continu de la puissance productive du capital employé dans l'agriculture, l'état stationnaire, la progressive et fatale diminution de l'énergie productive de la terre.

§ I.

Du cas où la puissance productive du capital agricole va en s'accroissant.

Voici la circonstance la plus heureuse pour la prospérité d'une nation : car, si le progrès se continue pendant un temps suffisant, les parts absolues des classes productives, à l'exception toutefois des fermages des propriétaires ruraux, vont toutes en augmentant. Il est dans la nature de ce mouvement de se propager avec une assez grande lenteur : il commence là où la culture est le plus avancée, et marche pas à pas, se répand peu à peu, par esprit d'imitation et à la vue des résultats acquis; il s'étend graduellement des régions où l'art agricole est en progrès vers celles où les pratiques sont arriérées et pour lesquelles les ressources font défaut; il s'écoule ainsi un assez long temps avant que le système d'amélioration atteigne toutes les cultures d'un pays.

Quelle que soit la lenteur du développement successif de la puissance agricole, il faut, quand on veut en apprécier les effets définitifs, supposer que son action est entièrement accomplie; en admettant cette hypothèse, voici les résultats qu'amènerait le progrès réalisé.

Il y a, comme on le sait, deux espèces d'améliorations agricoles : les unes diminuent les frais, mais n'augmentent pas le produit; les autres, avec des frais égaux ou moindres, fournissent un produit plus considérable; dans les deux cas, il y a une baisse des fermages.

Quand l'amélioration n'augmente pas la quantité récoltée, le seul changement réalisé est une diminution dans le prix du blé, diminution mesurée par l'amoindrissement des frais de culture : les fermages en nature restent les mêmes, mais les fermages en argent baissent dans le même rapport que le prix du blé; le revenu des propriétaires ruraux baisse même pour ceux qui touchent leurs fermages en nature; car, avec la même quantité de blé, ils ne peuvent acheter qu'une moindre quantité d'objets manufacturés ou d'articles venant de l'étranger.

Dans le second cas, la baisse atteint directement les fermages en nature : la quantité de grains produite étant plus considérable qu'elle ne l'était, le prix du blé baissera d'une manière notable, et cette baisse ne permettra plus de cultiver les terres du dernier degré de fertilité; les dernières unités de capital employées dans la culture, unités qui ne rapportaient que le taux commun des profits, seront retirées et iront chercher d'autres emplois offrant les avantages ordinaires; par cette retraite des capitaux et l'abandon des terrains les moins fertiles, les fermages en nature seront amoindris de toute la différence entre le rapport des dernières unités employées dans la culture ou du sol défriché en dernier lieu et celui de la terre du degré de fertilité immédiatement supérieur ou de l'unité de capital employée immédiatement avant celles qui ont été retirées.

Cette diminution des fermages, soit en argent, soit en nature, est amenée par l'abaissement de prix du blé et de toutes les denrées alimentaires tirées du sol ; mais on sait que, chez les peuples anciennement civilisés, les denrées alimentaires forment toujours une quote-part prépondérante dans l'entretien des travailleurs manuels : par conséquent, pendant toute la durée de la période d'accroissement de la puissance productive agricole, les ouvriers éprouveront une progressive augmentation dans leurs salaires réels. L'aisance générale se répandant dans la classe laborieuse, se manifestera par deux effets distincts : un rehaussement dans la condition des ouvriers, un accroissement dans la population laborieuse. L'un ou l'autre de ces effets dominera dans chaque pays selon l'instruction acquise par les travailleurs manuels et la prudence dont ils seront doués ; en général, l'action définitive se partagera entre ces deux conséquences; la dernière, l'accroissement en nombre de la grande famille ouvrière, produit à la longue une certaine baisse dans les salaires courants ; or toute baisse dans les salaires entraîne une hausse correspondante dans les profits bruts.

Ce sont les entrepreneurs qui touchent les profits bruts ; ce sont eux qui, dans les premiers moments, voient augmenter leurs gains : encouragés par le succès, ils étendent leurs affaires, accroissent l'emploi du capital fixe, mettent en usage tous les moyens propres à développer la production ; ce redoublement d'activité nécessite une vive demande de capitaux, demande élevant graduellement le taux de l'intérêt de l'argent et le revenu des capitalistes; les profits réels grandissent et dépassent même en vitesse le mouvement de hausse des profits personnels.

Toute période d'amélioration agricole continue, amène nécessairement une période contemporaine de prospérité industrielle et commerciale; ce progrès universel dans toutes les branches de la production, est une source abondante de gros profits réels et personnels : mais les deux classes des entrepreneurs et des capitalistes, étant au premier rang parmi les plus abstinentes et les plus économes, une partie considérable de ces gains se transforme rapidement en fonds productifs; il se fait une importante augmentation du capital circulant : or celui-ci ne peut s'accroître sans que le fonds des salaires grandisse en même temps et dans la même proportion; mais, comme dans toute cette période les prix du blé et de toutes les denrées alimentaires inclinent à baisser, il est certain que, dans tous les pays où la population obéira aux règles prudentes de la contrainte morale, les salaires réels s'élèveront et suivront la marche rapide des profits bruts. Ainsi, par une sorte de loi providentielle, l'amélioration du sort des ouvriers est attachée au succès des personnes qui les emploient; les gros profits font les gros salaires et la classe laborieuse profite pour une part notable de l'accroissement reçu par le capital circulant.

Quand on vient à résumer les conséquences obligées de l'amélioration productive du capital agricole, on voit d'abord les salaires réels s'élever et l'aisance se répandre dans la classe ouvrière qui augmente en nombre; par suite, les salaires courants éprouvent une baisse accroissant les profits bruts; les profits augmentent les bénéfices des entrepreneurs bientôt forcés de partager leur gain avec les capitalistes; les économies faites par ces deux dernières classes s'ajoutant au capital circulant, viennent augmenter les salaires courants. Pendant toute cette évolution, les fermages en nature et en argent baissent d'une manière continue; le résultat final est donc un accroissement à peu près semblable des parts des entrepreneurs, des ouvriers et des capitalistes par rapport au revenu déclinant des propriétaires ruraux.

La distribution des bénéfices réalisés pendant les heureuses années dans lesquelles la puissance productive agricole s'est augmentée, distribution rémunérant généreusement le travail de l'ouvrier, l'abstinence du capitaliste et l'intelligence de l'entrepreneur satisfait à la fois l'esprit et le cœur : l'esprit, parce qu'elle récompense les véritables agents producteurs ; le cœur, parce qu'elle répand l'abondance parmi les nécessiteux. Elle paraît, il est vrai, oublier les propriétaires ruraux dont les champs portent les riches moissons, premières causes de tout le bien-être réalisé; mais, si elle leur enlève quelque chose dans le présent, elle leur laisse un magnifique espoir dans l'avenir.

Il faut donc appeler de tous nos vœux la réalisation des circonstances amenant une si heureuse situation; mais, comme on le sait, elles sont malheureusement difficiles à obtenir ou à rencontrer. Honorons les savants dont l'intelligence et les travaux ouvrent la voie à cet immense progrès ; encourageons par les plus belles récompenses ces hardis cultivateurs appliquant les nouvelles découvertes, ajoutant les engrais chimiques au fumier de ferme et rendant à la terre épuisée les éléments que les moissons lui enlèvent; établissons, enfin, une grande école centrale répandant partout les saines doctrines agronomiques et donnant à l'agriculture son ère de la renaissance.

§ II.

Du cas où la puissance productive agricole reste stationnaire.

S'il est vrai qu'il y ait des contrées bénies du ciel où, du haut de son char de triomphe, l'Agriculture prospérante verse à pleines mains l'abondance de toutes choses, ce magnifique spectacle est inconnu à la plupart de nos vieilles populations rurales arrachant avec peine à un sol aride une chétive subsistance ; sur nos terres épuisées, les grandes fêtes de l'antique

Cérès ont cessé ; elles ne pourraient renaître qu'à l'aide des miracles opérés par la science moderne et au moyen des merveilleuses inventions mécaniques de notre temps ; mais ce sont là d'extrêmes efforts de l'esprit humain, efforts n'agissant qu'après de longues années de tâtonnements et d'attente. Mais, dans l'intervalle, la production agricole incline à céder à la fatale tendance d'une décroissance progressive ; il faut donc s'estimer heureux, quand on peut s'arrêter sur cette pente dangereuse, et quand on réussit à mettre un terme à cette triste défaillance. Peut-on y parvenir ? On le peut, et même pour une assez longue période de temps, en ouvrant de libres relations commerciales avec toutes les contrées du globe, et en plaçant la production agricole indigène en face de la concurrence étrangère. Alors, il y a une sorte d'association mutuelle entre toutes les tribus humaines, association donnant aux pays anciennement peuplés la faculté de profiter des énormes avantages que la culture trouve dans l'exploitation des terres nouvelles ; alors, on peut réussir à poser une limite à l'accroissement de prix des produits du sol ; alors, aussi, l'agriculture nationale, excitée par la concurrence fait, de nouveaux et heureux efforts pour combattre l'invasion des céréales étrangères ; alors, enfin, la décroissance de fertilité est pour longtemps arrêtée. Il résulte de ce conflit et de cette lutte perpétuelle un véritable état stationnaire ; c'est la circonstance particulière que nous avons à examiner.

Comme on admet que, dans toute cette période, la puissance productive agricole, ravivée par la concurrence étrangère, ne faiblit pas, les fermages en nature et en argent n'éprouveront aucun changement ; la part afférente aux propriétaires ruraux ne souffrira aucune diminution, et même, comme le prix du blé est invariable et que les valeurs d'échange des produits manufacturés et des marchandises venant de l'étranger, soit par les progrès incessants de la puissance productive industrielle, soit par les facilités croissantes obtenues dans les relations commerciales, vont toujours en s'abaissant, les propriétaires ruraux avec des revenus semblables pourront se procurer et consommer une plus grande quantité d'objets manufacturés et d'articles étrangers.

Les prix du blé et de toutes les denrées alimentaires restant invariables, les ouvriers n'éprouveront aucun changement dans la quote-part la plus importante de leurs salaires réels; ils réaliseront une légère amélioration sur la fraction de leurs salaires destinée à les pourvoir d'objets manufacturés ; mais ce faible bénéfice n'aura pas la puissance d'agir sur la population laborieuse, et les salaires courants ne baisseront pas.

Les salaires réels restant à peu près constants pendant toute cette période, les profits n'augmenteront qu'autant que le produit net industriel et commercial viendra à s'accroître. C'est un résultat qu'on peut sans doute attendre de l'activité laborieuse des entrepreneurs et de l'habileté des commerçants ; mais cet excédant, s'il se produit, ne leur restera pas en entier : la concurrence fera baisser les prix des objets manufacturés ainsi que ceux des articles étrangers, et leur enlèvera au bout d'un certain temps la plus grande partie de leurs gains ; il leur en restera cependant une certaine portion qu'ils devront partager avec les capitalistes.

Cette élévation des profits bruts industriels et commerciaux devra s'étendre aussi aux profits bruts agricoles; car l'égalité proportionnelle des profits doit exister dans toutes les branches de la production. L'équilibre pourrait se rétablir par une légère surélévation du prix du blé ; mais, d'après l'hypothèse admise, le prix du blé ne doit pas augmenter ; il est nécessaire alors, pour que les cultivateurs réalisent des profits relativement égaux à ceux des entrepreneurs et des commerçants, qu'ils abandonnent la culture des terrains du dernier degré de fertilité. Ce mouvement causerait une très-légère baisse des fermages, baisse compensée par la diminution de prix des articles manufacturés et des marchandises venant de l'étranger.

Le rehaussement général des profits permettra aux entrepreneurs et aux capitalistes d'accroître leur épargne d'une grande partie de l'excédant de leurs profits annuels ; le capital circulant s'augmentera de ces nouvelles économies ; le fonds des salaires grandira dans le même rapport et le prix de la main-d'œuvre se rehaussera d'une manière semblable.

Quand on vient à comparer les diverses parts des quatre classes à celles qu'elles obtiennent dans le cas où la puissance productive agricole est dans un progrès continu, on remarque une grande parité dans l'ordre des effets, quoiqu'il y ait sans doute une notable différence dans leur importance. L'anomalie à signaler se montre dans la part des propriétaires ruraux, part n'éprouvant aucune diminution, tandis qu'elle est exposée à subir de réels amoindrissements, lorsque les améliorations agricoles se développent d'une manière permanente.

Pendant la durée de l'état stationnaire, les fermages restent constants, ou, s'ils éprouvent une légère diminution, elle est entièrement rachetée par l'abaissement de prix des objets manufacturés ou des marchandises étrangères. Quant aux autres classes, leur part s'accroît proportionnellement au développement de la puissance productive industrielle et commerciale Cet accroissement est à peu près semblable pour chacune d'elles ; cependant, à raison de la hausse progressive des profits bruts, la part des capitalistes doit s'accroître un peu plus rapidement que celle des entrepreneurs ; la part des travailleurs manuels prend une place intermédiaire.

L'état stationnaire, plus facile à atteindre et à conserver que celui d'une amélioration continue, présente encore de grands avantages. Comme toutes les choses modérées, cet état est plus durable que des faits anormaux demandant des efforts extraordinaires, et la durée contient en elle-même une grande puissance : les actions lentes, mais longtemps continuées, sont celles qui, dans l'ordre physique comme dans l'ordre social, s'accommodent le mieux avec l'harmonie des mouvements ; ce sont elles à tout prendre qui, avec le temps, exercent les effets les plus grands et les plus stables.

La libre introduction des produits agricoles tirés de l'étranger, est le moyen à peu près unique d'empêcher la décroissance de fertilité; elle est aussi la mesure la plus convenable pour assurer et maintenir l'état stationnaire. Cette nécessité impérieuse du libre-échange pour les nations voulant jouir des immenses avantages attachés à la permanence du prix des denrées alimentaires, paraît grandement ajouter aux mérites que l'on a reconnus à l'état stationnaire. Elle relie cet état au véritable système économique, au système le plus propre à augmenter la puissance productive universelle, le plus apte à répandre sur le monde entier les bienfaits accordés par la Providence à chaque contrée particulière, le plus capable, enfin, de réunir les hommes en une grande famille partageant entre ses membres les peines et les biens, les efforts et les résultats, les travaux et leurs récompenses.

§ III.

Du cas où la puissance productive du capital agricole va en diminuant.

A mesure que le capital circulant vient à s'accroître, la demande de bras augmente, les salaires s'élèvent, la population ouvrière ayant plus d'aisance grandit en nombre ; pour obtenir une plus grande quantité de denrées alimentaires, on est obligé, quand on n'admet pas la libre entrée des produits territoriaux étrangers, soit de mettre en culture des terres d'un degré inférieur de fertilité et restées jusque-là en friche, soit de faire sur des sols déjà cultivés l'emploi de nouvelles unités de capital avec un moindre rendement ; de là sortent deux inévitables conséquences : d'abord l'élévation du prix du blé et la hausse des salaires, puis une baisse générale des profits.

L'état que l'on examine est malheureusement l'état ordinaire, celui résultant de l'ordre naturel des choses ; c'est, en effet, par exception et pour des temps comparativement courts, que les améliorations agricoles sont assez puissantes pour augmenter ou laisser constant le rendement de l'unité de capital employée en dernier lieu sur la terre : il faut donc étudier avec d'autant plus de soin ce dernier état des choses qu'il représente le cas le plus fréquent ; c'est, d'ailleurs, pour la plupart des nations européennes et notamment pour la France la véritable situation de l'agriculture.

Dans les quarante années écoulées de 1820 à 1860, il s'est fait dans notre pays de grandes améliorations agricoles, probablement les plus notables qui aient jamais été réalisées en France dans le même espace de temps ; la preuve en existe dans l'accroissement successif du rendement du blé par hectare. « De 1815 à 1825, » dit M. Maurice Block [1], « la moyenne « de ce rendement est seulement de 10 hectolitres 95 litres « par hectare ; de 1826 à 1836, elle s'élève à 12 hectolitres « 35 litres ; de 1836 à 1845, elle atteint 13 hectolitres 70 litres. « En comparant la dernière avec la première de ces périodes, « on trouve une différence de 3 hectolitres ou de 27 p. 100. » Mais si l'on examine en même temps quelle a été la marche du prix du blé dans cet espace de quarante années, commençant en 1820, on a la série suivante en prenant la moyenne par groupe de dix années [2] :

	Moyenne décennale. Prix du blé.
1820 à 1829................	18 fr. 06 l'hect.
1830 à 1839................	19 fr. 09 —
1840 à 1858................	22 fr. 17 —

Il y a eu ainsi, pendant cette longue période, un successif accroissement dans le prix du blé, accroissement indiquant les difficultés progressives rencontrées dans la culture et manifestant les diminutions correspondantes dans le rendement des dernières unités de capital appliquées à la terre.

[1] Maurice Block, *Statistique de la France*, t. I, pp. 37, 38.

[2] Idem., *ibid.*, t. I, p. 49.

Une pareille élévation du prix des grains s'est montrée aussi en Belgique, en Prusse et dans l'Allemagne centrale. Enfin, comme le même mouvement s'est reproduit en même temps en Angleterre, quoiqu'il y ait été atténué par l'abolition des *Corn-laws* et la libre entrée des céréales étrangères, on est autorisé à regarder cette situation agricole comme étant celle de la plus grande partie de l'Europe.

On admet dans l'hypothèse où l'on se trouve, que la puissance productive du capital employé dans l'agriculture s'amoindrit d'une manière progressive, comme elle en a d'ailleurs la fatale tendance : ainsi, le produit de l'unité de capital employée en dernier lieu s'est peu à peu atténué ; dès lors, les fermages se sont accrus de toute la différence de rendement; d'un autre côté, le produit de la dernière unité ne payant pas de fermage étant moindre qu'il ne l'était, pour que cette diminution de récolte n'altère pas la position du cultivateur et pour qu'il lui reste des profits égaux à ceux des autres entrepreneurs, il faut que les prix du blé et de tous les autres produits territoriaux s'élèvent proportionnellement aux frais croissants de la culture ; la hausse des denrées alimentaires entraîne le rehaussement des salaires naturels et, par suite, celle des salaires réels et des salaires courants; mais cette hausse forcée et générale des salaires devient une cause nécessaire d'une baisse générale des profits, y compris ceux des agriculteurs.

Cette baisse supportée d'abord par les entrepreneurs de tous genres, cultivateurs, manufacturiers, commerçants, sera bientôt rejetée en partie sur les capitalistes : car, les profits personnels diminuant, les capitaux seront moins recherchés ; les capitalistes, voyant hausser les salaires et s'accroître les difficultés de la production, seront de moins en moins portés à faire valoir eux-mêmes leurs fonds disponibles; l'intérêt de l'argent s'affaiblira et les profits réels éprouveront une baisse relativement plus grande que celle ressentie par les profits personnels.

L'élévation progressive du prix du blé et des autres denrées alimentaires, aura pour effet direct et certain d'entraîner la hausse des salaires réels dans tous les pays où la classe ouvrière ne consentira pas à laisser dégrader sa position ; mais pour réussir dans ce noble effort, il est nécessaire que les travailleurs redoublent de prudence et d'énergie, car la hausse du prix du blé tend forcément à déprimer les salaires réels, et pour combattre ce danger, il convient que la contrainte morale prenne une force nouvelle, capable de réfréner le principe générateur de manière à ce que la marche de la population ne devienne pas plus rapide que celle du capital qui doit la nourrir.

Notre population ouvrière donne sous ce rapport un grand et noble exemple ; car, dans le long espace de temps compris entre 1780 et 1866, malgré l'élévation croissante du prix du blé, les salaires réels des journaliers agricoles ont plus que doublé[1]. Comme, pendant la première moitié du dix-neuvième siècle, le développement industriel et commercial a été très-considérable en France, il n'est pas douteux que l'accroissement des salaires industriels n'ait été encore beaucoup plus grand.

Quand on jette un coup d'œil sur l'ensemble du mouvement s'opérant dans les relations des parts afférentes aux quatre classes productrices, pendant la diminution graduelle de la puissance productive agricole, on voit les fermages croître d'une manière inverse à la diminution de rendement et en rapport direct avec la hausse du prix du blé ; les salaires courants et les salaires réels s'élever dans une proportion tantôt semblable à celle des fermages, tantôt plus forte qu'elle, selon la prudence de la classe ouvrière et la rapidité d'accroissement du capital circulant ; on découvre, au contraire, que les parts proportionnelles des entrepreneurs et des capitalistes vont toujours en diminuant, les profits réels s'abaissent plus encore que les profits personnels soutenus dans leur défaillance par leur ressemblance avec les salaires.

A travers les oscillations de la puissance productive du

[1] Voyez le chapitre I du livre III, t. II, p. 10.

capital agricole et au milieu des changements variés qu'elles imposent aux parts des divers agents de la production, il est un fait consolant qu'il faut retenir et admirer, c'est la persistance constante de la part des travailleurs manuels, pourvu qu'ils se laissent guider par la prudence et la raison, à grandir sans cesse et à égaler dans ses progrès proportionnels la part de la classe la plus favorisée.

Dans la prospérité générale, alors que la puissance productive agricole gagne chaque jour de nouveaux avantages, les salaires proportionnels marchent de pair avec les profits personnels ; bien plus, ils prennent même sur eux une décisive avance, quand la population croît moins rapidement que le capital : pendant cette évolution ascendante de la culture, les salaires suivent la fortune des profits réels et laissent loin derrière eux les fermages frappés d'un véritable affaiblissement. Dans l'état stationnaire, alors que les fermages ont grand'peine à ne pas déchoir, les salaires partagent les succès des entreprises manufacturières et commerciales, et s'avancent parallèlement aux profits réels et personnels. Quand la défaillance de la terre diminue le produit net agricole, quand les profits atteints dans leur source inclinent à s'affaiblir, on aperçoit alors les salaires réagir contre la difficulté des temps, égaler et dépasser les fermages, élever, enfin, la part proportionnelle des travailleurs manuels au moment même où les parts relatives des entrepreneurs et des capitalistes vont en s'amoindrissant.

Il n'est donc pas vrai que l'ordre économique actuel s'oppose à l'amélioration progressive du sort des ouvriers ; il tend, au contraire, à amener le rehaussement graduel de leur situation comparativement à celle des autres classes concourant, comme eux, au grand œuvre de la production et profitant moins qu'eux des résultats obtenus. Pour un pays comme le nôtre, dans lequel une législation pleine d'équité et de justice, laisse à chaque citoyen la voie ouverte vers toutes les positions sociales, dans lequel chaque classe sortant du corps même de la nation jette de profondes racines dans les masses populaires, dans lequel la condition des travailleurs manuels va toujours en s'améliorant, dans lequel chaque ouvrier laborieux, sobre et économe devient fabricant, commerçant ou cultivateur, dans lequel chaque cultivateur, fabricant ou commerçant peut, avec le temps et de la conduite, parvenir à être gros propriétaire, grand manufacturier ou riche capitaliste, on ne saurait comprendre qu'il y ait des esprits assez passionnés, des têtes assez dépourvues de raison, des cœurs assez oublieux de l'équité naturelle pour demander le renversement d'un système économique fondé sur la nature des choses et le respect du droit, assurant une juste rémunération au travail et donnant la prospérité à toutes les familles douées de ces vertus sobres formant le bien-être des individus comme la grandeur des peuples.

La plupart des hommes qui se sont élevés contre les principes économiques admis dans tous les États civilisés, se sont servis des nouvelles doctrines comme de machines de guerre contre les gouvernements établis : ils ont demandé la liquidation sociale pour se faire des partisans dans cette multitude de gens sans aveu et sans ressources, désireux de jouir sans travailler et d'acquérir en prenant aux autres. Ces tentatives heureusement avortées ont eu cependant des conséquences désastreuses; elles ont porté toutes les âmes faibles à chercher un abri dans l'exagération du principe d'autorité, et elles ont servi de prétexte ou d'excuse à une foule nombreuse reniant la liberté et se faisant esclave du gouvernement personnel. Mais le triomphe, même momentané, des opinions que l'on vient de signaler, aurait eu des conséquences encore plus déplorables; il aurait amené une tyrannie d'autant plus affreuse que ces sauvages théories ne pourraient être mises en pratique qu'à l'aide d'actes violents et d'abominables spoliations, dont le résultat définitif eût été de lancer la nation au milieu d'effroyables calamités et de précipiter la classe laborieuse tout entière dans un abîme de misère.

Il ne suffit pas, comme le font les novateurs, de s'écrier bien haut qu'on ne pense qu'au bonheur des ouvriers pour croire que, seul, on possède les moyens d'assurer leur bien-être; un zèle trop ardent peut quelquefois errer, le but ne justifie pas toujours les moyens; entre eux, il faut savoir choisir. Il en est, et malheureusement nous les avons vus à l'œuvre, qui, au lieu d'être utiles à l'ouvrier, le pervertissent et le perdent. Quand on veut étudier sérieusement cette grande et belle question de l'amélioration du sort de la classe laborieuse, il convient d'abord de constater quelle en est la situation actuelle; car le mieux est quelquefois l'ennemi du bien, et, lorsqu'on a la prétention de favoriser l'avancement de la classe ouvrière, il faut avant tout prendre garde de détériorer la condition dont elle jouit.

§ IV.

De la comparaison des parts absolues revenant en France aux quatre classes directement productrices.

Entraîné par le désir d'appeler sur cet important sujet l'attention des hommes pratiques et l'examen des économistes, on va, malgré la pénurie des documents et l'insuffisance des données statistiques, essayer de présenter un aperçu sur la manière dont se fait, en France, le partage du produit total annuel entre les quatre classes productrices; on osera mettre en avant des chiffres que l'on soumet volontiers à la critique et auxquels on ne prétend point garantir une certitude complète, mais que l'on croit cependant posséder une exactitude relative assez grande pour conserver une puissance réelle aux conclusions qu'on en peut tirer; on ajoutera que les renseignements qu'on a pu se procurer se rapportent à la période bidécennale de 1850 à 1870, et que les données sur lesquelles on s'appuiera ont été en grande partie extraites de l'excellente statistique de la France par M. Maurice Block.

On pense être très-près de la réalité en évaluant à une somme de 5 milliards 400 millions de francs le fonds de roulement de l'agriculture française en 1866 [1].

On croit que le capital circulant employé dans la fabrication industrielle et manufacturière, à la même époque, ne s'élevait pas à moins de 3 milliards 300 millions [2].

On estime à une somme de 3 milliards 300 millions le capital circulant engagé dans le commerce, soit 2 milliards 200 millions dans le commerce en gros et 1 milliard 100 millions dans le commerce de détail [3].

L'ensemble des capitaux circulants employés dans les trois grandes branches de la production, formerait ainsi un total de 12 milliards. Ce grand fonds de roulement mis en œuvre par les cultivateurs, les artisans, les manufacturiers et les commerçants, transformé et accru par les efforts combinés des entrepreneurs et des ouvriers, par l'action des forces naturelles et l'emploi du capital fixe, augmenté par l'intervention des commerçants en gros et des détaillants, donne naissance à un produit total dont la valeur collective atteint 18 milliards [4].

Comment cette masse énorme de richesse se partage-t-elle entre les quatre classes fournissant les agents producteurs ?

Si, pour calculer le fonds des salaires on adopte la formule déjà mise sous les yeux du lecteur et qu'on prenne la fraction 0,465 comme le coefficient par lequel on doit, en France, multiplier le capital circulant pour obtenir le fonds des salaires, on aura pour la part absolue revenant, en 1866, aux

[1] M. Léonce de Lavergne évalue le capital d'exploitation à 100 fr. par hectare; pour les 34 millions d'hectares cultivés en 1866,

c'est	3,400 millions.
Mais il paraît ne pas compter les semences	400
les engrais et les nourritures approvisionnées	1,600
Total	5,400

[2] Voyez la note E.

[3] Voyez la note E.

[4] Voyez la note à la fin du premier volume, p. 444.

travailleurs manuels de notre pays, la somme totale de 5 milliards 560 millions, c'est-à-dire une somme à peu de chose près égale à la moitié du capital circulant actif[1]. C'est là un fait d'une extrême importance et bien propre à faire réfléchir les ouvriers sur les dangers qu'ils encourent, quand, oublieux de leurs véritables intérêts, ils compromettent ce qu'ils tiennent dans le présent en se laissant éblouir par les décevantes illusions que les fauteurs de révolutions font briller à leurs yeux.

Dans la grande opération productive réalisée par le concours des quatre classes, l'emploi d'un capital circulant de 12 milliards a amené la création d'une masse d'articles de richesse d'une valeur totale de 18 milliards; mais ce n'est point cette somme entière qui doit être partagée, il faut, de toute nécessité, en retrancher ce qui a été matériellement dépensé pour l'obtenir : il convient d'abord de prélever la valeur des matières consommées dans l'œuvre de la production, notamment les semences mises en terre, les matières premières servant de base à toute fabrication, les matières diverses destinées, soit à alimenter les machines, soit à nourrir les animaux donnant les engrais et fournissant la puissance mécanique employée dans la culture ; enfin, les sommes nécessaires au remplacement et à l'amortissement du capital fixe usé ou

[1] Dans un article du *Correspondant*, t. LII, p. 298, M. le comte de Ludre évalue à 4 milliards 200 millions les salaires industriels et commerciaux; en y ajoutant 2 milliards 700 millions pour les salaires agricoles, on a 6 milliards 900 millions pour l'ensemble des salaires dans notre pays.

En Angleterre, M. Georges Potter, président de l'association des ouvriers de la Grande-Bretagne, a évalué à 400 millions de livres sterling, 10 milliards de francs, les salaires de la classe laborieuse dans le Royaume-Uni. Si cette estimation est exacte, les ouvriers touchent une somme égale aux deux tiers du capital circulant actif de ce pays.

M. le professeur Leone Levi porte le salaire des ouvriers anglais à la somme annuelle de 418,300,000 livres sterling, soit 10 milliards 480 millions de francs.

Voyez l'*Annuaire de l'économie politique pour l'année* 1867, pp. 312, 313.

Voyez la note A.

détruit dans la grande œuvre productive. Cette masse considérable de produits divers consommés et de capitaux dépensés s'élève à une somme totale d'au moins 6 milliards 400 millions, ne laissant à partager qu'une valeur nette de 11 milliards 600 millions.

Dans cet énorme amas de richesses produites par le génie de l'homme et la puissance des éléments, par la providence divine et les vertus humaines, par la puissance du capital et le travail des bras, par les efforts de tous les citoyens et l'influence du gouvernement, quelle est la part de l'ouvrier ? La part des travailleurs manuels est, comme on l'a vu, de 5 milliards 580 millions, c'est-à-dire qu'à peu de chose près, elle égale la moitié de la masse totale à partager : résultat surprenant, car, en France, la classe ouvrière n'atteint pas la moitié de l'ensemble des classes de la nation.

Il faut le dire hautement, car cette vérité doit être connue de tous, ce résultat est dû pour la plus grande partie à l'existence du capital circulant, à l'accumulation du capital fixe, à l'intelligence et l'habileté des entrepreneurs, à l'heureuse action des pouvoirs publics. Si, par une calamité inouïe, le capital circulant accumulé par tant d'années de travail, d'abstinence et de privations venait à être anéanti ; si, par un horrible cataclysme, le capital fixe incorporé au sol ou immobilisé dans les machines et les outils venait à être détruit, l'homme nu sur la terre nue serait l'une des plus malheureuses créatures de ce monde où nous vivons.

Si, par un malheur plus grand encore, car il serait dû à la folie humaine, les insensés qui demandent la liquidation sociale, ces barbares de nouvelle espèce que les nations les plus civilisées enferment en leur sein, parvenaient à saisir le pouvoir, et que, dans l'ivresse du triomphe, se livrant sans mesure et sans frein, aux passions qui les dominent, ils gaspillassent les richesses accumulées par tant de siècles de labeur, de prévoyance et de privations, ils jetteraient toute la nation dans l'état le plus déplorable ; deux années de désordre, de spoliations et d'anarchie suffiraient pour faire disparaître ou pour détruire la plus grande partie du capital circulant et avec lui le fonds des salaires. Le capital fixe manufacturier, frappé d'inactivité, perdrait toute valeur, il ne resterait que la terre ; mais, dans l'état actuel des choses, avec toutes les ressources de l'art agricole, avec l'emploi de semences choisies et conservées, avec les pailles et les fourrages mis en réserve, avec les engrais produits ou achetés, avec des attelages bien nourris, avec de nombreux bestiaux et d'immenses troupeaux, le rendement agricole, quand on en retire les impenses en matières, n'atteint pas 6 milliards [1] ; après la destruction, la dilapidation ou la disparition du capital agricole, au milieu des troubles et de l'anarchie, la production territoriale éprouverait un grave échec et diminuerait considérablement : elle atteindrait à grand'peine la moitié de ce qu'elle produisait dans les années prospères, et ce serait beaucoup si le montant à partager s'élevait à 3 milliards. Ainsi la population ouvrière, mourant de faim après les orgies du triomphe, obligée de s'adonner à la culture de la terre, travaillant sous les rayons ardents d'un soleil inaccoutumé, ne pourrait, au prix des plus rudes labeurs, obtenir que la moitié de la subsistance qu'elle peut gagner par son travail régulier et ordinaire : heureuse encore, si le ciel lui épargnait les intempéries trahissant les espérances du cultivateur et l'abandonnant à la misère et à la faim. Mais cette ressource de la culture resterait-elle aux ouvriers des manufactures et des fabriques? Sortis des villes d'où ils seraient chassés par la faim, ils trouveraient la campagne occupée par une race vigoureuse, propriétaire d'une grande partie du sol et décidée à défendre au prix de son sang les sillons qu'elle féconde de ses sueurs ; repoussés de toutes parts, destitués de tout, il leur resterait à peine assez de force pour maudire les énergumènes qui les auraient précipités dans ces extrémités du malheur. C'est à cette triste fin, c'est à la ruine entière de notre chère patrie

[1] M. de Lavergne n'évalue le produit agricole qu'à 5 milliards. Voyez *Économie rurale de la France*, p. 55.

que conduiraient infailliblement les théories insensées de ceux qui réclament la liquidation sociale.

Ce n'est point de ces trompeuses illusions que surgira l'amélioration du sort des ouvriers ; l'harmonie entre toutes les classes, le respect de tous les droits, la prospérité commune résultant de la successive application des vrais principes économiques, voilà les seules conditions pouvant l'assurer. On a déjà essayé dans le cours de ces études de rappeler les règles propres à conduire vers un but aussi désirable ; il nous reste à examiner maintenant par le détail quelle est la véritable situation des travailleurs manuels dans l'état encore imparfait de l'administration économique de notre pays ; on commencera par la classe la plus éprouvée et cependant la plus patiente, par celle des journaliers agricoles.

Cette population laborieuse supporte le poids de la chaleur du jour, endure toutes les intempéries, féconde par de rudes labeurs la terre qu'elle cultive. Que reçoit-elle en rémunération de son pénible travail ? Dans son beau livre sur l'*Économie rurale de la France*, M. Léonce de Lavergne estime à 50 francs par hectare la dépense moyenne en salaires [1], ce qui pour les 50 millions d'hectares cultivés ou pâturés, en 1850, donne une somme totale de 2 milliards 500 millions; pour la même époque, Moreau de Jonnès évalue les salaires agricoles à 3 milliards [2]. On croit être fort près de la réalité en prenant une moyenne entre ces deux évaluations. Cette moyenne sera 2 milliards 750 millions; on peut donc admettre avec certitude que la masse totale des salaires agricoles s'élève au moins à 2 milliards 700 millions : c'est le chiffre que nous adoptons ; il confirme et justifie le coefficient 0,5 que nous avions indiqué comme le multiplicateur propre à donner le chiffre des salaires dans l'industrie agricole.

Si l'on s'en rapporte au recensement officiel de 1851, sur 35,783,170 Français, la population agricole s'élevait

[1] *Économie rurale de la France*, 3e édit., p. 59.

[2] *Statistique de l'industrie de la France*, p. 339.

à 20,351,628 âmes, et, selon le même document, par 10,000 agriculteurs, on comptait alors[1] :

Journaliers	3,008
Domestiques	1,350
Bûcherons, charbonniers, etc.	158
	4,516

En supposant que le rapport du nombre des agriculteurs à la population totale n'ait pas varié et qu'il y ait encore, en 1866, par 10,000 agriculteurs le même nombre de journaliers, de domestiques, etc. qu'en 1851 (et il est à croire que la proportion en a plutôt diminué), comme en 1866, la population totale de la France s'élevait à 38,067,074 âmes, le nombre des personnes attachées à l'agriculture devait être d'environ 21,602,000, et celui des ouvriers agricoles et de leurs familles 9,755,463 : en divisant par ce chiffre les 2 milliards 700 millions de salaires, on trouve que la part par tête était de 276 fr. 35 c., et, en supposant la famille agricole composée en moyenne de cinq personnes, chacune d'elles toucherait une somme totale de 1,381 fr. 75 c., ce qui pourrait se réaliser de cette manière :

L'homme, 300 journées à 2 fr. 10	630 f.	
La femme, — à 1 fr.	300	
Les trois enfants	451	75
	1,381 f.	75

Si la moyenne de 1,381 fr. 75 c. se retrouvait par tout le territoire, on pourrait la regarder comme suffisante, et la situation de nos travailleurs agricoles serait assez bonne ; mais si, dans nos provinces du Nord, la population rurale obtient des salaires égaux ou supérieurs aux chiffres que l'on vient d'indiquer, les journaliers de la Bretagne, du centre de la France et des landes de Gascogne, sont loin d'y atteindre et ont grand'peine à vivre. C'est par le perfectionnement des voies de communication que les prix des produits territoriaux et les

[1] Maurice Block, *Statistique de la France*, t. II, p. 47.

salaires pourront se niveler ; c'est alors seulement que les populations déshéritées viendront prendre la légitime part qui doit leur revenir.

Les salaires industriels et commerciaux sont plus forts que les salaires agricoles : la somme annuelle à partager entre les ouvriers de l'industrie, les employés et les hommes de peine du commerce, s'élève en totalité à 2 milliards 880 millions, se composant de 2 milliards 200 millions pour les salaires industriels et de 680 millions pour les salaires commerciaux.

D'après une déclaration faite dans l'enquête de 1824[1] par M. Cunin-Gridaine, grand fabricant de drap à Sedan, la moitié du fonds de roulement est, dans l'industrie manufacturière, dépensée en salaires, et, comme ce capital se renouvelle au moins deux fois par année, il devrait en résulter que le fonds des salaires serait égal au montant du capital de roulement, c'est-à-dire à 3 milliards 300 millions. Sous l'autorité de M. Cunin-Gridaine, nous aurions volontiers accepté ce chiffre ; mais dans sa *Statistique de l'industrie en France*[2], Moreau de Jonnès ne porte qu'à 1,680 millions le montant, en 1850, des salaires tant pour l'industrie manufacturière que pour les arts et métiers. Bien que cette estimation paraisse trop faible, on est obligé d'en tenir compte et nous adopterons pour 1866 le chiffre de 2 milliards 200 millions, intermédiaire entre l'évaluation présentée par Moreau de Jonnès et celle tirée de l'opinion émise par M. Cunin-Gridaine[3].

Le chiffre de 680 millions auquel nous estimons les salaires commerciaux, est formé de 550 millions pour les salaires du commerce en gros et de 130 millions s'appliquant au commerce de détail.

Le commerce en gros emploie un fonds de roulement de 2 milliards 200 millions qui, en moyenne, se renouvelle trois fois dans l'année ; en supposant qu'on dépense, chaque fois, un douzième du capital en salaires, à la fin de l'année, un quart

[1] *Enquête de* 1834, opinion de M. Cunin-Gridaine.

[2] *Statistique de l'industrie de la France*, p. 339.

[3] Voyez la note A dans laquelle ce chiffre est discuté.

du capital de roulement aura été dépensé en main-d'œuvre; le quart de 2 milliards 200 millions est 550 millions, c'est la somme que nous prenons pour les salaires du commerce en gros [1].

Le commerce de détail a pour fonds de roulement un capital de 1,100 millions se renouvelant six fois par an; en admettant que par chaque emploi, il n'y ait de dépensé en salaire que 2 p. 0/0 ou 1/50, les salaires s'élèveront à $\frac{6}{50}$ de 1,100 millions, soit à 132 millions [2].

D'après le rencensement de 1851, le nombre des ouvriers de l'industrie, des employés et des hommes de peine du commerce était, sur une population totale s'élevant à 35,873,170 âmes, de 4,391,739 individus [3], et d'environ 5,900,000 âmes en y comprenant les femmes et les enfants [4]; en 1866, la population laborieuse et commerciale devait être de 6,262,000 personnes; en divisant par ce chiffre la somme de 2 milliards 880 millions, on a 459 fr. 91 c. par tête, c'est-à-dire une part deux fois plus forte que celle des journaliers agricoles.

En supposant la famille industrielle composée de 4 personnes, elle toucherait une somme totale de 1,809 fr. 68 centimes, ce qui pourrait se réaliser par une distribution analogue à celle qui suit :

L'ouvrier, 300 journées à 3 fr..	900 f.	
La femme 300 — à 2 fr.	600	
Les deux enfants	329	68
Total.........	1,839	68

Cette moyenne est assez élevée; il reste à désirer qu'elle existe partout, et que le rehaussement se fasse au profit des salaires les plus faibles.

1 Voyez la note A.

2 Note A.

3 Maurice Block, *Statistique de la France*, t. II, p. 35.

4 Moreau de Jonnès, *Statistique de la France*, p. 329.

Cet auteur évalue à 1,475,000 le nombre de familles de la population industrielle et commerciale en 1850; à 4 personnes par famille, c'est 5,900,000 individus.

Si, de la partie du produit net afférente à la classe que l'on regarde généralement comme étant la moins favorisée, on passe à l'examen de la part revenant à la classe réputée privilégiée, à celle des propriétaires fonciers, on trouve, d'après les relevés cadastraux et les estimations faites par l'administration des contributions directes, que le revenu de la propriété foncière était, en 1821, de 1,586,597,000, et, en 1851, de 2,643,366,000 fr.; enfin, d'après un document inséré dans le rapport officiel sur la grande enquête agricole de 1866, le revenu net foncier, en 1862, devait s'élever à 3 milliards 216 millions [1].

Cette propriété foncière comprend à la fois la propriété bâtie et la propriété rurale : le revenu de la propriété bâtie est l'intérêt d'un capital dépensé en constructions pour les besoins de l'industrie, du commerce et pour loger toute la population; c'est un revenu appartenant en propre à la classe des capitalistes. Quand on veut donc arriver à connaître les fermages proprement dits ou le revenu échéant aux propriétaires ruraux à raison de la fertilité naturelle ou acquise, il faut du revenu de la propriété foncière retrancher d'abord la part afférente à la propriété bâtie. En 1842, le principal du contingent de la contribution foncière s'élevait à 158,678,000 fr. se partageant en deux sommes, l'une de 38,560,000 fr. afférente à la propriété bâtie, l'autre de 120,218,000 fr. se rapportant à la propriété rurale; depuis 1842 jusqu'en 1866, et, en vertu de la loi du 17 avril 1835, le contingent des propriétaires de constructions s'est augmenté de 9 millions à raison de maisons nouvellement élevées, en telle sorte que la fraction du contingent total se rapportant à la propriété bâtie était à cette époque de 47,676,000 francs, et comme le contingent total de 1866 montait à 169,300,000 fr., le rapport du contingent fractionnaire à la totalité de la contribution foncière était $\frac{477}{1693}$, soit 28 pour 100 [2]. Sur les 3 milliards 216 millions formant le revenu total de la propriété foncière, on doit en retrancher

[1] Rapport du commissaire général de l'enquête agricole de 1866, p. 232.

[2] Même rapport, p. 238.

28 pour 100, soit 900,000 millions représentant le revenu spécial de la propriété bâtie[1], et laisser 2 milliards 316 millions à la propriété rurale.

De cette somme de 2 milliards 316 millions, il faut distraire 214 millions payés à l'État, aux départements et aux communes[2] : il reste ainsi une somme nette de 2 milliards 102 millions pour le revenu territorial.

Si, pour obtenir le montant des fermages usuels, on retire du produit net de la culture une somme de 333 millions représentant les profits réels des capitaux immobilisés dans le sol par les fermiers et les propriétaires exploitants, on a une somme de 1,769 millions pour le revenu net des propriétaires ruraux. Dans l'*Économie rurale de la France*, M. de Lavergne évalue en moyenne à 30 francs par hectare, en 1859, la rente des propriétaires ruraux; pour 50 millions d'hectares, c'est 1,500 millions; en estimant à 1,769 millions le revenu de ces propriétaires, nous pensons être très-près de la réalité, car de 1859 à 1866, il s'est produit une notable augmentation des fermages.

Cette somme de 1,769 millions représente bien l'ensemble des fermages tels qu'ils sont stipulés dans les baux; mais elle s'élève beaucoup au-dessus des fermages théoriques que nous cherchons à reconnaître. Pour y arriver, il faut distraire de la masse totale l'intérêt des capitaux incorporés au sol pour en permettre la culture, en augmenter la fertilité ou en faciliter l'exploitation.

Les dépenses de mise en culture proviennent du défrichement des terrains boisés, du défoncement des sols pierreux ou couverts d'une puissante végétation herbacée, du dessèchement des terres inondées ou marécageuses. D'après les calculs de

[1] En Angleterre, la propriété bâtie a une importance plus considérable. Dans les évaluations pour l'*income-tax*, en 1867, les revenus ruraux sont estimés à 1,600 millions, tandis que ceux de la propriété bâtie le sont à 1,753 millions. (*Correspondant du 10 juillet* 1870.)

[2] M. Léonce de Lavergne évalue en moyenne à 5 fr. par hectare l'impôt pesant sur la terre : pour les 50 millions d'hectares, c'est 250 millions. — *Économie rurale de la France*, p. 50.

M. de Gasparin, les frais de défrichement ou de défoncement coûtent jusqu'à 220 francs par hectare, et, dans tous les cas, ne sont pas moindres de 75 francs [1]. La moyenne entre ces deux chiffres donne 148 francs. Le desséchement et la mise en culture des marais comportent une dépense beaucoup plus élevée et doivent augmenter la moyenne ; on croit être au-dessous de la réalité en adoptant 150 fr. comme moyenne générale : pour les 34 millions d'hectares cultivés en 1866, la dépense s'élève à une somme totale de 5 milliards 100 millions pour laquelle l'intérêt à 5 pour 100 doit donner une rente de 255 millions.

Les dépenses postérieures à la mise en culture sont définitives, et elles ont un effet permanent ou elles sont temporaires et n'ont qu'une influence disparaissant au bout de quelques années ; les premières sont faites par les propriétaires, les autres le sont généralement par les fermiers ou les propriétaires cultivant eux-mêmes leurs terres.

Les dépenses à effet durable et permanent ont lieu pour le drainage des terres humides, les défoncements successifs, les nivellements, épierrements, colmatages, les travaux d'irrigation : variables en importance selon les terrains, selon les ressources et l'intelligence des propriétaires, elles sont d'une estimation difficile, on les évaluera à 100 francs par hectare.

Aux dépenses facilitant la culture, il faut ajouter celles résultant des engrais incorporés par le propriétaire dans les argiles, les ocres et les terreaux du sol arable : c'est un fait constaté [2] qu'en France, de 1857 à 1866, le produit moyen par hectare a été de 14 hectolitres 60 litres, et l'on sait que le blé ne prend dans le sol qu'une aliquote de 28 pour 100 de l'engrais existant en terre, il s'en suit qu'après la récolte de blé, il reste encore à l'état latent dans le terrain cultivé 76 kilogrammes, 95 d'azote [3] lesquels à 2 fr. 50 le kilogramme valent par hectare 192 francs 12 centimes ; en supposant que

[1] De Gasparin, *Cours d'agriculture*, t. I, p. 199.

[2] Rapport du commissaire général à l'enquête agricole de 1866, p. 120.

[3] Voyez la note à la fin du volume.

cet enrichissement du sol ait été fait pour moitié par les propriétaires du sol, on trouve qu'ils ont incorporé à la terre, en engrais, une somme totale de 96 francs par hectare.

En ajoutant cette somme aux 100 francs par hectare dépensés pour l'amélioration successive du sol arable, on a un total de 196 francs, lesquels multipliés par les 34 millions d'hectares cultivés forment un total de 6 milliards 664 millions en capital et dont l'intérêt est de 330 millions.

Enfin, pour faciliter l'exploitation de leurs terres, les propriétaires ruraux ont fait d'énormes dépenses en bâtiments exclusivement consacrés à l'agriculture, à l'ouverture de chemins d'exploitation et de voies rurales, à l'établissement de clôtures, d'abris, et de plantations. On évaluera à 100 francs par hectare la dépense pour les granges, écuries, bergeries, hangars, étables, etc. ; à 55 francs, celles pour les clôtures, abris, plantations ; à 25 francs, les frais pour l'ouverture de chemins ; c'est une somme totale de 190 francs par hectare pour les 50 millions d'hectares, c'est un capital de 9 milliards 500 millions dont l'intérêt à 6 pour 100 [1], forme une rente annuelle de 570 millions.

En additionnant toutes les sommes provenant de l'intérêt des capitaux incorporés au sol par les propriétaires, on obtient un total de 1,158 millions qu'il faut retrancher des 1,769 millions formant les fermages usuels pour avoir l'ensemble des fermages théoriques, lesquels s'élèveraient à 611 millions.

Comparons ce résultat avec celui que l'on peut tirer de recherches faites dans une autre partie de cet *Essai* [2]. On a estimé à 8 milliards le montant de la production agricole française : comme le capital de roulement employé est de 5 milliards 400 millions, la culture de la terre donne annuellement un produit net de 3 milliards 600 millions ; en retranchant de cette somme 9 pour 100, soit 436 millions pour les profits réels et personnels du fonds de roulement, il reste

[1] On compte l'intérêt à 6 pour 100 parce que l'entretien est à la charge des propriétaires.

[2] Tome I, p. 444.

2 milliards 114 millions pour le revenu territorial; en soustrayant de ce total 214 millions d'impôts fonciers et 333 millions représentant l'intérêt des capitaux incorporés par les fermiers et les propriétaires exploitants, on a un reliquat de 1,567 millions pour les fermages usuels, chiffre se rapprochant de 1,500 millions, valeur que M. de Lavergne donne aux mêmes fermages pour 1859; si, de la somme de 1,567 millions, on ôte les 1,158 millions représentant l'intérêt des capitaux immobilisés dans ou sur le sol par les propriétaires ruraux, on trouve 409 millions de francs pour les fermages proprement dits.

Ce dernier chiffre est probablement trop faible : on trouverait sans doute une évaluation plus exacte en prenant la moyenne entre les deux chiffres de 611 millions résultant du premier calcul et celui de 409 millions donné par le second; l'ensemble des fermages fournis par les différences de fertilité naturelle ou acquise serait donc de 510 millions, soit, en nombre rond, de 500 millions.

On semble ainsi être véritablement autorisé à regarder la somme revenant aux propriétaires ruraux à titre de fermages proprement dits, comme s'élevant à 500 millions à partager entre les 6 millions de propriétaires ruraux. Cette rente peu importante, quand on la compare au nombre des copartageants et à la valeur du capital incorporé au sol, capital s'élevant à environ 21 milliards 264 millions, n'est qu'un bénéfice tout à fait semblable à celui que procure à la classe ouvrière, le rehaussement du salaire, rehaussement amené par l'accroissement graduel du capital circulant. Cet avantage échu aux propriétaires ruraux, ne constitue pas un privilége ou un profit spécial appartenant à une caste particulière; il est accessible à tous et tous peuvent y atteindre par le travail et l'économie; et, comme l'atteste le nombre toujours croissant des cotes foncières, tous sont en marche pour en profiter. Devenir propriétaire est le grand désir de presque tous les Français; c'est aussi la récompense lente, mais assurée de la prudence sobre et de l'économie laborieuse, deux grandes vertus fondatrices de la propriété foncière et de la perpétuité des familles, ce sont elles aussi qui forment les bases inébranlables sur lesquelles s'élèvent les grandes nations.

Les 900 millions de revenus donnés par la propriété bâtie, doivent être diminués de 23 millions d'impôts laissant une rente annuelle de 877 millions aux propriétaires des constructions payant la contribution foncière. Ce revenu est le légitime intérêt des fonds économisés par leur abstinence et engagés par leur confiance. Ce revenu leur appartient aussi légitimement que le salaire appartient à l'ouvrier.

En réunissant les trois grandes parties composant l'ensemble des revenus d'espèces différentes afférents à la classe des propriétaires fonciers, on a le tableau suivant :

Les fermages théoriques............	500 millions.
Le revenu du capital incorporé au sol ou immobilisé pour faciliter l'exploitation.	1,158
Le revenu de la propriété bâtie....	817
Total............	3,475 millions.

Comment se compose cette classe si enviée des propriétaires fonciers ? « Quand on décompose aujourd'hui les cotes « foncières, on trouve », dit M. de Lavergne [1], « qu'un tiers « environ de l'impôt total est payé par les cotes supérieures, « un tiers par les cotes moyennes, un tiers par les petites « cotes ; d'où l'on peut induire à peu près ainsi l'état actuel « de la propriété, déduction faite des terrains non imposables « et des propriétés de l'État et des communes : »

50,000 grands propriétaires possédant en moyenne..................	300 hect.	15 millions
500,000 moyens................	30 —	15
5,000,000 petits................	3 —	15
Total.........		45 millions

[1] *Economie rurale de la France*, p. 50.

D'après M. de Lavergne, le nombre total des propriétaires fonciers s'élèverait à 5,550,000 ; M. Maurice Block le porte, en 1851, à 7,846,000 [1]. En retranchant de ce dernier nombre 1,846,000 personnes ne possédant que des parcelles très-petites, on obtient 6 millions de propriétaires fonciers ; à 4 personnes par famille, cette classe comprendrait 24 millions d'individus ; en divisant par ce nombre la somme totale de 2 milliards 475 millions, on a une part de 103 francs 12 cent. par individu, part complétement insuffisante pour l'entretien annuel d'une personne. Cette conclusion démontre de la manière la plus nette que, dans notre pays, les propriétaires fonciers ne forment pas une classe spéciale, une caste particulière ; elle indique, au contraire, qu'ils appartiennent à toutes les classes sociales, à la classe ouvrière, à celle des journaliers et fermiers comme à celle des entrepreneurs, des capitalistes, des fonctionnaires publics et des personnes exerçant des professions libérales. Il faut qu'il en soit ainsi, car le revenu net des propriétaires fonciers ne peut que rarement suffire à l'entretien de leur famille ; ils doivent la plupart du temps y joindre une profession dont les salaires, les émoluments ou les profits viennent suppléer à ce qui leur manque. Dans la part modique qu'ils touchent, comme revenu territorial, se trouve cependant comprise une portion notable tirant son origine de capitaux incorporés au sol, capitaux devant rapporter un légitime intérêt ; ceci nous conduit à rechercher quelle est la part du produit net revenant aux capitalistes.

Le capital est le grand instrument producteur : il fournit la matière sur laquelle le travail va s'appliquer ; il paye, nourrit et engendre les ouvriers ; il en multiplie le travail effectif en les armant d'outils et en leur donnant l'aide des machines. « De récents calculs ont établi qu'en l'année 1860, toutes les « machines travaillant dans la Grande-Bretagne au profit de « l'industrie, représentaient une somme d'activité égale à « 1 milliard 200 millions d'hommes valides. C'est beaucoup

[1] *Statistique de la France*, t. II, pp. 22, 23.

« plus que la force collective de l'humanité tout entière [1]. » C'est probablement cent fois plus que ne pourraient faire tous les ouvriers du Royaume-Uni. Le capital fixe employé en France dans les machines, est beaucoup moins considérable que celui engagé en Angleterre dans le même emploi ; mais on peut cependant affirmer sans crainte de se tromper, que le capital incorporé au sol ou immobilisé dans les machines multiplie par le coefficient 50 la puissance productive des travailleurs français. Le capital est dans la société moderne le grand promoteur de l'action productrice : ceux qui l'attaquent ou veulent en arrêter l'accroissement, sont semblables à des aveugles qui maudiraient le soleil dont ils ne voient pas la splendeur, mais qui les réchauffe de ses rayons et mûrit le pain dont ils se nourrissent.

Le revenu des capitalistes, rémunération de l'abstinence prolongée qu'ils s'imposent et de la prévoyance économe qu'ils ont eue, se compose des intérêts des fonds de roulement employés dans les diverses industries et des profits réels des capitaux fixes incorporés au sol ou immobilisés en constructions, en machines et en outils de tout genre.

Sur la somme totale des capitaux fixes et circulants engagés dans la production, les deux tiers appartiennent aux entrepreneurs faisant valoir leurs propres fonds, un tiers à peine est la propriété de personnes qui, retirées des affaires, confient leurs capitaux disponibles aux cultivateurs, aux industriels, aux commerçants. Cette classe si utile des capitalistes, créant le capital par son travail ou par son économie, et le conservant par son abstinence, paraît s'accroître en outre de certains ordres de personnes vivant du revenu de capitaux prêtés à l'État ou aux propriétaires fonciers : tels sont, par exemple, les rentiers du grand-livre ou les créanciers hypothécaires de la propriété foncière ; mais il faut remarquer que les créanciers hypothécaires prennent l'intérêt de leurs capitaux sur la part des propriétaires fonciers et que les créanciers de l'État sont

[1] Caro, *Revue des Deux-Mondes*, t. CVIII, p. 164.

payés de leur rentes sur le montant de l'impôt; ces derniers forment une classe particulière sur laquelle on aura à revenir quand on parlera de la distribution secondaire de la richesse.

Le capital circulant actif de la production française est de 12 milliards se partageant en deux sommes, l'une de 5 milliards 400 millions engagés dans l'agriculture, l'autre de 6 milliards 600 millions employés dans l'industrie et le commerce : comme le taux moyen de l'escompte de la Banque de France, en 1866, était de 3,67 pour 100 [1], et que le taux moyen d'intérêt des Bons du Trésor était pour la même année au-dessous de 3, 5 0/0, on comptera à 4 pour 100 l'intérêt des capitaux engagés, soit dans le commerce, soit dans l'industrie, et à 5 pour 100 l'intérêt des fonds employés dans l'agriculture : d'après ces bases, les 5 milliards 400 millions du capital circulant engagé dans l'agriculture, devront rapporter une rente annuelle de 270 millions ; les 6 milliards 600 millions placés dans l'industrie et le commerce donneront une somme de 264 millions.

L'évaluation du capital fixe immobilisé dans les diverses branches de la production, présente une extrême difficulté et demanderait de longues recherches dont les éléments font souvent défaut; on n'a point la prétention d'offrir au lecteur des résultats à l'abri d'erreurs ; ce ne sont pas toutefois des chiffres arbitraires, et l'on s'efforcera autant que possible de s'appuyer sur des données positives. On jouit de cet avantage pour un des revenus les plus importants, celui de la propriété bâtie : selon des documents que l'on a déjà discutés, le revenu net de cette propriété (impôts payés) s'élève à 877 millions.

Le capital fixe engagé dans la production générale, se divise entre les trois grandes parties qui la composent : l'agriculture, l'industrie et le commerce.

Le capital immobilisé dans l'agriculture est incorporé définitivement au sol, ou est seulement engagé temporairement.

Le capital incorporé à la terre d'une manière permanente,

[1] *Annuaire de l'économie politique pour* 1867, p. 199.

s'élève, comme on l'a vu, à une somme totale de 21 milliards 264 millions, donnant lieu à une rente annuelle de 1,158 millions.

Le capital incorporé temporairement a une valeur totale de 6 milliards 664 millions, produisant 333 millions d'intérêts annuels.

Si l'incorporation au sol d'un capital considérable est une condition essentielle pour en augmenter la fertilité, l'emploi d'un capital important en chevaux, en bœufs pour exécuter les travaux des champs, en bestiaux pour changer en viande l'herbe des grandes prairies et des landes, pour consommer les pulpes des sucreries et les résidus des distilleries, pour produire du fumier rendant à la terre les éléments que les moissons lui enlèvent, est chose indispensable à toute entreprise agricole.

Il faut en outre aux cultivateurs des charrues pour ouvrir la terre, des chariots pour rentrer les récoltes et porter les engrais sur les soles épuisées, des instruments de tout genre et des machines de toute espèce pour ameublir la terre, la façonner, l'ensemencer, extirper les herbes, faucher les moissons et battre les gerbes.

Il y a donc, en agriculture, outre le capital énorme incorporé au sol, deux autres grandes immobilisations de capitaux : l'une comprend ce qu'on appelle le *cheptel vivant*, l'autre le *cheptel mort*.

Le cheptel vivant s'élève, dans notre pays, à une valeur minima de 3 milliards 500 millions[1], qui, à 5 pour 100, produit un intérêt annuel de 175 millions.

Le cheptel mort réclame un capital de plus de 1,500 millions, payant un intérêt de 75 millions[2].

Si l'agriculture est la première et la plus utile de toutes les industries, parce qu'elle fournit le pain de chaque jour, l'industrie manufacturière et le commerce satisfont à tous les autres besoins de l'homme, et ces besoins sont innombrables ; aussi

[1-2] Note D à la fin du volume.

la puissance d'extension de ces deux branches de la production est véritablement illimitée ; et, dès à présent, la valeur des produits annuels de l'industrie et du commerce dépasse celle de la production agricole ; et tout importante qu'est en France l'agriculture, elle emploie un capital circulant moindre que celui engagé dans les deux autres grandes branches et elle donne à ses travailleurs manuels une moindre rémunération.

D'après des recherches dont les détails sont consignés à la fin du volume [1], on croit pouvoir évaluer, ainsi qu'il suit, les dépenses immobilisées en machines et en outils dans les divers embranchements du travail manufacturier :

Produits minéraux.............	177 millions
— végétaux	354
— animaux...............	354
Arts et métiers..................	372
Total..........	1,257 millions.

Ainsi, en 1866, la grande et la petite fabrication tenaient engagé et immobilisé en machines et outils un capital s'élevant au minimum à 1 milliard 257 millions devant rapporter un intérêt annuel de 63 millions.

Le commerce dans ses deux grandes divisions, le commerce en gros et le commerce de détail, emploie un capital circulant au moins égal à celui engagé dans l'industrie manufacturière ; car tous les produits fabriqués et une partie notable des produits agricoles passent par les mains des fabricants avant d'arriver aux consommateurs. Le commerce est en outre la cause efficiente d'un énorme emploi de capital fixe, car le commerce étant chargé de prendre les produits au lieu où ils sont créés ou fabriqués et de les faire parvenir aux centres de consommation, les moyens de transport et les voies de communication dépendent essentiellement de l'importance qu'il

[1] Note D.

prend et de l'activité qu'il imprime à la circulation des articles de richesse.

En 1866, pour les 14,000 kilomètres de chemins de fer exploités, il avait été dépensé, pour la voie, 5 milliards 200 millions, et, pour le matériel roulant, 2 milliards 100 millions : ensemble, 7 milliards 300 millions devant payer un intérêt annuel de 365 millions[1].

La navigation de long cours, le cabotage, la batellerie sont aussi l'occasion d'un emploi considérable de capital fixe.

La navigation à voiles employait, en 1866, 14,874 navires jaugeant 900,000 tonneaux[2]; à 300 francs par tonneau, c'est une somme de 270 millions donnant un intérêt de 13 millions 500,000 francs.

A la même époque, il y avait 385 bâtiments à vapeur d'un tonnage de 110,000 tonneaux : en les évaluant à 350 francs le tonneau, c'est une somme de 38 millions et demi donnant un intérêt de 1,900,000 francs.

La batellerie peut avoir, en barques, une valeur de 50 millions devant rapporter 2,500,000 francs.

Les transports par terre au moyen du roulage ordinaire et du roulage accéléré ont beaucoup diminué; il n'y a plus guère que le service fait par la messagerie et les diligences, on supposera qu'il emploie tant en voitures qu'en chevaux un capital de 200 millions devant rapporter un intérêt de 10 millions de francs.

Enfin le commerce emploie un certain nombre de machines, telles que grues, bascules, balances, haquets, brouettes, comptoirs, caisses, etc., qu'on estime à une valeur de 60 millions devant donner un intérêt de 3 millions.

En réunissant toutes les sommes immobilisées pour faciliter les relations commerciales, on trouve qu'un capital s'élevant au moins à 7 milliards 918 millions a été fixé dans les moyens de transport, les navires, les véhicules et les machines diverses employés par les commerçants.

[1] *Annuaire de l'économie politique de* 1867, p. 500.

[2] *Ibidem*, p. 69.

Si l'on récapitule avec soin les capitaux circulants et fixes engagés dans les diverses branches de la production, et qu'on ajoute aux rentes qu'ils doivent produire le revenu de la propriété bâtie, on pourra dresser le tableau suivant :

	Capitaux Circulants.	Capitaux Fixes.	Revenus
Propriété bâtie,	» millions	15,000 millions	877 millions
Agriculture.			
Capital circulant,	5,400	»	270
Propriétaires fonciers,	»	21,264	1,158
Cultivateurs,	»	6,664	333
Cheptels,	»	5,000	250
Industrie.			
Fonds de roulement,	3,300	»	132
Manufactures,	»	885	44.25
Arts et Métiers,	»	372	18.60
Commerce.			
Fonds de roulement,	3,300	»	132
Capital fixe,	»	7,918	395.90
	12,000	57,103	3,610.75

C'est ainsi une somme totale de 3 milliards 610 millions qui forment la rémunération de l'aide que les 12 milliards de capitaux circulants et les 60 milliards de capitaux fixes apportent à la production française. A quel ordre de personnes revient cette rente? Comme les propriétaires fonciers, les capitalistes ne forment pas une classe particulière, ils appartiennent à toutes les classes sociales; est un capitaliste toute personne s'abstenant de consommer ce qu'elle gagne, tout homme épargnant sur son revenu et accumulant un fonds qu'il exploite lui-même, qu'il confie à un entrepreneur ou qu'il livre au crédit en le déposant dans une banque. L'ouvrier laborieux et sobre, qui économise un petit pécule qu'il place en obligations de chemins de fer ou met à la caisse d'épargne, est un capitaliste aussi bien que le banquier dont la caisse renferme des valeurs employées à l'escompte. Le revenu du capital, juste récompense des vertus sobres qui l'ont créé, vient augmenter les ressources de ceux qui l'ont épargné ; ainsi se forme et s'accroît le fonds contenant tous les éléments producteurs, et fournissant les moyens de renouveler la richesse et de la multiplier.

On arrive, enfin, à la classe des entrepreneurs, à cette grande tribu des agriculteurs, des industriels et des commerçants, à cette immense agglomération d'hommes actifs; agglomération qui, semblable à une ruche en travail, élabore, comme un miel exquis, la richesse nationale, la recueille en des milliers d'alvéoles, en forme un fluide nourricier allant porter la vie dans tous les organes du corps social. Cette classe nombreuse composée des cultivateurs, des artisans, des manufacturiers et des commerçants, est à la tête de tout le mouvement productif, mouvement qu'elle dirige et anime : c'est elle qui invente tous les procédés de fabrication et de culture, elle qui les met en pratique; c'est elle qui prévoit tous les besoins, sollicite les commandes, prépare les travaux, se procure les matières premières, recrute et forme les ouvriers, organise les ateliers, les munit de puissantes machines, dirige tous les efforts vers un même but, la création de tous les objets utiles. C'est elle aussi qui transporte et distribue les produits par tout le territoire, place les articles de richesse à portée des consommateurs; c'est elle qui répond à toutes demandes et satisfait tous les besoins ; c'est elle, enfin, qui, se confiant à la fortune et aux vents, lance ses vaisseaux et leurs riches cargaisons sur la mer orageuse des spéculations, valeur immense toujours exposée aux fluctuations du marché et aux ouragans des crises. Quelle est la rémunération de tant d'efforts dépensés, de tant de risques encourus, de tant d'anxiétés supportées, de tant d'activité, d'intelligence et de talent déployés ? Quelle part cette classe véritablement créatrice prendra-t-elle dans cette immense richesse qu'elle a fait naître ?

Voici à peu près comment on pourrait évaluer les profits personnels dans les diverses branches de la production :

Capitaux Circulants. Millions.	Capitaux Fixes. Millions.		Profits personnels. Millions.	
		Agriculture.		
5,400	»	à 4 p. 100	216	682.5
	6,664	incorporés au sol, à 4 p. 100	266.5	
	3,500	cheptel vivant,	140	
	1,500	cheptel mort,	60	
		Industrie.		
3,300	»	à 10 p. 100	330	392.8
	885	en machines des manufactures, à 5 p. 100	44.2	
	372	en outils et petites machines,	18.6	
		Commerce.		
2,200	»	en gros, à 10 p. 100	220	835.9
1,100	»	en détail, à 20 p. 100	220	
	7,918	en moyens de transport, machines et outils, à 5 p. 100	395,9	
12,000	20,839			1,911.2

Dix neuf cent onze millions, voilà donc la part qui, dans le partage de l'accroissement annuel de la richesse reviendrait aux cultivateurs de tous les ordres, aux artisans et aux fabricants de tout genre, aux manufacturiers, aux négociants et aux marchands en détail, c'est-à-dire à ce vaste ensemble de personnes qui, par un travail assidu, par des soins multipliés, par des efforts incessants, au milieu d'anxiétés et de risques de toute espèce, ont préparé, exécuté et achevé toute l'immense opération productive de l'année, créant pour 18 milliards d'articles de richesse, nourrissant et entretenant toute la population ouvrière et laissant à la nation un revenu net d'au moins 6 milliards.

Cette somme de 1,911 millions de francs, mise en regard du nombre des personnes dirigeant les entreprises agricoles, industrielles et commerciales, estimée en face des difficultés vaincues, de l'énergie déployée, de l'intelligence montrée, des risques encourus, constitue une bien modique rémunération.

La classe des industriels et des commerçants est représentée par les patentés ; le nombre des contribuables de cette espèce augmente depuis 1789, et le mouvement d'accroissement s'est accéléré dans les années précédant 1866 ; ce nombre était, en 1849, de 1,380,516 individus ; en 1857, de 1,712,433, ayant ainsi augmenté de 24 pour 100 en neuf années ; en admettant qu'il ait continué à s'accroître dans la même proportion, il serait, en 1866, de 2,123,417 personnes.

Le nombre des cultivateurs est certainement plus considérable : d'après des documents déjà cités, la population agricole en 1851, était de 21,602,000 âmes ; suivant les renseignements fournis par le recensement de 1851 [1], on sait qu'il y avait en cultivateurs (propriétaires exploitants, fermiers, métayers et leurs familles), 5,484 individus par dix mille âmes de population agricole ; en supposant que le rapport soit resté le même, il y aurait, en 1866, un groupe de cultivateurs formant avec leurs familles, un chiffre de 11,866,536 individus ; en divisant ce nombre par 5, pour obtenir les chefs de famille, on a 2,369,307 cultivateurs.

En réunissant ce nombre à celui des entrepreneurs industriels et commerçants, on a les résultats suivants :

Agriculteurs, propriétaires exploitants, fermiers et métayers	2,369,307
Patentés, manufacturiers, artisans, négociants en gros et détaillants	2,123,417
Total	4,492,724

En divisant par ce chiffre les 1,911 millions formant la totalité des profits personnels, on a une part moyenne de 417 fr. 50 centimes par chef de famille.

Si, pour avoir la part moyenne par individu, on multiplie par 4 le nombre des patentés et qu'on ajoute le produit de la multiplication, soit 8,493,668, aux 11,866,536 personnes

[1] Maurice Block, *Statistique de la France.*

appartenant aux entreprises agricoles, on a un chiffre total de 20,360,204 individus composant les entrepreneurs et leurs familles ; en divisant les 1,911 millions de francs par ce chiffre, on a une part moyenne de 93 francs 86 centimes par personne: on a vu que la part moyenne dans la famille ouvrière est de 330 francs 74 centimes par personne, ainsi la classe des entrepreneurs est en moyenne beaucoup moins bien partagée que la classe ouvrière.

Pour atteindre à une plus grande précision, on séparera les agriculteurs des autres entrepreneurs et les profits personnels agricoles des profits personnels industriels et commerciaux. On voit alors que la somme de 682,500 francs à partager entre 2,369,305 familles de cultivateurs, donne à chacune d'elles 288 francs 10 centimes et une part moyenne de 57 francs 62 centimes par individu. Cette modique portion serait tout à fait insuffisante pour soutenir les familles si pauvres de notre exploitation rurale, si elles n'y joignaient les salaires qu'elles gagnent ; car la plupart de nos petits fermiers, de nos métayers font de leurs propres mains la plus grande partie des travaux de culture ; quelques-uns même louent leurs services. Heureusement aussi un grand nombre de ces cultivateurs sont propriétaires de quelques morceaux de terre dont le produit augmente la faible portion qui leur revient. C'est leur triple qualité de propriétaire, d'entrepreneur de culture et de journalier qui les attache au sol ; c'est le travail de la terre qui forme cette population vigoureuse et paisible défendant la patrie contre l'ennemi extérieur, et maintenant l'ordre contre les énergumènes de l'intérieur. C'est elle qui, vaillante et travaillante, est la véritable force de l'État ; c'est elle qu'il faut éclairer et instruire : car, par son nombre et par ses votes, elle décide toutes les grandes questions nationales.

De même que les salaires industriels sont plus élevés que les salaires agricoles, de même les profits personnels industriels et commerciaux sont plus forts que les profits personnels des exploitants du sol. La part revenant aux entrepreneurs de l'industrie et du commerce s'élève à une somme totale de 1,228 millions 700,000 francs à diviser par 2,123,417, nombre des entrepreneurs industriels et commerçants, ce qui donne 573 francs 92 centimes pour la part annuelle de chaque patenté et 143 francs 48 centimes par individu, en comptant quatre personnes par famille industrielle ou commerciale. Lorsqu'on se rappelle que la part moyenne de chaque famille ouvrière est, dans l'industrie et le commerce, de 1,544 francs et que la part individuelle est de 386 francs, on aperçoit que la part moyenne de l'ouvrier est à peu de chose près le triple de la part moyenne de l'entrepreneur.

Quand on sait que, dans un ménage ouvrier, il arrive souvent que la femme gagne autant que le mari, tandis qu'il n'en saurait être de même de la compagne du petit fabricant ou du petit marchand, lorsqu'on veut bien tenir compte des risques encourus par les manufacturiers et les commerçants, on comprend facilement que la plupart des patentés sont loin d'avoir une position plus solide et plus avantageuse que celle des ouvriers.

D'où vient donc cet horrible préjugé que l'ouvrier est exploité par le patron ? Sur quoi est fondée cette idée erronée que le sort de l'ouvrier est précaire, alors qu'on paraît croire que la position de l'entrepreneur est assurée ? Ces idées fausses, avancées partout comme des vérités établies, viennent de ce que les personnes qui les émettent ou les acceptent, oublient de tenir compte des charges énormes grevant la production et les producteurs : les industriels et les commerçants emploient un capital de 6 milliards 600 millions à acheter des matières premières, à payer les ouvriers, à se fournir des choses nécessaires au jeu et à l'entretien des machines et de l'outillage ; ils doivent en outre solder aux capitalistes les intérêts des fonds empruntés, intérêts dont l'ensemble peut s'élever à 330 millions ; les intérêts et les annuités d'amortissement du capital fixe, en machines et outils ; ils ont, enfin, à payer aux propriétaires fonciers le loyer des bâtiments, usines, magasins, docks, hangars nécessaires à l'industrie et au commerce ; c'est encore une nouvelle et considérable charge.

De plus, ils versent dans les caisses de l'État en frais de patente, en droits sur les matières premières, en droits de timbre sur les effets de commerce, etc., une somme de plus de 400 millions de francs, avant de réaliser le moindre bénéfice; ils ont donc à acquitter des charges énormes, charges inconnues à ceux qui leur imputent d'immenses bénéfices ou les gratifient de ce qui ne leur appartient pas. Les entrepreneurs, obligés à faire d'énormes avances sur leurs bénéfices à venir, ont à supporter encore tous les risques de l'industrie et toutes les pertes causées par les faillites du commerce. Voilà les causes qui rendent la position des entrepreneurs souvent moins bonne que celle de l'ouvrier.

On a essayé à l'aide de documents malheureusement fort incomplets de déterminer la part absolue afférente à chacune des quatre grandes classes productrices, il faut chercher maintenant à les comparer entre elles : pour atteindre ce but et acquérir en même temps quelques notions sur la quote-part qu'elles prennent dans la grande masse de richesse produite annuellement dans notre pays, on commencera par calculer le rapport que chacune de ces parts garde avec le produit total annuel, résultat des communs efforts des quatre classes et dont la valeur d'ensemble s'élève au chiffre rond de 18 milliards.

Les salaires généraux tant agricoles qu'industriels et commerciaux s'élèvent à 5 milliards 580 millions, et, quand on les compare à la valeur du produit total annuel, ils en sont une fraction se rapprochant beaucoup du tiers; ils en forment réellement les trente et un centièmes.

Ils se décomposent de cette manière :

Nature des salaires.	Montant. Millions.	Rapport en millièmes au produit total.
Salaires agricoles.......	2,700	0,150
Salaires industriels et commerciaux.........	2,880	0,160
Total.......	5,580	0,310

Lorsqu'à l'avantage apporté aux propriétaires fonciers par l'excédant de fertilité relative des terres qu'ils possèdent, avantage mesuré par les fermages théoriques, on ajoute les profits réels des capitaux incorporés au sol pour en améliorer la fertilité et en faciliter l'exploitation ou dépensés à la superficie pour les constructions servant à l'habitation, à l'industrie et au commerce, on obtient une somme totale de 2 milliards 475 millions, formant la part totale des propriétaires fonciers et représentant les 140 millièmes du produit total.

Part des propriétaires fonciers.

	Montant. Millions.	Rapport en millièmes au produit total.
Fermages théoriques....	500	0,028
Profits réels territoriaux compris dans les fermages usuels.........	1,158	0,064
Profits réels de la propriété bâtie représentés par les loyers........	877	0,048
Total........	2,535	0,140

En leur triple caractère, les propriétaires fonciers touchent un peu moins du septième de la production totale de l'année.

Le capital est le grand instrument de la production : c'est lui qui fournit les matières que le travail va transformer ; c'est lui qui paye les salaires et nourrit les ouvriers ; c'est lui qui donne l'aliment aux machines et l'engrais à la terre ; c'est lui qui, en certains cas, centuple les forces de l'homme et augmente d'une manière illimitée la puissance productive. Quelle est la rémunération de l'aide qu'il apporte aux producteurs ?

La totalité des rentes annuelles payant les services des divers emplois de capitaux s'élève à la somme de 3 milliards 551 millions ; mais, si l'on retranche de ce chiffre les 1,975 millions représentant les sommes afférentes aux propriétaires fonciers et comptées dans leur part, il reste une somme nette de 1,576 millions formant la rémunération des capitaux prêtant leur aide aux entrepreneurs, dans toutes les branches de la production.

Part des capitalistes.

Agriculture.	Montant. Millions.		Rapport en millièmes au produit total.
Capitaux circulants,	270	853	0,047
— fixes,	583		
Industrie.			
Capitaux circulants,	132	195	0,011
— fixes,	63		
Commerce.			
Capitaux circulants,	132	528	0,029
— fixes,	396		
Total		1576	0,087

Ainsi la part des capitalistes dont les fonds sont engagés dans les diverses branches de la production, s'élève aux 87 millièmes ou à un peu moins du onzième du produit total.

On voit, enfin, apparaître cette classe ardente des entrepreneurs, cultivateurs, artisans, industriels et commerçants. Ce groupe de producteurs actifs, cette agglomération de tous les hommes de tête et de cœur qui prennent en main la grande œuvre de la création de tous les objets utiles et qui, à travers tous les obstacles, la mènent à bien. Voici comment se présente la récompense due à l'ensemble de leurs travaux :

Part des entrepreneurs.

	Montant. Millions.	Rapport en millièmes au produit total.
Profits personnels des agriculteurs........	682.5	0,038
Profits personnels des industriels et des commerçants...........	1,228.7	0,067
	1,911.2	0,105

La part des entrepreneurs de toute espèce s'élève à 1,911 millions, et forme à peu près un neuvième de la production totale.

Si l'on rassemble maintenant les parts absolues des quatre grandes classes productrices, ainsi que le rapport que ces parts gardent avec le montant du produit total et qu'on les ordonne suivant leur importance en commençant par les plus faibles, on a les résultats suivants :

	Montant des parts. Millions.	Rapport en millièmes an pro duit total.
Part des capitalistes.....	1,576	0,087
— — entrepreneurs..	1,911	0,105
— — propriétaires fonciers.....	2,535	0,140
— — travailleurs.....	5,580	0,310
Total.........	11,602	0,642

Si l'on suppose exact le chiffre exprimant le montant des salaires, soit 5 milliards 580 millions (nous croyons en avoir démontré l'exactitude), et qu'on le retranche des 12 milliards représentant la valeur totale du capital circulant, le résultat de la soustraction donnera le montant total des sommes dépensées en matières premières, en matières diverses pour l'alimentation des machines et l'entretien de tout le capital fixe ainsi qu'en annuités d'amortissement; en opérant cette soustraction, on a un reste de 6,420 millions qui, étant ajoutés à l'ensemble des parts des quatre grandes classes productrices, parts représentant les salaires, les fermages, les profits réels et personnels, c'est-à-dire toutes les impenses personnelles et les profits de la production, doivent reproduire la valeur du produit total.

	Millions.
Dépenses en matières premières, en matières diverses et en annuités d'amortissement de tout le capital fixe	6,420
Valeur totale des parts revenant aux quatre classes productrices	11,602
Total	18,022

En faisant l'addition, on trouve un total de 18 milliards 22 millions, somme fort rapprochée des 18 milliards, valeur du produit total. C'est un résultat inespéré et qui, jusqu'à un certain point, semble confirmer l'exactitude des recherches faites; il ne faut pas oublier cependant que l'on a retranché de la part des propriétaires 214 millions d'impôts frappant la propriété rurale et 23 millions pour la même cause sur celle des personnes possédant la propriété bâtie; pour compléter l'ensemble de la valeur des parts, il faudrait donc ajouter 237 millions aux 18 milliards 22 millions, et l'on aurait ainsi 18 milliards 259 millions, dépassant de 259 millions le chiffre du produit total; mais cette différence de 259 qui est moindre de un et demi pour 100, indique une grande approximation dans nos appréciations et semble confirmer les chiffres que nous avons osé présenter au lecteur.

Pour simplifier la comparaison, on peut multiplier par 1,000 les chiffres exprimant les rapports de chaque part au montant du produit total et chercher la relation existant entre toutes les parts en prenant la plus faible pour unité :

Parts.	Rapports au produit total multiplié par 1000.	Rapport des parts à celle des capitalistes.
des Capitalistes	87	1 »
des Entrepreneurs,	105	1,21
des Propriétaires fonciers,	140	1,61
des Travailleurs manuels,	310	3,56
	642	7,38

Il ressort de ces chiffres un fait d'une extrême importance, c'est que la part des travailleurs manuels égale à peu de chose près l'ensemble des parts des trois autres classes productives ; et cependant ces dernières classes contiennent un nombre d'individus supérieur à celui de toute la classe ouvrière. En effet, les journaliers agricoles, en 1866, formaient avec leurs familles un groupe de 9,756,000 âmes; d'un autre côté, les ouvriers de l'industrie, les hommes de peine et les employés du commerce comprenaient avec leurs familles environ 6,260,000 personnes; en additionnant ces deux chiffres on a un total de 16,016,000 âmes ; or, en 1866, la population française s'élevait à 38,192,094 âmes [1], et si l'on suppose que les personnes attachées aux professions libérales ou ne faisant pas partie des classes productrices ne dépassaient pas le chiffre de 4 millions d'âmes, et nous pensons qu'elles n'atteignaient pas ce nombre, la population des classes productrices autres que la classe ouvrière serait au moins de 18 millions d'âmes, dépassant ainsi de 2 millions le nombre des travailleurs manuels. Ainsi la part moyenne individuelle des

[1] *Annuaire de l'économie politique* pour 1867, p. 3.

ouvriers l'emporterait sur la part moyenne des personnes appartenant aux trois autres classes, si une foule de petits propriétaires, de petits fermiers n'étaient forcés, pour vivre, de gagner un salaire et de faire concurrence aux journaliers agricoles.

Mais cette concurrence n'atteint pas les autres travailleurs manuels; or la partie du fonds des salaires afférente aux ouvriers de l'industrie et du commerce, s'élève en minimum à 2 milliards 880 millions, ce qui porte à 459 fr. 92 centimes la part moyenne annuelle de chacune des personnes composant cette classe; comme la population totale était, en 1866, de 38,192,000 âmes et que la somme à partager montait seulement à 11 milliards 580 millions [1], la part moyenne par tête était de 303 francs 07 cent., part n'atteignant pas les deux tiers de celle des ouvriers de l'industrie et du commerce.

Ce fait si remarquable que, dans l'état actuel des choses, les ouvriers de l'industrie et du commerce touchent une part plus grande que celle qui leur appartiendrait par la division égale et par tête de toute la richesse reproduite moins la valeur des impenses en matières, richesse reproduite par les efforts de toute la nation et à l'aide des ressources accumulées par tant de siècles de travaux opiniâtres et d'abstinence prolongée, est de nature à faire impression sur les hommes de bonne foi qui, dans l'intérêt des travailleurs manuels, croient devoir demander la *liquidation sociale*.

Dans le grand œuvre de la production de la richesse, ceux-ci, les propriétaires fonciers, ont apporté l'aide de la terre qu'ils ont conquise à la culture et dont ils ont amélioré la fer-

[1] Le produit total annuel s'élève bien à 18 milliards, mais ce n'est pas la somme à partager; car celle-ci ne peut se composer, en effet, que de l'accroissement de richesse acquise par les efforts combinés de toutes les classes productives. Cet accroissement est mesuré par le reliquat obtenu en retranchant de la valeur du produit total la dépense en matières, dépense s'élevant à environ 9 milliards 420 millions; en soustrayant cette somme de la valeur du produit total, il reste 11 milliards 580 millions.

tilité naturelle en amendant le terrain et en incorporant au sol des masses énormes d'engrais ; ceux-là, les capitalistes, ont accumulé, par de longues années de privation et d'économie, tous les éléments essentiels à la production, c'est-à-dire les denrées alimentaires devant servir à l'entretien des ouvriers, les matières premières sur lesquelles le travail va être appliqué, les matières brutes alimentant le jeu des machines et fournissant à l'entretien de tout le capital fixe ; ceux-ci, les entrepreneurs, administrateurs et ingénieurs de la production, ont dirigé tout le grand mouvement productif, commandé tous les travaux, recruté tous les ouvriers, distribué à chacun sa tâche, ont armé les ouvriers des outils convenables, les ont aidés dans leurs labeurs du secours de ces puissantes machines qui décuplent et quelquefois centuplent les résultats des efforts de l'homme ; d'autres, les commerçants, ont recueilli et emmagasiné les produits, et, à travers mille risques, se sont chargés de les distribuer et de les mettre à portée des consommateurs ; enfin un gouvernement, entouré de fonctionnaires choisis et d'une armée dévouée, a défendu la patrie, protégé le travail et les travailleurs, maintenu tous les droits, veillé au salut de tous, et, quand il s'agit de partager l'accroissement de richesse obtenu par de si nombreux et de si grands efforts, quand il faut diviser cette masse de produits résultant de l'action combinée de la richesse anciennement accumulée et de l'activité présente, les travailleurs manuels obtiennent une part plus grande que ne leur accorderait un partage égal par tête ; et il se trouve des gens qui les prétendent lésés par des institutions oppressives ! De pareilles prétentions démontrent l'ignorance profonde de ceux qui émettent de semblables idées ; ce sont là d'imprudentes aspirations, dangereuses pour tout le monde, mais périlleuses surtout pour la classe même dont elles prétendent vouloir améliorer la situation.

Si les actes violents et les folles opinions des démagogues de 1848, ont amené pour notre pays la perte de la liberté pendant une durée de dix-huit années, s'ils ont livré le pouvoir à un gouvernement personnel, infatué de lui-même et s'écroulant au milieu des désastres qu'il avait suscités, de même, les appels à la liquidation sociale, s'ils étaient écoutés par le peuple, précipiteraient la classe laborieuse et la nation tout entière dans un abîme de misère dont elles ne pourraient sortir qu'au prix des plus grands efforts et après d'incommensurables malheurs.

Supposez, en effet, que les aberrations de la multitude et la violence des foules viennent à donner aux novateurs les plus radicaux un pouvoir égal à la grandeur de leurs sinistres projets, qu'ils enlèvent aux propriétaires fonciers leurs biens, aux capitalistes leurs richesses accumulées, aux manufacturiers leurs usines ! Qu'arriverait-il ? A la première menace d'une aussi odieuse spoliation, les capitaux effrayés quitteraient la terre française et iraient accroître la puissance productive de nos rivaux en industrie ; une partie importante du capital circulant disparaîtrait ainsi à l'approche du danger ; une autre fraction, peut-être aussi considérable, serait gaspillée par les spoliateurs peu capables de conserver ce qui ne leur aurait rien coûté à acquérir ; il ne resterait guère de disponible qu'une fraction du capital circulant inférieure à la moitié de ce qu'il était. Le désordre et le trouble jetés dans la production, l'effroi répandu parmi les producteurs seraient loin de favoriser la puissance productive et, après la liquidation sociale, ce serait beaucoup si le produit total atteignait 9 milliards : cependant la population toute misérable qu'elle serait ne décroîtrait pas comme le capital, et le produit total annuel diminué de plus de moitié devrait être partagé entre le même nombre d'individus : en admettant un partage égal par tête, ce serait beaucoup si la part de chaque ouvrier atteignait la moitié de ce qu'il touchait avant l'exécution des mesures spoliatrices. Voilà à coup sûr le résultat auquel arriveraient les novateurs, ayant pour unique consolation la ruine générale dont ils seraient entourés, et pour punition l'universelle malédiction du peuple qu'ils auraient perdu.

Il n'y a vraiment qu'une seule manière de solliciter le bien-être et d'amener la prospérité croissante de la classe ouvrière, c'est de développer toutes les causes susceptibles d'augmenter le capital circulant et d'en accroître la puissance productive ; c'est d'être juste envers tout le monde ; c'est de traiter avec une égale impartialité le riche et le pauvre, le puissant et le faible, le patron et l'ouvrier ; c'est de maintenir à chacun son droit, car, par un admirable enchaînement des choses, par un grand dessein de la Providence, le bien-être de l'ouvrier est lié à la prospérité du patron, les mêmes conditions suffisent à tous deux ; il leur faut uniquement la justice et la liberté : voilà les deux bases sur lesquelles se fondent le bonheur privé des familles et la prospérité de toutes les classes d'une nation.

Nous nous sommes arrêté longtemps sur la classe des travailleurs manuels, parce qu'elle est une des plus nombreuses et des plus intéressantes, qu'il était important de faire justice de certains préjugés et qu'il fallait chercher à dissiper des illusions dangereuses ; les autres classes nous retiendront moins, quoique, sur quelques-unes d'entre elles, il existe beaucoup d'idées fausses à rectifier. Pour rendre à la classe des capitalistes toute l'ampleur qui lui appartient, on replacera dans le revenu de ce groupe les rentes que les propriétaires fonciers reçoivent à raison des capitaux incorporés au sol, soit pour le mettre en culture, soit pour en augmenter la fertilité naturelle, soit dépensés à la superficie pour faciliter l'exploitation, soit employés en constructions de toute nature, constructions formant la propriété bâtie. En acceptant ce nouveau classement, on sera obligé de faire une place à part aux propriétaires ruraux à raison des fermages théoriques qu'ils touchent, c'est-à-dire à raison des profits territoriaux que leur apporte successivement la décroissante fertilité des terres mises en dernier lieu en culture, ou l'amoindrissement progressif du rendement des dernières unités de capital employé sans payer de fermage.

Par suite de cette rectification, les tableaux que nous avons présentés auront à subir quelques modifications ; voici quelle en serait la nouvelle forme :

Parts		Montant. Millions.		Rapport en millièmes au produit total.
Des propriétaires ruraux.				
Fermages théoriques,		500		0,028
Des entrepreneurs.				
Profits personnels,		1911		0,105
Des capitalistes.				
Propriétés foncières,	2035	3611	0,113	0,200
Industrie et commerce,	1576		0,087	
Des travailleurs manuels.				
Salaires,		5580		0,310
Total................		11602		0,643

Si, pour avoir les relations des différentes parts, on prend pour unité les fermages théoriques et leur rapport au produit total multiplié par 1000 ; qu'enfin, on divise par 28, tous les autres rapports au produit total multipliés par 1000, on aura la série suivante :

Part des	Propriétaires ruraux................	1 »»
	Entrepreneurs......................	3, 75
	Capitalistes........................	7, 14
	Travailleurs manuels...............	11, 07
	Total..........................	22, 96

De ce tableau ressort un classement fort simple des différentes parts : ainsi le travail manuel est représenté par une fraction assez voisine de la moitié de l'ensemble des parts ; le capital dans tous ses emplois, circulant ou fixe, agricole ou industriel et commercial, en atteint à peu près le tiers ; la rémunération du travail industriel, représentée par les profits personnels des entrepreneurs, dépasse de fort peu un sixième ; les fermages théoriques, part spéciale aux propriétaires ruraux, en forment le vingt-troisième.

Si l'on jette un coup d'œil général sur l'ensemble des parts, on voit d'abord apparaître, les premiers, les travailleurs manuels prenant une part à peu près égale à l'ensemble de celles des trois autres classes ; puis viennent les capitalistes dont la part forme le tiers de la totalité des parts.

Dans une association, il est de règle équitable que les associés partagent le bénéfice obtenu dans la proportion de leur apport respectif ou de l'aide efficace que chacun d'eux donne à l'œuvre commune [1] ; les capitalistes apportant dans l'opération productive un capital circulant de 12 milliards et un capital fixe d'une importance de 60 milliards, fournissant toutes les matières transformées par le travail, les matières diverses donnant l'aide des machines et le secours des forces naturelles, les denrées alimentaires nourrissant les ouvriers, multipliant par 40 et peut-être par 50 les effets utiles de la main-d'œuvre, il est extrêmement remarquable que leur part ne s'élève qu'au tiers, lorsque celle de la main-d'œuvre atteint jusqu'à la moitié. Nous sommes loin sans doute de nous plaindre du résultat d'un partage qui tient un aussi grand compte des labeurs de l'homme et qui vient en aide à tant de créatures humaines ; mais nous nous étonnons à bon droit qu'il y ait, dans notre pays, des esprits assez ignorants ou assez peu soucieux des principes éternels de la justice pour attaquer des institutions économiques accordant de tels avantages à la classe laborieuse.

La part des entrepreneurs, formée de l'ensemble des profits personnels, n'est que le sixième de la somme à partager entre les quatre classes productrices ; c'est une bien faible rémunération des travaux imprimant l'impulsion à tout le mouvement productif ; sans doute, les entrepreneurs ne fournissent ni les matières premières à transformer, ni les matières diverses donnant le jeu des machines et le secours des forces naturelles, ni les denrées alimentaires et les objets nécessaires à l'entretien des travailleurs manuels ; mais ce sont eux qui créent la production ; sans leur intervention, la matière resterait rude et inerte, les forces naturelles demeureraient sans

[1] *Code civil*, art. 1853.

utilité ; les ouvriers eux-mêmes languiraient inoccupés ; ce sont eux qui donnent la forme à la matière, l'action utile aux puissances élémentaires, le travail aux ouvriers ; ce sont eux qui ont le courage de courir les risques des entreprises et doivent supporter les pertes qu'entraînent les affaires, alors que les travailleurs manuels et les capitalistes en sont exonérés. Malgré tout cela, le nombre et la matière l'emportent sur l'esprit industriel, la main-d'œuvre et le capital prennent la grosse part et les entrepreneurs ne touchent qu'une part modique.

Le profit territorial, revenu spécial aux propriétaires ruraux, est une conséquence du développement de la production agricole, mais ce n'est pas la rémunération de l'utilité réelle d'un agent producteur. C'est, il est vrai, une sorte de prime rétrospective donnée aux anciens cultivateurs ayant conquis des terrains à la culture, ou à leurs ayants cause ; mais, par cela même, c'est aussi un véritable encouragement à ceux qui, malgré les difficultés présentes, entreprennent de défricher des bois, de changer des landes en terres arables ou de dessécher des marais ; cette rétribution a donc une juste cause et se fonde sur une véritable utilité productive.

Comparée au nombre des propriétaires ruraux et aux 21 milliards 616 millions qu'ils ont incorporés au sol et pour lesquels ils touchent un intérêt annuel de 1,158 millions, cette rente de 500 millions est une bien faible prime, surtout lorsqu'on la met en face de la longue période qui a dû s'écouler pour l'élever au montant qu'elle atteint actuellement.

A l'exception de la province romaine, la Gaule, avant la conquête de Jules César, était en partie inculte et en partie mal cultivée ; d'immenses forêts couvraient de larges bandes du territoire ; les grands défrichements ne commencèrent qu'avec l'ère chrétienne, et ce progrès fut arrêté et en partie détruit par l'invasion des barbares méprisant la culture et pillant les cultivateurs. Les travaux des champs ne reprirent une réelle activité que sous Charlemagne réorganisant l'état social et remettant l'agriculture en honneur ; c'est donc à partir du IXe siècle que prend date la renaissance agricole :

il a donc fallu au moins dix siècles ou mille années pour former le profit territorial et l'élever au total de 500 millions; c'est en moyenne 50 millions par siècle ou un demi-million par an. Quand on se rappelle que les salaires réels ont doublé, en France, en quatre-vingt-six années et que, dans le même espace de temps, les salaires en argent ont triplé, et se sont accrus de plus de 2 milliards et demi, on est forcé de reconnaître que, dans l'ordre économique actuel, les développements de la production sont, en France, beaucoup plus favorables aux travailleurs manuels qu'ils ne le sont aux propriétaires ruraux.

Lorsque, sans parti pris, on examine la manière dont se fait le partage entre les classes productrices, il semble évident que les travailleurs manuels n'ont aucune raison valable à présenter pour soutenir qu'ils sont lésés dans la part qui leur échoit En effet, à moins qu'on ne conteste les services rendus à la production par le capital, et ce serait fermer les yeux à la lumière, ou qu'on ne prétende que ces services doivent être gratuits, auquel cas on ne concevrait pas qu'il se trouvât des gens assez insensés pour s'abstenir et accumuler un capital, et ce serait demander l'anéantissement de toute production, on doit reconnaître que la part revenant aux capitalistes, comparée aux services productifs rendus par le capital et à ceux rendus par les travailleurs manuels, est singulièrement modérée. Quant à la part des entrepreneurs, c'est nier la puissance de l'esprit et de l'intelligence, de la science et du talent que de la trouver exorbitante, lorsqu'ils ne touchent que le sixième de la somme à partager, alors que la part des ouvriers s'élève à la moitié.

CHAPITRE CINQUIÈME.

De l'antagonisme des intérêts des classes productives et des effets qui peuvent en résulter.

De l'examen des principes déterminant les parts afférentes à chacune des classes directement productrices, comme de la comparaison des revenus qui leur échoient, ressort cette consolante vérité, que les progrès de l'aisance et du bien-être de chacune d'elles dépendent avant tout de la prospérité générale : on sait, en effet, que l'ampleur du produit total est mesurée par deux facteurs, le montant du capital circulant et la puissance productive du capital employé ; quand l'abstinence et l'économie ont augmenté le capital circulant et que la hardiesse des entrepreneurs l'a rendu actif, quand l'intelligence, le talent et l'énergie de toutes les personnes agissant dans le grand œuvre de la production de la richesse, ont accru de toutes parts la puissance productive, d'année en année grandit le produit net, d'année en année grandissent les revenus des classes qui doivent se le partager.

Voici l'ordre suivant lequel se répartissent les avantages amenés par les communs efforts : dans les premiers moments, les accroissements obtenus dans le produit net sont recueillis par les entrepreneurs, puis ceux-ci les partagent avec les capitalistes ; ces deux classes économes et actives accumulent leurs gains, en forment des capitaux dont elles ne peuvent tirer parti qu'en les employant dans une nouvelle production ;

le capital circulant grossi de la presque totalité des profits successivement réalisés augmente d'une manière proportionnelle le fonds des salaires et, par conséquent, la part revenant à la classe ouvrière; les travailleurs manuels profitent presque immédiatement d'une forte portion, en France d'environ la moitié, des gains réalisés par les patrons ou par les personnes qui ont soutenu les patrons; les salaires réels s'élèvent, la population s'accroît et, avec elle, la demande de blé; le prix des céréales hausse, on est engagé à mettre en culture des terrains moins fertiles que ceux cultivés en dernier lieu, les fermages s'élèvent de toute la différence mise à jour. Ainsi, d'abord, sont récompensées la hardiesse et l'intelligence des entrepreneurs, véritables directeurs de l'action productive ; puis sont rémunérées l'abstinence et l'économie prudente de ceux qui ont accumulé le capital, source de la nouvelle production; immédiatement après, les travailleurs manuels prennent sous la forme d'accroissement de salaire, leur part dans les gains réalisés, part proportionnelle aux épargnes des entrepreneurs et des capitalistes; en dernier lieu et après un long temps, les propriétaires ruraux retirent aussi quelque avantage de la prospérité générale.

Il y a, dans ce partage, un certain ordre logique qui agrée à l'esprit et à la raison : toutes les convenances de l'action productive sont satisfaites, tous les intérêts appréciés, tous les droits respectés. Il semblerait donc naturel de voir l'harmonie naître, s'établir et durer entre les classes réunies par la puissante étreinte d'intérêts communs et par la solidarité des conditions essentielles à toute production ; mais telle est l'infirmité humaine qu'il suffit que les intérêts soient différents dans le détail et dans le temps, pour que la lutte apparaisse ; or, dans le partage et au moment de la fixation des lots, les intérêts des classes copartageantes sont généralement opposés deux à deux.

Pour entamer une affaire quelconque, les entrepreneurs doivent se procurer le capital nécessaire et sont obligés de recruter des ouvriers ; ils ont ainsi à payer aux capitalistes l'intérêt des fonds empruntés ; aux ouvriers, le prix de la main-d'œuvre : pour la fixation du taux de l'intérêt, ils sont en opposition avec les capitalistes ; pour le prix de la main-d'œuvre, ils le sont avec les ouvriers. Enfin, quand des personnes ne possèdant pas de terres veulent s'adonner à la culture, il est nécessaire qu'elles s'abouchent avec les propriétaires ruraux et s'arrangent avec eux pour la fixation des fermages, il y a là encore une nouvelle opposition d'intérêts.

Dans l'application des lois économiques du partage, il peut donc apparaître trois espèces de conflits : conflit entre les entrepreneurs et les capitalistes pour le taux de l'intérêt; conflit entre les entrepreneurs et les ouvriers pour le prix de la main-d'œuvre ; conflit entre les propriétaires ruraux et les entrepreneurs de culture pour les fermages.

De ces divers conflits, celui entre les ouvriers et les entrepreneurs étant de beaucoup le plus important, on l'examinera en premier lieu.

PREMIÈRE SECTION.

Des conflits entre les entrepreneurs et les ouvriers.

Sauf le cas rare et anormal d'une levée d'hommes extraordinaire à raison d'une guerre imminente, la population ouvrière garde un rapport à peu près constant avec la population totale, et les salaires courants sont régulièrement mesurés par le rapport du capital circulant à la population générale ; mais, dans chaque branche particulière de la production, le nombre des ouvriers est fixé par la demande de travail ; or, d'une année à l'autre, le fonds des salaires, dans chaque industrie spéciale, peut accepter trois états différents : il peut, et c'est heureusement le cas le plus fréquent, recevoir une augmentation sensible, dépassant de beaucoup l'accroissement correspondant de la population laborieuse ; il peut obtenir un développement égal à celui qu'a reçu le nombre des ouvriers ; il peut, enfin, subir une diminution relativement à l'accroissement ordinaire du nombre des travailleurs manuels.

Quand le fonds des salaires n'a reçu qu'une légère augmentation proportionnelle au recrutement ordinaire et naturel des ouvriers dans cette profession, tout reste en état, et il n'existe pas de raison pour que les salaires éprouvent aucun changement.

Lorsque le fonds des salaires a reçu un accroissement notable et supérieur au recrutement ordinaire, accroissement amené par la prévoyance d'une augmentation considérable dans la demande des objets produits par cette industrie spéciale, il doit y avoir, dans cette fabrication, une augmentation nécessaire du prix de la main-d'œuvre ; en effet, les entrepreneurs ayant besoin d'un supplément de travail manuel ne peuvent l'obtenir que de deux manières : en augmentant le nombre des heures de la journée de travail de leurs anciens ouvriers, sauf à leur payer le temps supplémentaire qu'ils leur demandent, en embauchant de nouveaux ouvriers, étrangers à la localité ou à la profession, par l'attrait d'un salaire plus élevé ; dans les deux cas, il y a augmentation de salaire, et la hausse est faite par la concurrence des patrons demandant un supplément de main-d'œuvre.

Quand, dans une industrie quelconque, les affaires viennent à décliner et les bénéfices à baisser, il convient pour maintenir l'équilibre des profits entre cette fabrication et les autres branches d'industrie, soit que la production s'y amoindrisse pour que les prix augmentent par la rareté de la marchandise, soit que les frais de production y soient diminués afin que la baisse des prix puisse augmenter la consommation : une pareille situation ne peut se prolonger et durer sans que le prix de la main-d'œuvre en soit affecté. Dans cette position difficile, les entrepreneurs ont, en effet, quatre partis à prendre : diminuer le nombre des heures de travail en conservant tous leurs ouvriers, en renvoyer un certain nombre en conservant les mêmes heures de travail et le même salaire individuel, amoindrir le prix de la main-d'œuvre en conservant tous les ouvriers, fermer leurs ateliers et cesser toute fabrication.

Tous les quatre sont nuisibles aux patrons et aux ouvriers ; le dernier est le plus déplorable de tous. Il laisse les ouvriers sur le pavé, et c'est là un grand malheur, et d'un autre côté, il fait perdre à l'entrepreneur avec sa clientèle, l'intérêt du capital immobilisé dans son usine. Une diminution de salaire en rapport avec l'amoindrissement des affaires serait sans doute une application régulière de la loi générale des salaires, mais ne serait pas toujours la solution la moins dommageable ; elle est nuisible aux ouvriers souffrant d'une diminution de salaire sans aucune compensation ; elle l'est aussi aux entrepreneurs forcés d'entretenir leurs usines au complet en machines et en matières premières, alors que la défaillance des affaires exigerait qu'on restreignît la fabrication.

Quand un patron se décide à renvoyer un certain nombre

d'ouvriers, il garde naturellement les plus anciens et les meilleurs, mais il désorganise son atelier et il en résulte toujours une diminution de puissance productive. Le système causant le moins de préjudice aux directeurs d'industrie et de perte aux ouvriers, est la diminution des heures de travail avec une diminution proportionnelle du prix de la journée : le salaire est, il est vrai, amoindri, mais l'ouvrier a plus de temps libre et peut en profiter ; d'un autre côté, le patron a lieu d'espérer aussi que la diminution des heures de travail amènera peut-être un redoublement d'activité augmentant la puissance productive de la main-d'œuvre et lui offrant le moyen de supporter sans trop de perte la diminution de prix causée par l'amoindrissement de la demande. Cette combinaison paraît ainsi la meilleure ; c'est aussi celle que les sentiments humains des patrons doivent les engager à adopter ; en fait, c'est le système le plus généralement suivi.

Ainsi, dans la prospérité, la concurrence des patrons amène forcément la hausse des salaires, et, dans la défaillance de l'industrie, l'intérêt des entrepreneurs s'allie aux sentiments naturels qui les poussent à venir en aide à leurs collaborateurs, pour les engager à modérer autant que possible le préjudice que leur cause la baisse des salaires.

Puisque, dans les industries prospérantes, les intérêts des patrons les sollicitent d'accroître le prix de la main-d'œuvre et que, dans les défaillances de la demande, de semblables considérations les engagent à modérer la baisse des salaires, les droits des travailleurs manuels paraissent trouver déjà une première et excellente protection dans cette relation nécessaire rattachant les avantages et les succès du patron à l'équitable rémunération des ouvriers qu'il emploie. D'où vient donc qu'il s'élève si souvent de violents conflits entre ces deux classes dont les intérêts quelquefois si opposés dans la pratique, sont toutefois si intimement réunis dans le fond des choses ? La cause efficiente de toutes ces difficultés gît avant tout, dans l'ignorance profonde où sont plongées les classes ouvrières par rapport aux principes et aux faits économiques ; elle trouve aussi son origine dans l'impatience de l'homme et dans les passions qui l'agitent.

Pour examiner avec calme ce sujet délicat, on supposera écartées toutes les causes d'agitation engendrées par les passions politiques ; pour le traiter avec impartialité, on acceptera une parité complète entre les patrons et les ouvriers, on admettra que les entrepreneurs comme les travailleurs manuels peuvent librement se réunir, s'associer et même se coaliser pour soutenir ou défendre leurs légitimes droits ; en présence de ces libérales conditions, on recherchera avec soin, s'il est réellement possible, soit aux ouvriers, soit aux patrons, par des manœuvres ou des coalitions, de faire un véritable échec aux lois économiques déterminant les salaires et si, par ces mêmes moyens, ils peuvent réussir à en amener une violation grave et durable.

§ I.

Des grèves et des coalitions des ouvriers ou des patrons.

Les ouvriers ont un moyen radical pour agir contre les patrons qui leur refuseraient un juste salaire, c'est de refuser de travailler et de *se mettre en grève.*

La grève cause un grave préjudice à l'entrepreneur qui, pendant toute la durée de l'interruption de travail, perd l'intérêt de son fonds de roulement, l'intérêt et l'amortissement du capital fixe engagé dans sa fabrication, qui, ne pouvant exécuter ses commandes, mécontente ses pratiques et compromet sa clientèle. En présence de semblables pertes et dans la prévoyance des conséquences nuisibles de l'inexécution des ordres qu'il a reçus, l'entrepreneur doit être disposé à accorder aux ouvriers non-seulement des salaires équitables, mais encore quelque chose au delà ; toutefois il ne peut consentir à travailler à perte, et, si les exigences des travailleurs manuels deviennent exorbitantes et qu'ils y persistent, il se décide à cesser de travailler. Si les circonstances restent les mêmes, il se résout enfin à quitter cette industrie et quelquefois même il renonce entièrement aux affaires.

La grève fait aux ouvriers eux-mêmes autant et plus de mal qu'aux patrons. Ecoutons d'abord à ce sujet les paroles d'un homme considérable qui, avec talent et persévérance, a toujours énergiquement soutenu les droits des travailleurs manuels. « *La grève*, dit M. Jules Simon [1], est une arme. « On l'a rendue aux ouvriers, et on a bien fait. Maintenant « qu'ils l'ont reçue, ce qui peut arriver de mieux pour l'industrie, pour la société et pour eux-mêmes, c'est qu'ils ne s'en « servent pas. Il n'y a qu'une voix sur ce sujet. Patrons, « ouvriers, hommes politiques, citoyens paisibles, tout le « monde est d'accord. Les raisons sautent aux yeux. Nous « disions tout à l'heure que le droit de grève est une arme, « nous pouvons dire à présent que la grève est une guerre. « Il y a plus, c'est la pire des guerres, une guerre civile. Elle « est meurtrière au pied de la lettre ; car les ouvriers en grève « se réduisent eux-mêmes à la condition d'une ville assiégée ; « et, comme il arrive dans toutes les guerres civiles, « indépendamment de ce qu'ils souffrent directement, ils ne « peuvent pas faire de mal à leurs adversaires sans en « ressentir le contre-coup. Leur triomphe même, s'ils triom- « phent, est le signal de leur ruine ; car la forteresse dans « laquelle ils entrent, ils ont commencé par la démanteler. « Au surplus, leurs triomphes sont bien rares et ils sont « toujours éphémères quand ils n'ont pas pour eux l'évidence « de la justice. »

La grève, privant l'ouvrier du salaire accoutumé, le place dans une situation très-difficile : pendant le chômage, il faut qu'il vive sur des économies mises en réserve ou qu'il trouve un nouvel emploi. S'il réussit à trouver du travail, c'est presque toujours avec un salaire moindre que celui qu'il

[1] Jules Simon, *le Travail*, p. 176.

touchait. Pendant le chômage, la famille de l'ouvrier souffre et languit ; en outre des misères de ce temps d'épreuves, l'ouvrier court encore le risque de compromettre l'avenir. En effet, devant une grève persistante, trois choses peuvent arriver : l'entrepreneur arrêté dans sa fabrication et ayant des commandes à exécuter peut se pourvoir dans une autre localité ou même à l'étranger, changer ainsi sa profession et de manufacturier devenir marchand ; il peut encore recruter des ouvriers de tous côtés, inventer des machines remplaçant la main-d'œuvre et se passer des travailleurs infidèles qui l'ont laissé dans l'embarras ; dégoûté de la vie de manufacturier, il peut liquider ses affaires, retirer son capital et lui donner un autre emploi ; dans tous ces cas, le fonds des salaires a réellement diminué dans cette localité et dans cette industrie, et par la grève les ouvriers ont porté un coup funeste au métier qui les faisait vivre.

Pour faire disparaître en grande partie la gêne résultant de la privation du salaire accoutumé, les travailleurs manuels ont pensé à former des caisses de chômage pour venir au secours des ouvriers pendant l'interruption de travail ; telle a été la première origine des associations ouvrières nommées en Angleterre *trades-unions*, *ligues de métiers* [1].

Ces associations, mirent bientôt à leur tête des comités directeurs, chargés de faire valoir les prétentions des ouvriers à l'encontre de celles des patrons. Les chefs de ces unions, choisis parmi les plus intelligents des hommes de chaque profession, comprennent mieux que la foule des travailleurs les véritables intérêts de la masse ; et, sous ce rapport, les associations ouvrières, quand elles se bornent à ne s'occuper que des questions de salaires, peuvent rendre de véritables services, car elles font disparaître en partie cette profonde ignorance des conditions de la production, la chose du monde

[1] M. le comte de Paris, *des Associations ouvrières en Angleterre*. Germer-Baillière, Paris, 1869. — Les observations que l'on va présenter sur les ligues de métiers et les grèves ne sont qu'un résumé extrait de l'excellent livre de M. le Comte de Paris sur cet important sujet.

la plus opposée à l'établissement d'une harmonie durable entre les entrepreneurs et les ouvriers.

La formation des unions fondées pour élever les salaires amène souvent, par une réaction naturelle, l'établissement de coalitions de patrons pour résister aux demandes exagérées des ouvriers. Ces ligues des maîtres sont beaucoup plus difficiles à réaliser que les coalitions des ouvriers; ceux-ci ont, en effet, un seul et unique intérêt, celui d'élever le prix de la main-d'œuvre ; les patrons ont aussi, il est vrai, un intérêt commun, celui d'empêcher la hausse des salaires ; mais, dans la prospérité de la branche particulière d'industrie où ils sont engagés, ils sont tous divisés par la concurrence qu'ils se font pour se procurer des travailleurs. Ce n'est que dans la défaillance des affaires que l'intérêt des maîtres devient absolument le même ; les coalitions d'entrepreneurs seront donc fort rares dans les temps de prospérité et deviendront, au contraire, plus communes dans les temps difficiles.

Quelles que soient les différences existant entre elles, les unions ouvrières, comme les coalitions de patrons, sont en soi parfaitement légitimes, tant qu'elles sont volontaires et qu'elles n'usent que de moyens honnêtes et légaux pour protéger les intérêts qu'elles veulent conserver. Sans doute, ces nouvelles libertés de coalition et d'association apportent de nouveaux dangers ; mais il en est ainsi de toutes les libertés, et la civilisation ne progresse qu'à la charge d'admettre de jour en jour une plus grande extension des droits individuels, sous la condition de ne point blesser les droits des autres. De même que la vie de chaque homme est un combat presque continuel, la marche de la civilisation est une lutte perpétuelle ; il faut savoir soutenir ces conflits : individuellement, si l'on veut se défendre et vivre ; en corps de nation, si l'on veut que le peuple prospère et grandisse. C'est la gloire éternelle de l'économie politique comme de la politique libérale de n'admettre de mesures préventives qu'autant qu'elles sont indispensables. Elles laissent à la justice nationale de conserver le droit de chacun et de tenir tout le monde dans la règle du devoir.

On a cru pendant longtemps que les coalitions étaient nuisibles à l'intérêt public; et, au commencement de la Révolution française, on voit l'Assemblée constituante, par la loi du 17 juin 1791, *défendre aux citoyens d'un même état ou profession de nommer ni président, ni secrétaire, ni syndics, de tenir des registres, prendre des arrêtés ou délibérations sur leurs prétendus intérêts communs.* Le Code pénal de 1811 punit d'un emprisonnement de six jours à un mois et d'une amende de deux à trois mille francs, *toute coalition entre ceux qui font travailler des ouvriers, tendant à forcer injustement et abusivement l'abaissement des salaires, suivie d'une tentative ou d'un commencement d'exécution.* Il frappe d'un emprisonnement d'un mois à trois mois, *toute coalition de la part des ouvriers pour faire cesser en même temps de travailler, interdire le travail dans un atelier, empêcher de s'y rendre et d'y rester, avant ou après certaines heures, suspendre, empêcher, enchérir les travaux, s'il y a eu tentative ou commencement d'exécution.* Les chefs ou moteurs sont punis d'un emprisonnement d'un an à cinq ans. Enfin, on sévit par de semblables peines « contre les ouvriers qui « auraient prononcé des amendes, des défenses, des interdic- « tions ou toutes proscriptions sous le nom de *damnations*, et « sous quelques qualifications que ce puisse être, soit contre « les directeurs d'atelier et entrepreneurs d'ouvrages, soit « les uns contre les autres [1]. » Ainsi, non-seulement étaient réprimés les actes coupables, mais on regardait comme criminel le simple fait d'association pour faire hausser les salaires. Cette doctrine fut confirmée sous la république de 1848, et la loi du 27 novembre 1849 se contenta d'assimiler en tout point les coalitions des patrons à celles des ouvriers et les punit des mêmes peines.

Cet état de choses dura jusqu'en 1864, époque à laquelle on

[1] *Code pénal*, art. 414, 415, 416.

finit par reconnaître tant aux ouvriers qu'aux patrons la liberté de s'associer et de se coaliser, en se bornant à définir et à punir les actes coupables violant les droits individuels et opprimant les volontés personnelles. Ce ne fut toutefois qu'en 1868 qu'on accorda aux citoyens la faculté de se réunir pour discuter ensemble leurs intérêts économiques.

Il est curieux de voir si une aussi longue interdiction des coalitions ouvrières a eu quelque effet pour modifier les conséquences des lois théoriques déterminant les salaires, et si elle a réussi à en empêcher la hausse. Or, dans un des chapitres précédents, on a établi que, dans notre pays, de 1780 à 1866, les salaires courants avaient triplé et les salaires réels doublé, suivant exactement tous les deux les rapports variables du capital circulant à la population. Les restrictions législatives n'ont eu ainsi qu'une influence à peu près inappréciable sur l'application des principes économiques. Quel sera l'effet de la liberté ?

La science économique est intimement liée à la liberté civile et politique ; elle marche avec elle et vit de sa vie ; elle doit ainsi profiter de l'extension de toutes les libertés, et elle ne peut manquer de tirer avantage du développement du principe d'association. Mais on sait aussi que la création de la richesse exige comme condition essentielle le maintien absolu de l'ordre ; si, dans les temps difficiles où nous vivons, on a le courage d'accorder toutes les libertés légitimes, il faut en même temps posséder la résolution et la fermeté nécessaires pour réprimer les abus et punir sévèrement la violation des droits. Le libre établissement des coalitions peut amener sans doute des périls d'autant plus grands que l'ordre politique est plus troublé, mais il faut braver les dangers et avoir le courage d'accorder tout ce qu'on réclame avec raison ; lorsqu'on a fait ce que l'on doit, lorsqu'on n'a aucune injustice à se reprocher, on est sur un excellent terrain qu'il faut défendre avec hardiesse et opiniâtreté.

L'exemple de l'Angleterre, où depuis 1824 la liberté des coalitions a été proclamée, va nous montrer que l'extension du droit d'association dans les matières économiques, est parfaitement conciliable avec le développement successif de la production et le progrès continu de la fortune publique.

Ici nous avons l'extrême avantage de trouver ce grave sujet complétement élucidé par le bel ouvrage de M. le comte de Paris, ouvrage où l'auteur prend les *trades-unions* à leur origine, montre leur avancement, signale les excès auxquels elles ont donné lieu, les crimes mêmes dont elles se sont souillées, fait apercevoir la modération finissant par dominer dans leurs agissements et manifeste les progrès qu'elles ont fait faire dans la voie de la conciliation entre les intérêts des patrons et ceux des ouvriers [1].

Ce ne fut qu'en 1824 que le délit de coalition disparut des lois anglaises ; mais, à partir de ce moment, les unions ouvrières se multiplièrent de toutes parts. Presque au même instant, elles gagnèrent le droit d'affiliation, et l'on vit bientôt les ligues de métiers étendre leur réseau sur toute la Grande-Bretagne et prendre une énorme puissance.

« La *trade-union*, dit M. le comte de Paris, est avant tout « une caisse permanente de chômage. Après avoir généralement payé une entrée, parfois assez forte, les membres « versent chaque semaine une souscription, variant de un « penny jusqu'à un et même, dans certains cas, 2 schellings (5 fr. 45 c., 65 fr. et 130 fr. par an). Il se forme ainsi « un fonds de réserve qui grossit rapidement dans les années « prospères ; et qui est destiné à soutenir les membres de la « société, lorsqu'ils chôment soit par faute d'ouvrage, soit par « suite de grève. La souscription est égale pour tous les « membres, et cette égalité est une des bases de l'institution, « car elle implique un égal soutien en cas de chômage : en « temps de grève, il ne s'agit pas pour l'ouvrier de gagner « plus ou moins, il faut que l'Union l'empêche de mourir de « faim, et pour cela la plus ou moins grande habileté ne fait « aucune différence.

[1] M. le comte de Paris, *des Associations ouvrières en Angleterre*. Germer-Baillière, Paris, 1869.

« La société est administrée par un conseil de surveillance « ou conseil exécutif, élu chaque année par le vote secret de « tous ses membres, et qui compte dans son sein un prési- « dent, un caissier et un secrétaire. Le gouvernement de la « société, les relations avec les patrons, les décisions relatives « aux grèves, l'allocation des indemnités appartiennent exclu- « sivement à ce conseil. A l'assemblée générale sont réser- « vées les grandes affaires financières, telles que l'imposition « d'une contribution extraordinaire sur tous les membres, si, « une partie d'entre eux étant en grève, les ressources nor- « males de la société ne suffisent pas à la soutenir.

« Mais les Unions les plus puissantes, comme les mécani- « ciens unis, les charpentiers et les menuisiers unis, les ma- « çons, les deux grandes sociétés des ouvriers en fer du « Staffordshire et du nord de l'Angleterre, celles des mou- « leurs en fonte, des filateurs du Lancashire, l'association « nationale des mineurs qui compte 35,000 membres, et bien « d'autres encore, ont une organisation plus compliquée, et se « subdivisent elles-mêmes en un grand nombre de branches. « Chaque branche ou loge se compose des ouvriers habitant « un même district, élit son comité, a sa caisse spéciale « qu'elle administre, mais dont elle doit rendre un compte « annuel au conseil central. Celui-ci est formé des délégués « élus pour six mois par les diverses branches proportion- « nellement au nombre de leurs membres, et de deux em- « ployés, le secrétaire et le trésorier, nommés directement « par le suffrage de tous les membres.

« Ce sont les loges qui admettent dans l'Union les candidats « présentés par deux membres, et qui décident, en premier « ressort, des exclusions, des secours et des grèves locales. « Mais on peut toujours en appeler à l'autorité centrale, et la « loge qui se mettrait en grève avant d'avoir obtenu la sanc- « tion de cette autorité ne serait pas soutenue par la société. « Enfin le vote des levées et l'appel d'une loge contre la déci- « sion du conseil appartiennent à l'assemblée générale. Les « mécaniciens unis comptent 308 branches, dont 11 en Amé-

« rique et quelques-unes pour les ouvriers anglais établis en « France et en Australie ; les charpentiers et les menuisiers « unis en ont 190 ; les maçons 278, et une autre société de « charpentiers 150.

« Quoique la caisse de chômage joue toujours le rôle prin- « cipal dans le budget des Unions, un petit nombre seulement « d'entre elles, appelées par excellence *trades-societies*, limitent « exclusivement l'emploi de leurs fonds au soutien des grèves. « Ces sociétés sont généralement peu importantes. Les autres « offrent en outre à leurs membres certains avantages emprun- « tés aux sociétés de secours mutuels, tels qu'une indemnité « hebdomadaire en cas d'accident et presque toujours aussi « en cas de maladie, des frais d'enterrements, etc [1]. »

Quelle action ces associations ouvrières si puissamment organisées ont-elles exercée sur l'industrie ? Quels effets ont-elles produits sur les salaires ? Voilà deux points importants qu'il faut examiner et sur lesquels le livre de M. le comte de Paris va jeter un grand jour.

Dans les premiers essais de leurs forces, ces puissantes ligues essayèrent de faire revivre quelques-uns des abus des anciennes corporations de métiers.

C'est ainsi que dans l'industrie du bâtiment, les ouvriers unionistes, sous prétexte d'établir la protection de leur état (*protection of trade*), « réclamèrent comme priviléges du métier « le droit de limiter le nombre des apprentis, et d'interdire « l'exercice de leur profession à tous ceux qui n'avaient pas « passé par l'apprentissage régulier, et à défaut d'une sanc- « tion légale, ils demandèrent aux Unions d'intervenir pour « leur assurer le succès de cette prétention. » Les briquetiers voulurent même diviser tout le territoire en districts et ne point permettre aux ouvriers d'un district de travailler dans les autres. La plupart des *trades-unions* de cette grande industrie s'élevèrent aussi contre l'usage des machines, soit à faire des briques, soit à travailler la pierre [2].

[1] *Les Associations ouvrières en Angleterre*, pp. 45 à 51.

[2] *Ibidem*, pp. 77, 88, 102.

Dans l'industrie des machines, les unions des mécaniciens soutinrent des grèves pour que le maniement des machines nouvelles fût exclusivement réservé aux artisans et aux apprentis dûment engagés par contrat.

Quelques-unes des *trades-unions* employèrent même la violence pour empêcher les ouvriers non unionistes de travailler dans les ateliers des maîtres contre lesquels des grèves étaient déclarées. Dans certains cas, très-rares, il est vrai, les actes violents allèrent jusqu'à devenir des crimes. A Sheffield, plusieurs meurtres furent commis contre des ouvriers refusant de s'associer aux grèves. Après une enquête extraordinaire instituée par ordre du Parlement, il fut avoué par les coupables que tous ces crimes avaient été commandés et payés par un nommé Broadhead, secrétaire d'une des unions ouvrières des couteliers de Sheffield [1]. A Manchester, les unions de briquetiers se livrèrent à des actes très-criminels pour intimider les patrons résistant à des demandes exorbitantes [2].

Ces actes coupables et odieux, heureusement rares et isolés, furent généralement répudiés par la très-grande partie des unions. Ils sont les effets extrêmes d'une disposition facilement reconnaissable dans les associations ouvrières, celle d'interdire le travail aux ouvriers non unionistes ou aux ouvriers déserteurs des Unions. « Dans certaines professions « et certains districts, parmi les briquetiers du Lancashire, « par exemple, il n'y a pas d'avanies auxquelles ils ne soient « exposés. Quelques Unions dressent contre eux une véritable « liste de proscription appelée *liste noire*. L'interdiction est « prononcée contre quiconque y figure ; défense est faite aux « unionistes de travailler avec lui. Une société de maçons a, « dit-on, une liste noire de plus de 2,500 noms [3]. » En 1867, l'*Association des tailleurs de Londres* se mit en grève, et les ouvriers demeurés sur le pavé organisèrent un service de sentinelles autour des maisons des patrons pour les empêcher

[1] *Les Associations ouvrières en Angleterre*, pp. 15 et 16.

[2] *Ibidem*, pp. 18, 19 et 20.

[3] *Ibidem*, pp. 99 et 100.

de recruter des ouvriers, et se livrèrent à des actes violents pour défendre aux autres ouvriers de se rendre au travail[1]. De même, en 1868, les unions locales des mineurs du Wigan et de Saint-Helena se mettent en grève et molestent de toutes les manières les ouvriers plus sages qui n'avaient pas voulu quitter le travail[2].

Il serait extrêmement injuste de penser que ces essais pour faire revivre les abus des anciennes corporations, que ces actes coupables pour gêner la liberté individuelle des travailleurs, que ces crimes contre les personnes ou contre la propriété puissent être imputables à toutes les associations ouvrières. Elles ne sont réellement à la charge que de quelques unions locales dans lesquelles il s'est rencontré, comme il arrive dans toutes les agglomérations humaines, des êtres dépourvus de toute moralité et enclins à mal faire. La commission parlementaire nommée pour se livrer à une enquête générale sur les associations ouvrières a reconnu ce fait, et elle a aussi parfaitement constaté que les unions les plus importantes ont été exemptes de ces actes illégaux et que leurs conseils les ont toujours condamnés.

Comme les agissements des unions ouvrières ont pour mobile et pour but l'élévation des salaires et qu'ils ont tous pour origine le besoin d'assurer le succès des grèves, il reste à apprécier les effets réels de ce refus de travailler, en Angleterre, pays où les associations ouvrières ont atteint le maximum de puissance. En prenant pour guide les recherches de M. le comte de Paris, on va établir les résultats des grèves dans les principales industries de la Grande-Bretagne.

Aussitôt la levée de l'interdiction des coalitions d'ouvriers, le nombre des grèves dans l'industrie du bâtiment devint incalculable; mais, comme cette industrie est essentiellement locale, les luttes sont presque toujours renfermées dans un territoire borné. Après avoir usé de leur puissance pour améliorer la situation des travailleurs, les unions ne tardèrent

[1] *Les Associations ouvrières en Angleterre*, p. 231.

[2] *Ibidem*, p. 162.

pas à en abuser; en 1833, à Liverpool, les prétentions des briquetiers devinrent exorbitantes; pour y résister, les maîtres voulurent exclure de leurs chantiers les ouvriers unionistes; il en résulta une grève générale, et, pour en combattre les effets, les maîtres fermèrent leurs ateliers; il y eut une suspension de travail de six mois; les patrons firent de grandes pertes, mais, en même temps, une affreuse misère atteignit les ouvriers qui furent obligés de céder. « La perte de leurs « salaires pendant la grève équivalait pour les ouvriers à plus « de 72,000 livres sterling (1,800,000 fr.) et ils avaient dépensé « en outre 18,000 livres sterling (450,000 fr.) par l'intermé- « diaire des Unions [1]. » En 1852, une coalition des unions ouvrières de Londres, après avoir obtenu de successives augmentations dans le prix de la main-d'œuvre, voulut, en conservant le même salaire, faire réduire la journée de travail de dix heures à neuf heures; les maîtres fermèrent leurs ateliers, et, après des pertes réciproques, les ouvriers renoncèrent à leur prétention et les maîtres cessèrent d'exiger de leurs ouvriers le renoncement aux unions [2].

Dans la fabrication du fer, deux grandes unions, celle de l'*Association nationale des ouvriers en fer*, fondée en 1860 à Gateshead, dans le nord de l'Angleterre, et celle des *ouvriers en fer de la Grande-Bretagne*, comprirent à peu près tous les pudlers [3] de l'Angleterre et agirent pour élever les salaires; favorisées par la prospérité de cette industrie, elles réussirent à faire payer les pudlers à raison de 10 schellings 10 pence (13 fr. 10 centimes) la tonne de fer, taux de salaire le plus élevé qu'ils aient obtenu avant ou après cette époque [4]; les affaires ayant décliné et les prix des fers ayant baissé, les maîtres de forges demandèrent une baisse des salaires, les représentants des deux grandes unions eurent la sagesse d'en-

[1] *Les Associations ouvrières en Angleterre*, pp. 80 à 85.

[2] *Ibidem*, pp. 85 à 89.

[3] Les pudlers sont les ouvriers qui, dans le travail de l'affinage du fer, agglutinent la *boule* soumise plus tard au martinet ou aux laminoirs.

[4] *Les Associations ouvrières en Angleterre*, pp. 125 et 126.

gager les ouvriers à s'entendre avec les patrons et cherchèrent à éviter la lutte ; les pudlers, sourds à ces prudents conseils, se mettent partout en grève ; les maîtres, travaillant à perte, éteignent les feux de leurs forges : l'interruption du travail dure six mois ; les ouvriers réduits à la dernière misère sont forcés de céder. « Les pertes en salaires causées par cette « grève peuvent être estimées à 120,000 livres sterling « (3 millions de francs) ; de plus, par la fermeture de leurs ate- « liers, les maîtres de forges empêchèrent les ouvriers de « gagner 150,000 livres sterling (3,750,000 fr.) dans le South- « staffordshire et 50,000 livres sterling (1,250,000 fr.) dans « le nord de l'Angleterre. Cette lutte désastreuse priva alors « les ouvriers de 8,000,000 de francs de salaires, sans comp- « ter ce qu'elle coûta aux caisses de leurs associations. Les « pertes des maîtres ne furent pas moindres ; aussi les uns « et les autres s'en ressentent encore [1].

Dès que le Parlement eut fait disparaître le délit de coalition, il se forma dans les nombreuses mines de la Grande-Bretagne des associations puissantes et multipliées ; dans les premiers temps de leur fondation, ces unions obtinrent la réforme de graves abus et, en outre, une meilleure ventilation des mines, et une loi prohibant le travail souterrain aux femmes et aux enfants de moins de douze ans. Enhardies par leurs premiers succès, elles abusèrent bientôt de la puissance qu'elles avaient acquise, et suscitèrent de nombreuses grèves. En 1858, les prix des charbons ayant baissé, les propriétaires des houillères voulurent réduire le prix de la main-d'œuvre ; l'*Association des mineurs de l Yorkshire méridional* résista et déclara une grève générale ; les propriétaires répondirent à cette déclaration en cessant tout travail ; au bout de deux mois, alors que les ouvriers avaient perdu un million par le chômage, on transigea et les salaires furent réduits de 7 1/2 pour 100 [2].

De tous les exemples que l'on vient de citer, comme de

[1] *Les Associations ouvrières en Angleterre*, p. 134.
[2] *Ibidem*, pp. 162, 163.

l'examen complet qu'a fait de cette question M. le comte de Paris, ressort cette éclatante vérité que les *trades-unions* et les grèves multipliées qu'elles ont suscitées n'ont pas ébranlé les lois économiques déterminant les salaires. Les associations ouvrières ont réussi, en Angleterre, à élever le prix de la main-d'œuvre toutes les fois que l'industrie sur laquelle elles agissaient était en voie de prospérité, c'est-à-dire toutes les fois que les profits y grandissaient et que le capital s'y augmentait; mais elles n'ont jamais pu empêcher une baisse, quand l'industrie déclinait, c'est-à-dire quand les profits s'y amoindrissaient et que le capital y diminuait. Une des preuves les plus évidentes que les unions n'influent que d'une manière très-restreinte sur le taux des salaires, résulte de ce fait patent que les dix mille ouvriers en fer du pays de Galles, où les *trades-unions* n'existent pas, ont des salaires de très-peu inférieurs à ceux de leurs camarades anglais, bien que la vie soit à meilleur marché dans cette contrée que dans tout le reste de l'Angleterre. Ainsi, quand on étudie les effets des grèves par rapport aux salaires, on est amené à accepter complétement cette opinion exprimée par M. le comte de Paris, « que « l'action des Unions se borne à en régler les oscilla- « tions. Elles peuvent en ralentir l'abaissement, en hâter « un peu l'élévation, mais elles ne peuvent changer l'or- « dre de ces oscillations [1]. » Elles ne sauraient, en effet, avoir la puissance de forcer les entrepreneurs à travailler à perte; quand ceux-ci touchent à cette limite extrême, ils interrompent leurs affaires et réduisent à néant les efforts des associations les plus puissantes.

§ II.

Des remèdes aux grèves.

Les grèves fréquemment suscitées par les ligues de métiers, ne sont pas non plus étrangères aux pays où les associations

[1] *Les Associations ouvrières en Angleterre*, pp. 85 à 89.

ouvrières ne sont pas répandues. Dans tous les endroits où elles se montrent, quels que soient les agents qui les excitent ou les motifs qui les amènent, elles causent des pertes énormes aux patrons et des souffrances infinies aux ouvriers; il est donc d'un grand intérêt de rechercher les moyens pouvant en supprimer les causes ou atténuer les conséquences les plus mauvaises de celles dont on n'aurait pu arrêter la formation.

Une première remarque ayant quelque importance, c'est que les grèves sont beaucoup moins fréquentes dans toutes les industries où les travailleurs acceptent le payement proportionnel à la tâche accomplie. Dans ce système de salaires, l'activité personnelle de l'ouvrier est justement récompensée, et de plus le travailleur profite en partie du perfectionnement incessant de l'outillage. D'un autre côté, les intérêts de l'entrepreneur sont pleinement respectés, car il ne paye que l'œuvre dont il profite. Sans doute toutes les difficultés du règlement des salaires ne disparaissent pas à la suite de l'établissement du payement à la tâche, mais plusieurs d'entre elles sont écartées, et l'émulation est maintenue parmi les ouvriers.

L'action efficace des grèves étant, comme on l'a vu, comprise entre des limites assez restreintes, et l'existence de ces luttes entraînant toujours pour les patrons et pour les ouvriers des pertes considérables et réciproques, il doit être comparativement facile à des hommes impartiaux et de bonne foi, d'amener une conciliation. On trouve en effet dans l'ouvrage de M. le comte de Paris de nombreux exemples de l'utile intervention de *conseils d'arbitres*.

« En 1866, les entrepreneurs de bâtiments et les charpen-
« tiers de Wolverhampton ne pouvant s'entendre, résolurent
« d'appeler M. Kettle, juge du comté, pour trancher leur dif-
« férend. Six maîtres et six ouvriers délégués se réunirent
« sous sa présidence. Après de vives discussions où chacun
« put entendre les arguments de la partie adverse, ils finirent
« par s'accorder si bien que le président n'eut pas à voter une
« seule fois [1].

[1] *Les Associations ouvrières en Angleterre*, p. 269.

A Nottingham, ville qui, au commencement du siècle, avait acquis une fâcheuse célébrité par les associations secrètes de ses ouvriers et leurs attaques contre les machines, de nombreuses *trades-unions* se fondèrent aussitôt que les coalitions furent permises : de 1825 à 1858, elles fomentèrent des grèves incessantes, et, en 1860, tout allait au plus mal. Les ouvriers en bonneterie demandaient une augmentation de salaires, toutes les unions les appuyaient et les maîtres allaient fermer leurs ateliers. M. Mundella, l'un des fabricants les plus considérables, assisté de deux autres maîtres, proposa une conférence aux ouvriers ; les maîtres nommèrent dix délégués, les ouvriers élurent autant de représentants, le conseil arbitral choisit M. Mundella pour président; quarante-deux maîtres sur quarante-cinq reconnurent l'autorité du conseil et les dix délégués des ouvriers élus par la totalité de leurs camarades représentèrent plus de vingt mille personnes. Le conseil régla par un tarif les salaires qui sont tous payés à la tâche; ce tarif demeure en vigueur tant que l'état du marché le permet. Les changements se font toujours à l'amiable. L'harmonie s'est établie d'une manière si complète, que depuis 1865 aucune résolution du conseil n'a eu besoin d'être mise aux voix, et toutes ont été acceptées par les maîtres et par les ouvriers[1].

« Les uns et les autres, dit M. le comte de Paris, trouvent « dans les décisions de ce conseil une garantie également « précieuse. Chaque maître étant désormais assuré qu'aucune « maison rivale ne pourra fabriquer à meilleur marché que « lui en abaissant indûment les salaires, peut se livrer à une « production plus constante et plus régulière. Les ouvriers, « au lieu d'adresser directement aux patrons toutes les de- « mandes relatives aux salaires, avec la perspective de les « appuyer par une grève ruineuse, en appellent au conseil, « assurés d'obtenir toujours une décision équitable[2]. »

Pour quelques auteurs et notamment pour M. le comte de

[1] *Les Associations ouvrières en Angleterre*, p. 277 à 282.

[2] *Ibidem*, pp. 282, 283.

Paris, le véritable remède aux grèves doit se rencontrer dans la participation des ouvriers aux bénéfices des patrons.

Cette participation peut avoir lieu de deux manières différentes, par l'établissement de véritables sociétés coopératives entre les maîtres et les ouvriers, par la simple admission des ouvriers à participer dans une certaine proportion aux bénéfices reconnus par les maîtres.

On a déjà parlé des sociétés coopératives de production, et l'on a montré que ces associations de tous les éléments producteurs pour concourir à un but commun, que cette union des entrepreneurs, des capitalistes et des ouvriers coopérant ensemble au succès de l'œuvre sociale et partageant loyalement entre eux le gain et le dommage, les bénéfices et les pertes, était la véritable solution de la question des salaires et le moyen certain d'arriver à la juste rémunération de toutes les personnes agissant dans l'opération productive, soit par le travail, soit par l'emploi des éléments matériels indispensables à toute production. Ces associations si légitimes et si désirables sont le but vers lequel doivent tendre toutes les volontés, et, lorsqu'on l'aura atteint, les producteurs toucheront aux rives fortunées de l'âge d'or de l'industrie : tous les intérêts se confondront alors dans un seul intérêt, celui du succès de l'œuvre commune. Mais, lorsqu'on a traité ce grave sujet, on a fait voir quelles nombreuses difficultés présentait la formation des sociétés coopératives, sociétés dans lesquelles il faut estimer à la fois l'efficacité productive des hommes ainsi que celle des capitaux et dans lesquelles on doit les rémunérer d'après une mesure nécessairement variable. On a signalé les obstacles à renverser, les préjugés à vaincre, les obscurités à dissiper avant de pouvoir trouver les esprits disposés à fonder ces belles et harmonieuses unions. Il ne faut pas se faire d'illusions : le monde industriel est loin encore de ces temps de calme et de bonheur. Que tous les bons citoyens s'efforcent de les préparer ! Que tous les honnêtes gens favorisent de leurs vœux et de leurs sympathies cette réunion de tous les intérêts, cette harmonie de toutes les prétentions! C'est une œuvre que tous doivent encourager, car tous ont intérêt à ce qu'elle s'accomplisse, mais le moment n'en est pas encore venu. Il faut l'attendre du temps, du perfectionnement de l'éducation économique du peuple, de la lumière répandue par la civilisation progressive du monde, lumière dissipant à la longue toutes les obscurités et pénétrant dans toutes les intelligences.

En aspirant à cet heureux avenir, que d'éclatants exemples nous montrent comme parfaitement réalisable, il nous reste, en attendant, à examiner quels avantages on pourrait retirer de la simple admission des ouvriers à participer, à titre de gratification et dans une certaine limite, aux bénéfices réalisés par les patrons.

Dans ces conditions nouvelles, les ouvriers n'obtiennent point les mêmes avantages et n'ont pas les mêmes droits que dans les sociétés coopératives; mais, en même temps, ils ne contractent pas non plus les obligations liant les associés. Ils prennent au gain une part réduite, mais ils ne sont nullement engagés à supporter le dommage; ils ont sans doute des droits moins grands et moins rigoureusement définis, mais ils sont indemnes dans les pertes. De là résultent de nombreuses différences tant dans l'établissement de la participation que dans la manière d'en constater les résultats.

Cette sorte de participation ne peut, en général, être admise que dans les entreprises en voie de prospérité croissante: dans toutes les autres elle serait presque toujours illusoire. D'un autre côté, les ouvriers n'étant pas des associés, n'ont pas un droit rigoureux à obtenir un compte de la gestion de l'entreprise. La fixation des bénéfices reste confiée au patron qui garde ainsi le secret de ses affaires et de sa fabrication. Enfin la quote-part des ouvriers dans les profits est généralement moindre que dans les sociétés coopératives, parce qu'ils ne participent pas aux pertes. Il est juste que l'entrepreneur garde une somme pour l'assurer contre les chances de non-réussite et de dommages, et cette prime est fixée par l'entrepreneur. Cette participation suppose ainsi une confiance entière des ouvriers dans l'honnêteté et la bonne foi des patrons.

Bien que cette participation incomplète ne constitue pas pour le problème des salaires une solution aussi nette que le fait l'établissement des sociétés coopératives de production, elle peut cependant exercer une grande influence pour prévenir les grèves : elle intéresse les ouvriers aux succès de la fabrication ; elle les fait participer dans une certaine mesure à ses profits croissants; elle les instruit peu à peu dans la marche des affaires et leur permet d'en pénétrer le mystère. D'une autre part, les maîtres ont le juste espoir d'éviter toutes les difficultés résultant du débat des salaires, et écartent ainsi le danger des grèves ; ils peuvent, enfin, entretenir l'espoir qu'un redoublement de soins et d'activité dans les travailleurs leur fera regagner une partie des sacrifices auxquels ils consentent. Ce système a pour dernier mérite de servir de mesure transitoire à l'établissement des sociétés coopératives, sociétés devant amener l'annulation des grèves et l'harmonie de tous les intérêts producteurs.

En France, la Compagnie du chemin de fer d'Orléans, si bien administrée par un conseil dont la sagesse et les sentiments libéraux ont conquis tous les suffrages, a, depuis de longues années, établi la participation aux bénéfices pour tous les travailleurs employés dans ses ateliers, sur la voie, dans ses gares, dans ses bureaux. La quote-part qui leur revient s'élève au minimum, par année, à une somme totale de deux millions de francs et augmente, en général, de moitié en sus les salaires et les traitements.

DEUXIÈME SECTION.

De l'opposition des intérêts entre les entrepreneurs et les capitalistes.

On a déjà exposé les règles générales déterminant le taux des profits réels et l'intérêt de l'argent ; on a vu, quand on a traité du crédit, que les prêts se faisaient de deux manières différentes : directement, entre les capitalistes et les entrepreneurs ; indirectement, par l'entremise des banquiers et des établissements de crédit, ou par des ventes avec termes de payement, c'est-à-dire selon les usages ordinaires du commerce.

Les prêts réalisés directement ne forment qu'une très-faible partie de l'ensemble des crédits accordés; résultant d'opérations peu nombreuses et réfléchies, ils obéissent entièrement aux règles générales, et l'intérêt qu'ils constatent se rapproche beaucoup du taux moyen ou du profit réel normal ; on n'a pas à s'en occuper en ce moment.

Les prêts faits indirectement, très-nombreux et réalisés à un intérêt très-variable, doivent attirer particulièrement notre attention parce qu'ils composent la grande masse des crédits accordés, qu'ils amènent de sérieuses difficultés et que la mobilité de leur taux cause quelquefois de véritables désastres.

La mobilité dans le taux de l'intérêt des prêts commerciaux ou industriels, est le résultat forcé de l'extrême variabilité des deux termes du rapport qui le détermine, les demandes de crédit et le montant du capital *empruntable.*

Les demandes de crédit varient selon la marche des affaires, selon les changeants besoins du commerce et de l'industrie.

Le capital empruntable se compose des crédits que les manufacturiers et les marchands en gros font habituellement aux marchands en détail, des fonds de roulement des banquiers et des dépôts faits entre leurs mains, des capitaux disponibles des institutions de crédit, de l'encaisse des banques à billets, enfin, du montant des billets en circulation moins la réserve métallique nécessaire pour garantir le remboursement en espèces.

C'est le balancement de ces deux termes qui fixe l'intérêt quotidien de l'argent, et les variations de la cote des fonds publics peuvent donner une idée approximative de la mobilité de leur rapport.

Quand les affaires sont dans un état de calme comparatif, l'équilibre entre ces deux termes s'établit facilement : le taux de l'intérêt prend de la stabilité et, dans ses faibles oscillations, se rapproche beaucoup du profit réel normal. Il arrive toutefois assez souvent, chez les peuples dont l'activité commerciale et industrielle est considérable, que l'accumulation du capital grandissant plus vite que la production, le capital empruntable s'accroît plus rapidement que la demande de crédit, et, par suite, on voit le taux courant de l'intérêt baisser notablement.

Dans la prospérité du commerce et de l'industrie, alors que les affaires s'améliorent et promettent de beaux bénéfices, les demandes de crédit augmentent beaucoup, l'intérêt de l'argent a une tendance à s'élever comme les profits et même dans une plus grande proportion. Cet effet excite naturellement chez les personnes ayant des fonds disponibles le désir de profiter de cet état des choses ; les dépôts s'accroissent chez les banquiers et dans les établissements de banque ; les crédits se renouvellent facilement, les escomptes se multiplient, la circulation des billets de banque augmente, le capital empruntable grandit comme la demande de crédit et maintient le taux de l'intérêt dans de justes bornes ; les avantages de la prospérité se partagent à peu près également entre les entrepreneurs et les capitalistes ; les lois générales de la division des profits bruts sont respectées.

La divergence des intérêts se montre dès le moment où l'entrain des affaires vient à s'arrêter : une réaction obligée succède à une action trop vive ; les imprudents, compromis par des spéculations hasardeuses, ne peuvent remplir leurs engagements ; quelques-uns d'eux sont mis en faillite, ces malheurs s'ébruitent; le monde commercial, gêné par le ralentissement des affaires, s'effraye et resserre les crédits usuels, beaucoup deviennent difficiles à obtenir et se réalisent à des conditions plus dures ; les escomptes s'amoindrissent ; la circulation des billets de banque diminue ; les dépôts chez les banquiers et dans les établissements de crédit se font plus rarement ; le capital empruntable éprouve une notable dépression, l'intérêt s'élève et monte quelquefois à des taux exorbitants.

« Lors de la réaction, dit John Stuart Mill [1], le taux de « l'intérêt s'élève d'une manière désordonnée et cela par une « double raison ; en effet, alors qu'il existe chez certaines « personnes un extrême besoin d'emprunter, il y a en même « temps une grande répugnance à prêter ; quand cette répu- « gnance est portée à son point extrême, elle s'appelle une « *panique :* cela arrive lorsqu'une série de faillites imprévues « a créé dans le monde des affaires, comme aussi dans le « monde mercantile, une grande méfiance de la solvabilité « d'autrui, méfiance engageant chacun non-seulement à refu- « ser de nouveaux crédits, si ce n'est à des conditions très- « onéreuses, mais encore à supprimer, quand cela est pos- « sible, tous les crédits que l'on avait accordés. Les dépôts « sont retirés des banques, les billets au porteur sont pré- « sentés aux caisses pour être remboursés en espèces ; les « banques élèvent le taux de l'escompte et restreignent leurs « avances accoutumées ; les marchands refusent de renou- « veler les effets échus. »

En de semblables circonstances, ce ne sont pas toujours les capitaux en marchandises qui manquent, l'arrêt des affaires en encombre les magasins ; ce qui cause le péril de la situation, c'est l'obligation de changer ces valeurs réelles, mais inertes et non acceptées, en capital-monnaie, c'est-à-dire en valeurs

[1] John Stuart Mill, *Principles of political economy*, people's edition, page 388.

acceptables par tout le monde. En de pareilles circonstances, les établissements de crédit peuvent rendre d'immenses services; les comptoirs de leurs succursales épars sur tout le territoire, apprécient mieux que toutes autres personnes la solvabilité réelle des négociants et des banquiers qui les entourent, ils peuvent en connaissance de cause accorder des crédits à des maisons solides, mais gênées momentanément. Le grand nombre de ces établissements leur offre la facilité de multiplier les escomptes et en adoucit le taux ; les garanties que présente leur signature, permettent aux banques d'émission d'admettre à l'escompte une masse énorme de lettres de change et de billets de commerce qui auraient été privés de cet avantage si précieux en un semblable moment ; la circulation des billets de banque s'en augmente et avec elle le capital empruntable ; la crise s'apaise, l'équilibre se rétablit, le taux de l'intérêt se modère, et l'opposition d'intérêts cesse entre les entrepreneurs et les capitalistes.

TROISIÈME SECTION.

Des oppositions d'intérêts entre les propriétaires ruraux et les fermiers.

Le fermage est déterminé d'une manière théorique par un fait principal, la différence entre le produit de l'unité de capital employée sur le sol dans les circonstances les plus défavorables et celui de la même unité engagée sur la terre dont la rente est à fixer. Cette différence, cause du fermage, en est aussi la mesure, car la concurrence des personnes désireuses de profiter de cet évident avantage doit le reporter en entier aux propriétaires du sol.

Des deux éléments servant dans la pratique des choses à déterminer le fermage, l'un dépend de l'état de la culture dans le pays et des qualités de la terre à affermer, l'autre du nombre et de l'ardeur des cultivateurs se présentant pour demander bail. En traitant du fermage, on a examiné toutes les conséquences résultant du premier de ces termes, on doit étudier maintenant les obstacles qu'apportent aux effets du second l'état des choses et quelquefois l'action personnelle des hommes.

La concurrence des personnes désirant prendre à ferme varie, dans chaque pays, selon l'ampleur du capital, la densité de la population et l'étendue des fermes.

Dans les pays de petite culture où la population est dense et serrée, la compétition devient extrême : comme, pour exploiter une petite ferme, il ne faut qu'un très-faible capital, une foule de jeunes ménages se présentent à l'envi pour louer les terres vacantes, se contentant au besoin d'avoir pour tout profit de leur exploitation le salaire de leur labeur ; car, chez nous, par exemple, presque tous les petits fermiers font de leurs mains et à la sueur de leur front la plus grande partie des travaux de culture. En de semblables circonstances, un propriétaire, honnête homme, qui ne veut point profiter de l'inexpérience de ces pauvres gens, doit. dans la foule des concurrents, choisir ceux qui ont le plus d'aptitude à réussir et leur en faciliter le moyen en ne leur demandant que le fermage normal.

Dans les contrées agricoles où de grandes exploitations sont mêlées aux moyennes et aux petites, comme dans la Beauce, dans la Picardie et dans la Normandie, on loue moins bien les grandes fermes que les autres. Il faut, en effet, pour entreprendre une exploitation atteignant 200 hectares, posséder un capital considérable, variable sans doute selon les pays et l'état de la culture, mais devant s'élever au moins à 500 francs par hectare; l'obligation d'être pourvu d'une somme aussi considérable ou d'obtenir un pareil crédit diminue notablement le nombre des concurrents, et il est difficile, dans une semblable situation, que le propriétaire puisse obtenir tout le fermage usuel. C'est un fait parfaitement établi, au moins pour notre France, que les fermages sont moins élevés pour les grandes masses de terre que pour les petits marchés.

Les plus hauts fermages de nôtre pays sont ceux de la Flandre française. Dans cette province, les exploitations agricoles sont communément de 20 à 40 hectares; la population a une grande densité; la prospérité générale permet de s'y procurer facilement le capital nécessaire, la concurrence y est vive, et les propriétaires sont assurés de toucher tout le fermage résultant de la qualité de leurs terres.

A l'opposé, dans les pays où les propriétés rurales ont beaucoup d'étendue, où la population est rare et disséminée, où les capitaux manquent, la concurrence n'existe pas, et les propriétaires trouvent difficilement des fermiers. Ils sont alors obligés de cultiver eux-mêmes leurs champs, de les mettre en pâturage ou d'avoir recours à des métayers, à des *mercanti di campagna*, comme dans la campagne de Rome, ou à des *middlemen*, comme en Irlande; c'est ce qu'on voit aussi en Russie, en Hongrie, en Espagne et dans les Highlands d'Écosse.

Dans les pays riches et peuplés, il arrive cependant quelquefois, par une sorte de coalition des fermiers, que la concurrence est pour ainsi dire annulée et que les fermages, au grand détriment des propriétaires ruraux, restent fort loin du taux normal. En certaines parties de la Picardie et notamment dans quelques cantons de l'arrondissement de Péronne, il s'est établi une sorte de coutume qui, sous le nom de *droit de marché*, attribue aux personnes ayant un bail à ferme le privilége d'exploiter indéfiniment les terres qui leur ont été louées pour un temps déterminé. Là où règne cet abus, un cultivateur de la localité ou un étranger n'oserait prendre à ferme une terre hors de bail sans avoir obtenu et acheté l'assentiment de l'ancien fermier ou de ses héritiers et ayants cause. S'il le faisait, il s'exposerait aux outrages et même à des dangers personnels. Il en résulte que, dans les cantons où cette coutume existe encore, les fermages sont du tiers au quart au-dessous de ceux des terres de même qualité situées dans le voisinage, mais placées dans un autre canton du même département ou dans un département contigu. C'est un fait remarquable, mais parfaitement constaté, que cette coutume invétérée du droit de marché a réussi pendant longtemps dans certaines provinces de France, réussit encore dans quelques localités de Picardie, et fait un échec grave à la loi des fermages et aux principes établis par Ricardo.

DEUXIÈME PARTIE.

Le partage de la richesse ne s'arrête pas à la répartition qui se fait entre les quatre classes fournissant les éléments essentiels à la production directe et matérielle des choses utiles ; il s'opère encore une distribution subsidiaire reversant une partie des bénéfices obtenus sur des classes n'ayant point paru à la première liquidation. Cette nouvelle répartition procure à l'État le revenu dont il a besoin, assure aux classes agissant indirectement sur la production, la juste rémunération de leurs utiles travaux, donne, enfin, des moyens d'existence à cette foule malheureuse ou misérable qui ne peut ou ne veut vivre en travaillant.

Cette seconde distribution se fait au moyen de deux prélèvements : l'un forcé, c'est l'impôt; l'autre volontaire, comprenant toutes les sommes que les citoyens prennent sur leurs revenus, soit pour soulager la misère, soit pour rémunérer les personnes qui les charment par leurs talents, les instruisent par leur science, les protégent contre l'injustice, les secourent dans les maladies ou les aident dans les travaux quotidiens de la vie.

L'impôt enlève aux classes productrices une partie de ce qu'elles ont touché dans le premier partage ; il met un énorme capital aux mains de l'administration publique, capital qu'elle distribue en traitements aux fonctionnaires publics de tous les ordres et de tous les degrés, en payements d'intérêts aux créanciers de l'État, en dépenses de matériel pour les divers services.

Un autre prélèvement presque aussi considérable a lieu,

soit pour solder les honoraires ou les émoluments des personnes occupant les professions libérales, soit pour salarier les serviteurs de toute espèce, soit, enfin, pour venir au secours des malheureux tombés dans la détresse.

Ce double prélèvement cause un double effet : il modifie la première distribution ; il établit une distribution nouvelle et particulière. Pour en examiner toutes les conséquences, il faudrait apprécier l'importance de chaque prélèvement, signaler les modifications que chacun d'eux apporte à la première répartition ; il conviendrait, enfin, d'étudier la nouvelle répartition et d'évaluer l'importance du déversement qu'elle opère au profit des classes qu'elle favorise : voilà des questions nombreuses et complexes ; malheureusement, dans l'état actuel de nos renseignements statistiques, elles sont à peu près insolubles ; on sera donc forcé de ne présenter au lecteur que des aperçus généraux et manquant de la précision qui serait cependant si nécessaire en de pareilles matières.

CHAPITRE SIXIÈME.

Du prélèvement forcé ou de l'impôt.

A toute société il faut un gouvernement qui maintienne le droit de chacun et défende l'indépendance de tous ; à tout gouvernement il faut un revenu qui le mette en état de remplir son devoir ; mais le revenu ne sort que de la propriété, du capital ou du travail ; le gouvernement ne fait point un travail pécuniairement profitable, car il n'est pas ordinairement entrepreneur d'industrie ; il est rare aussi qu'il puisse tirer un revenu considérable des propriétés de la nation, car, si quelques biens appartiennent à l'Etat par leur nature, l'usage en est le plus souvent laissé commun à tous et, pour cette même raison, ils ne sauraient produire une rente ; si, par exception, une nation possède des domaines rapportant un revenu annuel, ils sont presque toujours trop peu considérables pour faire face à une partie notable de sa dépense ; enfin, loin d'avoir des capitaux accumulés dont l'intérêt puisse produire des ressources annuelles, la plupart des Etats plient sous le poids de dettes énormes dont ils ont grand'peine à acquitter les arrérages. Le gouvernement manquant du revenu nécessaire est forcé de le demander à la société qu'il régit et protége ; c'est aux citoyens qu'il s'adresse et c'est par l'impôt qu'il prélève le capital dont il a besoin.

L'impôt, étant le prix des services rendus par l'administration publique, est fondé sur une juste cause ; le prélèvement qui en est fait n'est pas sans produire des avantages très-réels autant pour le bien général de l'Etat que pour les intérêts individuels et privés ; mais, lorsqu'on vient à considérer l'impôt en lui-même en le séparant de sa faculté de fournir au pouvoir central les moyens de remplir sa mission protectrice, l'impôt est un mal ; il enlève à chaque citoyen une partie de ce qui lui appartient ; il diminue annuellement le capital national du montant presque total de la somme levée, car le gouvernement la consomme sans reproduire ; la mise en mouvement de la grande machine administrative dévore, chaque année, le revenu public sans laisser d'éléments matériels propres à servir au renouvellement de la richesse qu'elle a détruite. Si l'impôt n'avait pas été levé, si chaque citoyen avait conservé la somme donnée au fisc, le propriétaire rural aurait amélioré son champ qui, l'année suivante, aurait rapporté davantage ; le fabricant aurait perfectionné ses machines, augmenté son outillage, accru la quantité de ses produits, diminué ses frais et abaissé ses prix ; le négociant aurait étendu son commerce, ouvert de nouveaux débouchés et offert de nouvelles facilités aux consommateurs ; le travailleur manuel verrait son salaire grandir par l'accroissement du capital circulant et la diminution de prix des objets qu'il consomme, il aurait mieux vécu, serait plus vigoureux et apporterait plus d'énergie dans son travail ; il y aurait eu ainsi augmentation réelle dans le produit total et plus grande aisance parmi le peuple. L'impôt arrête toute cette amélioration : il a les mêmes effets qu'une mauvaise récolte, qu'une diminution d'habileté manufacturière, qu'une moins bonne division du travail, qu'un relâchement dans les ouvriers, que toute calamité diminuant le capital ou en amoindrissant la puissance productive. Il faut en conclure que l'impôt doit toujours être réduit autant que cela est possible ; utile, lorsqu'il est indispensable pour satisfaire aux nécessités gouvernementales, il devient nuisible, lorsqu'il est employé à payer des dépenses superflues.

Les conséquences funestes qu'entraîne toujours l'établissement de l'impôt, font du vote des dépenses publiques une des grandes affaires d'un pays et l'une de celles dont la solution a l'influence la plus considérable sur la prospérité économique d'une nation ; voici la principale raison qui, dans tous les pays libres, fait soumettre plus particulièrement aux représentants du peuple toutes les questions devant amener une allocation de fonds et, par conséquent, l'établissement d'un impôt.

Les dépenses publiques dépendent pour chaque pays de circonstances spéciales ; elles varient selon les mœurs, les intérêts et la richesse de chaque nation, selon l'état de ses relations avec les peuples voisins ; selon sa situation continentale ou insulaire. Quelle que soit donc l'importance de la fixation économique des dépenses publiques, c'est, pour chaque pays, une question plutôt politique et financière qu'une question de principe. La science n'a qu'une seule règle à poser, *dépenser le moins qu'il se peut.*

Cette règle admet cependant quelques exceptions ; il existe, en effet, certaines dépenses administratives dont l'action améliore directement la production et qui, par cette même cause, doivent échapper à l'application du principe général ; telles sont, par exemple, les dépenses pour la construction des routes, le creusement de canaux, l'établissement de voies ferrées, pour l'amélioration du régime des rivières, pour l'ouverture de nouveaux ports, pour l'érection de phares ; l'emploi intelligent des ressources destinées à ces travaux est toujours utile et, en diminuant les frais de transport ou les dangers de la navigation, augmente notablement la puissance productive du capital commercial du pays.

Si l'économie politique n'a que des règles d'une application restreinte sur la création des dépenses et ne prétend exercer à cet égard qu'une influence modératrice, elle présente des solutions plus nettes et plus actives sur l'établissement de l'impôt ; ce n'est point cependant que le choix des *voies et moyens* ainsi que la répartition des diverses contributions ne soient des choses toutes locales et dépendantes de circonstances spéciales à chaque peuple ; mais il est dans l'organisation de l'impôt des questions générales et purement économiques : ce sont celles-là sur lesquelles on va appeler l'attention.

Le sujet accepte trois grandes divisions : l'établissement de l'impôt, la répartition des sommes levées, les relations se constituant entre le revenu des classes appelées à la nouvelle distribution et celui des quatre classes directement productrices.

PREMIÈRE SECTION.

De l'établissement de l'impôt.

L'impôt est un prélèvement sur les fortunes privées, mais l'ensemble des fortunes individuelles forme la grande richesse nationale, laquelle se divise en capital et en revenu ; l'impôt peut donc porter sur le capital ou sur le revenu, ou même sur tous les deux à la fois.

Le capital se compose du capital circulant, du capital fixe et du capital en monnaie.

Le capital fixe est incorporé dans le sol ou immobilisé à sa surface; il consiste en terres rendues propres à la culture, en constructions de toute espèce, en machines de tout genre. Si l'on conçoit la possibilité d'établir une taxe frappant les individus en raison du capital fixe qu'ils possèdent et dont ils acquitteraient le montant sur leur revenu, on ne peut guère imaginer un impôt sur le capital fixe et ne pesant que sur lui. Le prélèvement de cette taxe réelle ne pourrait avoir lieu sans entraîner des expropriations, ce serait attaquer la propriété dans son essence et agir comme les barbares qui prirent violemment une portion du domaine des peuples envahis ; ce serait alors une spoliation et non pas une contribution.

On ne pourrait non plus, sans de grandes difficultés, lever un impôt sur le capital en numéraire. Les espèces monnayées, circulant de main en main avec une extrême célérité et très-faciles à cacher, sont, pour ainsi dire, insaisissables et échappent à toutes les investigations. Une taxe qui porterait sur les quantités de monnaie existant ou supposées exister à un moment donné dans les caisses des habitants d'un pays, serait un fait exactement semblable aux *avanies* de l'Orient et ne pourrait être établie que dans les pays où l'on ne respecterait ni les principes de la justice, ni les règles de l'ordre.

On pourrait imposer indirectement le capital en monnaie, soit en frappant d'une taxe l'importation ou l'extraction des métaux précieux, soit en prélevant un droit de fabrication pour le monnayage des espèces.

La taxe qui pèserait sur les métaux précieux, au moment de leur extraction si le pays possédait des mines d'or ou d'argent, au moment de leur importation si on les tirait de l'étranger, aurait pour résultat définitif de faire hausser la valeur d'échange de l'or et de l'argent, parce qu'elle en accroîtrait les frais de production ou d'acquisition ; mais cet effet ne se produirait pas subitement, il n'aurait lieu que très-lentement à mesure que les causes de destruction diminueraient la quantité de la monnaie circulante : car la valeur du numéraire étant fixée par la quantité et la rapidité de la circulation, tant que ces deux éléments ne changent pas, la valeur de la monnaie reste constante. Dans cette situation des choses, on ne pourrait importer ou extraire des métaux précieux pour les faire monnayer, à moins que la quantité de la monnaie ne fût assez diminuée pour en augmenter la valeur de toute l'importance de la taxe ; jusqu'à ce moment le droit sur l'extraction ou l'importation des matières d'or ou d'argent ne serait payé que par les orfévres et les bijoutiers, obligés de s'en procurer pour les besoins de leur fabrication.

Lorsqu'une pareille taxe vient à être établie, la quantité de la monnaie subit une diminution successive par le frai des espèces et par la fonte d'un certain nombre de pièces ; mais, quand la réduction dans la quantité est suffisante pour que la valeur de la monnaie se soit accrue du montant de la taxe, il n'y a plus de conversion d'espèces en lingot, parce que cette opération n'offrirait aucun avantage.

La hausse forcée de la valeur de l'or et de l'argent aurait des résultats différents selon qu'on la considérerait par rapport à la quantité employée par les orfévres, ou par rapport à la masse de métaux précieux servant de monnaie : dans le premier cas, le droit sur l'or et l'argent deviendrait une taxe de consommation et serait rejetée sur les consommateurs ; quant à la monnaie, la taxe sur les métaux précieux ne ferait supporter de pertes à personne, à l'exception toutefois de celles qu'entraînerait le désordre apporté dans l'extraction ou l'importation de l'or et de l'argent. Après l'élévation de la valeur d'échange de la monnaie, la taxe ne frapperait ni les extracteurs, ni les importateurs des matières d'or ou d'argent, ni les autres classes, et quoiqu'on pût retirer de cet impôt une somme considérable, en réalité personne ne la payerait [1]. Ce résultat, qui paraît extraordinaire, est la conséquence obligée de la propriété appartenant à l'or et à l'argent de servir de numéraire. Les métaux précieux employés comme intermédiaires des échanges remplissent parfaitement leur fonction quand la valeur en reste constante. Il n'y aura eu de perturbation que pendant le passage d'une quantité à une autre.

La taxe sur les matières d'or et d'argent pourrait devenir un des impôts les moins onéreux, si les métaux précieux ne possédaient la faculté de se dérober avec la plus grande facilité à toutes les recherches du fisc. Un pareil impôt rapporterait peu au Trésor public, et ne ferait que donner aux fraudeurs de nouvelles chances de gain. En supposant même que la taxe pût être perçue intégralement, elle ne pourrait atteindre que la quantité d'or et d'argent, assez peu considérable, nécessaire, soit à l'entretien de la monnaie, soit à certaines fabrications. L'élévation de valeur des métaux précieux tendrait en outre à augmenter la circulation fiduciaire, et le produit de la taxe en recevrait une proportionnelle diminution.

L'établissement d'un impôt sur l'extraction des métaux précieux ou sur leur importation ne produirait, en définitive, qu'un fort mince produit nullement en rapport avec la gêne commerciale et la perturbation monétaire qu'il amènerait. Obtiendrait-on un plus heureux résultat en frappant d'un droit le monnayage de l'or et de l'argent ?

Une taxe de fabrication sur le monnayage aurait pour effet d'élever la valeur de la monnaie au-dessus de la valeur du

[1] Ricardo, *Principes d'économie politique*, tome I, page 325.

lingot : personne n'irait, en effet, porter aux hôtels des monnaies des matières d'or ou d'argent, s'il n'avait la certitude que le métal monnayé lui rapporterait en plus la taxe à payer; il faut donc qu'avant de soumettre du lingot au balancier, la quantité de monnaie ait déjà diminué. Cet impôt aurait le singulier avantage de n'atteindre personne[1]. Il ne frappe pas ceux qui portent aux hôtels des monnaies des matières d'or ou d'argent, parce que les espèces valent le lingot plus la taxe; l'impôt ne pèse pas davantage sur les personnes recevant les espèces frappées, puisque ces pièces d'or et d'argent gardent cette même valeur dans tous les échanges.

Il y aurait avantage à donner de l'extension à un semblable impôt, mais il n'en est pas susceptible : il y a une limite qu'on ne saurait dépasser, c'est l'encouragement à la contrefaçon; il n'est pas douteux qu'une monnaie contrefaite, mais n'ayant éprouvé d'altération ni dans le poids ni dans le titre, n'obtienne une circulation comparable à celle des espèces non contrefaites. Si les frais de fabrication de la monnaie étaient considérables, la contrefaçon prendrait à l'étranger une telle importance qu'elle réduirait à peu de chose le produit de l'impôt.

Le capital circulant paraît donc seul offrir de grandes facilités au prélèvement de l'impôt. S'il est aisé de l'y soumettre, il est difficile de le faire avec justice et utilité. L'établissement d'un impôt permanent sur le capital aurait les conséquences les plus funestes : le capital est le principe de toute production, la source de la richesse, la mesure de la demande de travail; lorsqu'on enlève chaque année une portion du capital circulant et que cette perte n'est pas remplacée par une épargne sur le revenu, les entreprises se restreignent, la demande de travail se resserre, la production diminue, la richesse nationale s'amoindrit, la misère s'étend, et, au bout de peu d'années, le peuple tout entier déchoit et se trouve plongé dans une effroyable détresse.

[1] *Ricardo s works*, page 235, 2e édition.

S'il est possible d'établir un impôt sur le capital, on ne doit avoir recours à cette mesure que dans une situation extrême, et lorsqu'on est à bout de tout autre moyen. Un pareil impôt ne saurait jamais constituer une source durable de revenu public.

Les observations que l'on vient de présenter s'appliqueraient également à des taxes particulières frappant certaines portions de capital. Toute diminution, même partielle, du capital circulant, entraîne des conséquences d'une nature semblable à celles d'une taxe générale; elle n'en diffère que par l'importance des effets. Il faut remarquer cependant qu'un impôt assis sur le capital est souvent rejeté sur le revenu : il en est ainsi, lorsque les personnes grevées ne consentent pas à laisser dégrader leur position et que, par un redoublement d'efforts et d'énergie, elles prennent sur leur revenu la somme imposée sur le capital. Les taxes sur les prêts d'argent sont assises sur les sommes empruntées, mais les emprunteurs ont soin d'en reprendre le montant sur les profits réalisés au moyen des fonds prêtés. Il est toutefois certains impôts qui ne se reportent guère sur le revenu, tels sont les droits frappant les transmissions de biens à titre gratuit; les personnes qui en profitent n'éprouvant dans leur situation aucune détérioration par suite de l'application de l'impôt, ne sont aucunement portées à le rejeter sur leur revenu. Il y a donc, dans ce cas, une véritable perte subie par le capital national. On devrait proscrire de semblables taxes, qui n'ont d'autre mérite que la facilité de leur perception, mérite malheureusement très-grand aux yeux des gens de finances[1].

L'impôt ne pouvant être utilement établi sur le capital, on doit nécessairement le faire peser sur le revenu. Qu'est-ce donc que le revenu? Le revenu est le produit net résultant de l'emploi annuel du capital national. Il se compose de deux termes, de l'excédant de valeur du produit total sur le capital dépensé pour l'obtenir et de l'excédant des salaires réels sur

[1] Sismondi, *Nouveaux principes d'économie politique*, t. II, p. 204.

les salaires naturels : le premier comprend les fermages et les profits tant réels que personnels ; le second, ce qui reste des salaires courants après en avoir retranché la portion nécessaire à l'entretien de la classe ouvrière. On ne peut, en effet, regarder comme un revenu le montant intégral des salaires, bien qu'il soit gagné et consommé annuellement ; car le payement de la main-d'œuvre et la consommation qui en est la suite obligée, sont des conditions essentielles de l'existence même de la classe des travailleurs manuels et une nécessité évidente de la permanence de ce grand capital de forces vivantes et intelligentes, le plus puissant comme le plus intéressant de tous les éléments producteurs. Considérer cette grande portion des salaires comme un revenu et l'imposer, serait à la fois ne point tenir compte des principes économiques et répudier ouvertement tout sentiment d'humanité.

Les impôts sur le revenu ne peuvent donc porter que sur les fermages, sur les profits et sur l'excédant des salaires réels sur les salaires naturels. On va examiner quelles seraient les conséquences d'impôts frappant directement ces diverses fractions du revenu général.

§ I.

De l'impôt sur les fermages.

Si l'impôt sur les fermages était général et proportionnel, il n'affecterait que les fermages et ne frapperait que les propriétaires ruraux qui ne pourraient le rejeter sur aucune autre classe. Ce serait en vain que ces propriétaires chercheraient à augmenter leurs fermages dont le taux n'est pas déterminé par des conventions arbitraires, mais bien par des différences de rapport, différences sur lesquelles ils n'ont aucune action rétrospective. Ceux d'entre eux qui touchent leurs fermages en nature ne sauraient non plus faire retomber la taxe sur les consommateurs en élevant le prix du blé, car ce prix ne dépend aucunement des fermages et se détermine toujours par les frais de production sur les plus mauvaises terres cultivées en dernier lieu pour satisfaire à la demande. Or, comme le cultivateur de ces terrains ne paye ni fermage ni impôt sur les fermages, il n'y a aucune raison pour qu'il augmente le prix du blé qu'il récolte [1].

Cet impôt n'atteint pas la culture et ne grève point les profits agricoles ; il n'altère en rien la valeur des denrées alimentaires, car le fermage n'entre pas dans les prix ; cet impôt ne frappe ni les travailleurs manuels ni les capitalistes ; il pèse en entier sur les propriétaires ruraux qui, dans les pays ayant conservé les substitutions et le droit d'aînesse, forment une classe essentiellement fastueuse et dépensière. Dans ces contrées, la taxe n'apporterait dans les épargnes annuelles qu'une diminution insensible et n'arrêterait aucunement l'accumulation du capital ; mais, quelque avantage que paraisse présenter cette contribution, comme avec le temps les propriétés rurales ont pris une valeur mesurée par les fermages qu'elles rapportent, l'établissement d'un impôt supérieur à la proportion frappant les autres revenus, serait une véritable spoliation, attaquerait la propriété et violerait la justice, c'est-à-dire la véritable et seule base de tout ordre économique.

Dans les pays, comme le nôtre, où la division du sol accroît sans cesse le nombre des propriétaires, cette classe est pour la plus grande partie une classe laborieuse, économe, vivant péniblement de son travail et des produits qu'elle tire de la terre ; tout ce que l'impôt lui enlèverait, il le prendrait sur la dépense nécessaire du plus grand nombre.

Dans l'acception ordinaire, le mot fermage comprend à la fois tout ce qui est payé par le fermier, soit comme rente de la terre, soit comme intérêt et amortissement du capital immobilisé par le propriétaire pour rendre la terre cultivable, en améliorer la fertilité ou en faciliter l'exploitation ; une taxe grevant les fermages stipulés ordinairement dans les

[1] Mac Culloch, *On taxation.*

baux aurait des effets très-différents de ceux de la taxe pesant seulement sur les fermages théoriques : la première découragerait la culture en grevant les capitaux incorporés au sol pour en améliorer la fertilité ou en faciliter l'exploitation. « En imposant les fermages, dit Ricardo, comme il ne serait « fait aucune distinction entre la somme payée pour l'usage « de la terre et celle qui est payée pour l'usage du capital du « propriétaire foncier, une partie de l'impôt retomberait sur « les profits du propriétaire, ce qui découragerait assurément « la culture, à moins que le prix des produits agricoles ne « s'élevât sur la terre qui ne payerait pas de fermage. Or il « est souvent accordé au propriétaire une rétribution sous le « nom de fermage à titre de loyer de ses bâtiments, ces bâti- « ments ne sauraient être construits et la terre cultivée à « moins que le prix des produits du sol ne soit suffisant « non-seulement pour couvrir tous les déboursés, mais encore « pour payer les charges additionnelles de l'impôt. Cette « partie de l'impôt ne tombe ni sur le propriétaire ni sur le « fermier, elle ne frappe que le consommateur [1]. »

Si l'on voulait établir un impôt sur les fermages proprement dits, il y aurait lieu à séparer la rente de la terre ou le fermage théorique des profits réels du capital immobilisé dans ou sur le sol par le propriétaire rural. Quand cette ventilation difficile aurait été faite, on verrait que l'impôt sur les fermages, alors justement assis, ne rapporterait qu'une somme insignifiante.

§ II.

De l'impôt sur les profits.

Un impôt sur les profits pourrait porter en bloc sur les profits bruts, ou séparément sur chacun des deux termes qui les composent.

[1] Ricardo, *Principes d'économie politique*, t. I, pp. 286 et 287.

Un impôt général sur les profits ne serait supporté que par les capitalistes et les entrepreneurs, sans qu'il leur fût possible de le rejeter en partie sur les autres classes de la société. Tous les individus employant les capitaux seraient affectés de la même manière, tous voudraient élever le prix de leurs produits, aucun ne le pourrait ; en effet, pour que le prix courant d'un article de richesse puisse hausser, il faut nécessairement que la demande s'en augmente ou que l'offre en diminue ; l'établissement d'un impôt n'est pas certainement un motif pour faire accroître la demande ; il ne peut être non plus une cause réelle d'amoindrissement de l'offre, car, pour que l'offre diminue dans une industrie quelconque, il faut que les capitaux aient avantage à la quitter pour chercher un emploi plus lucratif ; mais, comme les profits sont grevés également dans toutes les branches de la production, il n'existe aucune raison valable pour que les capitaux sortent d'un emploi pour en prendre un autre ; l'offre et les prix courants resteront donc ce qu'ils étaient avant l'impôt.

Dans les premiers moments, une taxe sur les profits ne frapperait que les entrepreneurs qui, seuls, touchent les profits bruts ; mais un pareil état des choses ne pourrait durer. L'établissement de l'impôt viendrait rompre tout à coup l'équilibre établi entre les profits réels et les profits personnels ; or, comme la taxe ne change en rien les salaires ni les compensations pour risques encourus, termes fixant la quote-part des entrepreneurs dans les profits bruts, si l'impôt nouveau ne retombait en grande partie sur les capitalistes, les entrepreneurs seraient lésés, et auraient une rémunération plus faible que le profit normal qui doit leur revenir ; dès la création de la taxe, la demande des capitaux diminuera ; l'offre restant la même, le taux de l'intérêt baissera, et la baisse continuera jusqu'à ce que la taxe soit rejetée en grande partie sur les capitalistes ; le résultat définitif d'un pareil impôt serait de grever les profits réels plus que les profits personnels.

Un impôt sur les profits aurait le grave inconvénient de diminuer l'accumulation du capital et de décourager la tendance à l'économie : il enlèverait aux capitalistes et aux entrepreneurs une partie de leurs revenus, et, comme ces classes sont moins prodigues que celle des propriétaires fonciers, ce serait un grave échec apporté à l'accumulation du capital.

Au moment de sa création, un pareil impôt causerait une véritable perturbation dans le sort des entrepreneurs, qui en supporteraient la charge tout entière. On ne devrait établir une pareille taxe qu'avec des ménagements infinis.

Une taxe sur les profits bruts de certaines industries serait supportée en entier par les consommateurs ; elle ne frapperait les entrepreneurs que dans les premiers moments et pour un temps assez court, car, les profits de toutes les autres fabrications restant intacts, les capitaux quitteraient les emplois grevés pour chercher des situations plus favorables ; l'offre des produits des industries grevées venant à diminuer alors que la demande restera la même, les prix hausseront jusqu'à ce que les personnes occupées dans ces branches de la production obtiennent le taux ordinaire des profits ; et l'impôt se trouve ainsi reporté sur les consommateurs.

Il serait possible cependant qu'une portion de l'impôt refluât sur l'ensemble des profits. Le surhaussement de prix des produits dont la fabrication est grevée ne saurait avoir lieu que par l'amoindrissement de l'offre et par le reversement de capitaux sur les branches d'industrie non imposées ; mais cette affluence de nouveaux capitaux dans ces fabrications privilégiées en augmentera la production, fera baisser les prix et y atténuera le taux des profits ; cette atténuation sera d'autant plus considérable que le capital employé dans les industries grevées était dans un rapport plus grand avec la masse totale du capital circulant actif.

Cet impôt aurait encore pour résultat de faire varier les prix relatifs des marchandises. Supposons, par exemple, que les profits bruts industriels soient grevés et que les profits agricoles ne le soient pas, le taux de ceux-ci n'éprouvera, d'abord, aucune diminution, tandis que tous les autres profits seront amoindris d'une fraction égale à la taxe ; une masse de capitaux quitteront l'industrie manufacturière pour obtenir dans l'agriculture un emploi plus avantageux; deux effets résulteront de cette migration des capitaux : d'une part, la hausse de prix des produits industriels et, de l'autre, la baisse de valeur échangeable des denrées agricoles; ce double mouvement se poursuivra jusqu'à ce qu'un taux général et uniforme des profits s'établisse entre toutes les entreprises, tant agricoles que manufacturières et commerciales; mais pour arriver à cette péréquation, il y aura de remarquables variations dans les prix. Si le profit entrait dans la valeur courante de chaque marchandise pour une fraction toujours la même, la hausse des prix serait proportionnelle pour tous les articles et les mêmes rapports seraient conservés dans les prix; mais il est loin d'en être ainsi, et nous avons eu déjà l'occasion de développer les variations qui en résultent dans les valeurs d'échange ainsi que dans les prix. Ces variations seraient un des plus grands inconvénients d'une taxe sur certains profits.

Un impôt général établi sur tous les profits réels ne toucherait que les capitalistes, qui ne pourraient le rejeter ni sur les entrepreneurs ni sur les consommateurs. Les personnes ayant des capitaux placés ou disponibles, ne trouvant aucun emploi exempt de la taxe et n'ayant aucun motif pour retirer leurs capitaux des placements où ils sont engagés, l'offre restera la même, le prix de l'argent ne changera pas; et les profits personnels n'éprouveront aucune diminution; il n'y aurait non plus aucun changement dans les prix des marchandises, puisque les frais de production n'en seraient pas augmentés. Un pareil impôt découragerait sans doute l'esprit d'économie, mais il serait moins nuisible qu'une taxe sur les profits bruts.

Un impôt portant sur les profits réels de certains capitaux comme, par exemple, sur les profits réels des capitaux prêtés, ne frapperait que les prêteurs et les emprunteurs. Il atteindrait d'abord les capitalistes qui ne pourraient échapper à la taxe qu'en faisant valoir eux-mêmes leurs fonds, cependant une portion de la taxe serait rejetée sur ceux des entrepreneurs soutenus par le crédit et cela dans la proportion de la diminution de l'offre des capitaux et de l'augmentation subséquente de l'intérêt de l'argent.

Un impôt assis indistinctement sur tous les profits personnels aurait un effet entièrement semblable à celui d'un impôt sur les profits bruts, c'est-à-dire qu'il serait en grande partie rejeté sur les capitalistes.

L'impôt pesant sur certains profits personnels serait presque entièrement reporté sur les consommateurs.

Ainsi, le résultat d'une taxe générale sur les profits est de la faire supporter en grande partie par les capitalistes, que cette taxe soit assise sur les profits bruts, sur les profits réels ou sur les profits personnels ; l'effet définitif d'une taxe sur les profits bruts ou sur les profits personnels de certaines industries retombe en totalité sur les consommateurs, sauf une légère portion restant à la charge des capitalistes et des entrepreneurs; enfin, tout impôt sur les profits réels de certains capitaux en frappe les propriétaires, sauf une portion affectant les profits personnels des entrepreneurs qui ont besoin d'en réclamer l'usage.

§ III.

Des impôts sur les salaires.

Un impôt sur les salaires courants frapperait les travailleurs manuels, si les salaires réels étaient plus élevés que les salaires naturels; il serait entièrement rejeté sur les entrepreneurs d'abord, puis sur les capitalistes, si les deux dernières espèces de salaires étaient égales et que l'impôt fût durable.

Lorsqu'il y a égalité entre les salaires réels et les salaires naturels, tout impôt sur les salaires doit augmenter le prix de la main-d'œuvre ; la taxe enlevant aux ouvriers une partie de leurs salaires nécessaires, l'aisance de la classe laborieuse diminue subitement, la misère et le dénuement atteignent ceux qui étaient gênés ; le mouvement de la population se modère et se restreint, l'offre de bras s'amoindrit alors que la demande de travail reste la même ; le taux des salaires s'élève et cette hausse continue jusqu'à ce que les travailleurs manuels obtiennent des salaires suffisants pour relever leur situation et permettre à la population ouvrière de se maintenir ; alors les salaires réels auraient repris leur ancien niveau et la taxe serait rejetée en entier sur les entrepreneurs et les capitalistes, à moins que le taux des salaires naturels ne se fût malheureusement affaissé pendant la détresse amenée par l'établissement de l'impôt.

La taxe atteindrait d'abord les entrepreneurs, parce que la hausse des salaires entraînerait une baisse des profits bruts ; mais, au bout de quelque temps, la presque totalité de la taxe retomberait sur les capitalistes.

Avant d'arriver à cette dernière conséquence, un pareil impôt aurait causé de grands maux ; il aurait d'abord pesé lourdement sur la classe gagnant son pain à la sueur de son front et l'aurait condamnée à de longues misères; c'est un motif tout-puissant pour le proscrire.

Aux maux irréparables dont une pareille taxe accablerait la classe ouvrière, il faudrait ajouter en outre l'inconvénient d'amener une perturbation dans le prix des marchandises : la hausse des salaires amenant une baisse générale des profits, baisse causant elle-même une dépression dans le taux de l'intérêt de l'argent, produirait une triple variation dans les éléments des prix, variation entraînant une triple série de changements dans la valeur d'échange des marchandises ; mais ces mouvements troublés et compliqués dans les prix courants n'altéreraient en rien la valeur générale du produit total, et l'on pourrait, sous ce rapport, comparer l'action d'un pareil impôt à l'impulsion violente donnée à une masse liquide contenue dans un vase clos, les diverses molécules fluides changeraient de positions relatives, mais le volume et le poids du liquide ne seraient pas changés.

Cette dernière observation démontre qu'un impôt sur les

salaires peut bien faire augmenter certaines marchandises, mais non toutes les marchandises, et qu'on ne peut le combattre par cette objection banale, mais fausse, qu'en rehaussant le prix de tous les produits, il porte un coup funeste au commerce d'exportation. Un impôt sur les salaires pourrait changer la nature et l'espèce des objets exportés, mais il ne pourrait pas en diminuer la valeur totale; car, si quelques produits nationaux augmentaient de prix, d'autres éprouveraient une baisse proportionnelle dans leur valeur d'échange et, par suite, le commerce d'exportation conserverait la même importance. Il faut repousser une taxe sur les salaires, non par cette mauvaise raison qu'elle attaque le commerce extérieur, mais bien parce qu'elle est nuisible en elle-même et qu'elle accable de maux la classe ouvrière.

L'impôt établi sur les salaires courants, quand les salaires réels dépassent notablement les salaires naturels, porterait en très-grande partie sur les ouvriers. Les travailleurs manuels atteints par la taxe ne pourraient la faire retomber sur les entrepreneurs qu'en obtenant une élévation du prix de la main-d'œuvre; mais ce prix ne peut s'élever qu'autant que le fonds des salaires augmente ou que l'offre de bras diminue. La classe ouvrière n'a pas une action réelle pour faire augmenter subitement le capital circulant, ni le fonds des salaires qui en est une quote-part à peu près constante; d'un autre côté, ce n'est que forcée par une détresse extrême, que la classe laborieuse diminue l'offre de bras; car elle est la première victime de toute suspension de travail ; dans les circonstances où l'on se place, la population ouvrière n'étant pas restreinte par les nécessités physiques, le nombre des travailleurs manuels ne subit qu'une insensible diminution, le taux des salaires ne varie pas et la charge de l'impôt porte presque uniquement sur les ouvriers

Tout impôt atteignant les salaires amoindrit l'aisance des travailleurs manuels, arrête le développement de leur force productive et compromet leur amélioration morale; il tend à faire baisser les salaires naturels, c'est-à-dire qu'il peut amener un des plus grands malheurs pouvant affliger la société moderne, la dégradation de la classe ouvrière. Si, au premier abord, une pareille taxe ne paraît frapper que l'excédant des salaires réels sur les salaires naturels et que, sous ce rapport, elle semble justement établie, on voit cependant bientôt qu'elle recèle le germe des plus funestes conséquences.

Un impôt direct sur les salaires, quelque forme qu'il prenne, a toujours une mauvaise influence, à moins que la population ouvrière n'ait assez de prévoyance et d'énergie pour réagir et ne point accepter une dégradation dans sa manière de vivre ; pour qu'il en soit ainsi, il faut admettre que les considérations de prudence aient une grande action sur les masses populaires; cette influence ne se manifeste que dans certains pays privilégiés ; jusqu'à ce que l'instruction soit plus répandue, jusqu'à ce que les sentiments de moralité et de raison aient pénétré profondément dans les classes laborieuses, une taxe directe sur les salaires présenterait presque partout de graves dangers.

§ IV.

De l'impôt général sur le revenu.

On vient d'examiner quels seraient les effets de taxes frappant isolément les fermages, les profits et l'excédant des salaires réels sur les salaires naturels ; mais de tels impôts ne pourraient sans grave injustice peser sur quelques classes isolées en épargnant les autres : toutes les classes sociales sont également protégées par le pouvoir central, toutes doivent supporter leur part dans les dépenses gouvernementales, et la seule répartition équitable des charges publiques est celle obligeant chaque citoyen à y contribuer proportionnellement à son revenu.

L'impôt général proportionnel au revenu peut s'établir sous deux formes différentes : *directement*, en imposant chaque personne d'après son revenu soigneusement évalué ; *indirectement*, en frappant d'une taxe les produits consommés ; sous la première forme, c'est l'*impôt direct*, sous la seconde, ce sont les *contributions indirectes*.

De l'impôt direct sur le revenu.

Si l'on admet que l'on ait dressé un inventaire exact de tous les fermages, de tous les profits tant réels que personnels, de tous les excédants des salaires réels sur les salaires naturels, si l'on suppose que l'impôt ait été établi uniformément de manière à enlever à chaque citoyen une fraction égale de son revenu, alors chacune des quatre grandes classes productives supportera la charge qui lui est imposée sans pouvoir la rejeter sur les autres classes, et l'impôt sera équitablement réparti. La justice distributive inhérente à une pareille contribution avait frappé les meilleurs esprits, longtemps avant que la science économique en eût signalé le mérite. Sous Louis XIV, Vauban avait proposé au roi de remplacer la plupart des taxes par un impôt qu'il nommait *dixme royale* et qui devait atteindre chacun selon son revenu.

Un semblable impôt, s'il était justement et uniformément réparti, n'apporterait aucun changement notable dans le prix des choses. On sait déjà que la taxe sur les fermages ne saurait avoir aucun effet sur les prix des produits du sol, un droit modéré et général sur les profits réels ne pourrait rehausser le taux de l'intérêt, parce que les profits personnels supportant une taxe égale, l'offre et la demande de capitaux doivent rester dans le même rapport. L'impôt sur les salaires ne portant que sur l'excédant des salaires réels sur les salaires naturels, ne peut déterminer aucune hausse des salaires courants ; l'intérêt de l'argent, les salaires et les profits personnels n'éprouvant que des modifications insensibles, les prix des marchandises ne subiront aucun changement appréciable et les valeurs d'échange resteront constantes.

Les inconvénients théoriques d'un pareil impôt paraissent relativement très-faibles, et il semble qu'il y aurait un grand intérêt à l'établir. Cependant, quand on vient à la pratique, on voit presque tous les avantages s'évanouir. « Cet impôt, « dit M. Thiers [1], est une pure chimère, car on ne connaît pas, « on ne peut pas connaître d'une manière parfaitement exacte « le revenu que chacun tire de son bien ou de son travail. « Les terres sont difficiles à évaluer. Veut-on un cadastre ou « un registre descriptif des terres et propriétés bâties? il est « long et coûteux à dresser; il cesse à chaque instant d'être « vrai, car les terres changent continuellement d'état et de « maître. Se passe-t-on de cadastre? la valeur des propriétés « reste alors absolument inconnue. Quant aux revenus des « capitaux mobiliers, ils sont la plupart du temps ignorés ou « insaisissables. On peut bien en frapper quelques-uns, « comme les rentes sur l'État et les créances hypothécaires, « parce que leur existence est constatée tant au *grand-livre* « de la dette publique que chez les notaires; mais, outre qu'il « y a injustice à frapper certains capitaux en laissant échap- « per les autres, on n'atteint pas son but, car c'est le pro- « priétaire du revenu que l'on veut imposer et il trouve, en « exigeant un plus haut intérêt, le moyen de le faire payer à « l'emprunteur. On n'a réussi de la sorte qu'à élever l'intérêt « de l'argent, tant pour l'État que pour les particuliers. Quant « aux produits du travail individuel, ils sont plus insaisis- « sables encore, car qui peut dire ce que gagne un marchand, « un avocat, un médecin, un banquier? Dans l'ignorance où « ils se trouveraient, les répartiteurs seraient obligés de tenir « compte de la déclaration des personnes à imposer ; il serait « à craindre dès lors que le poids de l'impôt ne retombât en « grande partie sur les plus honnêtes, tandis qu'il épargne- « rait ceux qui auraient une conscience moins scrupuleuse; « ce serait une sorte de prime donnée à la mauvaise foi. »

La plupart des objections que l'illustre homme d'État opposait à un impôt sur le revenu sont malheureusement fondées :

[1] Discours à l'Assemblée législative, 1850.

il est certain qu'on ne peut admettre une pareille taxe sans établir en même temps une odieuse investigation sur les fortunes privées et, malgré ces gênantes recherches, un grand arbitraire dominerait toujours dans la répartition, et c'est un vice capital dans une contribution. Il y a cependant de l'exagération à dire que cet impôt est une *pure chimère*, car l'*income tax* est établi et accepté en Angleterre depuis de longues années, et cet impôt a rendu de grands services aux finances du Royaume-Uni; les dépenses de la guerre de la *sécession* ont forcé les États-Unis à avoir recours à ce système d'impôts. On comprend, en effet, que dans un pays où l'ordre social est assuré, où la richesse est un signe de considération, où la fortune aime à se montrer, on essaye d'asseoir un impôt sur le revenu en exonérant les ressources nécessaires à la vie de chacun et à l'entretien des familles les moins aisées; mais, dans un pays bouleversé par de fréquentes révolutions, où des partis politiques ardents attaqueraient sans cesse les classes riches et les menaceraient de spoliation, il serait bien difficile et peut-être bien dangereux d'établir une semblable taxe. Le rôle des contribuables pourrait devenir une liste de proscription; on courrait le risque de livrer les fortunes privées aux avanies et les personnes aux outrages.

De l'impôt indirect sur le revenu.

Le revenu annuel se divise en deux parts : l'une consommée sans reproduction, l'autre épargnée et allant grossir le capital; pour chacune des classes sociales, la division du revenu en portion épargnée et en portion consommée affecte des dispositions différentes, selon les classes et même suivant les pays. Dans les États, comme l'Angleterre, où le sol appartient à un petit nombre de familles, la presque totalité des revenus territoriaux est dépensée en consommation de luxe; chez nous, où la terre est partagée, un tiers en propriétés de trois cents hectares, un tiers en propriétés de trente hectares, un tiers en petites parcelles, il n'y a guère que la moitié du revenu de la terre employée en consommation de luxe; l'autre moitié est épargnée ou répond à la consommation nécessaire. Dans la classe des entrepreneurs, une portion considérable du revenu annuel est épargnée et placée dans les affaires. Les capitalistes dépensent pour la consommation une somme comparativement plus forte que ne le font les entrepreneurs, mais relativement moindre que celle dépensée par les propriétaires fonciers. Pour la classe ouvrière la dépense de consommation ne représente pas un revenu, mais une annuité nécessaire à l'existence permanente de la force productive résidant dans la population laborieuse.

Une taxe générale sur la consommation sans distinction entre la consommation nécessaire et la consommation de luxe, ne serait ni équitable ni proportionnelle aux revenus; dans notre pays, elle grèverait les capitalistes plus que les entrepreneurs, les propriétaires fonciers plus que les capitalistes et les classes ouvrières plus que toutes les autres classes.

Pour qu'une taxe sur la consommation devienne juste, elle doit épargner toutes les consommations nécessaires; elle ne doit peser sur aucune des choses indispensables à l'entretien de la vie, sur aucune de celles donnant au corps la santé et la force; elle ne doit frapper ni le pain ni la viande, ni le sel, ni la pomme de terre, ni les légumes secs, ni les vêtements grossiers, ni les logements. Dans la consommation de la classe ouvrière, elle ne doit atteindre que la consommation superflue ou nuisible, telles que celles de l'eau-de-vie, du tabac ou les consommations du cabaret; un impôt établi sur ces bases n'attaquerait dans l'existence des travailleurs manuels que les consommations nuisibles ou déraisonnables; il ne pèserait que sur l'excédant des salaires réels au-dessus des salaires naturels; il grèverait les autres classes à raison de leur consommation de luxe. Il y aurait sans doute une inégale répartition de l'impôt, bien qu'il n'attaquât que la consommation outrepassant le nécessaire; mais cette inégalité ne serait amenée que par la propre volonté des contribuables. Réduite à ces proportions, la taxe aurait le mérite d'encourager l'épargne et tendrait par cette influence à atténuer une partie du mal économique produit par son prélèvement.

DEUXIÈME SECTION.

De la répartition par l'emploi de l'impôt.

On peut diviser en trois catégories les dépenses publiques, ce sont : les dépenses de la dette, les dépenses du personnel, les dépenses du matériel des services divers.

Les dépenses du personnel comprennent le payement de tous les traitements et celui des pensions. Les appointements des fonctionnaires publics et les gages de tous les agents employés au service de l'Etat, sont la juste rémunération des utiles travaux de toutes ces personnes ; les pensions sont des allocations viagères accordées pour des services anciennement rendus.

Les dépenses du matériel se rapportent, soit aux achats de denrées alimentaires pour la nourriture des troupes, soit aux acquisitions de matières premières et d'objets manufacturés de toute espèce pour le compte de l'État.

Dans les dépenses du matériel, l'emploi de l'impôt n'opère pas, à vrai dire, une nouvelle distribution ; il demande sans doute à certaines industries des quantités additionnelles de produits et augmente ainsi les profits dans quelques entreprises particulières, mais il ne change ni le montant ni le taux des profits ; il n'y a eu, en définitive, qu'un changement dans les demandes ; les profits faits par les industries recevant les commandes de l'État ne font que remplacer les profits qu'auraient réalisés d'autres entreprises. Les dépenses publiques de cette nature n'amèneraient de changements dans les salaires qu'autant que le déplacement de la demande augmenterait ou diminuerait la quantité de main-d'œuvre exigée par le capital dépensé ; elle ne crée pas de nouvelles classes venant prendre part à la distribution du gain annuel, elle ne fait qu'apporter de légères modifications dans les parts individuelles des classes déjà signalées.

Les dépenses de la dette fondée se rapportent, soit à l'amoindrissement ou rachat d'une partie de la dette, soit aux payements réguliers des arrérages.

La portion de l'impôt employée à l'amortissement exerce une influence spéciale, celle de reconstituer une partie des capitaux dépensés par l'emploi d'anciens emprunts. L'impôt n'est, en effet, régulièrement établi que sur le revenu et pèse à peu près également sur tous les revenus, sur celui des classes prodigues comme sur ceux des classes économes ; lorsque le produit de l'impôt est employé à rembourser la dette, il forme un capital actif d'une portion de revenu qui aurait été dissipée; c'est un effet opposé à celui des emprunts et dont le résultat définitif tend à diminuer l'intérêt de l'argent et à augmenter les salaires.

On ne saurait attribuer la même influence au payement des arrérages de la dette constituée en bons trentenaires ou en annuités, arrérages ressemblant aux tontines et aux rentes à fonds perdus ; une partie des personnes touchant ces arrérages peuvent alors les regarder et les dépenser comme des revenus.

La grande, la véritable dépense de la dette est le service des arrérages de la dette fondée. Sous ce rapport, on est parfaitement autorisé à dire que les emprunts d'État créent une classe nouvelle, celle des rentiers du *grand-livre*. Quelle est l'importance de cette classe prenant, dans certains pays, une si grande part dans la distribution secondaire? Cette importance dépend naturellement de la grandeur de la dette de chaque État. En Angleterre, le capital de la dette inscrite s'élève à près de 18 milliards et demande à l'impôt annuel une somme de 600 millions ; c'est environ un tiers du budget du Royaume-Uni. Aux États-Unis de l'Amérique du Nord, la dette est de 15 milliards et son service forme les deux tiers des dépenses publiques. En France depuis nos désastres, la dette est montée à plus de 18 milliards et son intérêt s'élève au quart de nos dépenses totales. Quelque effrayants que soient ces tristes monuments des vicissitudes de la fortune des peuples ou des folies de leurs gouvernements, il faut reconnaître cependant qu'une partie des dépenses extraordinaires, causes de ces énormes dettes, a laissé aux individus des profits dont l'épargne a pu atténuer en certaine proportion les pertes subies par le capital national.

Les prêts faits aux gouvernements suivent la loi des prêts consentis aux particuliers ; deux circonstances déterminent l'intérêt d'un capital prêté : le taux courant de l'argent et le crédit de l'emprunteur. Comme les États n'empruntent le plus souvent qu'en des moments de crise, c'est le dernier de ces éléments qui devient déterminant et, par cette raison, les intérêts touchés par les créanciers inscrits au grand-livre paraissent quelquefois s'écarter du taux général des profits réels. Il n'en est pas ainsi pour les nations chez lesquelles une bonne politique a relevé le crédit public ; il s'établit alors un véritable équilibre entre les créances sur l'État et les créances sur les personnes les plus solvables ; la valeur des fonds publics tend à s'accroître à mesure que le taux de l'intérêt diminue, et lorsque, dans ce mouvement ascensionnel, la rente a dépassé le pair, la nation peut rembourser les créanciers, s'ils ne consentent à une réduction d'intérêt. Sous tous ces rapports, la classe des créanciers de l'État n'est en définitive qu'une addition à la classe des capitalistes.

La dépense pour la dette flottante est relativement peu considérable ; l'intérêt en suit généralement celui des capitaux placés à courte échéance, le service de cette dette n'entraîne aucun changement appréciable dans la distribution de la richesse.

Si l'on ne peut regarder les créanciers de l'État comme une classe nouvelle, on ne saurait hésiter à l'égard des fonctionnaires publics, des employés et agents du gouvernement comme des pensionnaires de l'État ; c'est là tout un ordre nouveau de personnes venant prendre part à la nouvelle distribution.

Les fonctionnaires publics et les employés de l'État étant des salariés, les règles servant à déterminer les salaires leur sont généralement applicables ; les traitements s'accroîtront selon l'importance des fonctions, la responsabilité qu'elles entraînent, la confiance qu'elles supposent, l'instruction et les talents qu'elles exigent, l'assujettissement auquel elles soumettent ; ils éprouveront au contraire, certaines réductions à raison de la sécurité des emplois et de la considération qu'ils apportent ; c'est par l'honneur entourant les fonctions de la magistrature et par l'inamovibilité dont elles sont garanties, que l'on peut expliquer l'énorme disproportion existant entre les traitements des magistrats et les appointements de certains agents financiers.

Les observations que l'on vient de présenter donnent la clef des variations dans les traitements individuels, mais elles ne fournissent aucun renseignement sur l'importance de la part totale allouée à la classe des fonctionnaires. Deux faits généraux servent à la déterminer : elle dépend à la fois du taux des salaires dans le pays et de la nature du gouvernement ; le premier donne la limite inférieure, le second la limite supérieure des traitements.

Les appointements et les traitements gardent un certain rapport avec les rétributions accordées aux travaux industriels, juridiques ou scientifiques ; mais cette relation n'est pas la seule qui les fixe. Les fonctions de divers ordres reçoivent, dans chaque pays, selon la nature des gouvernements, des rémunérations variables ; les traitements s'élèvent d'autant plus haut que l'élément aristocratique obtient une plus grande prépondérance ; c'est dans les monarchies constitutionnelles, où les fonctionnaires les plus haut placés se trouvent en face d'une puissante aristocratie et d'une démocratie enrichie, que les traitements atteignent les chiffres les plus élevés. Dans les États despotiques ils obéissent aux penchants du maître et deviennent considérables sous un monarque fastueux ; ils y sont quelquefois modiques quand les exactions et les abus de pouvoir sont tolérés. Dans les républiques, les emplois les plus humbles sont comparativement les mieux rétribués, parce qu'ils sont accessibles à tous ; la jalousie démocratique abaisse au contraire, outre mesure, les traitements des plus hautes fonctions, parce qu'elles ne peuvent être occupées que par un nombre très-restreint d'hommes distingués.

Les pensionnaires de l'État forment une classe accessoire de celle des fonctionnaires, et les pensions suivent à peu de chose près la loi des traitements.

La dépense annuelle faite par les créanciers de l'État, les soldats, les marins, par les fonctionnaires et tous les employés de l'État, est une consommation ne produisant directement aucune richesse ; ce ne sera point dans ces classes que l'on trouvera aussi de grandes épargnes, car souvent les traitements suffisent à peine à soutenir la situation des fonctionnaires ; ces deux circonstances font que l'emploi de l'impôt entraîne un notable changement dans l'ordre général de la distribution. La demande de main-d'œuvre reste dans les premiers moments à peu près constante, mais le capital laissé aux mains des citoyens eût été productivement employé et l'épargne réalisée eût été aussi plus considérable ; l'impôt a donc amené une diminution réelle dans l'accroissement progressif du capital et, par conséquent, une atténuation consécutive dans la masse des profits comme dans le fonds des salaires.

Les dépenses publiques en travaux utiles à la production peuvent quelquefois combattre la fâcheuse tendance que l'on vient de signaler ; dans les pays bien administrés, une portion notable de la dépense en matériel est employée en grands travaux publics d'un intérêt général ; tels sont : la construction de nouvelles routes, le tracé de chemins de fer, l'ouverture de canaux, l'amélioration du régime des rivières, le creusement de nouveaux ports. Ces entreprises agissent directement pour augmenter la puissance productive ; elles diminuent énormément les frais de transport et facilitent toutes les transactions commerciales ; elles ont surtout la plus grande influence pour amener une baisse dans les prix des céréales, denrées lourdes et encombrantes ; elles conduisent ainsi à une notable amélioration des salaires réels et apportent un véritable adoucissement dans la condition de la classe ouvrière.

TROISIÈME SECTION.

De la relation entre la part des classes créées par l'impôt et la part des classes productives.

Le revenu des nouvelles classes prenant part à la distribution secondaire n'est point égal au produit total de l'impôt; car une portion assez considérable de la somme prélevée est employée en dépenses de matériel et en grands travaux publics; on se bornera donc à comparer le revenu des rentiers de l'État et des fonctionnaires publics à ceux des classes productives.

La relation entre ces deux ordres de revenus ou de parts doit nécessairement varier selon les pays, car l'importance du revenu des nouvelles classes dépend à la fois de l'importance de la dette pour les créanciers de l'Etat et de la nature du gouvernement pour ce qui regarde les fonctionnaires. En laissant de côté les circonstances particulières à chaque État, on se bornera à quelques observations générales s'appliquant indistinctement à tous les pays.

Lorsque la dette d'un pays reste stationnaire, la marche naturelle des choses doit faire diminuer le rapport des arrérages de la dette au revenu croissant des classes productives. Celui-ci se compose des fermages, des profits réels, des profits personnels et des salaires; or, par suite du progrès normal amené par l'activité productive, les fermages et les salaires vont en augmentant; les deux ordres de profit subissent, il est vrai, une certaine dépression dans leur taux, les profits réels éprouvant une baisse plus grande que celle des autres; mais, comme le montant du capital actif s'accroît sans cesse, le montant total des profits s'augmente encore quoique le taux en ait baissé; d'un autre côté, l'intérêt de la dette doit suivre naturellement le cours moyen de l'intérêt de l'argent ou le taux des profits réels; il s'atténuera comme lui, c'est-à-dire comme l'élément qui baisse le plus dans l'ensemble de ceux composant le revenu des classes productrices.

Quand la nature du gouvernement ne change pas, le revenu des fonctionnaires publics et des autres agents employés au service de l'État, doit avoir une tendance à suivre la marche combinée des profits personnels et des salaires; or, si le taux des profits personnels incline à baisser, les salaires, au contraire, vont en augmentant; les deux facteurs déterminant le taux de la rémunération du personnel administratif, sont représentés à peu près par le couple d'éléments mesurant la grandeur normale de la part des classes productives, et, par conséquent, le mouvement de la dépense du personnel administratif devra suivre en général la même marche proportionnelle que celle de la part des classes présentes à la première répartition.

Ce revenu moyen sera toutefois au-dessous du revenu absolu des classes productives; car, si le taux des profits personnels baisse et si la part proportionnelle des entrepreneurs diminue, cependant comme le capital actif va progressivement en augmentant, la masse totale des profits personnels augmente encore alors même que leur taux moyen a diminué. Ainsi, dans tous les pays bien administrés, le montant de la dette et les dépenses du personnel administratif doivent éprouver par degré une diminution relative par rapport à la richesse générale; par suite la part des classes créées par l'emploi de l'impôt devrait être dans un rapport décroissant avec la part totale des classes engagées directement dans la production.

Ces conséquences tirées de la nature même des éléments composant les revenus des deux ordres de classes que l'on vient de comparer, sont malheureusement trop souvent démenties par les faits; au lieu de rester stationnaires, les dépenses gouvernementales s'accroissent souvent d'année en année et deviennent exorbitantes; les dettes fondées vont toujours en augmentant et s'élèvent à des sommes effrayantes; les dépenses du personnel grandissent sans cesse par l'accroissement de l'effectif militaire et l'abus des gros traitements; les imprudences administratives et les folles témérités des gouvernements, renversent l'ordre économique des choses et compromettent les destinées des peuples.

CHAPITRE SEPTIÈME.

Du prélèvement volontaire.

On peut dans le prélèvement volontaire distinguer deux parties principales : la première sert à rémunérer tous ceux qui par leurs services viennent en aide aux différentes classes sociales, la seconde jaillit de cette impulsion compatissante que Dieu a mise dans le cœur de l'homme pour être le perpétuel secours des malheureux ; l'une paye les honoraires des personnes exerçant les professions libérales et solde les gages des serviteurs, l'autre donne l'aumône et fournit les sommes nécessaires à la fondation des institutions charitables et à l'entretien des œuvres de bienfaisance.

Ce chapitre aura deux sections : l'une examinant les dépenses rémunératrices de services rendus et étudiant la distribution qu'elles opèrent, l'autre traitant des dons gratuits et du bien qu'ils produisent.

PREMIÈRE SECTION

Des dépenses rémunérant les services des classes privées exerçant une influence indirecte sur la production.

Ces dépenses sont de natures fort diverses : les unes comprennent tout ce qui est nécessaire pour acquitter les honoraires des personnes complétant l'action du gouvernement, les autres se composent des sommes payées aux médecins et à tous ceux s'occupant de l'art de guérir, des frais d'éducation et d'instruction, quelques-unes de ces dépenses sont employées à rémunérer les talents des artistes ; enfin une portion considérable a pour objet de solder les gages des gens de service.

Des sommes dépensées pour rémunérer les classes complétant l'action gouvernementale, les unes sont payées aux personnes qui constatent ou défendent les droits privés, les autres soldées aux agents chargés de faciliter les transactions commerciales : les premières sont plus spécialement à la charge des propriétaires fonciers et des capitalistes; les secondes à celle des entrepreneurs et des capitalistes, une très-faible portion s'en déverse sur les travailleurs manuels. Ces charges ne sont donc point uniformément réparties ; elles ne frappent que des individus isolés, et ce n'est que partiellement qu'elles diminuent les ressources de chaque ordre de citoyens.

Les frais de médecins viennent grever toutes les classes et peut-être dans une plus grande proportion la classe la moins aisée, celle des ouvriers; le travail, quand il est excessif, use rapidement le corps et un salaire modique ne permet pas toujours aux travailleurs manuels de restaurer leurs forces épuisées ; les organes affaiblis ne satisfont plus complétement aux fonctions qu'ils doivent remplir ; les maladies arrivent et avec elles le médecin. Faire bonne chère est un des grands plaisirs et un des grands défauts des classes aisées, le goût de la boisson est une des passions du peuple ; dans le luxe de la table, il y a une certaine sensualité délicate écartant les plus grands excès ; les désordres de l'ivresse amènent, au contraire, une absence de toute retenue et livrent l'homme aux débordements les plus brutaux. Cette triste habitude des boissons alcooliques à laquelle, dans certains pays, l'ouvrier s'abandonne par goût, lorsqu'il est dans l'aisance, et par désespoir, lorsqu'il est misérable, détruit la santé de ceux qui la contractent et met à la charge des salaires une somme importante pour frais de maladie.

Un des moyens les plus assurés d'atténuer ce déplorable défaut, serait d'éclairer et d'instruire le peuple ; chez toutes les nations civilisées, on a senti que c'était une mesure d'ordre et de prudence de donner gratuitement l'instruction primaire aux enfants des classes peu aisées ; comme cet enseignement est à peu près le seul que reçoive la classe ouvrière, les salaires échappent presque entièrement aux dépenses entraînées par les frais d'instruction.

Les talents des artistes sont employés, soit aux représentations scéniques et à créer des plaisirs délicats fort recherchés par les classes opulentes, soit à produire les chefs-d'œuvre des beaux-arts, soit à orner et à embellir tous les travaux de l'industrie ; dans les deux premiers cas, la rémunération qui leur est accordée est principalement à la charge des propriétaires fonciers et des capitalistes ; dans le dernier, ils entrent dans les frais de production ; de toute manière, les travailleurs manuels n'y prennent qu'une très-faible part.

Le capital considérable payant les gages des domestiques est prélevé sur toutes les classes, à l'exception de la classe ouvrière.

La somme que les diverses classes productives prennent sur leurs revenus pour rémunérer les personnes privées intervenant d'une manière indirecte pour aider au grand œuvre du renouvellement de la richesse, s'élève à un capital considérable, et apporte une assez grande modification dans les fortunes ; mais, comme ces dépenses sont en grande partie volontaires, qu'elles sont quelquefois une sorte de consommation ou un moyen de se procurer certains secours ou certaines jouissances dont elles sont le prix, on ne peut les regarder comme une diminution réelle de l'aisance des classes qui les font.

La répartition de ce prélèvement se divise en deux parts : la distribution faite aux gens de service et la répartition opérée entre les personnes attachées aux professions libérales.

La première se règle entièrement sur les salaires: la somme distribuée en gages augmente avec le prix de la main-d'œuvre et décroît avec lui; mais, comme les aliments sont fournis en nature aux domestiques, les gages sont à l'abri des brusques variations amenées dans les salaires réels par de rapides changements dans la valeur des denrées alimentaires, changements affectant si gravement la situation de la classe ouvrière.

La distribution particulière et individuelle parmi les gens de service, obéit généralement aux règles signalées dans la fixation des salaires; les gages croissent ou diminuent selon le désagrément ou l'agrément du service, l'habileté qu'il demande, la confiance qu'il suppose. Comme les salaires, ils s'élèvent au-dessus ou s'abaissent au-dessous d'un certain type, selon que les conditions du service sont plus ou moins pénibles; mais, quand on s'arrête à une appréciation moyenne, on leur trouve une valeur s'écartant peu de la moyenne des salaires courants.

Dans la rémunération des classes appartenant aux professions libérales, la répartition ne suit pas des règles aussi bien définies. Quand les personnes qui en font partie sont propriétaires d'offices leur assurant un droit privilégié, les revenus sont en général proportionnels à la valeur des charges. Dans les autres catégories, les gains sont mesurés par le mérite ou la réputation des individus; il en résulte une répartition fort inégale.

Deux classes nouvelles sont créées par le prélèvement volontaire : l'une est la classe des gens de service, l'autre celle des personnes exerçant les professions libérales.

Les gages des domestiques vont toujours en s'augmentant, parce qu'ils suivent la fortune des salaires. L'accroissement progressif qu'ils reçoivent est encore rehaussé par le renchérissement des denrées alimentaires qui leur sont fournies en nature ; cette tendance des gages à croître sans cesse doit nécessairement amener une réduction successive dans le nombre des domestiques ; on ne voit plus, en effet, chez les peuples civilisés, ces légions de serviteurs qui, dans le moyen âge, faisaient partie nécessaire de la maison de tout homme un peu considérable. Dès lors, bien que les gages individuels aient augmenté, il serait cependant possible que le montant total en ait diminué par rapport au revenu général.

La somme rémunérant les professions libérales doit, au contraire, s'augmenter proportionnellement au progrès de la fortune publique ; car la littérature, les sciences, la philosophie, les beaux-arts, ces fruits glorieux de la civilisation, naissent et grandissent sur la riche terre de la prospérité générale, et c'est l'éternel honneur d'une activité productive bien réglée d'augmenter le surplus de revenu permettant à la population de croître en nombre et donnant à une foule de personnes, foule devenant plus grande d'année en année, la faculté de quitter les labeurs matériels pour se livrer aux travaux de l'intelligence. Ainsi, dans une nation laborieuse et économe, s'accroît sans relâche la masse des idées et la quantité des œuvres de l'esprit, capital intellectuel grandissant parallèlement au capital matériel ; le nombre des hommes occupant les professions libérales augmente et grossit ; les services que les savants, les littérateurs, les philosophes, les publicistes, les orateurs, les artistes rendent à la chose publique deviennent plus nombreux et plus éclatants.

Quand les progrès politiques se joignent chez un peuple aux succès productifs, quand la liberté vient animer de sa puissante haleine les loisirs que la richesse croissante permet à la partie la plus vive de la population, alors tous les esprits s'éveillent, tous les talents germent et fleurissent ; alors on a le siècle de Périclès, des œuvres immortelles naissent de toutes parts et restent, comme d'impérissables monuments de la grandeur intellectuelle à laquelle la race humaine peut s'élever.

DEUXIÈME SECTION.

Du capital distribué en charités.

La vie est semée de traverses, le malheur peut atteindre l'homme dans toutes les positions et faire des victimes dans toutes les classes; mais l'une d'elles, celle des travailleurs manuels, est toujours menacée. L'ouvrier n'a souvent pour tout bien que la faculté de travailler : si la maladie vient briser ses forces ; si un accident le prive de l'usage de ses bras ; si, ce qui est malheureusement plus fréquent et plus général, le travail vient à lui manquer ; si, même en conservant la santé et le travail, une saison mauvaise élève outre mesure le prix des denrées alimentaires, l'ouvrier se trouve bientôt à bout de ressources, tombe dans la gêne, quelquefois même dans la misère et n'a guère alors d'autre refuge que dans la charité publique ou privée.

Cette triste et émouvante destinée doit trouver des cœurs compatissants ; cette détresse menaçante qui trouble la raison de l'homme du peuple et exalte ses passions, doit appeler l'attention des hommes préoccupés du maintien de l'ordre public. Découvrir les causes de la misère, chercher les moyens d'en arrêter les effets, trouver les mesures les plus propres à assurer le travail et l'existence à la population ouvrière, étouffer dans son germe ce mal terrible de la faim, cause éternelle des plus grands malheurs privés comme des plus grands désordres publics, ce sont là d'effrayantes questions à résoudre. De tout temps, elles ont ému les penseurs, occupé les méditations des philosophes, attiré la sollicitude des hommes d'État et demandé les efforts des gouvernements ; malgré tant de recherches et de travaux, tant d'essais publics et tant de projets individuels, ce grand problème de la suppression de la misère, mis au concours depuis tant de siècles, n'a pu recevoir encore une satisfaisante solution.

Dans les républiques antiques et chez quelques peuples modernes, on a établi ce principe, que l'État doit la subsistance aux citoyens tombés dans l'indigence : c'est une règle complexe et très-étendue, car elle comprend toutes les misères, celles amenées par l'inconduite comme celles causées par des accidents imprévus et fatals ; c'est un principe dangereux, car il peut engendrer l'imprévoyance et multiplier les maux qu'il a la prétention de supprimer ; c'est une promesse illusoire, car elle n'a jamais pu recevoir une complète exécution.

Dans le monde ancien, les citoyens pauvres de Sparte, d'Athènes ou de Rome pouvaient bien recevoir aux frais de la république les aliments nécessaires, parce qu'ils étaient relativement en petit nombre et ne formaient qu'une fraction du vrai peuple ; ils composaient une véritable aristocratie vivant du labeur d'ilotes, d'esclaves ou de malheureux colons périssant par milliers de misère et de faim.

De tous les États modernes, l'Angleterre est celui où l'attention publique a été le plus sollicitée sur la législation relative aux pauvres. En 1601, par un statut de la quarante-troisième année du règne d'Élisabeth, il fut établi que *l'entretien des pauvres serait à la charge des paroisses.* Depuis plus de deux siècles et demi, cette grande expérience, ayant pour but la suppression de la mendicité et l'extinction de la misère, est tentée dans ce pays ; depuis plus de deux siècles et demi, tous les hommes éminents de la Grande-Bretagne se sont occupés d'améliorer le système de secours aux indigents et ont cherché à en perfectionner la législation ; néanmoins les résultats obtenus sont d'une telle nature, que, malgré une dépense considérable, toutes les misères sont loin d'être soulagées ; on rencontre encore, en Angleterre, des pauvres qui mendient et l'on y voit malheureusement des familles entières souffrir de la faim.

Non-seulement les lois sur les pauvres ont manqué leur but, en Angleterre, mais les meilleurs esprits soutiennent qu'elles ont augmenté la misère publique et dégradé le caractère du peuple. Il y a, en effet, un grand défaut caché dans ce système, c'est d'affranchir de toute prévoyance les hommes n'ayant pas le cœur assez haut placé pour rougir de tomber dans la dépendance des secours publics. En ôtant à une portion du peuple le frein moral de la prévoyance, on fait le malheur de la classe entière des travailleurs manuels. Ces hommes, délivrés du soin de pourvoir à la subsistance de leurs enfants, se marient sans prudence, la population s'accroît, les salaires baissent, la misère s'étend sur une plus grande portion de la classe ouvrière. Ainsi, la certitude du secours propage la détresse, et, en affaiblissant l'esprit de prévoyance dans une fraction du peuple, elle fait le malheur de tous.

L'admission générale et complète de tous les indigents à un secours public, n'est donc pas le meilleur moyen d'aider la classe ouvrière et d'arrêter le progrès de la misère ; il faut en chercher un autre qui, s'il ne soulage pas toutes les détresses, soit au moins exempt du défaut de les multiplier.

Les indigents peuvent être divisés en deux classes : celle des hommes valides, mais à qui l'ouvrage manque et, par conséquent, les moyens d'existence ; celle des pauvres incapables de travailler par suite d'accidents ou pour cause de maladie.

C'est un devoir d'humanité sociale de secourir les pauvres non valides ; c'est une sorte d'obligation publique d'assurer l'existence à ceux que le malheur a rendus sacrés par les coups dont il les a frappés. Réparer ces accidents terribles de la vie humaine, c'est remplir une mission providentielle et enlever au hasard quelques-unes de ses chances les plus fatales. Que l'État ait des hospices pour recevoir les individus atteints de maux incurables ou manquant de quelques-uns des sens dont la réunion constitue l'intégrité du corps ; que les circonscriptions locales, paroisses ou communes, élèvent des hôpitaux où les malades indigents soient gratuitement soignés et guéris ; que, si les ressources publiques ne peuvent suffire à venir en aide à tous ces maux, la charité privée s'émeuve, qu'elle entoure les malades de soins affectueux, qu'elle apporte à ces malheureux des consolations et des médicaments, à leurs familles du pain et des secours, c'est le vœu de tous les hommes de bien ; c'est la volonté de Dieu, qui a mis la pitié dans nos cœurs pour qu'elle verse la douceur de son assistance sur les plaies de nos frères.

Si la charité publique est la principale ressource des hommes plongés dans la misère par quelque accident imprévu et fatal, la générosité de l'État n'est point le véritable, ni le plus efficace des remèdes contre la détresse atteignant l'ouvrier valide ; l'esprit de prévoyance se répandant et pénétrant dans toutes les parties de la population, est l'unique secours réellement utile.

Trois causes peuvent amener la gêne des ouvriers valides, ce sont : la tendance de la population à croître plus rapidement que le capital, les crises commerciales et politiques paralysant de notables portions du capital actif, de mauvaises récoltes élevant subitement le prix des denrées alimentaires et diminuant tout à coup les salaires réels.

De ces causes, la première peut avoir un effet durable et s'étendant sur toute la population laborieuse, les deux autres sont accidentelles, temporaires et quelquefois locales ; elles n'ont d'ailleurs que des effets s'évanouissant avec les accidents qui les ont causés.

La tendance de la population à croître plus rapidement que le capital est, pour la classe ouvrière, un immense malheur ; les salaires, étant mesurés par le rapport du capital circulant à la population, doivent, en pareille occurrence, aller toujours en diminuant et la valeur du rapport caractéristique se rapproche continuellement de celle des salaires naturels, c'est-à-dire de la quantité d'aliments absolument nécessaire pour soutenir l'existence des travailleurs manuels ; si, dans une pareille situation, les progrès de la population ne se ralentissent pas, les salaires réels atteignent les salaires naturels et, par quelque accident déplorable, peuvent même tomber au-dessous ; alors la misère, qui s'était graduellement et silencieusement étendue sur la classe ouvrière, devient une affreuse et criante détresse. Pense-t-on qu'en présence d'une semblable calamité, la bienfaisance publique, accrue des aumônes privées, puisse conjurer le mal ? Qu'on se rappelle le sort de la malheureuse Irlande !

La charité organisée régulièrement, celle qui donne des secours quotidiens aux ouvriers valides, celle qui constitue un droit à l'assistance, affranchit le pauvre de toute prudence et le dispense de tout courage : en écartant la menace du besoin, on amortit et l'on éteint toute l'influence de la contrainte morale ; le frein enlevé, le principe de propagation de l'espèce obéit à l'impulsion intérieure qui le presse, la population s'accroît et la misère grandit avec elle.

L'esprit de prévoyance est la seule digue que l'on puisse opposer au torrent de la misère, torrent menaçant toujours de déborder sur les masses populaires ; on fortifiera ce rempart en faisant pénétrer la prudence dans les mœurs des travailleurs manuels, et, pour atteindre ce but, il faut éclairer la classe ouvrière et l'instruire, lui faire toucher du doigt les véritables causes de sa gêne et les ressorts à mettre en jeu pour amener son aisance, lui manifester toute la grandeur du danger et toutes les ressources qu'elle possède pour le conjurer. Aidé de pareils secours, soutenu par la puissance de la vérité, l'esprit de prévoyance, reprenant toute son énergie, arrêtera la marche trop rapide de la population, rétablira l'équilibre entre le nombre des travailleurs et le montant du capital, relèvera les salaires réels, rappellera la confiance et ramènera l'aisance dans la classe laborieuse.

Mais cette prévoyance éclairée qui, grâce au ciel, règne parmi notre population française, n'est pas toujours suffisante pour mettre la classe ouvrière à l'abri de circonstances imprévues et fatales; ces événements sont les crises commerciales ou politiques et les mauvaises récoltes.

Les mauvaises récoltes font subitement renchérir toutes les denrées alimentaires, et rendent la vie de l'ouvrier et de sa famille plus pénible et plus coûteuse. Dans ces circonstances, les salaires courants ne peuvent que rarement espérer une augmentation ; avec les mêmes salaires, les travailleurs manuels ne peuvent plus obtenir la même quantité d'aliments, alors, si les ouvriers ne possèdent pas des ressources épargnées auxquelles ils puissent avoir recours, ils sont forcés de s'abstenir ou de faire usage d'aliments de qualité inférieure.

Les crises commerciales ou politiques résultent d'événements paralysant de grandes masses de capitaux, tantôt parce que la production a suivi de mauvaises voies et a conduit à des encombrements, tantôt parce que le manque de sécurité, effrayant les uns et décourageant les autres, arrête l'élan de la production et restreint toutes les entreprises. Dans l'un et l'autre cas, le capital circulant actif éprouve une grande diminution et l'offre de bras restant la même, les salaires courants baissent et la gêne envahit la classe ouvrière.

Ces deux calamités, causées l'une par la disette, l'autre par le manque de travail, surprennent les travailleurs manuels et les frappent d'une manière d'autant plus cruelle que le coup est plus imprévu; ces malheurs inopinés et immérités appellent la charité, soit publique, soit privée; mais il faut reconnaître que, même dans ces circonstances déplorables, c'est encore dans la prudence de la grande famille ouvrière que l'on doit chercher et trouver le plus efficace des secours. Lorsqu'une saison contraire a trompé les espérances des cultivateurs et amoindri la récolte, lorsque la quantité des produits agricoles a éprouvé une notable diminution, tous les efforts de la bienfaisance la plus ardente ne pourraient mettre les ouvriers en situation d'obtenir la même quantité des espèces de denrées qu'ils consommaient dans les années heureuses; car la quantité récoltée dans le pays étant nécessairement limitée et ne pouvant être augmentée par les importations que dans une proportion peu considérable, l'approvisionnement ne saurait être accru d'une manière notable; dès lors, il est absolument nécessaire que la demande diminue et que la consommation se restreigne; les secours en argent donnés aux ouvriers et aux pauvres auraient pour unique résultat de maintenir la demande et d'élever les prix; les producteurs ou les marchands de blé profiteraient des efforts de la bienfaisance beaucoup plus que la classe souffrante.

Dans les années de disette, la véritable ressource de la classe ouvrière, est de pouvoir s'abstenir en partie de la denrée qu'elle consomme habituellement et de faire un usage momentané d'aliments d'une qualité moins relevée. Pour que la population laborieuse puisse avoir recours à ce moyen assuré de parer au déficit de la récolte, il faut que, dans son régime ordinaire, elle n'en soit pas réduite à l'espèce d'aliment le plus grossier et le moins coûteux. Elle arrive à cette désirable situation lorsque, par de longs efforts, elle a su rehausser les salaires naturels et les maintenir à un niveau assez élevé. Chez un peuple où les salaires naturels sont assez hauts pour que, dans les années où les prix des denrées sont à leur taux ordinaire, la classe ouvrière vive de pain de froment, de viande et de vin, elle pourra dans les années de cherté demander sa nourriture à l'orge, au seigle, à l'avoine, au sarrasin, à la pomme de terre, à la bière, au cidre, à la piquette. La diminution de la demande de blé empêchera les prix de s'élever, et la classe ouvrière pourra consommer encore de fortes quantités de cette céréale. Les travailleurs manuels réussiront ainsi à passer les mauvais jours sans souffrir de la faim, et ils reprendront leur train de vie aussitôt que les temps seront devenus meilleurs. Mais, si la classe laborieuse est malheureusement accoutumée, même dans les années d'abondance, à faire usage d'une nourriture dégradée et grossière, quand viennent les temps difficiles et la cherté, elle ne peut recourir à des aliments d'un ordre inférieur et d'un prix moindre ; alors la misère devient horrible, les secours les plus larges et les plus généreux sont impuissants à arrêter le mal, la mortalité fait d'affreux progrès ; c'est le spectacle odieux qu'a donné au monde l'Irlande lorsque apparut la maladie de la pomme de terre.

Ce funeste et sombre exemple offre un grand avertissement et apprend à tous qu'il faut, à tout prix, maintenir les salaires naturels à un niveau assez élevé pour permettre à la classe ouvrière de recourir, dans les années de disette, à une alimentation moins coûteuse que celle dont elle a l'habitude.

Si la charité publique et la bienfaisance privée sont impuissantes à conjurer les maux causés par la disette et s'il est nécessaire d'avoir recours à des éléments d'un ordre plus élevé, on ne peut méconnaître cependant qu'elles ne réussissent à en adoucir les rigueurs les plus terribles; il faut dire tout d'abord que leur intervention appelée par l'évidence du mal, est complétement à l'abri de ce reproche d'encourager l'imprévoyance, reproche trop souvent adressé aux généreux sacrifices de la bienfaisance ; la météorologie n'est pas encore une science assez précise pour que l'on puisse à l'avance prédire les accidents physiques amenant les mauvaises récoltes; ce que les savants ne peuvent augurer, comment serait-il juste de demander aux ouvriers de le prévoir ? L'intempérie frappe à la fois le savant et l'ignorant, le riche et le pauvre ; mais si elle atteint le riche dans le superflu, elle enlève au pauvre le nécessaire : il faut le secourir ; la seule question à examiner est de savoir comment on doit remplir ce devoir ? D'après l'évident danger qu'il y aurait à maintenir la demande des denrées alimentaires consommées ordinairement, on voit de prime abord qu'il faut entièrement renoncer à la distribution de secours en argent ; c'est en nature que les aumônes doivent être faites.

Grâce au ciel, les intempéries ne frappent pas à la fois toutes les productions de la terre: dans les années d'extrême humidité, de toutes les plus nuisibles au blé, d'autres céréales, le riz, le maïs, le sarrasin, prospèrent; d'autres plantes alimentaires, la pomme de terre, les fèves, les pois, les haricots, les choux, les racines et les légumes profitent et sont en grande abondance; les prairies se couvrent d'une herbe haute et épaisse, les bestiaux se multiplient, le prix de la viande tend à baisser; on recueille d'énormes quantités de lait; on fabrique des masses de beurre et de fromage ; dans une pareille situation, l'assistance publique et la charité privée peuvent avec d'immenses avantages pour la population indigente distribuer des soupes aux fèves, aux pois, aux haricots, aux choux ; les pommes de terre arrangées au lait, au lard, au beurre, au fromage peuvent remplacer les rations de pain; enfin il est même possible de vendre à prix réduit ou de faire des distributions gratuites d'un pain composé d'après une formule donnée par le chimiste Liebig et qui, avec 500 grammes de seigle et de froment écrasés ensemble, fournit une nourriture équivalente à celle produite par 650 grammes de farine de blé, diminuant ainsi d'un quart la consommation du blé sans aucun danger pour la santé publique [1]. Il y a donc dans les années malheureuses de grands moyens de diminuer la demande de blé, et on peut disposer de nombreuses ressources qu'il faut savoir employer; la bienfaisance soit publique, soit individuelle, peut, dans ces circonstances, rendre les plus grands services, pourvu que la distribution des secours soit faite avec une véritable intelligence de la situation.

Quand il survient un grand trouble dans la production, ou quand une crise politique ou des menaces de guerre viennent subitement paralyser une partie du capital circulant, le fonds des salaires en éprouve en même temps une diminution proportionnelle, un déficit considérable se manifeste dans les ressources de la classe ouvrière : comment le combler? Les travailleurs manuels auraient un moyen de parer à ces accidents heureusement rares et temporaires, si, dans les années heureuses, ils avaient la prudence de mettre en réserve des ressources auxquelles ils pourraient recourir dans les temps malheureux. Lorsqu'on se rappelle que les sommes déposées dans les caisses d'épargne s'élèvent, en France, à 500 millions et en Angleterre, à plus de 1 milliard et demi, c'est-à-dire, dans ce pays, à une somme huit fois plus considérable que celle dépensée annuellement par l'assistance publique; lorsqu'on sait que l'on doit ajouter à ces sommes les dépôts faits

[1] Voici la recette de M. Liebig :

500 grammes de seigle et de froment écrasés;
5 grammes de soude double;
20 centimètres cubes d'acide muriatique;
10 grammes de sel de cuisine;
345 centimètres cubes d'eau.

dans les sociétés de secours mutuels (*Friendly societies*) et les placements réalisés par les ouvriers chez les notaires, chez les petits commerçants ou en obligations de chemin de fer ; lorsqu'on se souvient que le montant des salaires courants s'élève annuellement en France à 6 milliards et dans le Royaume-Uni à 10 milliards, il ne paraît pas douteux que, par un développement économique normal, les travailleurs manuels ne parviennent à accumuler des épargnes assez considérables pour les affranchir complétement des secours de l'État comme des aumônes des autres classes.

En attendant qu'un état de choses aussi heureux s'établisse et se consolide, on doit, dans les crises commerciales ou politiques, venir en aide à la classe ouvrière ; car, si, dans l'intérêt de la chose publique, dans l'intérêt même de la classe laborieuse, on doit repousser l'institution d'un système de secours indistinctement distribués, parce qu'il détruirait l'esprit de prévoyance, on ne saurait cependant écarter l'action de la charité privée et de la bienfaisance publique venant réparer des maux causés par des événements accidentels et imprévus. L'humanité nous invite à venir au secours de tous les hommes souffrant de maux immérités; on doit même reconnaître que, dans les crises amenées par des événements politiques, il existe une sorte d'obligation morale engageant le gouvernement à en atténuer les effets. Sans aucun doute, le service le plus grand que l'autorité centrale puisse rendre à la classe ouvrière est de calmer l'agitation, de rétablir l'ordre, de rassurer les esprits et de rendre à tous la sécurité ; mais, comme il s'écoule toujours un temps plus ou moins long avant que le mouvement des affaires reprenne, l'administration peut quelquefois avec utilité entamer l'exécution de travaux publics.

Les crises commerciales sont des événements que la classe ouvrière ne saurait que rarement prévoir et ce serait un acte de véritable dureté de laisser les travailleurs manuels, sans secours, en face d'un malheur inattendu. C'est en des cas semblables, que les chefs d'industrie, les entrepreneurs et tous les bons citoyens doivent s'empresser d'assister les travailleurs manuels pour les soutenir pendant les mauvais jours et pour empêcher l'abaissement de leur situation. Voilà l'exemple généreux qu'a donné la société anglaise, lorsque la guerre de la Sécession est venue frapper d'un coup terrible toute l'industrie cotonnière, et c'est à l'immense et patriotique souscription remplie par toutes les classes du Royaume-Uni que les ouvriers du Lancashire ont dû de pouvoir traverser cette horrible crise.

L'examen rapide de cette grande question de la misère, question que l'on n'a fait qu'effleurer, paraît conduire aux conclusions suivantes : que le meilleur moyen d'arrêter la marche du paupérisme est d'éclairer et d'instruire la classe des travailleurs manuels, de lui inspirer un esprit de prévoyance; que les placements dans les caisses d'épargne des économies faites pendant les années heureuses, que la formation des sociétés de secours mutuels sont pour la population laborieuse les plus sûres comme les plus honorables ressources; que l'établissement d'un système de secours publics permanents pour les pauvres valides, présente le grave danger d'affaiblir l'esprit de prévoyance et peut accroître le mal que l'on cherche à guérir; que la charité publique et la bienfaisance privée doivent apporter tous les soulagements possibles aux souffrances des pauvres non valides; que l'État doit admettre dans les hospices entretenus par lui les pauvres incurables ou atteints d'infirmités permanentes; que les communes ou les paroisses doivent recevoir dans leurs hôpitaux les indigents frappés de maladie ou d'infirmités temporaires; que, dans les temps de crises commerciales, il est utile d'organiser des comités pour secourir les ouvriers sans travail; que, dans les crises politiques, il est convenable que le gouvernement vienne en aide à la classe ouvrière en entreprenant des travaux d'utilité publique; que, dans les temps de disette, il faut que l'État et les citoyens concourent ensemble à subvenir aux besoins de la population laborieuse; que la bienfaisance privée remplit une mission divine et providentielle en portant des consolations et des secours à cette foule de malheureux qui, dans toutes les situations et dans toutes les classes, souffrent sans l'avoir mérité.

L'organisation d'un système de secours fondé sur les principes que l'on vient d'indiquer, et dont la sagesse a été démontrée par feu M. le comte Tanneguy-Duchâtel dans son beau livre sur *la Charité* n'apporterait aucun changement dans la répartition de la richesse. La charge la plus importante pèserait sur l'État, sur les communes ou les paroisses ; mais, dans ces circonscriptions, une partie de la dépense serait supportée par des dons gratuits ; quant aux aumônes de la charité privée, elles sont cachées, faites par toutes les classes sociales et vont chercher les misères partout où elles se trouvent. En regardant dans son ensemble, ce système d'assistance qui est, à peu de chose près, celui pratiqué en France, on peut affirmer qu'il ne troublerait aucunement la distribution de la richesse. Il n'en serait pas de même d'une *taxe des pauvres* telle qu'elle est établie en Angleterre.

La taxe des pauvres dans le système anglais, taxe qui s'élève annuellement à plus de 6 millions de livres sterling (150 millions de francs), est une contribution injuste et inégale, frappant particulièrement les classes agricoles ; par cela même, elle a le grave inconvénient de faire renchérir toutes les denrées alimentaires, c'est-à-dire, celles qu'il serait le plus désirable de voir à bon marché. Le système anglais de secours aux indigents présente de graves dangers ; il affaiblit l'esprit de prévoyance et renchérit le prix du pain ; il peut donc augmenter le mal qu'il prétend soulager. Ces vices ont été depuis longtemps reconnus par les Anglais eux-mêmes, et l'on a cherché à y remédier en forçant les individus assistés à travailler dans les *workhouses*. Cette mesure a, pendant quelque temps, réussi à restreindre le paupérisme ou plutôt à réduire la taxe, mais il paraît que l'horrible fléau de la misère reprend de la force ; la taxe a beaucoup augmenté dans ces dernières années.

TROISIÈME PARTIE.

Des perturbations dans la répartition de la richesse.

La distribution de la richesse, modifiée par l'impôt et le prélèvement volontaire, est sujette à des perturbations accidentelles, qui, pour un temps plus ou moins long, peuvent en déranger la marche régulière et en troubler l'ordre normal. Parmi les causes principales de ces désordres, il faut signaler les levées extraordinaires de capitaux faites par les gouvernements, le remboursement des dettes publiques, les variations dans la valeur du numéraire, les grands et subits changements dans le prix des céréales, les crises commerciales et politiques.

Comme les changements dans le prix des céréales ainsi que les crises commerciales ou politiques affectent la grandeur du produit total annuel dont l'on doit examiner d'une manière toute particulière les diverses variations, on se bornera, en ce moment, à étudier les autres causes de perturbation.

CHAPITRE HUITIÈME.

Des levées extraordinaires de capitaux.

Il n'y a qu'un petit nombre d'États assez bien administrés pour que les impôts ordinaires suffisent à solder les dépenses annuelles ; rarement les exercices financiers laissent un excédant ou sont même en équilibre; souvent, au contraire, les comptes définitifs constatent un *déficit* qui s'accroît d'année en année. On ne voit plus guère, dans les temps modernes, se réaliser ce qui était un des principes économiques des temps anciens, la formation d'un *Ærarium.* Ne possédant pas ces masses de richesse accumulée que la prévoyance antique réservait pour de grandes entreprises, les gouvernements modernes, en présence de circonstances accidentelles nécessitant d'énormes dépenses, sont obligés de soumettre les peuples à des impôts extraordinaires ou d'avoir recours à la dangereuse ressource des emprunts.

Ils n'ont pas toujours le choix entre ces deux manières de lever de l'argent ; pour réaliser un emprunt, il faut avoir du crédit, et les nations placées dans une situation difficile n'en obtiennent pas toujours ; forcées par la nécessité, elles recourent alors aux expédients les plus divers et font usage de ressources de toute espèce. On a déjà fait quelques remarques sur les désordres amenés par l'emploi du papier-monnaie, l'un des premiers moyens auxquels aient recours les gouvernements gênés ; mais comme ce facile expédient ne donne que des ressources temporaires et fictives, on est obligé d'étudier les mesures qui doivent l'appuyer ou le remplacer ; ces mesures sont les levées extraordinaires de capitaux. On examinera d'abord l'influence de celles de ces opérations dont l'usage est le plus commun, la réalisation d'un emprunt.

§ I.

Des Emprunts.

Quand une nation, pressée par les événements, doit faire de grandes dépenses dans un temps assez court, presque toujours le gouvernement préfère recourir à l'emprunt plutôt que de charger de contributions extraordinaires des populations ayant peine à payer les impôts ordinaires. L'emprunt rejette sur l'avenir la charge qui aurait accablé le présent et une semblable mesure peut être quelquefois parfaitement juste.

Les emprunts sont remplis par des capitaux soit nationaux, soit étrangers, et les effets de ces opérations varient selon que les fonds empruntés ont l'une ou l'autre de ces origines.

Un gouvernement voulant faire un emprunt offre toujours aux capitalistes un intérêt assez élevé pour les déterminer à lui apporter leur argent : les banquiers, les établissements de crédit et toutes les personnes ayant des fonds libres souscrivent volontiers à l'emprunt ; dans le grand marché des capitaux, la demande s'élevant tout à coup par rapport à l'offre, le prix du loyer de l'argent éprouve une hausse d'autant plus grande que l'emprunt est plus considérable et que la prime en est plus forte. Cet accroissement de l'intérêt est complétement indépendant du taux des profits bruts qui peuvent demeurer constants ; dès lors, la hausse du prix de l'argent ne doit se réaliser qu'aux dépens des profits personnels ; ainsi, les emprunts augmentent la part des capitalistes et diminuent celle des entrepreneurs ; ils attaquent l'esprit d'entreprise et ralentissent le mouvement productif.

Quand les capitaux de l'emprunt ont été fournis par des citoyens du pays emprunteur, on ne peut dire que cette mauvaise tendance des emprunts sera compensée par l'apparition de nouveaux profits résultant de l'accroissement de consommation amené par la dépense des fonds empruntés ; car l'emprunt ne crée pas alors une consommation nouvelle s'ajoutant et se superposant à la consommation habituelle ; il ne fait, en réalité, que remplacer une demande par une autre d'espèce différente ; à l'exception de quelques fonds thésaurisés, que l'appât d'un intérêt élevé rend à la circulation, les capitaux enlevés par l'emprunt auraient été utilement employés et auraient créé une demande égale à leur montant. Cette consommation, il est vrai, eût été en grande partie productive; mais elle eût été cependant l'origine d'une demande aussi grande que celle de la consommation habituellement improductive résultant de l'emploi de l'emprunt.

Dans les remarques que l'on vient de présenter, on a supposé que les fonds de l'emprunt étaient dépensés dans le pays emprunteur ; mais il peut arriver, et il arrive souvent, que les sommes levées sont employées et dépensées hors du territoire ; il en est ainsi quand une nation emprunte pour payer un tribut ou une indemnité de guerre, pour entretenir une armée agissant hors des frontières ou pour fournir des subsides à des alliés ; dans de pareilles circonstances, au lieu d'un accroissement de demande et de consommation, il y a, dans le pays, une véritable diminution de l'une et de l'autre ; les profits personnels sont affaiblis non-seulement dans leur taux, mais aussi dans leur quantité ; la part des entrepreneurs en éprouve une diminution notable.

Le mal causé à la classe ouvrière est encore bien plus grand ; les capitaux enlevés par l'emprunt sont presque toujours dévorés par une consommation improductive ; car, à l'exception de quelques profits un peu plus considérables réalisés par les fabrications spéciales auxquelles le gouvernement a pu faire des commandes, la totalité des fonds empruntés est dissipée en frais de guerre, en payement de tributs et disparaît sans laisser quoi que ce soit pour remplacer le capital détruit. Si l'emprunt n'avait pas eu lieu, la somme levée et dissipée aurait été employée à des entreprises productives; elle serait rentrée, accrue et augmentée, dans la grande masse de la richesse nationale active; l'emprunt a fait un vide et amené un affaiblissement du capital circulant; mais l'importance de ce capital donne et mesure le fonds des salaires et la part revenant aux travailleurs manuels.

Cet amoindrissement dans la masse des salaires et la détérioration consécutive dans l'aisance de la classe ouvrière peuvent faire diminuer la demande de blé, atteindre les profits agricoles et la rente de la terre, mais cette influence est indirecte et éloignée; augmenter les revenus des capitalistes, diminuer ceux des entrepreneurs, causer une baisse des salaires, affaiblir consécutivement les fermages, voilà, en définitive, la tendance générale des emprunts.

Ce ne sont pas toutefois les seules conséquences mauvaises qu'ils peuvent entraîner; l'emprunt crée une dette dont il faut servir les intérêts et amortir le capital, on ne peut remplir ces deux obligations qu'en augmentant les impôts; les emprunts engendrent donc les taxes et toutes leurs déplorables suites.

La plupart des résultats que l'on vient de signaler reçoivent d'assez grandes modifications quand les fonds sont fournis par des capitalistes étrangers. On obtient d'abord ce considérable avantage d'éviter dans le pays, la hausse du taux de l'intérêt et la baisse consécutive des profits personnels. Puis, quand les sommes reçues du dehors sont dépensées dans le pays emprunteur, il y a, dans l'année même de la dépense, une augmentation de demande et de consommation, augmentation ordinairement proportionnelle à la somme employée; l'accroissement de la demande entraîne une élévation des profits bruts et une hausse des salaires, mais ni l'une ni l'autre ne sera durable; car le capital emprunté disparaît presque entièrement et ne laisse après lui que l'épargne faite sur les profits réalisés. Dans les premiers moments, un emprunt rempli par des capitaux étrangers n'aurait pas des résultats immédiats nuisibles, mais il aurait des conséquences éloignées plus dangereuses que celles d'un emprunt réalisé au moyen de ressources nationales; il faut, en effet, en servir les intérêts et en solder l'amortissement; une somme considérable sort, chaque année, du pays pour être versée aux mains des créanciers étrangers; la demande intérieure diminue et avec elle les profits personnels; les salaires baissent en même temps et sont, en outre, affectés par l'affaiblissement annuel apporté dans l'accroissement du capital circulant. Il y a donc lieu de douter qu'il soit avantageux d'avoir recours aux capitaux étrangers. Le choix à faire dépend avant tout des circonstances et requiert, avec une grande habileté financière, la connaissance complète des ressources nationales.

Les réflexions que l'on vient de faire ne sont pas applicables aux emprunts contractés pour l'exécution de travaux utiles au développement de l'activité productrice; qu'ils soient remplis par des capitaux nationaux ou étrangers, ils sont toujours employés dans le pays emprunteur; c'est là un premier point d'une grande importance; d'un autre côté, si, dans les premiers moments, ils causent quelques-unes des perturbations signalées, comme l'augmentation de la puissance productive amenée par les travaux soldés par l'emprunt diminue les prix de revient, grandit les profits et accroît le produit net, au bout de peu de temps, le vide causé par l'emprunt est rempli et il reste à la nation l'avantage qu'apporte toujours à la production l'emploi intelligent du capital fixe.

§ II.

Des levées d'argent extraordinaires et forcées.

Quelque dangereuse que soit la ressource des emprunts, il n'appartient pas à tous les gouvernements d'en faire usage; pour trouver des prêteurs, il faut avoir du crédit et les nations n'en jouissent qu'autant qu'elles possèdent de la richesse et qu'elles ont montré une extrême loyauté à remplir leurs engagements; dans leurs fortunes diverses, les peuples ne peuvent toujours remplir ces conditions. Il arrive quelquefois aussi que des hommes d'État, comprenant tous les dangers des emprunts, préfèrent tout autre moyen; quelques-uns ont même la fermeté nécessaire pour demander aux impôts réguliers des sommes extraordinaires. C'est ce qu'a fait avec tant de raison, en 1848, un des ministres de la seconde république, M. Garnier-Pagès; c'était aussi le système de l'empereur Napoléon Ier.

Les principaux moyens employés pour se procurer des ressources extraordinaires sont : la vente des domaines nationaux, les contributions extraordinaires, les emprunts forcés, l'établissement du cours forcé des billets de banque avec augmentation de l'émission et l'obligation de prêt au gouvernement, c'est-à-dire la création d'un papier-monnaie.

De tous ces moyens, le plus simple comme le moins onéreux est la vente des domaines. L'État est un propriétaire négligent et peu économe; comme il ne peut gérer que par mandataires, l'œil du maître manque partout. Dès que ces biens sont aliénés ils changent d'aspect; les landes défrichées deviennent des terres arables; les forêts, mieux aménagées, exploitées avec économie, rapportent davantage; des améliorations de toute espèce augmentent le produit des domaines vendus et créent de nouveaux profits. Il est vrai que le capital circulant éprouve une diminution à peu près égale au prix de vente; car les sommes encaissées sont dépensées improductivement et l'amoindrissement du capital entraîne une hausse des profits réels et une baisse correspondante des profits personnels et des salaires; mais l'augmentation de produit des terrains aliénés relève les salaires réels et répare en peu d'années la perte éprouvée par le capital. D'un autre côté, le trésor public n'ayant plus à payer les frais de garderie et touchant en outre les impôts pesant sur les biens mis nouvellement dans le commerce, les finances de l'État retrouvent une partie du revenu perdu par suite de l'aliénation, ainsi le vide causé par la disparition du capital est bientôt comblé.

Les contributions ordinaires, différentes dans les divers pays, agissent sur la distribution de la richesse suivant certaines règles dépendant de leurs constitutions particulières; il arrive souvent qu'elles ne pèsent pas en réalité sur les personnes qu'elles paraissent frapper. Les contributions extraordinaires et, par cette qualité même, devant être temporaires, grèvent directement les personnes et les classes imposées sans qu'elles puissent rejeter sur d'autres personnes ou d'autres classes le fardeau dont on les charge. On a dû dans cet ouvrage se borner à des considérations générales sur l'établissement des contributions ordinaires[1]; l'effet des contributions extraordinaires étant beaucoup moins compliqué, on va en dire quelques mots.

Pour qu'une contribution de cette espèce soit imposée avec justice, elle doit constituer une charge commune à tous les citoyens et proportionnelle à leur revenu. L'établissement d'une pareille taxe présenterait sans doute de grandes difficultés; il faudrait d'abord évaluer tous les revenus et c'est là une opération ardue, surtout quand on est pressé par les événements; à l'aide de répartiteurs choisis avec soin, on pourrait mener à bien ce travail dont on ne peut cependant nier la délicatesse ; frappé par la taxe, chaque citoyen chercherait par un redoublement d'activité et d'économie à ne point entamer son capital ; la plus forte partie de la somme levée serait ainsi prise sur le revenu; le capital circulant n'éprouverait qu'une très-légère diminution; les salaires seraient à l'abri d'une baisse; les profits personnels n'auraient point à souffrir d'une hausse de l'intérêt ; enfin les différentes classes sociales seraient délivrées de l'obligation de payer les intérêts annuels et l'amortissement de la somme levée. La seule charge à accepter, charge lourde et pleine de maux, serait l'ensemble des nombreuses privations auxquelles se soumettrait la nation tout entière ; l'affaiblissement général

[1] M. de Parieu a traité le sujet des contributions ordinaires avec tant d'autorité, de talent et de science, qu'il suffit de renvoyer le lecteur à l'excellent livre qu'il a publié sur cette importante partie de la science économique appliquée.

de la demande ferait baisser les prix et infligerait d'assez grandes pertes aux entrepreneurs; ce serait sans doute une chose déplorable, mais cette situation ne serait pas durable.

Par leurs effets immédiats, les emprunts forcés ressemblent beaucoup aux contributions extraordinaires; ils en diffèrent parce qu'ils sont colorés d'une promesse de remboursement, et cette clause est presque toujours le prétexte de l'injuste répartition de ces charges; on tient pour payés les gens qu'on a promis de rembourser, et l'on trouve dans cette équivoque un biais pour s'écarter du principe d'une répartition proportionnelle au revenu. Ce moyen de lever de l'argent est à la fois une injustice et une faute économique, car il est impossible aux personnes surchargées d'imputer sur leur revenu le fardeau dont on les accable; l'emprunt forcé entraîne alors comme l'emprunt volontaire une diminution réelle du capital, et l'on peut dire qu'à tous les inconvénients des emprunts il ajoute tous les dangers amenés par l'arbitraire dans la taxation.

Dans le moyen âge, les gouvernements gênés usaient bien souvent d'un moyen très-facile mais inique, de lever une contribution extraordinaire sur les peuples qu'ils régissaient: c'était la dépréciation des espèces monétaires. L'état des connaissances chimiques ne permet plus guère d'user de ce moyen, que repousserait d'ailleurs la conscience publique chez tous les peuples civilisés.

Dans ces derniers temps, plusieurs gouvernements ont eu recours à un moyen de se procurer rapidement de grandes sommes d'argent, moyen qui sans avoir ouvertement le caractère odieux d'une dépréciation des espèces, peut réagir cependant aussi sur la valeur du numéraire: ce moyen est l'établissement du cours forcé des billets de banque, c'est-à-dire la dispense donnée aux banques nationales de rembourser leurs billets en espèce sous la condition d'un prêt au gouvernement, prêt dont l'intérêt est fixé à un taux avantageux à l'État emprunteur; c'est un emprunt forcé sous une forme déguisée. On a déjà expliqué les variations que l'accroissement rapide de la circulation fiduciaire peut faire subir aux valeurs monétaires, on examinera dans un des chapitres suivants les désordres que ces variations peuvent amener dans la distribution de la richesse.

CHAPITRE NEUVIÈME.

Des moyens employés pour diminuer la dette.

Le système des emprunts qui résout si facilement les difficultés financières des peuples riches et puissants, a pour inévitable conséquence de les grever de dettes énormes. Quand les crises qui les ont fait établir sont passées, ces dettes sont un lourd fardeau pesant sur les ressources publiques et restent comme de grands monuments des fautes ou des malheurs des générations disparues. Les promoteurs des emprunts croyaient cependant avoir trouvé un moyen certain d'empêcher l'accroissement des dettes publiques : pour atteindre ce but, à chaque création nouvelle d'emprunt, ils affectaient un fonds dont l'action continue devait, dans un temps donné, éteindre de lui-même la dette à laquelle il était attaché. Les effets de l'intérêt composé devaient opérer cette merveille ; et l'*amortissement*, c'est ainsi qu'on nommait cette disposition financière, paraissait devoir être une garantie assurée contre les dangers des emprunts. La dette de la France s'élève à 18 milliards et celle de l'Angleterre à 19. Ces résultats sont tellement effrayants, que l'on est à se demander si le prestige de l'amortissement, en faisant disparaître les inquiétudes sur le remboursement et les craintes d'insolvabilité, n'a pas contribué plutôt à l'accroissement qu'à la diminution des dettes.

Quoi qu'il en soit, les dettes entraînent deux natures de charges : les unes ont pour objet le payement annuel des intérêts ; les autres, le solde du capital. Les gouvernements peuvent diminuer les premières par une réduction de l'intérêt, et acquitter la seconde par différents moyens de remboursement. Quels effets l'une ou l'autre de ces deux opérations peut-elle exercer sur la distribution de la richesse ?

§ I.

De la réduction de l'intérêt de la dette.

Comme les particuliers, les gouvernements ne recourent aux emprunts que par des circonstances difficiles et alors que leurs affaires sont embarrassées ; dans une pareille situation, ils empruntent à un intérêt élevé. Heureusement, l'énergie des peuples triomphe quelquefois des périls menaçant la chose publique. On peut voir alors la fermeté du pouvoir rétablir l'ordre et ramener la sécurité, la constance des bons citoyens rappeler la liberté et la contenir dans de justes limites, l'honnêteté des fonctionnaires introduire l'économie dans les dépenses et la modération dans les budgets, l'habileté des hommes d'État développer tous les germes de la prospérité du pays. Alors aussi le crédit de la nation se relève, les fonds publics montent et dépassent le pair ; dans de semblables circonstances, le gouvernement, usant du droit appartenant à tout débiteur, a le choix ou d'emprunter à de meilleures conditions et de rembourser sa dette ou de demander à ses anciens prêteurs de consentir à une réduction d'intérêt.

Le moment où doit se réaliser une pareille opération est une question d'opportunité ; c'est là un acte d'habileté financière demandant autant de tact que de résolution. Ici nous n'avons qu'à étudier les conséquences économiques d'une semblable opération.

La plupart des personnes qui touchent les arrérages de la dette sont des rentiers employant leur revenu à leur consommation annuelle ; la réduction de l'intérêt amène une réduction proportionnelle dans leur aisance ; c'est là un résultat douloureux exigeant que la mesure soit conduite avec des ménagements infinis : il y a là une question d'humanité qu'il ne faut point méconnaître et qu'un gouvernement sage ne saurait négliger. D'un autre côté, la réduction de l'intérêt de la dette diminuant les dépenses de l'État, permet de dégrever l'impôt. Or, comme les contributions publiques sont levées sur toutes les classes, toutes sont allégées par le dégrèvement. Les classes productrices ajoutent à leur épargne la somme dont elles sont déchargées ; chaque année, une portion notable du chiffre total produit par la réduction d'intérêt vient donc s'ajouter au capital actif. Cet accroissement augmente le fonds des salaires et compense par l'amélioration du sort des ouvriers les maux causés à la classe moins gênée des rentiers.

Quelle influence la réduction d'intérêt de la dette peut-elle avoir sur les profits réels et sur les profits personnels ? On serait disposé à croire qu'elle n'exerce sur eux qu'une très-faible action. L'intérêt de l'argent, comme la valeur de toute chose, doit se régler par le rapport entre l'offre et la demande : or, sauf le faible accroissement de capital dont l'on vient de parler, la réduction d'intérêt n'augmente ni ne diminue la masse des capitaux offerts ou demandés ; si des fonds sortent de la rente pour aller chercher un meilleur placement, d'autres y entrent en égale quantité ; on ne voit donc pas, au premier abord, comment cette opération pourrait agir sur le taux de l'intérêt : il faut remarquer cependant que les capitaux placés dans les fonds publics sont dans une situation particulière. Quand la rente est au-dessus du pair, et l'on ne peut penser à aucune réduction d'intérêt qu'autant qu'il en est ainsi, les arrérages de la rente ne peuvent s'équilibrer avec l'intérêt courant de l'argent ; menacés d'un remboursement, les fonds publics n'atteignent pas une valeur aussi élevée qu'ils le feraient, s'ils étaient affranchis de cette crainte ; dès lors, la rente rapporte un intérêt supérieur au taux moyen des profits réels. Ce capital considérable rapportant un intérêt plus élevé que le taux moyen, tend nécessairement à élever les profits réels : c'est une sorte de placement privilégié auquel peuvent avoir recours les capitaux cherchant un loyer élevé ; l'intérêt payé par l'État est une espèce de type qui a pour effet d'appeler à lui l'argent et de rehausser le taux général de l'intérêt ; si on vient à le baisser, les prêteurs n'ayant plus ce refuge assuré deviennent plus faciles ; le taux de l'intérêt baisse et il en résulte une hausse correspondante dans les profits personnels.

Cette question de l'influence de la réduction de l'intérêt de la dette a été souvent discutée dans les chambres françaises, à l'occasion de la réduction de l'intérêt de la rente 5 pour 100 qui, sous le gouvernement du roi Louis-Philippe, s'était élevée beaucoup au-dessus du pair. Quelques partisans de la mesure prétendaient que le résultat de cette opération serait de mettre à la disposition de l'agriculture et de l'industrie une grande masse de capitaux. On démontra fort bien que la réduction d'intérêt ne pouvait avoir une telle influence : mais on ne tint peut-être pas assez compte de l'action exercée par une semblable opération sur le taux de l'intérêt. Quelques esprits éminents l'avaient cependant parfaitement indiquée, et, à ce sujet, on croit devoir citer l'opinion d'un des géomètres les plus célèbres de notre époque : « S'ensuivrait-il, » disait M. le baron Poisson, « que les capitaux se porteront « en plus grande abondance au secours de l'agriculture et de « l'industrie ? C'est ce qu'il serait difficile de décider avec « quelque fondement. Je ne crois pas qu'on sache, en effet, « comment se distribuent les accroissements de capitaux « produits par le travail de ses habitants dans un pays en état « de prospérité progressive. Un vendeur suppose toujours « un acheteur, a-t-on dit, et des capitalistes ne peuvent « sortir de la rente, à moins que d'autres n'y rentrent. Mais « ce qui me paraît très-présumable, c'est que l'industrie « agricole ou manufacturière trouvera à emprunter pour ses « besoins, non pas, si l'on veut, une plus grande quantité de

« capitaux, mais du moins à un plus petit intérêt. Car il est « difficile de croire que, dans un même pays, l'intérêt de « tous les fonds disponibles ne tende pas, en général, à s'éle- « ver ou à s'abaisser en même temps, quoique dans des pro- « portions diverses. Or, si l'on suppose, par exemple, qu'une « diminution d'un dixième dans l'intérêt de la rente n'en « produise qu'une d'un vingtième seulement dans celui des « autres fonds, ce sera encore un bénéfice très-sensible pour « les emprunteurs, et qui pourra s'élever annuellement à « environ quatre-vingts millions ; s'il est vrai, comme on l'a « dit, qu'en France la valeur de tous les placements par « hypothèques et de tous les billets commerciaux portant « intérêt s'élève à plus de quinze milliards [1]. »

§ II.

Du remboursement de la dette.

Il peut avoir lieu de quatre manières : par un système d'annuités, par l'amortissement, par l'achat au-dessous du pair au moyen de fonds disponibles, par le remboursement au pair par séries, d'après un tirage au sort.

On rembourse une dette au moyen d'annuités en payant aux créanciers, pendant un certain nombre d'années, une somme annuelle calculée de manière que l'ensemble des payements éteigne la dette entière. Ce moyen est rarement employé, parce qu'il grève les budgets annuels de charges trop fortes. Quoique ce soit un des expédients les plus propres à assurer le remboursement, on ne saurait le recommander : le payement des annuités, se faisant au moyen de l'impôt, est prélevé sur le revenu annuel, et le capital de la dette paraît reconstitué par

[1] Discours de M. le baron Poisson à la Chambre des pairs : *Moniteur* du 24 juin 1838.

une épargne. C'est vrai ; mais les sommes annuelles payées aux propriétaires des titres peuvent facilement être regardées comme des revenus, et l'on a remarqué que ces payements en annuités favorisaient beaucoup les placements à *fonds perdus;* quand ce résultat se produit, le capital n'est pas reconstitué.

L'amortissement est le moyen le plus ordinairement employé pour éteindre les dettes fondées. En constituant la rente devant payer les intérêts du capital prêté, on crée, par le même acte législatif, un fonds annuel destiné à racheter, chaque année, une portion de la rente émise : la somme annuelle prise sur le budget, accrue des intérêts des rentes rachetées, agit avec une puissance croissante ; lorsqu'on connaît le *tant pour cent* du fonds annuel et le taux de l'intérêt des rentes émises, on peut calculer le nombre d'années minimum qu'il faudra pour racheter les dettes. Si les conditions fondamentales de la création du fonds d'amortissement étaient toujours respectées, et, si les rentes à racheter ne s'élevaient pas au-dessus du pair, l'amortissement remplirait à coup sûr le but pour lequel il a été institué ; éteignant la dette pour le terme fixé, il aurait tous les avantages d'un remboursement par annuités sans en présenter les inconvénients.

Chaque année, la caisse d'amortissement emploie une certaine somme à acheter de la rente ; mais cette somme n'est pas distribuée à tous les créanciers en proportion de leurs créances. La caisse achète un certain nombre de créances entières ; elle paye de véritables capitaux allant s'ajouter à la masse du capital circulant. L'amortissement serait le meilleur moyen de remboursement, si certaines circonstances d'une occurrence trop fréquente n'en venaient paralyser les effets. Il perd d'abord toute influence utile, quand le gouvernement continue à emprunter, car l'administration détruit d'une main ce qu'elle fait de l'autre ; l'amortissement n'a plus alors qu'une action illusoire et même nuisible ; l'État perd, en effet, les frais de perception de l'impôt destiné à former la dotation de la caisse. Cette circonstance si fréquemment renouvelée chez les nations abusant des emprunts, a engagé le peuple qui avait inventé ce moyen d'éteindre les dettes, à y renoncer complétement; les Anglais n'agissent maintenant pour réduire leur dette qu'avec les excédants des budgets. Dans tous les cas, on doit renoncer à l'amortissement, quand les fonds sont au-dessus du pair; car l'État payerait plus qu'il ne doit.

Lorsqu'on ne peut se servir utilement de l'amortissement, on a recours ou à des rachats avec des fonds spéciaux, tels que les excédants de budgets, ou à des remboursements par séries ; les premiers sont employés quand les fonds sont au-dessous du pair; les seconds, quand ils sont au-dessus.

En employant des excédants de budgets ou des fonds spéciaux à racheter de la rente, on dispose de capitaux que l'on met aux mains de personnes voulant les faire valoir, puisqu'elles vendent de la rente pour se procurer un capital. Ce mode de remboursement n'agit pas aussi énergiquement qu'un fonds d'amortissement; mais il n'est jamais inutile : c'est le mode d'extinction de la dette adopté actuellement en Angleterre et aux États-Unis d'Amérique.

Quand les fonds publics se sont élevés au-dessus du pair, un gouvernement qui veut continuer à rembourser sa dette n'a que deux partis à prendre : convertir la dette en une autre payant un moindre intérêt et reprendre l'amortissement ou rembourser la dette par fraction, en séries désignées par le sort. Le remboursement inflige des pertes réelles aux porteurs des rentes indiquées par le sort; mais cette perte est peu considérable, et elle devient presque insignifiante par la faculté que l'on a de s'assurer contre les chances du tirage. Au reste, les mesures à prendre pour protéger les intérêts individuels dépendent des circonstances, et appartiennent à la science financière; mais les garanties dues aux fortunes privées ne sauraient mettre obstacle à la libération de l'État.

Le remboursement par le sort semble, au premier coup d'œil, ne pas offrir tous les avantages désirables, car il remet les capitaux à des personnes pouvant vouloir rester prêteurs ;

mais, dans le grand marché de la Bourse, il y a toujours des vendeurs et il est facile à ces personnes de rentrer dans les fonds publics.

La reconstitution du capital, qu'elle se fasse par l'amortissement, par le rachat avec les excédants de budgets ou par le remboursement par séries, a toujours des effets inverses de ceux amenés par les emprunts. Le capital circulant s'augmente annuellement de la somme remboursée, les salaires s'accroissent, les profits réels éprouvent une baisse légère, mais successive, les profits personnels se relèvent dans le même rapport, toute la production augmente et l'aisance devient plus générale.

CHAPITRE DIXIÈME.

Des perturbations apportées dans la distribution par les variations dans la valeur du numéraire.

Cinq causes générales peuvent faire varier la valeur du numéraire, ce sont : les changements dans les frais de production ou d'acquisition des métaux précieux, les variations dans le mouvement circulatoire de la monnaie, l'abondance ou la rareté relative amenée par les opérations commerciales, la dépréciation des espèces et l'usage du papier-monnaie.

De ces causes, la seconde est celle dont l'influence est la moins considérable. Elle produit toutefois des effets assez notables dans les temps de crises; mais il est difficile d'en mesurer l'influence, et il suffit de la rappeler, parce qu'elle tend à expliquer des variations dont les autres causes ne peuvent rendre compte.

Les variations dans les frais de production des métaux précieux constituent, au contraire, une cause dont l'action est radicale et l'effet universel. Quand un pareil changement se réalise, les valeurs échangeables éprouvent, dans tout le monde civilisé, des mouvements semblables. Les variations dans les frais d'acquisition des métaux précieux au moyen des échanges ont beaucoup moins d'importance. Comme elles dépendent des changements dans les rapports de la puissance productive de chaque peuple comparée à celle des autres nations, elles produisent, en général, des effets moins sensibles et surtout très-lents.

L'abondance ou la rareté comparative des quantités de monnaie, amenée par les mouvements du commerce et révélée par le taux du change, n'a que des effets peu durables. L'influence considérable que l'un ou l'autre de ces faits exerce immédiatement sur les importations et les exportations, change rapidement l'état des choses et la monnaie reprend bientôt sa valeur normale.

L'altération des espèces, c'est-à-dire la détérioration du titre ou du poids des pièces d'or et d'argent, a été autrefois une des causes les plus fréquentes des variations des valeurs monétaires. La raison publique a fait disparaître ces honteuses spoliations; le frai est aujourd'hui la seule cause de la détérioration des espèces.

L'usage du papier-monnaie peut amener dans les valeurs monétaires des variations bien autrement importantes que celles émanant des diverses autres causes. Le rapport réel de la valeur du papier-monnaie à celle du numéraire métallique, est déterminé par la quantité émise et par le degré de confiance attaché aux promesses qui y sont inscrites. Les valeurs monétaires, résultat final des variations conjuguées de ces deux éléments mobiles, sont sujettes à d'étonnantes oscillations : les assignats en ont donné d'étranges exemples.

Les différentes causes de la variation des valeurs monétaires entraînant des changements plus ou moins étendus, plus ou moins intenses agissent de deux manières différentes : tantôt elles dégradent la valeur de la monnaie, tantôt, à l'opposé, elles l'élèvent au-dessus du taux moyen et primitif; il y aura donc à étudier les conséquences de ces deux influences opposées.

Quelle que soit la cause amenant la baisse de valeur de l'unité monétaire, que cette unité soit métallique ou en papier, une même quantité de numéraire achète, après la baisse, une moindre quantité de produits qu'elle ne le faisait. Ce résultat forcé entraîne les conséquences suivantes : tous ceux qui, dans la distribution de la richesse, ont leur part mesurée par une somme fixe en monnaie, obtiennent, après la dépréciation du signe monétaire, une portion moindre que celle qu'ils touchaient; les classes recevant leur part en produits ne sont aucunement atteintes; celles qui sont débitrices de sommes fixes éprouvent une augmentation dans leur part relative. Ces conséquences nécessaires vont déterminer les effets produits par la baisse des valeurs monétaires sur le revenu et la situation de chacune des classes sociales.

Les salaires sont payés en argent, et sous ce rapport il n'est pas douteux que, dans les premiers moments, la classe ouvrière ne souffre cruellement de la dépréciation de l'unité monétaire. Mais ce mal ne sera pas durable, car le fonds des salaires ne se compose pas d'une somme fixe annuelle; il est toujours déterminé par le rapport de la valeur totale du capital circulant au chiffre de la population laborieuse; or, comme le capital circulant est composé de produits, s'il advient que l'unité monétaire baisse par rapport aux produits, la valeur de l'ensemble du capital doit augmenter dans un rapport égal à la dépréciation. L'accroissement de la valeur monétaire du capital entraîne nécessairement (la population étant supposée constante) une augmentation correspondante des salaires courants. Les ouvriers reçoivent une plus forte somme de monnaie; mais, comme le numéraire a moins de valeur, ils n'achètent avec leurs nouveaux salaires qu'une quantité de produits égale à celle qu'ils avaient avant la dépréciation; les salaires réels sont restés constants.

La baisse de valeur du signe monétaire procure cependant aux ouvriers un avantage immédiat par l'amoindrissement des impôts. Parmi les charges directes, ils ne supportent communément que la capitation ou l'impôt personnel, qui est d'une somme fixe annuelle. Les contributions indirectes les frappent plus lourdement, parce qu'elles grèvent une partie de leur consommation; mais ces droits tarifés en sommes fixes s'amoindrissent dans le même rapport que s'étend la dépréciation.

Les fermages en nature ne subiraient aucun changement par la baisse de valeur de l'unité monétaire; il n'en serait pas de même des fermages en argent. Les propriétaires, touchant toujours la même somme annuelle alors que le signe monétaire s'est avili, n'achèteraient plus avec leur fermage une quantité d'articles de richesse égale à celle qu'ils obtenaient ; leur part distributive serait amoindrie.

Dans les pays où la contribution foncière n'est plus un impôt de quotité, mais un impôt de répartition, lorsqu'elle ne dépend plus de la valeur des produits, mais qu'elle consiste en une somme fixe annuelle, comme l'est, par exemple, la contribution foncière en France, les propriétaires jouissent, par la dépréciation, d'un véritable dégrèvement, dégrèvement qui profite aux fermiers, lorsque les baux mettent les impôts à leur charge.

Les profits bruts ne sont pas atteints par la baisse de valeur de la monnaie. On les obtient, en effet, en retranchant du produit total les frais de la production. Or le premier de ces termes, se composant d'une masse de produits, la valeur d'échange ou la valeur réelle n'en varie pas, quels que soient les changements subis par l'unité monétaire ; les frais de production ont, il est vrai, une composition moins simple ; ils comprennent des salaires, des matières et des annuités d'amortissement : mais on a démontré que les salaires réels ne changeaient pas ; la valeur des matières est aussi à l'abri des variations de la monnaie ; quant aux annuités, elles sont, comme on le sait, une quote-part du capital circulant dépensé pour la création du capital fixe, et cette quote-part consistant en salaires et matières doit conserver toujours une valeur réelle constante : s'il en était autrement, le capital dépensé ne serait pas reconstitué. Les deux termes de la différence donnant les profits bruts conservant une valeur réelle indépendante, cette différence ne peut changer, et les profits bruts restent constants.

Il n'en sera pas ainsi des profits réels et des profits personnels, les deux éléments dans lesquels se décomposent les profits bruts.

Les intérêts à payer aux capitalistes, déterminés au moment où le crédit a été consenti, restent invariables pendant la durée du prêt et la somme à rembourser demeure la même, quelle que soit la variation de la monnaie : lorsque la valeur du numéraire vient à baisser par rapport aux produits, les capitalistes recevant toujours une même somme ne pourront plus acheter la même quantité d'articles de richesse et leur part réelle sera diminuée.

Les profits personnels s'accroîtront de tout ce que les profits réels auront perdu. Enfin les entrepreneurs profitent encore de la diminution des impôts et de toutes les taxes grevant l'industrie et les industriels.

Le gouvernement entre dans la distribution de la richesse pour une part notable, part qu'il prélève par l'impôt. Quoique l'impôt affecte mille formes diverses, il est rare qu'il soit établi sur la valeur des choses ; cela ne conviendrait ni à la précision administrative, ni aux nécessités financières. Presque toujours les contributions directes et les taxes indirectes mettent une somme fixe à la charge des citoyens. L'État encaissant une somme à peu près constante, la dépréciation du signe monétaire doit entraîner une perte proportionnelle dans le produit de l'impôt. Ce déficit est, il est vrai, en partie compensé par l'amoindrissement de toutes celles des obligations de l'État qui se résolvent en payement de sommes fixes ; tels sont, par exemple, les intérêts et arrérages de la dette, les appointements des fonctionnaires publics, la solde de l'armée et de la flotte. Mais les dépenses du matériel des services divers se réalisant par l'achat de produits dont le prix est augmenté, s'accroissent et demandent l'emploi de plus forts crédits. D'un autre côté, comme la dépréciation de la monnaie amoindrit le traitement des fonctionnaires ainsi que la solde de tous les agents de la force publique et réduit leur revenu, il faut, quand cette dépréciation est notable, venir à leur secours et les indemniser. Voilà une nouvelle cause du rehaussement de l'impôt.

La classe des rentiers du Grand-Livre est la plus cruellement frappée ; car elle éprouve dans son revenu une diminution proportionnelle à la dépréciation, sans espoir de voir alléger la gêne qu'elle en ressent.

Trois classes particulières trouvent leur revenu dans la répartition du prélèvement volontaire, ce sont : les personnes exerçant les professions libérales, les gens de service et les indigents.

Dans les professions libérales, les honoraires sont fixés tantôt par un tarif, tantôt par une sorte de coutume. Cette détermination, soit réglementaire, soit de convenance, expose les ayants-droit à une diminution proportionnelle à la dépréciation, toutes les fois que les rétributions sont réglées à des sommes déterminées.

Les gages des gens de service se mesurant sur les salaires des travailleurs manuels, doivent suivre la même fortune, et comme, après les premiers moments, les salaires réels ne subissent aucune baisse par suite de la dépréciation de la monnaie, il faut en conclure qu'il en doit être de même de la rémunération des domestiques. Mais le résultat ne serait pas immédiat; car l'augmentation des gages ne suit que lentement celle des salaires courants. Dans le temps intermédiaire, les gens de service éprouveraient une perte réelle, atténuée cependant par ce fait qu'une forte partie de leurs gages est payée en nature.

Les secours aux indigents se donnent le plus souvent en nature, et, si la même quantité de denrées et d'objets de vêtements était donnée après comme avant la dépréciation, les indigents ne souffriraient aucunement. Mais il arrive fréquemment que les institutions de bienfaisance sont soutenues par des sommes fixes données par des personnes charitables; si les donateurs n'augmentent pas la quotité de leurs aumônes, les distributions faites aux indigents doivent subir une malheureuse diminution.

La hausse de valeur de la monnaie a ce résultat immédiat, qu'une somme déterminée achète une plus grande quantité de produits qu'elle ne le faisait. Tous ceux qui, dans la distribution de la richesse, touchent leur part en une somme fixe annuelle, peuvent avec elle acquérir une quantité de produits plus considérable qu'avant la hausse. Celles des classes percevant en nature ce qui leur revient restent exactement dans la même situation qu'auparavant.

L'élévation de valeur du numéraire produit des effets complétement inverses à ceux de la dépréciation. Sans renouveler tous les raisonnements que l'on a faits, on comprend que les revenus des propriétaires touchant leurs fermages en argent, que ceux des capitalistes recevant les intérêts annuels des sommes prêtées s'élèveront proportionnellement à la hausse de valeur de la monnaie. Par une conséquence opposée, les entrepreneurs percevant les profits bruts en nature et payant les profits réels en sommes fixes, les fermiers soldant leurs fermages en argent souffriront une perte égale au bénéfice réalisé par les capitalistes et les propriétaires fonciers.

Les revenus de toutes les classes prenant part à la première distribution, subiront d'ailleurs une commune réduction par l'accroissement général de l'impôt. Le prélèvement fait par le Gouvernement s'augmentera réellement dans le rapport de l'accroissement de valeur du numéraire. Le revenu des créanciers de l'État et des fonctionnaires publics de tous les ordres s'augmentera dans la même proportion. Un semblable avantage se communiquera avec quelque modification aux classes exerçant les professions libérales. La hausse de valeur de la monnaie accroîtra aussi, au moins dans les premiers moments, les salaires des ouvriers, les gages des domestiques et la grandeur des dons charitables.

Quand on vient à comparer l'influence des deux mouvements que peut subir la valeur du numéraire, on voit que la baisse de valeur de la monnaie augmente les profits des entrepreneurs et des fermiers; qu'elle profite aux producteurs, accroît par conséquent le capital et tend à augmenter les salaires; qu'ainsi elle encourage et favorise toutes les classes qui s'emploient directement à produire. On aperçoit, au contraire, qu'elle diminue les revenus des classes moins productives et moins économes, celles des capitalistes et des propriétaires fonciers ainsi que ceux des classes employées indirectement à aider la production, et dont la prospérité n'implique pas un mouvement correspondant dans l'accumulation de la richesse. La hausse de la valeur de la monnaie a des effets opposés : elle augmente le revenu de toutes les classes non personnellement productives, et elle diminue les profits et la part des classes dont les efforts et les travaux produisent directement la richesse. Ce sont cependant les classes engagées personnellement dans la production qui seules accroissent par leurs économies le capital qu'elles mettent en action par leur intelligence et leur labeur; ce sont elles qui impriment à la richesse le mouvement de progrès mesuré par les avantages dont leurs efforts sont récompensés ; les classes dont l'action n'est qu'impersonnelle ou indirecte exercent sans aucun doute une influence utile ; mais cette influence est limitée, et n'est pas toujours pour chacune d'entre elles proportionnelle à la part qu'elles reçoivent. En examinant d'une manière abstraite les mouvements dans la valeur de la monnaie, on serait amené à conclure que la dépréciation du numéraire favoriserait les progrès de la richesse, tandis que le rehaussement de la valeur échangeable de la monnaie lui serait plutôt défavorable.

On doit bien, toutefois, se garder de croire que la conséquence des observations que l'on vient de faire soit d'engager à prendre des mesures susceptibles de faire baisser la valeur du numéraire. Ce qu'il faut avant tout en économie politique, comme en toute chose, c'est la justice et la bonne foi. Tout mouvement arbitraire, venant changer la position de personnes ayant contracté des engagements loyaux, est une violation de la foi publique ; c'est un mal qu'aucun avantage ne saurait compenser et qui est causé aussi bien par une baisse amenée exprès que par une hausse préméditée de l'intermédiaire des échanges. Il faut flétrir de semblables mesures et proclamer bien haut que le devoir de tout gouvernement est de maintenir le numéraire à sa juste valeur : c'est à l'administration publique, gardienne de ce grand instrument d'échange, à le défendre de toute altération; c'est à elle à tenir la balance égale entre tous les intérêts.

QUATRIÈME PARTIE.

Des variations dans la grandeur du produit total et de leurs conséquences par rapport à la situation respective des différentes classes sociales.

En exposant les principes réglant le partage de la richesse annuelle, on a supposé que les efforts productifs avaient été récompensés par un accroissement du capital employé, et c'est, en effet, ce qui arrive le plus fréquemment. Mais on n'a tenu aucun compte des modifications que cet accroissement peut subir, ni des variations consécutives qui en résultent pour la grandeur du fonds commun à partager ; on n'a point scruté non plus les causes générales pouvant amener les unes et les autres. Il convient maintenant de pénétrer un peu plus avant dans l'examen du produit total lui-même ; il est bon de rechercher si, parmi les circonstances qui en font varier l'importance, il n'en est pas quelques-unes réagissant sur le partage et sur la condition des classes qui y paraissent. Il faut admettre aussi qu'il peut y avoir des oscillations et quelquefois même des mécomptes dans les résultats donnés par le grand ensemble des entreprises de toute espèce, et on devra se résoudre à étudier avec soin les changements que ces accidents peuvent apporter dans le sort des différentes classes sociales : c'est par cet examen que l'on terminera les considérations que l'on avait à présenter sur la distribution de la richesse.

CHAPITRE ONZIÈME.

Des causes amenant les variations dans la grandeur du produit total.

On obtient le montant d'une production annuelle en multipliant la quantité des articles par leur valeur : pour apprécier les changements survenant dans le produit total, il faut nécessairement étudier les variations propres aux deux facteurs dont le produit en mesure l'importance entière.

On a démontré que la quantité des divers produits augmente dans le rapport composé du capital circulant actif, et de la puissance productive développée ; on a établi encore qu'en général, la puissance productive de chaque nation est en raison directe de l'importance de son capital fixe ; on peut donc en conclure que, pour chaque peuple, la quantité des articles produits devrait être en raison des capitaux fixes et circulants employés dans la production ; mais ce principe général est sujet à quelques exceptions et ce sont elles qu'il importe d'examiner.

Le capital circulant actif fournit rapidement tous les éléments de la production, à l'exception toutefois du plus important de tous, le travail manuel : lorsque la population ouvrière suit la même marche que le capital, en supposant la puissance productive constante, la quantité des produits est proportionnelle à la grandeur du capital ; lorsque, au contraire, les changements éprouvés par le capital suivent une autre loi que les variations dans le chiffre des travailleurs manuels, les mouvements dans la quantité s'effectuent toujours dans le même sens que les variations du capital, mais ne leur sont plus proportionnels. Si, par exemple, le capital circulant vient à augmenter tout à coup alors que la population ouvrière reste invariable, qu'arrivera-t-il? l'augmentation du capital élèvera les salaires et cette hausse amènera probablement un certain accroissement dans la quantité de travail manuel, sans que cette somme additionnelle d'efforts musculaires, conséquence incertaine de l'augmentation du prix de la main-d'œuvre, puisse suivre le rapport de l'accroissement du capital; car, pour que la quantité des produits croisse dans le rapport du capital, il serait nécessaire que l'offre de bras s'accrût dans la même proportion, cependant un pareil effet ne peut se réaliser subitement; l'accumulation rapide du capital répandra une plus grande aisance parmi les ouvriers, mais la population laborieuse n'augmentera que lentement, et jusqu'à ce que son accroissement ait regagné celui du capital, la masse des produits ne s'augmentera pas dans le rapport de la richesse circulante.

On démontrerait par un raisonnement semblable, mais inverse, que l'amoindrissement subit du capital causerait malheureusement une cruelle gêne à la classe ouvrière, mais n'amènerait pas dans la quantité des articles de richesse une diminution proportionnelle à celle éprouvée par le capital.

De toutes les forces naturelles dont l'homme a pu s'emparer, les forces végétatives sont les plus exposées à éprouver des variations indépendantes de la somme de capital employée à les utiliser : c'est la main toute-puissante de Dieu qui dispense aux champs la pluie et le soleil; c'est elle qui grossit le grain dans l'épi ou le dessèche et l'amaigrit. Les variations des saisons exercent une immense influence sur la production agricole; elles peuvent réduire la quantité à moitié ou l'élever au double de celle d'une année moyenne. Les accidents météorologiques changent ainsi d'une manière étonnante la puissance productive de la terre; pour une année déterminée, la quantité de la récolte dépend autant des phénomènes physiques que de la masse du capital employée à la culture.

L'influence des accidents matériels sur la puissance productive des autres emplois du capital fixe, est infiniment moindre; l'industrie cherche à faire usage de moyens dont elle puisse rester entièrement maîtresse; c'est ce qui fait la supériorité croissante des machines à feu sur toutes les autres machines empruntant leur moteur à la force variable des éléments, et c'est là ce qui rend l'industrie manufacturière à peu près indépendante des phénomènes météorologiques.

Le second facteur servant à déterminer le montant du produit total est la valeur. Or les valeurs d'échange, qui sont, à vrai dire, les valeurs réelles, dépendent du rapport entre l'offre et la demande. La masse entière des objets produits, sauf une très-faible quantité consommée sur place par les producteurs, est portée au marché et forme la quantité offerte; la quantité demandée est égale à la somme des demandes partielles des personnes ayant la volonté de consommer et le pouvoir de payer les articles dont elles ont besoin; en considérant le grand marché de la production annuelle, on peut dire, en général, que les valeurs d'échange varieront dans le même sens que le rapport entre la quantité produite et la somme des demandes effectives; mais on ne peut mesurer l'étendue et la portée de ces variations. Elles seront plus ou moins prononcées selon que les valeurs suivront plus ou moins exactement les rapports de l'offre à la demande. Or, tout en obéissant d'une manière générale à l'influence de cette grande et première relation, les valeurs éprouveront encore des changements spéciaux, selon que la production annuelle aura été mieux dirigée, qu'elle répondra mieux aux besoins et que les objets produits auront été plus convenablement distribués. On a déjà examiné en détail les résultats amenés par les changements dans l'offre et la demande, il nous reste à développer les conséquences particulières provenant tant de la direction conjecturale donnée à la production que de la distribution préparatoire des produits.

Pour que la valeur échangeable d'un produit se maintienne et ne s'avilisse pas, il doit y avoir une certaine relation entre la quantité produite et l'utilité effective des produits. L'affluence des choses satisfaisant aux besoins les plus urgents et les plus fréquents entraîne, sans aucun doute, une baisse de prix moins grande que ne le ferait l'accumulation d'objets d'une faible utilité ; mais la production surabondante des choses même les plus utiles, peut en faire baisser la valeur au-dessous des frais de revient. De tous les articles de richesse, le blé est sans doute le plus nécessaire ; cependant, après une suite d'abondantes récoltes, le prix peut en éprouver une si forte baisse, que les fermiers ont quelquefois grand'peine à retrouver leurs frais de culture. Quand la surabondance existe dans les objets n'ayant pas la même utilité, la dépréciation peut devenir énorme et laisser le fabricant en perte : c'est un fait qui se présente souvent dans l'industrie manufacturière. Il n'est donc pas indifférent que l'augmentation de la quantité porte sur quelques articles particuliers plutôt que sur l'ensemble des produits, et, quand elle se réalise sur certains produits, ce n'est pas la même chose qu'elle accroisse des objets nécessaires et d'une large consommation plutôt que des produits répondant à des besoins d'une équivoque utilité et n'offrant qu'un débit peu considérable.

Pour mesurer l'influence d'une augmentation en quantité, il faut se reporter à la production précédente et aux valeurs acquises. Si l'on suppose, par exemple, que, l'emploi du capital ayant été dirigé avec intelligence, les prix courants se soient élevés, pendant une année, à un certain taux, il y aura une baisse des valeurs monétaires moins grande, lorsque l'augmentation en quantité s'étendra à toute la production, que si l'accroissement de fabrication était limité à un petit nombre d'industries spéciales. Dans ce dernier cas, toute proportion peut être rompue entre la quantité offerte et la quantité demandée, la baisse devient énorme ; la demande effective, tout accrue qu'elle est, ne peut absorber la quantité produite ; et non-seulement ces objets surabondants subissent une affreuse dépréciation, mais ils perdent même une partie de leur utilité matérielle. Il n'en est point ainsi quand la production nouvelle est parallèle à celle de l'année précédente ; car c'est un fait général que la baisse des prix augmente la demande dans un rapport plus grand que celui de la dépréciation. Ainsi, dans le cas d'un accroissement général en quantité, la grandeur du produit total doit nécessairement augmenter.

La distribution uniforme de l'accroissement en quantité est, sans aucun doute, un arrangement excellent ; mais ce n'est point cependant la meilleure disposition pour modérer l'abaissement des prix : l'intensité de la demande étant normalement proportionnelle à l'utilité du produit apporté au marché, quand le prix d'un objet propre à satisfaire des besoins partagés par le grand nombre vient à s'abaisser, les consommateurs habituels augmentent leur demande ; mais, en outre, la baisse de valeur de cet article en fait pénétrer l'usage dans des couches de personnes d'autant plus nombreuses que la dépréciation est plus grande ; dans une pareille situation, l'accroissement de la demande s'augmente dans un rapport beaucoup plus grand que celui de la quantité produite ; et les prix sont loin de s'abaisser dans les proportions de l'augmentation de l'offre. Cette heureuse influence se continue encore, mais avec une moindre intensité pour ceux des produits ayant une utilité limitée. Dans ces dernières circonstances, l'accroissement de la demande éprouve une certaine lenteur, et les choses s'arrangent heureusement, lorsque la demande s'accroît dans le rapport inverse de la dépréciation. Ces observations démontrent avec quelle prudence on doit développer les plus intéressantes et les plus belles de nos industries françaises, la rubannerie de Saint-Étienne, les soieries de Lyon, les broderies de Saint-Quentin et de Nancy, les articles de Paris, etc. Pour que la production nouvelle soit dirigée aussi bien que possible, il convient que, dans chaque fabrication, l'accroissement particulier de la quantité produite soit en raison composée du capital employé et de l'utilité réelle du produit.

C'est en suivant cette direction générale que la production satisfera le mieux aux besoins de la société et suscitera une plus forte demande. Mais il existe encore un rare moyen d'augmenter la quantité des objets utiles sans détériorer les valeurs échangeables, c'est la création de nouveaux produits inspirant de nouveaux goûts et donnant de nouvelles jouissances. C'est à ces inappréciables inventions du génie industriel qu'il faut attribuer la successive amélioration de la vie humaine; c'est à ces produits inconnus jusqu'alors et créant une nouvelle demande effective, que l'on doit aussi les plus étonnants progrès de la richesse.

Les améliorations dans la distribution des produits, n'exercent pas sur les valeurs d'échange une influence moins puissante que l'habileté dans la direction productive. La distribution se fait par les *ventes* et *achats* : or le principe dominant dans les ventes est que le prix s'élève d'autant plus que l'acquéreur a un plus vif désir d'obtenir le produit qu'il demande ; le talent du vendeur, et tous les commerçants le sont, est de rechercher les lieux où les produits sont le plus désirés ; le commerce se borne à transporter les marchandises des lieux où la valeur en est la moins élevée aux marchés où elle est la plus haute : c'est ce qu'on traduit dans le langage du monde en disant que tout le commerce consiste à *acheter bon marché et à vendre cher*. Si, d'une année à l'autre, les moyens propres à étendre les relations commerciales s'améliorent subitement, on voit aussitôt les valeurs échangeables éprouver une hausse sensible. Que se passe-t-il, en effet, lorsque les négociants obtiennent un nouveau débouché ? Ils apportent sur les nouveaux marchés ou des produits qui y étaient inconnus ou des objets déjà connus qu'ils offrent à des prix réduits. Dans les deux cas, il y a augmentation dans l'intensité de la demande et accroissement dans l'ensemble des valeurs échangeables.

Quand les objets apportés au marché récemment ouvert y étaient inconnus, leur présence crée une demande effective additionnelle dont l'effet incontestable est d'augmenter la valeur du produit total. Lorsque des produits déjà admis dans la consommation locale y sont présentés avec une diminution notable de valeur échangeable, il y a, il est vrai, une réduction de prix sur le nouveau marché; mais cette baisse des valeurs monétaires communiquant une plus grande vivacité à la consommation, un nombre considérable de produits s'y vendent à des prix plus élevés qu'ils n'obtenaient ailleurs: en même temps, cette demande additionnelle élève comparativement les prix sur tous les autres marchés où l'offre a nécessairement diminué et, en définitive, la valeur échangeable moyenne des produits en éprouve une hausse réelle.

Le maintien et quelquefois le rehaussement des valeurs dus à une intelligente direction productive et au perfectionnement de la distribution des produits, annoncent que les choses fabriquées sont mieux adaptées aux besoins, et constatent un état de progrès. Cette amélioration dans les valeurs peut s'allier avec un accroissement en quantité et même, comme on l'a vu, avec une diminution des prix courants dans certaines localités. En conservant ainsi aux entrepreneurs de justes profits, elle n'impose aucune charge aux consommateurs.

Des effets entièrement opposés sont amenés par une mauvaise direction productive ou par des restrictions apportées à la facilité des échanges.

Il y a mauvaise direction productive, lorsque le capital et le travail ont été employés à créer des objets ne répondant point aux besoins ou les dépassant; les articles délaissés éprouvent une baisse réelle dans leurs valeurs, et les prix courants peuvent tomber au-dessous des frais de production. Ce fâcheux résultat se reproduit dans toutes les fabrications pour lesquelles les entrepreneurs ne conservent pas un certain rapport entre la quantité produite et la demande probable; c'est alors qu'apparaît l'*encombrement*.

Les restrictions dans les relations commerciales, la diminution des échanges, tout ce qui affecte la facile distribution des produits agit d'une manière défavorable sur les valeurs. Lorsque les objets offerts ne sont pas apportés là où ils sont demandés, lorsque la distribution est mal ordonnée, il se fait une baisse énorme dans les prix. « Réfléchissez un moment, dit Malthus, à l'immense perte de valeur qui se réaliserait,

« si, tout à coup, par une calamité fortuite, toutes les routes « d'un pays devenaient inviables et si tous les canaux s'obs- « truaient ; il n'y aurait, sans doute, aucune diminution dans « la masse totale des produits, et cependant presque tous « éprouveraient une baisse énorme dans leurs prix [1]. » Cet effet si considérable et si évident dans l'hypothèse faite par le célèbre économiste, se réalise avec une influence moins grave et moins apparente toutes les fois que des entraves ou des gênes quelconques restreignent les relations commerciales. Chaque mesure réduisant l'étendue du marché et entravant la distribution, amène à coup sûr un amoindrissement correspondant dans le montant des valeurs échangeables.

La *demande effective*, second facteur déterminant les valeurs d'échange, est mesurée tant par la portion de revenu destinée à payer la consommation immédiate que par le capital employé par les entrepreneurs pour solder la main-d'œuvre ou pour se fournir des matières nécessaires à la production nouvelle. Elle se divise donc en deux parties : l'une formant une demande de produits parfaits ; l'autre, une demande de denrées alimentaires, de matières premières, de matières diverses, de produits grossiers à l'usage des ouvriers. L'importance de cette dernière espèce de demande étant mesurée par le montant du capital circulant actif dont on a étudié l'accroissement, cette question a déjà été traitée et l'examen doit se porter sur la demande de produits parfaits. L'importance de cette demande ne s'élève pas à la totalité du revenu annuel. Chaque année, une fraction notable du produit net épargnée et mise de côté, forme un nouveau capital venant s'ajouter à la masse des éléments producteurs ; mais cette épargne n'est, dans l'année où elle se réalise, le principe d'aucune demande un peu étendue ; il faut, en effet, que les revenus soient touchés, que l'épargne soit réalisée et que le capital épargné passe aux mains des entrepreneurs ; toutes ces opérations entraînent des retards dans l'emploi. Ainsi tout accroissement extraor-

1 Malthus, *Principes d'économie politique*, t. II, pp. 5 et 6.

dinaire reçu par l'épargne, se fait aux dépens de la demande effective et devient momentanément préjudiciable aux valeurs échangeables. L'épargne, quelque avantageuse qu'elle soit à l'accroissement du capital et à l'augmentation consécutive de la richesse, peut entraîner cependant de véritables inconvénients en dépréciant des valeurs ; elle devient alors *excessive*.

Elle prend ce caractère toutes les fois que la portion du revenu net destinée à payer les objets de consommation n'égale pas au moins le capital employé, augmenté des profits ordinaires. Quand il n'en est pas ainsi, l'épargne cesse d'être utile : la diminution des valeurs échangeables empêche les entrepreneurs, soit de faire les profits mérités par leurs efforts, soit même de retirer intacts les capitaux engagés; l'épargne se fait alors aux dépens des profits personnels ou même au détriment du capital; dans les deux cas, elle détruit d'un côté ce qu'elle construit de l'autre et laisse derrière elle le découragement.

Il ne serait pas exact de dire que les conséquences fâcheuses de l'épargne excessive ne sont que temporaires, et qu'elles disparaissent aussitôt que le capital nouvellement épargné est mis en activité, l'emploi qu'on en fait modifie la consommation et change la nature de la demande : au lieu de s'étendre à l'ensemble des produits, elle se réduit à une demande de matières et de travail; les salaires se changent eux-mêmes en une demande principale de denrées alimentaires et de quelques grossiers objets. Ainsi, une partie des articles fabriqués restent en magasin et baissent de valeur; les produits agricoles sont, il est vrai, très-recherchés; mais de cette perturbation amenée dans l'équilibre entre la quantité offerte et la quantité demandée, il peut résulter une baisse de la valeur d'ensemble du produit total, et il se manifeste un arrêt nuisible au développement de la richesse.

Ce nuisible effet de l'épargne n'a lieu qu'autant qu'elle est subite et extraordinaire; lorsqu'elle est progressive et qu'elle suit le mouvement ascendant du revenu, elle a toujours une avantageuse influence. L'épargne ne devient guère excessive qu'en présence d'événements politiques menaçants : dans ce cas, une prévoyance outrée s'empare des esprits effrayés; certaines classes réduisent subitement leurs dépenses, la quantité offerte surabonde, la demande effective se restreint, et l'on voit se manifester des dépréciations extraordinaires.

Si la demande éprouve dans quelques circonstances un notable affaiblissement, il arrive aussi que certains faits lui communiquent une intensité nouvelle et inusitée : c'est ce qu'on voit se réaliser, lorsqu'un gouvernement dépense à l'intérieur le capital d'un emprunt, lorsque la paix amène dans un pays une quantité de riches étrangers, ou mieux encore lorsque l'ordre et la sécurité renaissent dans un pays troublé par des dissensions intestines; dans ces circonstances, la demande prend une extension rapide et les valeurs d'échange en reçoivent une hausse considérable.

De toutes ces observations, on peut tirer cette conclusion générale, que la grandeur du produit total annuel s'accroît par l'emploi du capital épargné, pourvu que l'épargne n'ait pas été excessive, par l'accroissement de la population ouvrière, par l'augmentation régulière ou accidentelle de la puissance productive, toutes causes agissant sur la quantité, par une meilleure direction donnée à la production, par une plus large distribution des produits, par un accroissement progressif du fonds destiné à la consommation des articles fabriqués, toutes causes favorisant la hausse des valeurs échangeables.

L'importance du produit total s'amoindrit, au contraire, par les prodigalités des propriétaires fonciers et des capitalistes, par les dépenses exagérées du gouvernement, par les pertes subies par les entrepreneurs, par l'amoindrissement du nombre des travailleurs manuels, par l'atténuation, soit régulière, soit accidentelle de la puissance productive, toutes causes s'attaquant à la quantité; par la mauvaise direction donnée à l'action productive, par le resserrement des moyens de distribution et d'échange, enfin, par l'épargne excessive, toutes causes tendant à dégrader les valeurs.

CHAPITRE DOUZIÈME.

Des modifications apportées à la distribution dans le cas d'augmentation du produit total.

L'augmentation progressive de la grandeur du produit total annuel, met à la disposition d'une nation une masse d'articles de richesse dont l'ensemble acquiert une valeur successivement croissante : à ce progrès, la population gagne les moyens de se mieux pourvoir et de satisfaire plus largement à tous ses besoins; c'est là d'abord un immense avantage; mais, lorsqu'on veut examiner en détail l'influence de ce grand fait, il faut étudier à part le jeu des deux éléments servant à en mesurer la portée.

Le facteur le plus important est sans contredit la quantité produite : c'est, en effet, l'abondance des objets créés par les efforts producteurs qui permet de satisfaire tous les besoins, de contenter tous les goûts, de fournir à toutes les jouissances. La considération des valeurs échangeables a aussi son importance, puisqu'elles apprécient la qualité des produits de s'adapter aux besoins, et qu'elles déterminent les relations plus ou moins parfaites entre la quantité offerte et la demande; mais cette influence est secondaire. On prendra donc la *quantité* comme base des recherches, et l'on examinera les trois circonstances possibles de son état, l'accroissement, la permanence, la diminution, en remarquant les modifications particulières que peuvent apporter, dans ces trois situations, les variations contemporaines de la valeur.

PREMIÈRE SECTION.

De l'accroissement en quantité.

Pendant l'accroissement en quantité, les valeurs échangeables peuvent baisser, rester stationnaires ou hausser.

§ I.

Les valeurs échangeables ont baissé.

Trois causes peuvent accroître la masse des objets produits, ce sont : l'augmentation du capital circulant, l'accroissement de la population ouvrière[1], l'amélioration de la puissance productive. Isolée, chacune d'elles a une action spéciale qu'il faut expliquer; réunies, elles ont une influence combinée qu'on doit apprécier.

Quand l'accumulation du capital est la cause unique de l'accroissement en quantité, la masse des produits, quoique augmentée, ne le sera pas proportionnellement à l'agrandissement du capital; et comme l'augmentation de la quantité offerte a fait baisser les valeurs, la hausse du montant du produit total n'atteindra pas un développement semblable à celui reçu par le capital; de là dérivent plusieurs conséquences importantes : l'accroissement du capital circulant entraîne une hausse proportionnelle des salaires; celle-ci, jointe à la baisse des valeurs échangeables, amène une diminution dans le taux des profits bruts; il y a par suite une dégradation des profits réels et un amoindrissement plus notable encore dans

[1] On sépare ici l'accroissement de la population des autres causes d'augmentation de la puissance productive pour mieux apprécier l'influence des variations de la grandeur du produit total sur le sort de la classe ouvrière.

les profits personnels; une augmentation proportionnelle à la dépréciation des prix courants dans les parts de toutes les classes touchant leurs revenus en argent. La détérioration du taux des profits réels et personnels n'implique pas nécessairement une diminution dans le revenu absolu des capitalistes et des entrepreneurs ; mais leur part relative est amoindrie. Ce dernier résultat aurait pour conséquence de diminuer le goût de l'épargne et de décourager l'esprit d'entreprise.

L'accroissement isolé de la population ouvrière amène avec l'augmentation en quantité une baisse des salaires réels : le développement de la masse des produits ne suivant pas le rapport de cette baisse, l'affaiblissement des valeurs d'échange ne doit pas non plus en atteindre la proportion. Voici l'ordre des changements : les salaires réels diminuent, les profits personnels augmentent, les prix courants baissent, le fonds des salaires ne diminue pas ; mais le nombre des ouvriers augmentant, le salaire individuel baisse, la part absolue et la part relative des entrepreneurs s'accroissent sensiblement ; les parts des capitalistes, des propriétaires fonciers, des fonctionnaires publics et de toutes les classes touchant leurs revenus en argent, s'augmentent dans la proportion de la baisse des valeurs.

Le développement de la puissance productive accroît la quantité en diminuant les frais de production. L'augmentation du nombre des objets offerts abaisse les prix courants ; mais, lorsque la production a été bien dirigée et que la distribution a été faite avec intelligence, comme c'est ici le cas, la consommation excitée par la dépréciation reçoit un développement naturel qui modère la baisse des valeurs courantes et l'empêche de suivre le rapport inverse de la quantité offerte. Dans cette circonstance, il y a hausse des profits bruts, augmentation de la part réelle et de la part proportionnelle des entrepreneurs, accroissement de la part absolue des travailleurs manuels, augmentation des parts de toutes les classes touchant leurs revenus en argent.

L'accroissement de la puissance productive est le fait dont

les conséquences sont les plus heureuses : elle améliore la situation de toutes les classes, elle répand partout l'aisance et le bien-être, elle assure en même temps une juste rémunération du labeur de l'ouvrier et un puissant encouragement à l'activité de l'entrepreneur. Réunie à l'intelligente direction des efforts producteurs et à une facile distribution, elle donne naissance aux progrès les plus sûrs et les mieux ordonnés ; c'est la source généreuse d'où sort le bonheur des peuples et la grandeur des nations.

Dans le jeu combiné des trois causes amenant l'accroissement en quantité, on verra l'emporter l'influence propre à chacune d'elles, selon que chaque cause prendra la première place dans le concours.

Si l'influence dominante appartient à l'accumulation du capital, la part relative des ouvriers en recevra un réel accroissement, tandis que les parts relatives des capitalistes et des entrepreneurs subiront une inverse diminution.

Si la quantité produite a dû sa principale extension à la multiplication du nombre des ouvriers, l'effet réalisé amènera un amoindrissement relatif dans la part des travailleurs manuels et un accroissement dans celle des entrepreneurs.

Si, enfin, c'est au développement de la puissance productive qu'il faut surtout attribuer l'agrandissement de la masse des produits, la part absolue et la part relative des entrepreneurs obtiendront une magnifique extension sans que la part de la classe ouvrière en soit diminuée.

Quelle que soit d'ailleurs la combinaison des trois causes, leur action simultanée aura toujours pour résultat d'augmenter la part absolue des classes touchant leurs revenus en argent.

§ II.

Les valeurs échangeables sont restées constantes.

Un pareil résultat augmenterait d'une manière notable les profits bruts ; il ferait profiter les entrepreneurs de tous les avantages de l'accroissement en quantité sans diminuer aucunement la part des autres classes, et offrirait une prime magnifique aux efforts des producteurs. Pour qu'un semblable effet puisse se réaliser, il est nécessaire que l'accroissement en quantité ait été accompagné du développement parallèle des causes susceptibles d'empêcher la baisse qu'il devait naturellement entraîner. Ces causes sont une meilleure direction donnée à la production, un plus large développement de la distribution, une plus grande vivacité dans la consommation.

Quelque habiles que soient les entrepreneurs à ne produire que les objets demandés par les consommateurs, quelques soins qu'ils aient de ne les envoyer qu'aux marchés où ils sont recherchés, il arrive toujours que de nombreux articles sont confectionnés en quantité surabondante ; que certains objets ne sont point offerts en temps opportun ; que certaines espèces de marchandises ne répondent pas aux besoins. La stagnation du capital placé dans les objets dont la vente est retardée, la dépréciation de valeur des articles surabondants, enfin, la perte éprouvée par les fabricants des produits répudiés forment, chaque année, un solde négatif à déduire du montant du produit total, déficit d'autant plus grand que la direction productive a été moins habile. Quand les prévisions se rectifient et deviennent plus justes, le chiffre de la perte s'amoindrit. Il peut arriver aussi que les producteurs inventent de nouveaux objets satisfaisant à de nouveaux goûts, donnant de nouvelles jouissances, et faisant naître une nouvelle demande. Lorsque le maintien de l'ensemble des valeurs est dû à ces diverses causes, les profits des entrepreneurs augmentent sans rien enlever aux avantages que l'accroissement en quantité apporte aux autres classes.

Le maintien du taux des valeurs peut encore se manifester par le développement de l'échange ; il se présente alors deux effets en apparence opposés : le taux moyen des valeurs reste constant dans l'ensemble du pays, et cependant les valeurs d'échange baissent dans de nombreuses localités. Cet effet se produit, quand il se fait de notables améliorations dans les voies de communication ; des marchandises pénètrent sur des marchés où elles n'étaient pas connues ou arrivent en plus grande quantité sur certaines places où elles étaient désirées : dans un pareil état des choses, les vendeurs obtiennent des prix plus élevés et les consommateurs achètent à meilleur marché ; la hausse des valeurs moyennes s'allie ainsi à la baisse des prix courants et l'accroissement de la part des entrepreneurs peut coïncider avec l'augmentation des parts de toutes celles des classes touchant leur revenu en argent.

La constance de la valeur moyenne peut encore se réaliser toutes les fois que la consommation s'accroît dans le rapport de la quantité. Dans ce cas manifestant que les produits sont bien adaptés aux besoins et que la prospérité se développe, il y a une grande amélioration dans la part des entrepreneurs ; mais les autres classes ne gagnent à l'accroissement en quantité que la facilité d'accroître leur consommation sans élever les prix courants.

Quand les trois causes empêchant la dépréciation des valeurs agissent simultanément, les profits bruts s'élèvent, la part absolue et la part relative des entrepreneurs s'accroissent beaucoup ; mais les parts de toutes les autres classes n'éprouvent d'amélioration que selon le degré d'augmentation de la puissance productive et la diminution des frais de transport.

§ III.

Les valeurs d'échange ont augmenté.

Dans cette hypothèse, il y aurait un large accroissement dans la grandeur du produit total et une augmentation des profits personnels offrant un grand encouragement aux entrepreneurs. Un heureux avenir se préparerait pour toutes les classes ; mais dans l'année même donnant un pareil résultat, il n'y aurait que les entrepreneurs qui en profiteraient, toutes les autres classes souffriraient une diminution dans leurs parts absolues et dans leurs parts relatives.

En présence de l'accroissement de la quantité produite et de l'augmentation de l'offre, les valeurs ne peuvent s'élever que par l'action combinée des causes tendant à rehausser les prix courants. Or, si deux de ces causes permettent aux valeurs de hausser sans imposer de charge aux acheteurs, l'une d'elles, l'accroissement de la demande, ne peut agir qu'au profit des entrepreneurs. Si l'extension du marché, le perfectionnement des moyens de transport, une plus habile distribution des produits ne venaient répandre leur bienfaisante influence, les progrès de la grandeur du produit total seraient, sans doute, une chose heureuse, parce qu'ils donneraient aux producteurs de gros bénéfices et prépareraient d'immenses ressources pour les productions suivantes ; mais, dans l'année même où ils se présenteraient avec ces caractères, ils n'apporteraient aucun avantage réel aux autres classes, si ce n'est l'espoir assuré d'un meilleur avenir.

DEUXIÈME SECTION.

Du cas où la quantité est restée constante.

Lorsque la quantité reste constante, la masse des articles de richesse demeurant semblable à celle de l'année précédente, on ne peut espérer aucune amélioration notable dans l'aisance générale, et, comme cette immobilité dans le nombre des produits est nécessairement accompagnée d'un exhaussement des valeurs, il doit en résulter momentanément une détérioration dans la situation de toutes les classes, à l'exception de celle des entrepreneurs profitant seuls de l'élévation des prix courants. Ce ne serait qu'autant que la hausse des valeurs échangeables serait due à une direction productive plus habile et plus intelligente et à un développement des échanges, que l'augmentation des prix accroîtrait les profits personnels sans détériorer la situation des classes touchant leurs revenus en argent.

La diminution de la quantité en présence de l'augmentation de grandeur du produit total serait un fait tellement extraordinaire, qu'on se dispensera de l'examiner. L'influence d'une pareille circonstance serait d'ailleurs en tout semblable au cas de la permanence de la quantité, sauf l'exagération obligée des causes et de leurs résultats.

CHAPITRE TREIZIÈME

De l'état stationnaire du produit total.

L'état stationnaire du produit total se présente dans les trois circonstances suivantes : la quantité produite et les valeurs sont restées constantes ; la quantité ayant augmenté, la valeur a diminué dans une proportion inverse ; la quantité s'étant amoindrie, la valeur a grandi. Dans ces trois cas, la nation n'a fait aucun progrès, le capital est resté le même, le pouvoir d'acheter est demeuré stationnaire, et si la population a augmenté, un amoindrissement dans l'aisance générale est inévitable.

Quand l'état stationnaire est dû à la permanence simultanée de la quantité et de la valeur, il se fait une répartition entièrement semblable à celle de l'année précédente ; dans les deux autres cas, il existe des variations dans le jeu des deux facteurs, et ces variations amènent dans la distribution des modifications qu'il faut étudier.

Premier cas. — La quantité a augmenté.

L'augmentation en quantité et la baisse correspondante des prix courants, ont l'avantage d'accroître la part de celles des classes touchant leur revenu en argent.

Lorsque la quantité accrue est due à l'accumulation unique du capital, la masse des produits ne recevant qu'un accroissement inférieur à cette accumulation et les valeurs baissant dans le rapport de la quantité produite, les profits bruts doivent diminuer; la part proportionnelle des entrepreneurs éprouve un certain affaiblissement, quoiqu'il soit possible que leur part absolue ne soit pas diminuée.

Si c'est à l'accroissement subit de la population ouvrière qu'il faut attribuer l'augmentation en quantité, comme la masse des produits s'accroît dans un rapport moindre que la baisse des salaires, la part des travailleurs s'amoindrit alors que les parts de toutes les autres classes éprouvent une légère amélioration.

Toutes les classes indistinctement profitent de l'augmentation en quantité provenant du développement de la puissance productive.

Deuxième cas. — La quantité a diminué.

La hausse des valeurs ne saurait compenser la diminution éprouvée dans la masse des produits que par l'influence des causes propres à relever les prix courants. En présence de la diminution de la quantité offerte et de la hausse consécutive des prix, on ne peut ranger parmi ces causes l'augmentation de la demande et l'accroissement de la consommation ; ce n'est donc qu'à une meilleure direction productive et à une plus facile distribution des produits qu'est due en partie l'élévation des valeurs, et cette fraction de la hausse indiquant une meilleure adaptation aux besoins n'est aucunement préjudiciable ; l'autre fraction résultant de l'amoindrissement de la quantité pèse, au contraire, de tout son poids sur toutes les classes touchant leurs revenus en argent.

Les causes déterminant la réduction de la quantité, c'est-à-dire l'amoindrissement du capital, la diminution de la population ouvrière, l'affaiblissement de la puissance productive exercent une influence portant principalement sur la classe des entrepreneurs et sur celle des travailleurs manuels.

L'amoindrissement du capital n'entraînant pas une réduction proportionnelle dans la masse des objets fabriqués, et les valeurs s'étant élevées, les profits personnels s'augmentent relativement et la part des entrepreneurs éprouve une légère augmentation.

La diminution de la population ouvrière amènerait une amélioration proportionnelle dans la part des travailleurs manuels.

L'affaiblissement de la puissance productive fait souffrir toutes les classes, mais elle frappe surtout les profits personnels et amoindrit la part des entrepreneurs.

CHAPITRE QUATORZIÈME.

De la diminution du produit total.

La diminution du produit total est un grand malheur amenant une gêne dans le présent et contenant une menace pour l'avenir. Ce fait indique un amoindrissement dans le pouvoir d'acheter appartenant à la nation, et annonce l'affaiblissement de la part moyenne revenant aux citoyens qui la composent.

Cette dépréciation du produit total révèle un amoindrissement correspondant dans la grandeur du capital national, amoindrissement atteignant la classe ouvrière dans son salaire; elle tend aussi à affaiblir la puissance productive par le découragement qu'elle jette parmi les entrepreneurs. Elle a donc les plus déplorables conséquences, et, si un pareil résultat se répétait avec quelque durée, il réagirait fatalement sur l'aisance et la puissance de la nation, et la ferait déchoir du rang qu'elle occupe parmi les autres peuples.

Si des affaiblissements successifs dans la grandeur du produit total peuvent avoir des conséquences aussi funestes, chaque dépréciation partielle amène dans la répartition de la richesse de profondes perturbations, ayant des effets plus ou moins étendus selon la nature des causes qui les ont produits et à raison des circonstances qui les accompagnent. De toutes ces circonstances, l'état de la quantité produite étant la principale, on va examiner les effets de cette déplorable défaillance, dans les diverses phases que la quantité peut offrir.

PREMIÈRE SECTION.

Du cas où la quantité a augmenté.

La décroissante grandeur du produit total au moment même où la quantité des produits a augmenté, ne peut se comprendre qu'autant que les causes susceptibles de faire baisser les valeurs d'échange ont pris un funeste développement. Ces causes sont l'amoindrissement de la consommation, la mauvaise direction productive et le resserrement des débouchés.

L'accroissement de la masse des produits augmente naturellement la quantité offerte et amène consécutivement une baisse des prix courants; chacun pouvant acheter à meilleur marché les choses qu'il désire, est naturellement porté à se mieux pourvoir; chaque classe sociale ayant la faculté de satisfaire avec moins de dépense les besoins qui la pressent est portée à augmenter la demande; la consommation doit avoir une tendance générale à s'accroître, et si un pareil mouvement ne se manifeste pas, c'est que les facultés pour acheter ont été tout à coup diminuées.

La disposition à consommer est, pour chaque peuple, une conséquence de son état social, de ses mœurs, de son activité laborieuse; les populations travaillantes et énergiques gagnent beaucoup et consomment beaucoup; les masses paresseuses et oisives produisent peu et vivent de peu; ce régime propre à chaque peuple ne subit que de lentes variations; ce n'est point de cet insensible mouvement qu'il s'agit en ce moment; on ne doit s'occuper à présent que des brusques modifications survenant dans le cours d'une année et troublant gravement les relations ordinaires entre l'offre et la demande. De pareils changements ne peuvent s'expliquer que par un redoublement de prudence amené par la pression d'une grande nécessité d'épargner; cela arrive, en présence d'événements menaçant d'ébranler l'état social; en face d'une invasion ou de la crainte de troubles civils ; alors, tous ceux qui sentent venir l'orage et sont placés sous l'ombre sinistre des événements s'efforcent par un surcroît d'économie de se préparer des ressources pour parer aux malheurs près de fondre sur eux.

La diminution de la consommation ordinaire, qu'elle ait pour cause un amoindrissement dans le pouvoir d'acheter ou dans la disposition à dépenser, amène un encombrement général des produits et une baisse énorme dans les valeurs d'échange : les pertes souffertes par les entrepreneurs sont alors considérables ; la production tout entière éprouve un grave échec et la situation de toutes les classes est compromise.

La réduction dans la consommation, au lieu d'être générale et d'amener un encombrement total du marché, peut n'être que partielle et ne porter que sur certaines fabrications ; elle ne constitue alors que des encombrements dans quelques branches particulières d'industrie, elle peut, dans ce cas, résulter d'un changement de goût venant surprendre les producteurs. C'est un danger menaçant toujours certaines industries et contre lequel on ne saurait trop prémunir les manufacturiers ; mais l'encombrement partiel peut résulter aussi de l'imprudence des entrepreneurs : quand la vente de certains articles a donné pendant quelque temps une série de gros profits, une foule de concurrents se précipitent dans cette voie qui paraît celle de la fortune, la production s'accroît sans mesure, la quantité offerte surabonde, les valeurs se déprécient et les pertes arrivent. Quand de pareils désordres surviennent dans quelques fabrications d'une grande importance, ils réagissent sur toute la production et amènent des crises commerciales et les perturbations qui en sont les suites inévitables.

Les causes entraînant une mauvaise distribution des produits sont tantôt de fausses spéculations, consistant à transporter de grandes quantités de marchandises là où elles ne trouvent pas de débit, tantôt des restrictions subites dans les relations commerciales, tantôt des interruptions dans les voies de communication : les fausses spéculations sont le fait de négociants aventureux et imprévoyants ; les restrictions commerciales résultent la plupart du temps de mesures prises, soit par suite des craintes pour la santé publique, soit dans le but de protéger certaines industries, soit, enfin, pour empêcher l'exportation de certaines denrées alimentaires; les interruptions des voies de communication peuvent provenir d'accidents météorologiques ou être amenées par les désastres qu'entraîne la guerre ; dans tous les cas, les pertes subies frappent les entrepreneurs sans aucun avantage pour les autres classes sociales.

Quand la baisse des prix est causée par une diminution dans la consommation, elle atteint toujours les entrepreneurs, mais elle apporte avec elle cet adoucissement que toutes les classes touchant leur revenu en argent achètent à meilleur marché les objets qu'elles consomment; lorsqu'au contraire la dépréciation est due à une mauvaise direction productive ou à une imprudente distribution, la perte subie par les entrepreneurs est une perte absolue et ne profite à personne.

DEUXIÈME SECTION.

Du cas où la quantité reste constante.

Lorsque la quantité est restée stationnaire, la dépréciation, n'étant pas amenée par l'augmentation de la quantité offerte, ne peut devoir son origine qu'aux influences des causes tendant à faire baisser les valeurs d'échange ; on a déjà expliqué la nature de ces causes et les diverses actions qu'elles exercent dans la distribution.

Dans de semblables circonstances, la classe des entrepreneurs éprouve une perte mesurée par le montant total de la dépréciation. Les autres classes ne subiront dans le présent aucun dommage réel, mais toutes ressentiront plus ou moins rapidement le coup qui, en frappant les entrepreneurs, a atteint toute la production et tari en partie la source même de la richesse.

TROISIÈME SECTION.

Du cas où la quantité a diminué.

Pour que la quantité produite ait diminué, il faut que des événements malheureux ou de folles prodigalités aient diminue le capital circulant, que la guerre ou des maladies épidémiques aient décimé la population, que le découragement se soit mis parmi les entrepreneurs et ait affaibli leur activité et leur énergie, que des calamités matérielles et diverses aient attaqué la puissance productive; c'est là un mouvement rétrograde aussi contraire à la nature des choses qu'à la tendance progressive de l'humanité et de la civilisation.

Quelles que soient les causes d'une situation aussi déplorable, il convient pour en mesurer les effets d'examiner les variations contemporaines des valeurs d'échange.

§ I.

Les valeurs ont augmenté.

C'est la circonstance la plus ordinaire : la quantité offerte ayant diminué, si la demande est restée la même, les valeurs d'échange doivent naturellement s'élever; elles devraient régulièrement hausser dans le même rapport que l'amoindrissement de l'offre, mais puisque ce résultat n'est pas atteint, on doit admettre que les causes susceptibles de déprécier les valeurs d'échange ont manifesté leur funeste influence ; dans ces circonstances, les classes touchant leur revenu en argent éprouveront dans leur part une diminution réelle proportionnelle au rehaussement des prix; mais la perte subie par les entrepreneurs sera encore plus grande et plus importante.

Quand la réduction dans la quantité des produits provient d'une diminution dans le nombre des travailleurs ou d'un affaiblissement dans la puissance productive, les entrepreneurs subissent toujours un amoindrissement dans leur part absolue, mais ils peuvent souffrir en outre une réduction dans leur part proportionnelle.

§ II.

Les valeurs sont restées constantes.

La diminution de l'offre devrait amener une hausse des prix courants et, comme cet effet ne s'est pas manifesté, il faut en conclure que des circonstances particulières sont venues déprécier les valeurs d'échange.

En présence de la constance des prix courants, on ne peut s'expliquer une diminution dans la consommation que par la survenance d'événements restreignant les facultés des consommateurs et affectant leur disposition à dépenser. Les circonstances amenant l'un ou l'autre de ces effets, peuvent se confondre avec les causes ayant produit la diminution de la quantité des produits ou être dues à des actes particuliers : tels seraient, par exemple, l'établissement d'impôts extraordinaires, l'émission d'emprunts considérables, de grands achats de blé à l'étranger, le payement d'un tribut, des menaces de guerre, etc.

On comprend difficilement qu'il puisse exister une mauvaise direction productive au moment où la quantité a diminué; mais on peut admettre cependant que la guerre ou des troubles civils puissent changer subitement tous les rapports entre l'offre et la demande, et si, dans les mêmes circonstances, les voies de communication viennent à être interrompues ou sont interceptées, on peut supposer, qu'aux pertes amenées par les prévisions déçues des producteurs s'ajoutent encore celles causées par les accidents troublant la distribution régulière des produits.

Quoi qu'il en soit des causes diverses produisant une réduction dans la demande et une permanence dans les valeurs d'échange alors que la quantité offerte a diminué, la part effective des classes touchant leur revenu en argent ne sera pas amoindrie, mais celle des entrepreneurs subira toujours une dépréciation absolue, proportionnelle à la diminution de la quantité produite.

§ III.

Les valeurs ont diminué.

Quand en présence de la quantité réduite des articles de richesse, on en vient à supposer encore que les valeurs d'échange des produits raréfiés se sont affaiblies, on est forcé d'admettre en même temps que toutes les causes susceptibles de faire baisser les prix courants ont pris une nouvelle et redoutable énergie. Une telle situation ne peut se réaliser que dans un pays déchiré par une guerre civile ou foulé par une invasion ; d'énormes pertes sont alors faites par tout le monde ; des impôts exorbitants, des contributions de guerre levées par l'ennemi, des exactions de tout genre réduisent tous les revenus individuels ; les esprits frappés de terreur se refusent à toute distraction, à toute jouissance ; la consommation se réduit au strict nécessaire ; malgré la réduction de la quantité produite, une foule d'articles se trouvent surabondants ; il y a encombrement; dans les circonstances malheureuses où se trouve le pays, la plupart des relations commerciales intérieures et extérieures sont gênées ou interrompues ; la distribution régulière des produits est généralement entravée et les prix courants des articles fabriqués s'abaissent dans des proportions inouies.

Dans un pareil état des choses, le sort de toutes les classes est déplorable ; mais aucune n'éprouve des pertes comparables à celles que subissent les entrepreneurs, leur part dans le produit total souffre une énorme diminution dans sa quantité et dans sa qualité ; des maux presque aussi grands frappent la classe ouvrière qui partage toujours les maux accablant les patrons ; ainsi la production est attaquée dans ses éléments principaux, le capital, l'activité industrielle, et le travail manuel : elle est atteinte notamment dans les deux classes de ses agents les plus actifs et les plus intéressants, les entrepreneurs et les ouvriers ; ce sont là des circonstances économiques des plus menaçantes pour l'avenir de la richesse et le bonheur d'un peuple. *Dî omen avertant !* C'est pour conjurer de pareils malheurs qu'il faut faire appel à l'habileté des hommes d'État, à l'énergie des bons citoyens, à la sagesse et au patriotisme de toute la nation.

LIVRE QUATRIÈME

DE LA CONSOMMATION DE LA RICHESSE

L'homme ne se livre au travail que pour satisfaire ses besoins, il ne prend de la peine que pour se ménager des jouissances, il ne se fatigue que pour se reposer dans l'aisance. Quand, par son activité et son intelligence, il a su féconder les capitaux conservés par son abstinence et accumulés par son économie, quand les mille bras de l'industrie et le jeu des machines ont converti la matière en une foule d'articles propres à contenter tous les désirs, quand, enfin, tous ces objets ont été transportés aux lieux où ils sont demandés et lorsqu'ils ont été mis à la disposition des personnes qui les recherchent, alors un dernier acte, mille et mille fois répété, les emploie et les détruit pour contenter les appétits qu'ils doivent satisfaire : voici la consommation, but final et dernier terme de l'évolution productive.

Consommer un produit, ce n'est point détruire la matière dont il est composé, l'homme n'a pas ce pouvoir ; ne créant que la forme, il ne peut détruire qu'elle seule ; une consommation n'est, en définitive, que la destruction de la forme utile donnée à la matière.

Cette destruction peut être entière et entraîner la résolution du produit en éléments matériels ne possédant aucune valeur ; elle peut être incomplète et laisser subsister une certaine forme utile; elle peut, enfin, se réaliser par un simple changement d'apparence, par une transformation donnant un nouveau produit d'une forme nouvelle et plus complète.

Comme l'appréciation de l'utilité actuelle propre à chaque forme est exactement exprimée par la valeur d'échange, on peut mesurer les effets des divers changements de forme de la matière par les différentes modifications de la valeur : on dira qu'une consommation est avantageuse, lorsqu'en détruisant une chose utile, elle donnera naissance à un objet doté d'une forme nouvelle et ayant une valeur plus grande que celle des produits consommés ; et qu'une consommation est désavantageuse, quand elle fait disparaître toute forme utile ou ne laisse subsister qu'une chose de moindre valeur que l'objet détruit ; puisque la consommation avantageuse accroît la valeur et augmente ainsi la richesse, on l'appellera *consommation productive;* la consommation désavantageuse diminuant, soit la valeur des choses et par conséquent leur utilité actuelle, soit la quantité des produits, on la nommera par opposition *consommation improductive.*

Celle-ci en détruisant la forme donnée à la matière, anéantit en même temps la valeur qui en mesurait l'utilité ; c'est un résultat complétement opposé à celui de la production, et, à vrai dire, elle constitue la consommation réelle ; la consommation productive n'est, au contraire, qu'une conséquence des procédés producteurs, qu'un moyen de produire. Cela étant, on serait porté à croire que l'examen des règles concernant la consommation productive devrait appartenir aux considérations sur la manière de produire plutôt qu'aux principes gouvernant les manières de consommer ; toutefois, comme la consommation productive entraîne toujours la destruction de formes créées par une précédente production, qu'elle satisfait des besoins d'une extrême importance et que, sous ce rapport, elle peut être considérée d'après un point de vue spécial, il convient de la comprendre dans l'examen de la consommation générale.

Quelle que soit la nature de la consommation, il y a toujours un véritable avantage à ce qu'elle ait lieu dans le plus bref délai possible. Un produit représente un certain capital enfermé dans une forme et restant inactif jusqu'au moment où cette forme est détruite ; ce capital payant un intérêt qui augmente les frais de production, on en réduit le montant en diminuant le temps pendant lequel il est arrêté ; la disposition la plus heureuse serait celle qui ferait qu'à l'instant de sa création un produit pût être appliqué au besoin corporel ou industriel qu'il doit satisfaire. Cette circonstance se réalise dans les temps de grande activité commerciale ; les produits fabriqués sortis des ateliers passent aux mains des marchands qui les livrent sans retard aux consommateurs. L'activité de la consommation coïncide la plupart du temps avec la vivacité de la demande ; mais ce sont deux choses ayant des effets différents : l'intensité de la demande fait augmenter la valeur d'échange et cette hausse ne profite qu'aux entrepreneurs et aux commerçants ; l'activité de la consommation diminuant la valeur naturelle des produits, tend à réduire les prix des choses et devient avantageuse à toutes les classes.

Pour étudier avec méthode les principes réglant la consommation, on développera d'abord les considérations se rapportant à chaque consommation spéciale ; ensuite et attendu que la consommation improductive entraîne toujours une diminution de richesse et amoindrit le capital, source de toute production future et que, par là même, elle doit se renfermer dans certaines limites, on essayera de les déterminer, et l'on s'efforcera d'établir les rapports normaux devant exister entre la consommation, l'épargne et la production.

PREMIÈRE PARTIE.

De la consommation productive.

On appelle *consommation productive* toute destruction d'objets produits ou fabriqués, ayant pour résultat la production d'articles de richesse possédant une valeur plus grande que celle des choses consommées dans l'exécution de l'œuvre.

Elle est directe ou indirecte : la consommation directement productive est celle qui, par l'emploi de choses utiles disparaissant dans l'opération, produit un certain nombre d'objets déterminés ; la consommation indirectement productive a lieu lorsque, par une dépense de capital, on augmente d'une manière générale la masse de la richesse, sans qu'on en puisse reconnaître l'effet précis sur des articles particuliers.

L'accroissement de valeur créé par la première est facilement suivi à travers les diverses transformations du capital employé, on le retrouve fixé dans un certain nombre de produits, et on le mesure exactement en comparant le chiffre connu du capital dépensé aux prix courants des produits confectionnés. L'augmentation de richesse créée par la seconde se répand sur l'ensemble de la production et ne peut se calculer, car elle se confond dans l'amélioration générale ; l'une se rapporte à la destruction de richesse se faisant dans la production directe, l'autre comprend toutes les consommations réalisées pour mettre en action les nombreuses causes agissant sur la production indirecte ; celle-là s'applique à toutes les dépenses nécessaires pour se procurer les éléments matériels de la production, pour solder la main-d'œuvre, augmenter directement la puissance productive du capital et du travail ; celle-ci renferme toutes les dépenses rémunérant les travaux indirectement productifs.

CHAPITRE PREMIER.

De la consommation directement productive.

Elle comprend l'emploi des semences et des engrais fournissant les éléments matériels nécessaires à la production agricole, les dépenses en matières premières transformées par la main-d'œuvre industrielle, la consommation des travailleurs manuels et celles de toutes les personnes employées dans la direction des entreprises agricoles, industrielles ou commerciales, la dépense en matières indispensables à la mise en action des machines et à l'alimentation des animaux dont la force musculaire est utilisée dans l'agriculture et les diverses industries ; elle s'accroît, enfin, de toutes les détériorations et destructions subies par les capitaux fixes engagés dans la production.

Cette consommation est d'une immense importance : elle égale chaque année la totalité du capital circulant actif et dépasse de beaucoup l'ensemble de toutes les autres consommations. Quelque avantageuse qu'elle soit, car elle mesure les efforts faits par les producteurs, il y a toujours un grand intérêt à opérer dans chaque procédé particulier toutes les économies réalisables sans compromettre la réussite de l'œuvre entreprise.

La consommation des semences, des engrais et des matières premières n'a lieu qu'au fur et à mesure que ces choses sont employées ; tant qu'elles restent dans les magasins, elles conservent leur qualité de capital ; elles ne se transforment et ne se consomment, les semences et les engrais, qu'autant qu'ils sont confiés à la terre, les matières premières que lorsqu'elles sont mises en œuvre.

Il en est de même des aliments et autres objets représentant les salaires des ouvriers. La dépense faite par les entrepreneurs pour acheter la main-d'œuvre ou pour payer la surveillance des travaux, ne saurait être regardée comme une consommation, c'est un échange : les travailleurs manuels et les employés de la direction productive cèdent, les uns l'usage de leurs bras, les autres leurs soins et leur temps, contre une certaine quantité de richesse précédemment accumulée. Ce fait est une convention et non une consommation : l'emploi d'un capital destiné à payer les salaires est un acte productif semblable à celui se réalisant par l'achat des matières premières, et la consommation des choses qu'il représente ne commence qu'à l'instant où les ouvriers les emploient à satisfaire leurs besoins.

Cet emploi des salaires est productif toutes les fois qu'il a pour effet de maintenir, de perpétuer, d'augmenter la force vive de la population laborieuse; mais on ne saurait justement en conclure que tout ce qui est dépensé par les travailleurs manuels est une consommation productive. On sait, en effet, que les salaires peuvent et doivent le plus souvent dépasser les salaires naturels ou la somme des choses nécessaires au maintien de la classe laborieuse; lorsqu'il en est ainsi, les ouvriers possèdent un surplus net au-delà de leurs besoins, et cet excédant peut être consommé *productivement*, s'ils l'appliquent à améliorer leur régime alimentaire, à se mieux vêtir, à se loger plus sainement, à perfectionner leur instruction, à se fortifier, enfin, le corps et l'esprit ; *improductivement*, s'ils le gaspillent en folles dépenses, en parties de cabaret aussi nuisibles à leur santé qu'au bien-être de leurs familles. Une portion de cet excédant pourrait aussi être épargnée et aller grossir les réserves des caisses d'épargne ou les fonds des sociétés de secours mutuels. Il n'y a donc qu'une fraction des salaires réels qui soit toujours consommée productivement, c'est celle qui représente les salaires naturels, c'est sans doute la plus forte part, mais ce n'est pas la totalité.

On ne peut espérer ni désirer d'économies sur la consommation productive des travailleurs manuels : il n'y a, en effet, que des malheurs déplorables qui puissent les réduire à se contenter d'une nourriture plus grossière ou moins abondante; et cette dégradation dans les conditions de la vie des ouvriers entraînerait à coup sûr un affaiblissement physique et un affaissement moral; à la suite d'une pareille déchéance, la richesse perdrait autant que la civilisation. Il n'y a point d'épargne à faire de ce côté; tous les efforts des bons citoyens doivent tendre à rehausser sans cesse le niveau des salaires naturels; c'est là une portion sacrée représentant l'aisance de la classe la plus intéressante de chaque nation.

Il est, au contraire, possible et désirable de faire des économies sur les consommations des machines, sur l'alimentation des animaux et sur les dépenses matérielles de toute espèce.

La consommation productive est la cause d'une énorme demande exerçant naturellement une vive influence sur les valeurs et le mouvement général des affaires; afin d'en apprécier l'importance, on va essayer, pour notre pays, de comparer cette consommation spéciale à la consommation totale. Celle-ci ne peut dépasser le montant du produit total, lequel s'élève au plus à 18 milliards ; car, de ce chiffre, il faut retrancher tout ce qui est épargné annuellement, épargne qu'on peut évaluer au moins à 2 milliards[1]. La consommation totale s'élèverait donc tout au plus à 16 milliards, se partageant en deux consommations distinctes, l'une directement productive, l'autre improductive ou indirectement productive. La première comprenant le salaire des ouvriers, les semences et engrais pour l'agriculture, les matières premières pour l'industrie, l'entretien et l'alimentation des machines, la nourriture de tous les

[1] M. Bonnet, *Revue des Deux-Mondes*, 1er mars 1872, pages 152, 153.

animaux employés dans la production, le remplacement du capital fixe usé ou détruit, s'élève à une somme de 12 milliards égale au montant intégral du capital circulant actif; la seconde ne peut guère dépasser 4 milliards donnés par cette partie du produit net qui n'a pas été épargnée. Ainsi, dans les temps ordinaires, lorsque l'ordre économique n'est pas troublé par d'anormales dépenses, la consommation productive est à l'ensemble des deux autres comme 12 est à 4, c'est-à-dire qu'elle en est le triple. Mais cette consommation, toute considérable qu'elle est, se borne à une catégorie particulière de produits. Les besoins en sont énormes, mais restreints à certains articles déterminés; les efforts pour les satisfaire sont limités à la production de denrées alimentaires, de vêtements grossiers et d'autres articles manufacturés à l'usage des travailleurs manuels, de semences, d'engrais et de fourrages, à la recherche de matières premières et de matières diverses et notamment de combustibles pour l'entretien et l'alimentation des machines. De cette énumération, on peut conclure que la demande résultant de la consommation directement productive ne saurait, valeur pour valeur, être équivalente à une demande de même importance faite par les deux autres consommations. Celles-ci forment une demande générale de tous les produits, celle-là une demande exclusive pour certains articles particuliers ; on verra plus tard quelles conséquences entraîne cette nécessaire distinction.

CHAPITRE DEUXIÈME.

De la consommation indirectement productive.

L'autorité tutélaire d'un gouvernement, l'intervention des professions libérales, et même l'aide des gens de service exercent sur les résultats de la production une influence dont personne ne peut nier l'importance, ni contester l'utilité; mais l'action de ces causes diverses entraîne de grandes dépenses et de notables consommations. Celles-ci sont réellement productives toutes les fois qu'elles sont indispensables à l'existence des influences utiles qu'elles doivent amener ; elles cessent de l'être, quand elles perdent ce caractère. La réduction de ces dépenses et l'atténuation des consommations qui les accompagnent, pourvu qu'elles n'altèrent en rien l'énergie des causes agissant indirectement sur la production, diminuent les charges pesant sur les citoyens, amoindrissent les frais, font baisser les prix courants et profitent à l'aisance générale. Ces économies auraient ainsi d'heureuses conséquences, et il est de quelque importance de rechercher quelles sont celles qu'on pourrait réaliser.

Les dépenses indirectement productives sont de deux natures différentes : les unes sont destinées à assurer l'action gouvernementale, les autres à rémunérer celles des classes de citoyens dont les occupations viennent en aide à l'action productive; celles-là sont payées par l'impôt et les consommations qui en dérivent sont faites pour l'État et par les agents de l'autorité publique; celles-ci se soldent au moyen d'un prélèvement volontaire et ont lieu d'après les déterminations individuelles des citoyens; les unes sont des consommations publiques, les autres des consommations privées.

PREMIÈRE SECTION.

Des consommations publiques.

Les consommations nécessitées par l'action gouvernementale, n'ont qu'une influence générale se répandant sur l'ensemble de la richesse sans prendre corps sur des articles déterminés. Ce sont des destructions sans aucune reproduction matérielle évaluable. En elles-mêmes, ces dépenses sont improductives, elles ne deviennent utiles que par l'autorité qu'elles communiquent aux pouvoirs publics. Pour que ces consommations ne soient pas un dommage national, il faut qu'elles soient indispensables; toute dépense publique qui n'a pas ce caractère, agit comme un accident physique diminuant la richesse, comme une calamité matérielle venant frapper la production.

On entend souvent émettre cette opinion, que les dépenses du gouvernement ne sont point des destructions de richesse, qu'elles ne constituent qu'un transport de capital de certains individus à certaines autres personnes, qu'il peut y avoir interversion dans les fortunes, mais sans aucune diminution de la richesse : c'est là une grave erreur, ayant de fatales conséquences. Ce déplorable préjugé repose sur une triste équivoque; il est très-vrai que les sommes de monnaie perçues au moyen de l'impôt sont rendues à la circulation aussitôt que le gouvernement en fait emploi, et que, par conséquent, la portion du capital en monnaie passant des mains des citoyens dans les caisses publiques est restituée en entier, et c'est une chose exacte d'affirmer qu'il n'y a aucune diminution de numéraire ; mais le capital-monnaie n'est pas un objet de consommation; il n'a d'autre emploi que de servir d'intermédiaire dans les échanges : ce qui est consommé, ce qui est détruit, ce sont les articles de richesse achetés pour le compte du gouvernement et appliqués à satisfaire tous les besoins de l'État. Croire qu'il n'y a pas de richesse détruite, parce que la portion de capital-monnaie qui a servi à l'acquérir reste intacte, c'est prendre l'apparence pour la réalité, l'image pour l'objet, la balance pour le poids.

En prélevant l'impôt, l'administration publique enlève aux citoyens un capital considérable qu'elle échange, soit contre des services, soit contre des denrées et d'autres articles divers. Ces objets matériels sont consommés par l'armée, par la flotte et par tous les agents que le gouvernement entretient et nourrit; c'est là une première et directe destruction de richesse. L'autre portion de l'impôt payant les intérêts de la dette ou échangée contre des services, passe aux mains des créanciers de l'État ou en celles des fonctionnaires publics, et est employée par eux à fournir à leur entretien ou à celui de leurs familles; transformée en aliments et en objets variés, elle est consommée et disparaît; c'est là encore une véritable destruction de richesse. En définitive, le gouvernement s'est emparé d'une certaine partie du capital circulant et l'a détruite.

Cet effet est déguisé par les habiletés des financiers, mais il est réel, et il se révélerait dans toute sa brutalité, si, revenant aux habitudes des premiers âges, on voyait les agents du fisc enlever au cultivateur sa dixième gerbe, au fabricant le dixième des objets qu'il a confectionnés, à l'ouvrier le produit de son dixième jour de travail; si, en spectateur intéressé, on regardait des préposés enfermer dans de vastes magasins tous ces objets enlevés aux producteurs; si l'on remarquait, enfin, que d'autres agents chargés de la dépense viennent prendre dans ces immenses dépôts des denrées, des vêtements, des objets de toute nature pour les distribuer aux soldats, aux matelots, à tous les fonctionnaires publics, à tous les employés, on apercevrait alors que tout ce grand amas de richesse est consommé et détruit sans reproduction. A la vue de la destruction complète de cette masse de choses produites avec tant de peines et de sueurs, peut-être certaines personnes arriveraient-elles à un sentiment opposé à celui que nous combattons et tout aussi déraisonnable? Peut-être oublierait-on les services que le gouvernement rend à la production et à la chose publique? Oui, un gouvernement fort, parfaitement en état de remplir tous les devoirs qui lui incombent, est une nécessité politique et économique; il faut donc lui accorder les moyens propres à assurer la plénitude de son action; mais, d'un autre côté, on doit affirmer en même temps que toute dépense administrative superflue est un dommage public et doit être supprimée.

Comme les bienfaits d'une sage direction des affaires publiques sont inappréciables et que les maux dérivant d'une mauvaise gestion sont incalculables, la première qualité d'un gouvernement n'est point d'être peu coûteux, mais bien d'être parfait : cet aphorisme, tout incontestable qu'il est, offre, il faut le dire, un vaste champ aux erreurs politiques comme aux prodigalités financières, et devient souvent l'origine d'un grave danger. Il arrive, en effet, que les hommes du pouvoir, entraînés par le désir de fortifier l'action du gouvernement, et pleins d'ardeur pour rehausser le prestige de l'autorité, cherchent incessamment à étendre les attributions administratives, accroissent sans relâche le nombre des fonctionnaires, élèvent les traitements, multiplient les dépenses et enflent sans mesure le budget de l'État. Il existe sous ce rapport de tels abus, que l'administration publique coûte dans certains pays quatre ou cinq fois plus que dans tels autres moins administrés sans doute, mais certainement mieux gouvernés[1].

Pour faire l'importante distinction entre les dépenses utiles qu'il faut accepter et les superflues qu'on doit supprimer, on a, dans les États libres, remis le vote de ces allocations au peuple ou à ses représentants. Dans les républiques antiques, les citoyens, assemblés sur l'*Agora* ou dans le *Forum*, décrétaient les dépenses; chez les nations modernes, ce sont les chambres électives qui statuent sur le budget.

[1] Maurice Block, *Statistique de la France*, tome I, pages 863, 864.

Cette intervention de l'élément populaire a eu pour base dans nos sociétés renouvelées cette vieille maxime du moyen âge, que *les impôts doivent être votés par ceux qui les payent*. Dans les premiers temps, ce n'était qu'indirectement que les représentants du pays pouvaient contrôler les dépenses publiques. Ils arrêtaient quelquefois l'exécution d'un projet en n'accordant pas les *voies et moyens* pour l'entreprendre ; mais, comme on n'avait pas besoin de leur autorisation pour entamer certaines entreprises, ils étaient très-souvent forcés d'accepter des dépenses parce qu'elles étaient faites, et non parce qu'elles étaient utiles. Lorsqu'avec le temps, le principe de la toute-puissance de la volonté nationale vint à triompher, alors les chambres chargées de représenter l'expression éclairée de l'opinion publique, statuèrent non-seulement sur les voies et moyens, mais se prononcèrent aussi sur l'opportunité de chaque dépense, elles spécialisèrent l'emploi des crédits accordés, se réservèrent enfin le droit de vérifier l'usage des sommes votées et de contrôler l'exécution des services prévus.

Quand une nation est arrivée à ce point que des représentants librement élus ont le droit de statuer sur l'opportunité, la spécialité et la quotité des dépenses, quand ils peuvent contrôler l'exécution et vérifier l'emploi des sommes votées, on peut affirmer que toutes les précautions sont prises pour assurer le caractère d'utilité des dépenses publiques. Mais ces garanties constitutionnelles et ces précautions législatives n'ont de valeur réelle qu'autant que les citoyens en savent assurer la stricte application. C'est aux électeurs à choisir des représentants assez indépendants pour n'accorder au pouvoir que les dépenses indispensables, assez fermes pour rejeter toute demande de crédit d'une utilité douteuse.

On peut ranger en deux classes les dépenses d'une nation ; es unes sont ordinaires, les autres extraordinaires.

Les dépenses ordinaires sont toutes celles entraînées par l'action normale de l'administration publique ; elles sont ou doivent être payées par les impôts réguliers et ordinaires.

Les dépenses extraordinaires ont lieu en présence d'événements graves et imprévus. Elles sont le plus souvent soldées par des emprunts ou par des moyens spéciaux de lever de l'argent.

Soumises dans les États libres à l'investigation de tous les citoyens et au contrôle des chambres, les dépenses ordinaires doivent, au bout d'un certain temps, être réduites à leur plus simple expression. Aussi, dans tous les pays où existent des garanties constitutionnelles et dans lesquels les citoyens savent les maintenir, on peut regarder ces dépenses comme productives.

On ne saurait en dire autant des dépenses extraordinaires, presque toujours occasionnées par la guerre, cette grande et terrible destruction de vies et de richesses. La guerre à laquelle se résout un peuple pour défendre son indépendance menacée est une guerre sacrée, et les dépenses faites pour lui donner une heureuse issue doivent passer avant toutes les autres. Mais il est rare que les entreprises belliqueuses aient des causes aussi légitimes : presque toujours, elles ont lieu pour des motifs injustes ou sur des prétextes puérils. Entreprendre la guerre est cependant un des actes les plus graves auxquels une nation puisse être entraînée. Cet acte peut compromettre à la fois son existence et son honneur. Les constitutions politiques devraient prendre ce sujet en grande considération, et des garanties solennelles doivent être exigées pour empêcher toute agression injuste ou imprudente.

Quelques dépenses extraordinaires peuvent être productives, et, parmi elles, il faut mettre au premier rang celles qui ont pour cause l'exécution de grands travaux d'utilité publique, tels que la création de routes, l'ouverture de canaux, le creusement de ports, l'établissement de lignes ferrées. Ces grands emplois de capitaux destinés à favoriser les transports et à diminuer les prix des marchandises, peuvent être considérés sous deux points de vue différents : sous le rapport financier, il n'existe aucune bonne entreprise que celles rapportant l'intérêt du capital dépensé et l'annuité d'amortissement du capital fixe. Mais ce serait adhérer à une règle bien stricte que de renfermer l'administration dans des limites aussi étroites. Il est certaines circonstances de temps et de lieu où l'État peut atteindre un but utile, en exécutant de grands travaux que l'industrie privée n'oserait entreprendre : dans ce cas, l'intervention du gouvernement et les dépenses qui en dérivent, quoique ayant des résultats peu avantageux sous le rapport financier, peuvent encore être grandement utiles à la chose publique ; mais ces entreprises doivent toujours être soumises à cette souveraine condition, que les économies apportées dans les frais de production dépassent de beaucoup la somme nécessaire pour solder les intérêts du capital engagé et l'annuité d'amortissement ; toutes les fois que ce résultat n'est point atteint ou ne peut l'être dans un petit nombre d'années, quelle que soit la dépense, elle est improductive et nuisible aussi bien à la richesse du pays qu'aux finances de l'État.

La consommation, conséquence obligée des dépenses publiques, n'est pas toujours égale à leur montant. Si les services du matériel entraînent presque toujours une destruction de richesse représentée par le capital qu'ils réclament, il n'en est pas de même des sommes destinées à solder le personnel : celles-ci comprennent les traitements, appointements et salaires des fonctionnaires publics et des autres agents de l'administration. Les traitements, variables selon la nature des gouvernements, sont en général peu élevés ; mais ils peuvent toutefois permettre en certains cas quelques économies, et cette épargne constitue une véritable atténuation de la destruction de richesse amenée par les dépenses administratives.

DEUXIÈME SECTION.

Des consommations privées indirectement productives.

La plupart des dépenses qui les amènent sont purement volontaires; les citoyens sont libres de les faire ou de les supprimer. Quelques-unes cependant sont la conséquence forcée de prescriptions législatives. L'inutilité ou la superfluité n'en peuvent provenir que de l'imprudence ou de l'irréflexion des individus pour celles qui sont volontaires, ou de mauvaises dispositions législatives pour celles qui sont obligatoires.

Les dépenses obligatoires sont imposées par la nécessité d'avoir recours au ministère de certains officiers ayant le privilége de faire ou de constater certains actes de la vie civile. Dans quelques circonstances, la loi requiert l'assistance de ces personnes alors qu'on pourrait se passer facilement de leur intervention; et, dans les cas où leur concours est véritablement utile, il est parfois trop chèrement rétribué : le remède à ces inconvénients dépend de la sagesse du législateur. La loi constitue souvent ces officiers privilégiés en corporations surveillées par des conseils ou des chambres redressant les écarts individuels; ce sont là d'excellentes institutions, et l'on doit beaucoup attendre des efforts faits par les hommes sages et honnêtes que ces classes renferment en si grand nombre pour que les citoyens ne rémunèrent que d'utiles services.

Les dépenses volontaires peuvent aussi bien que les dépenses obligatoires être tout à fait improductives. Il est souvent d'une extrême utilité de consulter les médecins, et leurs secours, réclamés à temps, préservent souvent de graves dangers; mais les personnes dont l'imagination inquiète ne peut être rassurée que par les prescriptions innocentes d'un docteur complaisant, font une dépense d'une complète inutilité.

Il n'est pas douteux que les services des domestiques ne soient la plupart du temps extrêmement utiles; mais l'homme fastueux remplissant ses antichambres d'une foule de laquais oisifs, fait une dépense presque entièrement improductive. Au reste, comme toutes ces dépenses sont volontaires, c'est à la prudence de chacun à les régler sur l'avantage qu'il doit en retirer.

On ne peut regarder comme entraînant toujours une véritable consommation, les dépenses faites pour rémunérer l'aide des classes dont les travaux ou les services concourent indirectement à augmenter les résultats de la grande œuvre productive. Quelques-unes de ces classes, prévoyantes et économes, sont loin de consommer tout ce qu'elles gagnent; une portion considérable des sommes employées à payer leurs honoraires, leurs émoluments ou leurs gages, est soigneusement épargnée et redevient capital actif. On ne doit pas oublier, d'ailleurs, que parmi ces classes se trouve celle des gens de service dont les gages sont trop faibles pour leur permettre de faire de grosses économies; on sait cependant qu'environ le quart des sommes déposées, en France, dans les caisses d'épargne, appartient aux domestiques.

DEUXIÈME PARTIE.

De la consommation improductive.

Tout acte diminuant le capital en quantité ou en valeur amoindrit la richesse, et constitue une consommation improductive ou un fait assimilable à une consommation improductive. Il y a ainsi deux manières de consommer improductivement : l'une par diminution de la quantité, l'autre par abaissement de la valeur ; l'une est une destruction de produits, l'autre un amoindrissement de leur utilité actuelle.

Ces deux consommations fort différentes dans leurs conséquences, se distinguent encore par leur origine et leur but : la première est toujours volontaire, la seconde toujours involontaire ; l'une a pour unique but la satisfaction de besoins exprimés, l'autre est le résultat d'une erreur ou d'une faute commise par les producteurs ; celle-là se réalise pour consommer, celle-ci a lieu pour produire ; l'une détruit une forme préexistante, l'autre crée une forme nouvelle ayant une valeur moindre que la forme détruite.

Ces deux manières de diminuer la richesse, si variées dans les circonstances qui les précèdent, les accompagnent ou les suivent, ont encore des conséquences éloignées fort dissemblables : la consommation des produits, quoique improductive en elle-même, peut avoir des effets consécutifs favorables à la création de nouvelles richesses, la consommation par diminution de valeur n'a que des suites funestes.

Consommer ou employer les articles de richesse à satisfaire les nombreux besoins tourmentant la nature humaine, c'est contenter les désirs de l'homme, lui donner toutes les jouissances matérielles qui soutiennent l'existence et embellissent la vie ; mais cette satisfaction des besoins, cette aisance, ce bien-être, ce bonheur matériel ne peut s'acquérir que par le travail, l'abstinence et l'économie ; ceux qui produisent ou ont produit, soit par eux-mêmes, soit par leurs auteurs, peuvent seuls consommer. Le spectacle de la consommation et la vue des jouissances qu'elle procure, sont une grande et permanente incitation au travail qui peut les donner et à la production qui doit les fournir. Cela étant, il est impossible d'affirmer qu'une certaine consommation de produits n'ait pas eu des conséquences éloignées favorables à l'augmentation du capital national : il peut se faire, en effet, que l'apparence du bien-être matériel donné par cette consommation, ait éveillé dans le cœur de quelque personne le désir d'obtenir les mêmes avantages aux mêmes conditions et qu'elle ait contribué d'une manière fort indirecte, il est vrai, à l'accroissement de l'activité laborieuse et productrice. Il y a donc deux choses dans la consommation des produits : une satisfaction immédiate et réelle des besoins de l'humanité, un effet éventuel susceptible de stimuler les vertus productives. Rien de semblable ne se présente dans la consommation des valeurs. Il n'apparaît aucun soulagement des nécessités physiques de la vie ; on n'y voit l'origine d'aucune jouissance ; il n'existe pas non plus d'effet consécutif dû à l'émulation excitée par l'aspect du bien-être acquis à ceux qui ont travaillé et épargné. Il n'y a qu'une perte sèche et sans compensation, perte tombant sur les entrepreneurs et frappant de découragement l'esprit d'entreprise,

CHAPITRE TROISIÈME.

De la consommation improductive par destruction des produits.

Cette destruction de richesse comprend : 1° toutes les consommations, soit nécessaires, soit de luxe, faites par les personnes ne contribuant en rien par leur travail et par leurs efforts à l'accroissement de la richesse ; 2° toutes les consommations superflues des personnes venant en aide à la production ou aux producteurs. Ces consommations offrent ainsi des caractères très-différents : les unes tirent leur qualité des individus qui les font, les autres des choses consommées ; l'ensemble des premières est égal à l'entière consommation des classes ne prenant aucune part active et personnelle au grand œuvre de la production, le montant des autres est mesuré par la consommation de luxe des producteurs.

La consommation régulière des différentes classes de travailleurs est productive ; on doit donner ce caractère aux dépenses des ouvriers et des entrepreneurs en tant qu'elles ont pour objet le contentement des besoins de la vie et la satisfaction des penchants honnêtes de l'âme. Tout ce qu'ils consomment pour améliorer leur régime alimentaire, maintenir leur santé, éclairer leur esprit, développer leurs sentiments religieux et moraux est une dépense productive. On doit en dire autant de toutes les consommations, appropriées à leur situation, faites par les fonctionnaires publics et par les personnes aidant indirectement au progrès de la richesse ; les dépenses de toutes ces classes laborieuses ne deviennent improductives qu'autant qu'elles sont déraisonnables.

Ces dernières sont exceptionnelles et n'ont point, en général, une grande importance. Dans notre pays, les agriculteurs donnent l'exemple d'une extrême frugalité et montrent une économie parfois exagérée; les négociants et les industriels, à l'exception de quelques-uns habitant deux ou trois grandes villes, ont des mœurs fort simples et des habitudes bien réglées; les personnes exerçant les professions libérales ont communément une vie assez modeste; les fonctionnaires, mêlés aux autres citoyens, vivent, pour l'ordinaire, exempts d'un luxe que leur interdit d'ailleurs la modicité de leurs traitements.

La seule des classes laborieuses à laquelle on puisse imputer quelques dépenses irrégulières, est par malheur celle des travailleurs manuels. Certains ouvriers dépensent en boissons alcooliques et en parties de cabaret une portion notable de leurs salaires. Cette habitude est d'autant plus déplorable qu'en gaspillant leurs ressources, elle amène encore l'altération de leur santé [1]. Ce n'est pas qu'il soit désirable ou utile que les ouvriers se privent des jouissances propres à récréer leur esprit et à ranimer leurs membres engourdis par la fatigue : la promenade, la danse, les jeux et les exercices du corps doivent égayer, les dimanches, cette population laborieuse si durement occupée pendant la semaine ; il faut que tous se sentent heureux de vivre ; il est juste et bon que la classe endurant de pénibles travaux ait des jours de repos, de fête et de plaisir.

Ce qu'il faut demander aux ouvriers, surtout aux ouvriers français, ce n'est point qu'ils diminuent leur dépense, mais qu'ils la règlent; ce qu'on peut souhaiter, ce n'est point qu'ils fuient les récréations, mais bien qu'ils évitent les excès nuisibles à la santé; la chose désirable pour eux, heureuse pour leur famille, utile à la nation dont ils forment une partie si

[1] Des recherches médicales toutes récentes ont démontré que l'abus des liqueurs alcooliques disposait à plusieurs maladies très-graves, et qu'il les rendait toutes plus dangereuses.

Voyez le rapport de M. le docteur Barthe à l'Académie de médecine, année 1872.

notable, serait de voir les prodigalités du dimanche se changer en dépense de vivres pour la semaine. Que les travailleurs manuels améliorent leur nourriture, qu'ils remplacent leurs vêtements de toile par des habits de drap, qu'ils recherchent des logements sains et spacieux, qu'au lieu de mettre au travail leurs enfants dès l'âge le plus tendre, ils les laissent se fortifier et s'instruire, qu'enfin, ils deviennent assez prudents dans leurs jeunes années pour se réserver des ressources pour leurs vieux jours : voilà les souhaits qu'on doit faire, voilà ce qu'il faut leur demander.

Les chefs d'industrie, tous les bons citoyens, l'administration publique doivent par tous les moyens inviter les ouvriers à entrer dans cette heureuse voie : déjà quelques hommes éminents, en France et à l'étranger, ont fait de grands efforts et de réels sacrifices pour introduire de bonnes habitudes dans le régime alimentaire des travailleurs manuels. Pour montrer que, dans notre pays, ces bienfaisantes tentatives remontent à une époque assez éloignée, on citera avec plaisir les détails que l'honorable M. Talabot a donnés, en 1836, à la Chambre des députés, sur les résultats des mesures prises pour l'amélioration du sort des ouvriers qu'il dirigeait. « Dans un établis- « sement qui compte un personnel peu étendu, 208 ouvriers, « 140 familles, 620 personnes seulement, je suis parvenu, » dit-il [1], « à établir successivement des institutions de bonne « administration pour améliorer la situation des ouvriers et de « leurs familles. La première de ces institutions a été une caisse « de secours qui avait pour objet de fournir à l'ouvrier malade « la moitié des salaires qu'il avait, lorsqu'il travaillait. J'ai « commencé par fixer à 2 p. 0/0 du salaire la retenue qui de- « vait faire face à cette dépense ; et comme les bases m'étaient « inconnues, comme je ne pouvais les préciser, j'ai établi la « règle que voici : que lorsque la caisse de secours serait en « perte, on ne payerait que les deux cinquièmes des salaires ;

[1] Session législative de 1836. Voyez *Annales parlementaires* et *Moniteur officiel.*

« mais que, dans tous les cas, l'établissement payerait aux « ouvriers malades les deux cinquièmes de leur traitement ; « qu'il en prenait l'engagement. Ce fut la base qui sauva l'ins- « titution. J'avais l'avantage au moyen de cette différence « d'être toujours averti, quand la caisse était en perte. Pen- « dant les premiers temps, elle fut en perte ; je ne me décou- « rageai pas. Ce premier pas fait, j'arrivai successivement à « étudier les moyens d'améliorer le sort des ouvriers. Le « plus considérable fut l'introduction de la viande de bou- « cherie dans leur alimentation. Cette introduction, je la fis « sur une grande échelle et au prix de sacrifices assez consi- « dérables ; car je commençai à leur donner la viande sur le « prix de 4 sols la livre, supportant, moi, la perte. Il y avait « déjà quatre ou cinq ans que cette institution fonction- « nait, tout d'un coup, il me fut fait une révélation extraordi- « naire, la caisse de secours cessait d'être en perte. C'était « après l'introduction de la viande de boucherie ; je fus averti « que l'état sanitaire s'améliorait. Cet établissement est dans « un pays très-chaud ; ordinairement au mois d'août la moitié « des ateliers était démontée. Les ouvriers étaient malades et » ne pouvaient travailler. Le mois d'août passa sans maladie « et je suis arrivé, enfin, au résultat que voici : c'est que pour « un salaire moyen de 100,000 fr. environ, tous les ouvriers, « l'année dernière (1835), n'ont perdu que 1,242 fr. La pre- « mière année, ils avaient perdu 4,455 fr. ; dans les six pre- « mières années, la perte moyenne a été de 3,316 fr. ; dans les « six dernières années, la perte moyenne n'a été que 1,565 fr. « Les six dernières années sont postérieures à l'introduction « de la viande de boucherie dans le régime alimentaire des « ouvriers. Voici donc une population qui commence, en 1823, « par perdre, par an, quinze jours de son salaire en maladies « ou blessures (comme les blessures sont accidentelles, la « différence ne porte que sur les maladies). Dans les six an- « nées suivantes, par des améliorations administratives, cette « population n'a plus perdu que dix jours par an pour cause « de maladie. Mais bientôt par l'introduction de la viande de

« boucherie, par une amélioration dans le régime alimentaire, « la population ne perd plus que quatre jours et demi par an. » Cette heureuse initiative a été imitée dans un grand nombre d'établissements, et partout l'amélioration du régime alimentaire a fortifié la santé des travailleurs et augmenté leur puissance productive.

Dans ces derniers temps, on s'est beaucoup occupé des sociétés coopératives d'ouvriers. Ces associations qui ont tant de peine à réussir, lorsqu'il s'agit de fonder une entreprise industrielle, ont, au contraire, des résultats presque toujours heureux lorsqu'elles ont pour objet de gérer la consommation commune des travailleurs manuels ; partout où elles ont été établies, elles ont amélioré immédiatement les conditions matérielles de la vie des ouvriers. En effet, toutes les économies réalisées par l'acquisition en gros, et elles sont considérables, tournent entièrement au profit de chaque dépense individuelle. D'un autre côté, comme, en général, les fournitures sont faites à la mère de famille, la femme obtient peu à peu l'administration d'une grande partie de la dépense ; l'ordre et l'économie règnent dans l'intérieur, les repas mieux réglés, sont meilleurs et plus abondants ; l'ouvrier, se trouvant bien à la maison, se prend à goûter les joies du foyer domestique et oublie le cabaret ; il aime à voir les joues roses de ses enfants et jouit du contentement de sa femme, il a le cœur plus léger, le corps plus vigoureux, la conscience plus tranquille ; il se sent sur un bon terrain ; il a foi en lui-même et confiance dans l'avenir, il devient bon citoyen en se faisant bon père de famille.

Il faut encourager une si heureuse direction. Pour cela, rien n'est plus efficace que l'abaissement de prix des objets de consommation alimentaire, tels que le pain, la viande, le lait, le fromage, le beurre, les légumes secs, etc., denrées qu'il faut alléger de tout impôt. Il convient, au contraire, de charger de droits assez forts tous les articles de consommation nuisible, comme l'eau-de-vie et le tabac. En rendant plus coûteuses les orgies du cabaret et en facilitant la vie heureuse et le bonheur tranquille au sein de la famille, on amènera doucement la population laborieuse à des mœurs régulières donnant à l'ouvrier avec un corps plus sain une conscience plus ferme et une âme plus haute.

Si l'on doit s'efforcer toujours de restreindre la consommation improductive des classes ouvrières, parce qu'elle est presque toujours déraisonnable et qu'elle se réalise au préjudice de la consommation utile à eux et avantageuse à tout le monde, on ne peut soumettre à une règle aussi étroite la consommation des autres classes ; car toutes leurs dépenses sont improductives, leurs consommations nécessaires ou utiles comme leurs consommations inutiles ou superflues; leurs consommations régulières et modérées comme leurs consommations anormales et extraordinaires; il faut se régler par d'autres principes.

La consommation n'est pas en elle-même un acte à blâmer : Dieu a donné à l'homme l'intelligence pour le rendre maître de la matière, il lui a inspiré le goût du travail pour qu'il pût satisfaire tous ses besoins ; user de la richesse acquise est le but de tous les efforts humains, restreindre la consommation, alors qu'on a développé tous les éléments de la production, ce serait préparer les moyens sans vouloir la fin. Ce qu'il faut repousser, c'est la consommation extravagante ; ce qu'il faut réduire, c'est la dépense qui détruit la richesse sans donner de véritables et honnêtes jouissances ; ce qu'on doit faire disparaître, c'est la consommation diminuant les moyens d'offrir aux hommes de plus grands et de plus nobles plaisirs ; la consommation n'est donc répréhensible qu'autant qu'elle est déraisonnable.

Quelques écrivains, plutôt moralistes qu'économistes, ont cru qu'il était facile de reconnaître quand une consommation était déraisonnable et, s'appuyant sur l'autorité des anciens philosophes, ils ont proscrit comme ayant ce caractère toutes les consommations de luxe ; mais il n'y a pas, et il ne saurait y avoir, une séparation réelle et tranchée entre les consommations nécessaires ou utiles et les consommations de luxe.

L'homme est perfectible, il possède un esprit ingénieusement inventif; il est sociable, et les relations multipliées existant entre les hommes permettent à chacun de profiter des découvertes de tous; l'humanité tout entière marche sans relâche vers un meilleur avenir; ce qui est luxe aujourd'hui deviendra demain une nécessité réclamée par le plus humble individu. « Il y a » dit Mac-Culloch, « à peine un seul objet parmi ceux « considérés à l'heure qu'il est comme indispensables ou un « seul perfectionnement quelconque qui n'ait été dénoncé « comme une superfluité inutile ou nuisible. Peu d'articles de « vêtement sont regardés à présent comme plus nécessaires « que la chemise; il y a cependant, dans les greffes des cours « de justice, des exemples d'individus mis au pilori pour avoir « eu l'audace d'un luxe aussi peu utile et aussi coûteux! Les « cheminées n'étaient guère connues, en Angleterre, avant le « milieu du seizième siècle. Dans la préface de la *Chronique* « d'Hollinshed éditée en 1575, il y a des plaintes amères sur « la multitude des cheminées récemment élevées, sur le rem- « placement des paillasses par des matelas, sur celui des « plats en bois par de la faïence et de la poterie d'étain. » Sous le règne de Henri IV, le sucre était si rare, en France, qu'on le regardait comme un médicament, et qu'il se vendait chez les apothicaires ainsi qu'on achète aujourd'hui le quinquina. En 1700, la consommation n'en dépassait pas un million de kilogrammes, ce qui faisait, par rapport à la population du temps, huit centièmes de kilogramme par tête. Aujourd'hui, cette consommation s'élève à plus de 8 kilogrammes par individu et a plus que centuplé. Le sucre est entré dans le régime diététique du peuple; c'est encore un remède, mais c'est aussi un aliment. Qui oserait blâmer une pareille consommation? L'usage du café et du chocolat tend de même à prendre de jour en jour une plus grande part dans l'alimentation des classes laborieuses. C'est avec contentement qu'on doit voir les ouvriers recourir à ces excellentes denrées offrant une nourriture agréable ou donnant une boisson qui égaye sans enivrer.

On ne saurait ainsi condamner le confort et les raffinements que les classes jouissant de revenus considérables introduisent successivement dans leur manière de vivre ; tout dépend de la mesure que l'on garde et de la modération qu'on observe. Ce qui est une prodigalité excessive pour certaines gens, n'est souvent qu'une dépense convenable pour d'autres personnes ; pour mesurer le véritable caractère d'une consommation, il faut tenir compte des positions respectives de fortune et de situation.

Il serait bien difficile de trouver sous ce rapport une règle précise : chacun doit gouverner sa dépense de manière à ne faire qu'une consommation appropriée à sa fortune. L'art de proportionner sa dépense à son revenu, de gouverner sa maison, de régler son train de vie, n'est pas un art commun. L'économie domestique est chose importante, réagissant sur la fortune publique et la richesse nationale ; la société est grandement intéressée à ce que les prescriptions en soient judicieusement appliquées ; mais comme cette pratique dépend d'une foule de faits d'une nature intime, les gouvernements n'ont point à intervenir dans la gestion économique des fortunes particulières.

Voilà la vraie raison pour repousser les lois somptuaires, lois aveugles, lois violant la liberté individuelle sans avantage réel pour l'État. Il y a, dans les affaires de ce monde, beaucoup de choses qu'il faut laisser régler par la morale privée; le luxe est certainement dans cette catégorie [1].

On ne peut donc condamner d'une manière générale et absolue les jouissances que donne la richesse : le luxe modéré, en rapport avec le revenu, celui qui n'est qu'un agrément honnête répandant quelque charme sur la vie de l'homme qui s'écoule si vite et qui est semée de tant de traverses, est chose vraiment bonne et louable. On ne peut sans doute comparer les jouissances éphémères qu'il procure aux nobles contentements qu'assurent à l'âme les enseignements de la philosophie et la

[1] Mac Culloch, *Principles of political economy*, book IV.

pratique des vertus morales ; mais un luxe raisonnable peut s'allier parfaitement à une saine moralité, et la richesse ne devient réellement admirable que lorsqu'elle sert d'ornement à la vertu.

L'homme est porté par sa nature à chercher sans relâche les moyens d'augmenter son bien-être, et il lui a été donné d'y parvenir : chaque génération nouvelle recueille le fruit des découvertes et des recherches des populations disparues ; l'humanité entière s'élève, par période de temps et comme de degré en degré, vers des situations plus heureuses ; l'instruction se répand, les dons de l'intelligence et du talent se communiquent à une multitude d'esprits, les qualités productives s'épanouissent et se perfectionnent, la richesse épanche ses bienfaits sur de plus grandes masses, les jouissances matérielles augmentent dans une incroyable proportion, les mœurs s'adoucissent, les habitudes s'épurent, les peuples se sentant plus heureux deviennent meilleurs et plus sociables, les améliorations matérielles précèdent ainsi et entraînent le perfectionnement moral de l'humanité tout entière.

Si l'on doit se réjouir des jouissances progressives qu'apporte à la vie humaine la succession des temps, il faut reconnaître toutefois qu'une loi générale s'impose à toutes ces consommations improductives : *elles ne doivent jamais dépasser le revenu*. Un homme, dépensant moins que son revenu, épargne, chaque année, et sa fortune s'accroît ; il peut augmenter sans crainte sa consommation annuelle, parce que ses moyens de dépenser grandissent de jour en jour. Une personne, employant la totalité de ses rentes à son entretien et à celui de sa famille, ne peut augmenter ni son revenu ni sa consommation, et, s'il lui survient des revers, elle peut être précipitée dans la gêne. Un individu dont les prodigalités absorbent une somme supérieure au montant des rentes qu'il possède, mange son fonds avec son revenu, son capital diminue progressivement et avec lui sa faculté de consommer ; il court à une ruine certaine.

La richesse totale d'une nation se composant des capitaux

des individus qui la forment, les mêmes phases que l'on vient de montrer dans les fortunes privées se représentent dans la fortune publique : un peuple dont la consommation improductive est moindre que le produit net, accroît son capital, le revenu disponible en augmente d'année en année, et ce peuple acquiert la faculté de développer indéfiniment sa consommation ; l'aisance et le bien-être se répandent graduellement dans toutes les classes, la population s'accroît en force et en nombre, la nation est heureuse et prospérante ; un pays, employant pour satisfaire à ce qu'il regarde comme les besoins de sa vie annuelle une somme égale au surplus gagné par le labeur de ses habitants, n'augmente en rien ses ressources productives ; son revenu et sa consommation restent stationnaires ; si des événements accidentels obligent la nation à des efforts extraordinaires, les sacrifices qu'elle s'impose entament son capital, elle déchoit en richesse, décroît en population et voit diminuer ensemble son bien-être et sa puissance ; un état assez imprudent pour se livrer à des dépenses annuelles dépassant son revenu, amoindrit son capital productif et compromet sa population, le pays marche vers une déchéance certaine, la misère envahit toutes les classes, laissant partout le malheur et l'abjection.

CHAPITRE QUATRIÈME.

De la consommation improductive par diminution des valeurs d'échange.

Cette consommation est un effet anormal amené, soit par l'incurie, l'inhabileté ou l'imprudence des entrepreneurs, soit par des événements amoindrissant tout à coup la demande. Elle a deux causes principales, la mauvaise direction productive ou les crises.

En général, l'emploi du capital dans une industrie quelconque doit, quand l'affaire est bien conduite, laisser un certain profit; mais ce gain probable peut se changer en perte par une mauvaise gestion. Ce défaut assez rare, mais très-grave, peut résulter d'inhabileté dans le métier exercé, d'incurie dans l'administration, d'inconduite, de fausses spéculations. Examinons sommairement ces causes principales des mécomptes et quelquefois de la ruine des producteurs.

La première condition pour réussir dans une profession quelconque est de la bien connaître; les entreprises agricoles, industrielles et commerciales ne font point exception à cette règle générale. On voit cependant une foule de gens s'imaginer que pour réussir dans un négoce ou dans l'industrie, il suffit d'avoir l'audace d'entreprendre ; c'est là une grande erreur, cause d'une infinité de désastres : pour faire valoir avec avantage un capital dans la plus humble des entreprises, il est nécessaire de posséder certains talents et d'être doué de certaines qualités ; pour gagner de l'argent dans le commerce le plus modeste, on doit ajouter à une grande activité et à beaucoup d'ordre la connaissance de la marchandise et l'intelligence des achats; pour fonder l'achalandage d'une boutique et amasser une petite fortune, il faut une assiduité constante, des soins multipliés, de la politesse pour tout le monde et une parfaite bonne foi. La difficulté de la réussite s'accroît beaucoup quand on touche aux entreprises se rattachant plus directement à la production proprement dite: alors, à l'activité laborieuse on doit joindre des connaissances spéciales et l'intelligence complète de la branche d'industrie dans laquelle on veut entrer.

On croit facilement dans le monde que l'on peut, sans instruction préalable et sans un enseignement professionnel, se livrer à la culture de la terre; on pense généralement que le premier des arts doit être nécessairement un art facile; c'est une idée fausse amenant de cruelles déceptions: un homme voulant entreprendre une exploitation agricole doit, en premier lieu, étudier la nature et les qualités diverses du terrain qu'il veut cultiver; il faut ensuite garnir la ferme des chevaux et des bestiaux devant être employés, soit à l'exécution des travaux, soit à la production des engrais; il convient en outre d'appliquer aux terres les amendements appropriés à leur nature et de donner à chaque plante l'engrais spécial qu'elle réclame; il importe d'adopter l'assolement le plus avantageux, de choisir les temps les plus favorables pour exécuter les travaux de culture et de saisir le moment opportun pour la vente des produits; toutes ces choses demandent une instruction très-variée, éclairée encore par une expérience que la pratique peut seule donner.

Les qualités propres à former un habile manufacturier sont encore plus difficiles à acquérir; pour réussir dans une fabrication quelconque, il faut avoir une connaissance complète des matières premières à employer, savoir les acheter aux lieux où on peut les obtenir à meilleur marché et de meilleure qualité, posséder l'intelligence théorique et l'expérience pratique des procédés de fabrication les plus nouveaux et les plus parfaits, se tenir au courant du progrès des sciences et des arts dont l'avancement peut réagir sur l'industrie qu'on exerce.

Ces conditions de savoir et d'expérience ne sont pas moins nécessaires au négociant ; pour mener les affaires d'un grand commerce, il faut se procurer des renseignements exacts sur les quantités de produits disponibles dans les lieux de fabrication ou de production, avoir des données positives sur les besoins des divers pays, posséder des connaissances étendues et précises sur les qualités des diverses denrées, les acheter dans les lieux où les prix sont les plus bas, employer les moyens de transport les plus sûrs et les moins coûteux, combiner ses opérations de manière à ce que les marchandises arrivent sur les marchés aux époques convenables ; à cette multitude de connaissances spéciales, il faut ajouter celles de la comptabilité commerciale et des opérations de change.

De toutes les nations européennes, l'Angleterre est de beaucoup la plus expérimentée dans les affaires mercantiles ; elle éprouve cependant des pertes considérables par l'ignorance des personnes se livrant au commerce sans instruction préalable. Un illustre écrivain économiste, Mac-Culloch, cite à cet égard des faits très-curieux. « Lorsque les marchés du continent » dit-il, « furent ouverts en 1814 et en 1815, ceux qui firent les « premiers envois de denrées coloniales et de produits an- « glais réalisèrent de gros profits ; mais, lorsqu'une foule de « nouveaux spéculateurs, la plupart étrangers aux affaires, « parurent sur la scène commerciale, les marchés furent bien- « tôt encombrés et il y eut une telle réaction, qu'il est douteux « que, même en ce moment (1830), Leith et quelques autres « villes soient entièrement remises des faillites et des ruines « qui en furent les suites immédiates. Mais il n'y eut rien sous « ce rapport de comparable à l'extravagance des exportations « faites au Brésil, à Buenos-Ayres et à Caracas, lors de la « première ouverture de relations commerciales avec ces « pays. M. Mawe, voyageur intelligent, résidant à Rio-Janeiro, « vers l'époque dont nous parlons, nous apprend que, dans

« l'espace de quelques semaines, on envoya dans cette ville « une quantité d'articles de Manchester beaucoup plus consi- « dérable qu'il n'en avait été consommé pendant les vingt « dernières années, et que la quantité de marchandises « anglaises de toute espèce débarquées dans ce port fut si « grande, qu'on ne put trouver des magasins assez vastes « pour les contenir, et que les objets les plus précieux res- « tèrent pendant des semaines entières exposés aux intempé- « ries et à toutes sortes de déprédations ; mais la folie et l'igno- « rance de ceux qui entrèrent en foule dans ces spéculations « se manifestèrent d'une manière plus éclatante encore dans « le choix des objets expédiés dans ces contrées tropicales. « On offrit d'élégants services en cristal et en porcelaine à « des gens dont les coupes les plus splendides étaient des « cornes de buffle ou des noix de coco. On envoya une quan- « tité énorme de marteaux de mineur, comme si les habitants « n'avaient rien d'autre à faire que de casser les premières « pierres venues pour en détacher l'or. Enfin quelques spécu- « lateurs allèrent jusqu'à envoyer des patins à Rio-Janeiro [1]. »

Les pertes notables résultant du manque d'instruction théorique et de l'inexpérience pratique, font vivement sentir la nécessité d'une éducation professionnelle préparant les jeunes gens à la direction des entreprises agricoles, industrielles et commerciales. Heureusement ce sujet a attiré, en France, l'attention de quelques hommes éminents : déjà l'école de commerce, l'école centrale des arts et manufactures, la ferme-école de Grignon remplissent en partie le vœu que l'on vient de former ; l'établissement de Cluny, dû à l'initiative intelligente d'un ancien ministre, M. Duruy, promet de compléter cet ensemble de mesures et rendra de grands services à la production française.

Pour bien diriger une entreprise industrielle, il ne suffit pas d'avoir la connaissance technique de la profession que l'on embrasse, il importe encore que le chef ait les qualités d'un bon

[1] Mac Culloch, livre III, partie II, chapitre III.

administrateur et ces qualités ne sont pas communes; il lui faut d'abord une grande prévoyance, car administrer, c'est prévoir; il doit réunir les fonds nécessaires, se fournir des matières premières, recruter des ouvriers, les discipliner, les tenir avec fermeté, mais les traiter avec une imperturbable justice, exécuter à temps les commandes, exercer une surveillance incessante, vérifier fréquemment par des inventaires l'état de ses ressources et la marche de ses affaires ; c'est parce qu'un grand nombre d'entrepreneurs vont à l'aveugle, que bien des établissements succombent à des vices cachés par le désordre de la comptabilité et le manque d'inventaires.

Des habitudes tranquilles et des mœurs bien réglées ne sont pas moins indispensables aux entrepreneurs de toute espèce. On ne saurait, en effet, conserver sur le personnel qu'on dirige la juste autorité qu'il est si nécessaire de posséder qu'en méritant le respect de tous. D'un autre côté, comme le taux de l'escompte et le prix de l'intérêt de l'argent dépendent de la confiance accordée soit aux signataires des billets, soit aux emprunteurs, une conduite à l'abri de tout reproche et un caractère honorable sont les plus sûrs moyens de la mériter et de l'obtenir. L'entrepreneur doué de ces qualités profite alors de tous les avantages que donne un crédit fondé sur de solides bases.

Si l'inhabileté des entrepreneurs, l'incurie dans l'administration, l'inconduite amènent des pertes individuelles, les fausses spéculations sont la cause de véritables désastres. Il y a sans doute dans les entreprises industrielles toujours quelque chose d'aléatoire; mais, lorsqu'on prend une affaire en bonne voie et lorsqu'on possède les connaissances techniques nécessaires et la prudence indispensable, on réussit ; les spéculations hasardeuses sont celles des personnes qui, entraînées par le désir de faire rapidement de gros bénéfices, entrent imprudemment dans certaines branches de fabrication, se livrent à des achats immodérés dans l'espoir d'une hausse ou font des ventes considérables dans l'attente d'une baisse.

Quand des circonstances favorables viennent augmenter tout à coup la consommation d'un produit, la demande s'accroissant par rapport à l'offre, les prix s'élèvent et les fabricants réalisent de beaux profits. Cet avantage inespéré attire les capitaux dans l'industrie favorisée : une foule de spéculateurs se précipitent dans cette voie qui paraît celle de la fortune ; cette fabrication particulière augmente rapidement la masse de ses produits, l'offre surpasse bientôt la demande ; il y a *encombrement ;* les objets fabriqués en trop grande quantité perdent à la fois une portion de leur valeur et une partie de leur utilité ; une réaction se prononce ; des pertes notables viennent frapper les personnes engagées dans cette production et notamment les nouveaux venus. C'est de mouvements semblables que résultent les crises partielles qui, après des années heureuses, viennent périodiquement désoler certaines branches d'industrie. On ne peut trouver de véritables garanties contre ces désordres qu'en développant l'esprit de prévoyance. Ce n'est point une raison suffisante pour s'engager dans un genre de fabrication ou de commerce, de connaître vaguement les avantages obtenus par ceux qui l'exploitent, il faut encore calculer les variations que l'accroissement de la production va faire subir aux prix ; mais le plus souvent on marche sur la foi d'autrui et l'on n'entreprend une affaire que par imitation.

Quand, dans la prévoyance d'une hausse ou dans la crainte d'une baisse, quelques gros marchands achètent ou vendent, il arrive souvent que des gens audacieux poussent la spéculation au-delà de toute limite raisonnable ; la concurrence manque rarement alors de rendre très-hasardeuse une opération qui, dans l'origine, paraissait extrêmement sûre ; si les personnes expérimentées qui l'ont commencée peuvent réaliser quelques bénéfices, ceux qui viennent après sont presque toujours victimes de leur imprudence [1].

Les pertes causées par le manque de connaissances professionnelles, la mauvaise administration, l'inconduite et les

[1] Mac Culloch, livre III, partie II, chapitre III.

fausses spéculations sont dues à des fautes individuelles et peuvent être en partie évitées par une meilleure préparation technique et une éducation morale plus complète ; mais, dans cette grande œuvre de la création de la richesse, on voit quelquefois apparaître des événements imprévus frappant des branches entières de la production sans que la prévoyance puisse mettre les hommes les plus réservés à l'abri des conséquences funestes de ces accidents. Ces tempêtes et ces ouragans de l'industrie sont les *crises.*

Les crises sont de deux espèces : les unes sont commerciales, les autres politiques.

Les crises commerciales résultent la plupart du temps d'accidents météorologiques atteignant la production de certaines denrées ou marchandises, du développement exagéré de certaines fabrications, de spéculations prenant le caractère de l'accaparement. Le remède le plus assuré contre ces désordres doit se trouver dans une large extension des relations commerciales : comme chaque contrée du globe a un climat spécial et une exposition particulière, les mêmes calamités physiques ne peuvent frapper à la fois des pays placés dans des situations différentes ; l'abondance survenant dans une contrée vient au secours du déficit éprouvé dans d'autres parties de la terre, les prix gardent une certaine modération et les crises amenées par des accidents météorologiques perdent ainsi une grande partie de leur gravité. Celles causées par une mauvaise direction productive ou par l'abus des spéculations, ont des résultats d'autant moins dangereux que le marché a plus d'étendue.

Les crises politiques sont dues à la guerre ou aux révolutions. La science économique a peu de moyens pour réagir contre ces terribles événements. Comme ils sont presque toujours le résultat des folies des gouvernements ou des passions des peuples, c'est à la sagesse des nations et à la prudence de ceux qui les gouvernent qu'il faut demander d'en faire disparaître les causes.

Si les maux que déversent sur un pays des révolutions répétées ou des guerres désastreuses sont incalculables, on peut, au contraire, mesurer jusqu'à un certain point les pertes que les autres causes attaquant les valeurs d'échange peuvent infliger à la fortune publique. Celles-ci, quand elles sont durables, soumettent les entrepreneurs de tout genre à des pertes multipliées entraînant une ruine certaine : les faillites sont les conséquences forcées des graves défauts individuels que nous avons signalés et donnent la mesure des désastres qu'ils causent. On possède, en France, des renseignements assez précis à cet égard et l'on en peut tirer quelques conclusions importantes : les 16,908 faillites liquidées de 1850 à 1860, présentaient un passif de 1,378,868,147 francs laissant aux créanciers une perte sèche de 932,686,193 fr. [1] ; ce qui présente, en moyenne, pour chaque année, une perte de 93 millions. Si l'on double cette somme pour comprendre dans l'ensemble toutes les pertes subies par ceux qui n'ont pas été forcés de déclarer leur bilan (et l'on croit un peu exagérer le chiffre total), on trouve que le *maximum* des pertes annuelles ne doit pas dépasser 186 millions; ce serait environ 3 pour 100 du produit net de chaque année; c'est une proportion peu considérable.

On aurait tort d'attribuer entièrement cette perte à l'imprudence ou à l'inconduite des entrepreneurs, car elle est souvent l'effet de crises dont ils sont les victimes et non les auteurs. D'après un tableau dressé par M. Maurice Block et rapprochant le nombre des faillites du prix du blé, on aperçoit que les années marquées par les plus nombreuses faillites sont celles dans lesquelles ont sévi les crises alimentaires [2].

[1] *Annuaire de l'économie politique*, 1863, page 98.

[2] Maurice Block, *Statistique de la France*, tome III, page 152.

TROISIÈME PARTIE.

Des limites entre lesquelles doit se renfermer la consommation.

Lorsqu'on retranche du produit total annuel le capital dépensé en frais de production, c'est-à-dire pour la consommation productive directe et indirecte, il reste un surplus se composant des fermages, des profits, de l'excédant des salaires réels sur les salaires naturels, des épargnes des fonctionnaires publics et des économies faites par les classes aidant indirectement la production. Ce reliquat mesure ce qui pourrait être consommé annuellement sans aucune diminution des ressources nationales. Quand la consommation improductive demeure au-dessous de cette quantité, la nation s'enrichit, l'aisance et le bien-être se répandent progressivement dans toutes les classes; quand elle s'élève à ce niveau, le capital est stationnaire, le progrès s'arrête; si la destruction de richesse dépasse en valeur le produit net, le capital décroît, la nation tout entière marche vers un abîme de malaise, de douleur et de misère.

Ainsi, dans les développements des actions productives et consommatrices, il y a nécessité de rester en de certaines limites que les peuples ne sauraient dépasser sans encourir de graves préjudices ; une nation alliant à l'activité créatrice une sage prévoyance aura la fermeté de modérer sa consommation, elle la contiendra au-dessous de son revenu et réalisera des épargnes annuelles accroissant le capital, préparant ainsi de nouveaux éléments de production et de puissance.

Le capital circulant, représentation complète des moyens producteurs actifs, est, pour ainsi dire, le terrain fertile sur lequel se récolte la moisson de la richesse ; or, plus la terre a d'étendue et de fécondité, plus les produits en sont abondants et variés; on semble, ainsi, naturellement conduit à cette très-logique conclusion, que le moyen le plus assuré d'augmenter la richesse est d'épargner sur le revenu pour accroître le capital. Ce n'est point toutefois à un procédé aussi simple que se réduit l'art de développer la production. Il y en a deux raisons principales : l'homme ne travaille que pour jouir ; produire et vouloir que la consommation s'arrête seraient choses contradictoires ; ce serait aussi contraire au but primitif de tous les efforts humains ; ce serait, enfin, enlever à la production son plus énergique stimulant, l'incessante recherche de nouvelles et plus grandes jouissances ; d'un autre côté, si l'épargne diminue la consommation des produits, elle peut en certaines circonstances entraîner une diminution des valeurs d'échange et, par conséquent, amoindrir la richesse autant et plus qu'elle ne l'aurait augmentée.

Il est ainsi désirable que la consommation improductive se maintienne entre certaines limites ; elle ne doit être ni trop étendue ni trop restreinte ; il convient qu'elle reste toujours dans un certain rapport avec le produit net ; l'épargne qui la règle et la modère ne doit pas elle-même dépasser une mesure convenable. On est ainsi amené à rechercher quelle est la relation la plus favorable entre l'épargne et la consommation.

CHAPITRE CINQUIÈME.

De la relation normale entre l'épargne et la consommation.

Une consommation régulière est un des utiles éléments de l'harmonie économique : on peut désirer que la dépense improductive soit contenue par la raison et modérée par la prudence, mais on ne saurait demander qu'elle soit réduite à sa plus simple expression ; les jouissances embellissant la vie des classes aisées, ont l'heureuse influence d'exciter l'esprit d'entreprise ; elles éveillent une juste émulation et répandent partout, avec le désir du confort, l'ardeur industrielle devant préparer les moyens de l'acquérir. Si les anxiétés des affaires et les fatigues du travail ne donnaient que les tristes contentements de l'avare et les joies solitaires du thésauriseur, il n'y aurait que peu de personnes se livrant aux efforts exigés par la production, et affrontant les risques des entreprises : il faut à l'homme d'autres espérances pour vaincre l'amour naturel qu'il a pour le repos; c'est parce que chaque fatigue assure la satisfaction d'un besoin, chaque effort un contentement, chaque peine une jouissance, que l'homme abandonne aux luttes de l'industrie les plus belles années de sa vie.

Quelle excitation à l'activité productive que le spectacle de ces vieillards blanchis dans les affaires, jouissant avec sérénité de la fortune et du repos qu'ils ont conquis ! Quel encouragement à les imiter dans leurs travaux et dans leurs sobres vertus de voir leurs enfants, à l'abri du besoin, se livrant à l'étude des arts qui charment l'existence, élargissent l'esprit et adoucissent les mœurs.

Une consommation modérée, croissant avec le revenu, est un fait nécessaire : rémunération d'une activité antérieure et d'une sage abstinence, elle rend la vie douce et facile, devient, enfin, la récompense méritée de toutes les vertus actives créant le bien-être des familles comme la fortune des nations. Par le magnifique spectacle du bonheur matériel, par les splendeurs du luxe, elle offre aux hommes l'heureuse perspective d'une félicité qu'ils doivent s'efforcer d'atteindre par une activité laborieuse et économe. Une consommation procurant l'abondante satisfaction des besoins de la vie, donnant tous les plaisirs honnêtes, mais permettant quelque épargne, réserve prudente pour les cas imprévus et laissant au père de famille les moyens de doter et d'établir ses enfants, est un élément essentiel à la permanence de l'activité productive et remplissant dans l'ordre économique le même rôle que jouent dans l'ordre moral les récompenses assurées à la vertu.

Ces considérations font pressentir qu'il doit y avoir une limite à l'esprit d'économie : l'examen des effets divers causés par l'épargne ou amenés par la consommation, de même que les mouvements variés de la valeur du produit total annuel, valeur s'abaissant ou s'élevant suivant le rapport complexe des deux espèces de consommation, confirment cette proposition, l'établissent sur de solides bases et marquent le degré où l'épargne cesse d'être utile et la consommation improductive d'être nuisible.

Deux facteurs mesurent l'importance du capital circulant et déterminent le pouvoir d'acheter appartenant à une nation : l'un, la quantité, dépend de la masse des produits ; l'autre, la valeur d'échange, est fixée par la demande, mesurée elle-même par la consommation directement ou indirectement productive et par toute la consommation improductive. La consommation directement productive requiert des matières premières, du travail et les matières diverses propres à l'usage et à l'entretien des machines et du capital fixe productif ; la demande de main-d'œuvre n'est, à vrai dire, qu'une demande des objets consommés par les ouvriers ; la consommation directement productive se résout ainsi en une demande de matières premières, de denrées alimentaires, et de quelques grossiers articles manufacturés. La consommation indirectement productive est une recherche de tous les objets consommés par l'État, par les fonctionnaires publics de toute espèce et par les diverses classes aidant indirectement la production ; elle forme une demande indistincte pour tous les produits. Il en est de même de la consommation improductive. Quand on analyse la demande annuelle, on s'aperçoit que les objets qui la composent se divisent en deux catégories : l'une considérable, mais se bornant à un certain nombre d'objets de nature spéciale ; c'est l'ensemble des choses demandées par la consommation directement productive ; l'autre plus restreinte, mais contenant des articles se rapportant à tous les genres de produits ; elle résulte de la double demande faite par la consommation indirectement productive et par la consommation improductive.

On ne peut admettre que ce soit chose indifférente de remplacer une des catégories par l'autre : on ne saurait, par exemple, substituer une demande de denrées alimentaires à une demande d'objets fabriqués sans amener une double perturbation ; d'une part, il se ferait une diminution dans les valeurs d'échange des produits manufacturés et, d'autre part, une augmentation dans les prix des céréales ; on se procurerait à bon marché les objets fabriqués, le blé et les denrées alimentaires deviendraient plus chers ; les salaires augmenteraient, les profits des entrepreneurs industriels seraient atteints de deux manières différentes, par l'augmentation du prix de la main-d'œuvre et par la baisse de valeur amenée par l'affaiblissement de la demande. Le résultat d'une pareille substitution, si elle avait quelque étendue et quelque durée, serait un affaissement de l'activité productive et une véritable diminution de la richesse.

Il n'est donc pas possible d'assimiler l'une à l'autre ces deux catégories d'objets consommés ; la demande pour produire n'est pas identique avec la demande pour consommer ;

mais épargner sur le revenu pour accroître le capital, c'est, en définitive, substituer une demande pour produire à une demande pour consommer ; l'épargne excessive pourrait donc amener une diminution de valeur plus importante que l'addition faite au capital ; quelles sont les circonstances dans lesquelles un pareil fait pourrait se réaliser ? Voici la recherche à laquelle il importe de se livrer.

Chaque année, les entrepreneurs dépensent un capital énorme pour acheter les matières à mettre en œuvre, salarier les ouvriers, fournir à l'entretien du capital fixe et à la consommation des machines, payer les fermages, solder aux capitalistes les intérêts des fonds empruntés ou l'escompte de leurs billets, satisfaire, enfin, à toutes les charges et impôts grevant la production. Le montant des frais de production de la richesse nouvelle donne la valeur naturelle de toutes les choses produites ou confectionnées dans l'année. Ces objets se partagent en deux classes : l'une comprenant les matières premières, les matières brutes consommées par les machines et les denrées alimentaires ; l'autre, tous les articles manufacturés ; chacune de ces catégories a une valeur naturelle propre, chacune d'elles a aussi une valeur d'échange mesurée par le capital qui va en former la demande effective. Quand on considère une année quelconque, la somme exprimant la demande générale se compose des termes suivants : du capital circulant employé par les entrepreneurs en matières et en salaires, des fermages et loyers des propriétaires fonciers, de la rente des capitalistes, des annuités d'amortissement, des profits des entrepreneurs, enfin de l'emploi de l'impôt et du prélèvement volontaire. Si rien ne venait déranger l'ordre naturel des choses, la somme libre formant la demande générale devrait se diviser en demandes partielles et se porter sur chaque classe de produits proportionnellement aux frais de production : quand il en est ainsi, il s'établit un désirable équilibre entre toutes les forces créatrices de la richesse ; les valeurs d'échange se maintiennent, les encouragements se distribuent également sur toutes les branches de la production.

Il est difficile que cette belle régularité se poursuive longtemps ; le désordre peut se manifester de deux façons différentes.

Parfois des sommes devant être employées à acheter des matières et du travail sont dépensées pour acquérir des objets manufacturés ; alors il y a baisse dans la valeur des produits du sol et il se prononce une hausse dans les prix des articles fabriqués, les cultivateurs souffrent quelque perte au moment même où les industriels voient leurs profits s'augmenter ; l'activité manufacturière est favorisée, mais l'agriculture est découragée.

D'autres fois, et cela arrive le plus souvent, des sommes considérables sont épargnées sur la dépense improductive et vont accroître la masse du capital employée à la production directe : il y a, dans ce cas, diminution comparative dans la demande des objets fabriqués et baisse dans leurs valeurs d'échange ; cet affaissement des prix courants peut, dans certaines circonstances, être assez considérable pour faire subir de notables pertes aux manufacturiers et aux commerçants. Le capital épargné peut, il est vrai, former une nouvelle demande de matières et de travail ; on doit même affirmer qu'à moins d'accidents extraordinaires les entrepreneurs et les capitalistes chercheront à l'employer immédiatement; mais il y a toujours un certain retard dans l'emploi d'une partie du capital économisé, c'est la portion épargnée par les personnes ne prenant pas une part directe à l'action productive ; il faut, en effet, que des opérations de crédit mettent aux mains des entrepreneurs ces fonds tenus en réserve, et cette mutation de capitaux exige toujours un certain temps. Ainsi, dans l'année de l'épargne, tout ce qui est perdu par la demande des articles fabriqués, n'est pas entièrement gagné par la demande de matières et de travail ; c'est là un premier désavantage, mais ce n'est pas le seul.

Le capital circulant disponible s'étant accru, il se formera, l'année suivante, une demande de matières brutes, de denrées alimentaires et d'objets fabriqués consommés par les ouvriers et leurs familles, demande plus considérable que celle faite l'année précédente; les prix des produits du sol s'élèveront; les cultivateurs vendront leurs produits avantageusement, les salaires hausseront, les profits diminueront; d'un autre côté, les articles manufacturés, à l'exception des objets grossiers consommés par les travailleurs manuels, baisseront de valeur; la production manufacturière sera doublement découragée par la hausse des salaires et par la baisse des prix; ainsi, au moment même où l'épargne exagérée augmente le fonds des salaires et tend à accroître la population, le taux des profits, c'est-à-dire la source même de l'accumulation du capital, éprouve une véritable diminution. Un peuple qui suivrait un pareil système avec quelque durée ne tarderait pas à arriver au point où les profits atteindraient leur minimum; alors s'arrêteraient ensemble l'augmentation du capital et l'accroissement de la population; la nation serait parvenue à une limite qu'elle ne saurait dépasser à moins qu'il ne se développât tout à coup de nouvelles causes donnant à la puissance productive une revivante et plus grande énergie.

Une épargne excessive peut donc avoir de graves inconvénients et devenir nuisible; il faut de la modération même dans l'économie, et ce qu'il y a de plus désirable pour le bien-être individuel comme pour la richesse publique, c'est qu'il existe un certain rapport entre l'épargne et la dépense, entre la production et la consommation; cherchons comment cette harmonie souhaitable peut s'établir et durer.

L'épargne peut se former de deux manières différentes: elle a lieu sur l'augmentation acquise par le revenu annuel, ou elle se réalise par une diminution sur la consommation improductive précédemment établie.

Dans le premier cas, l'épargne a toujours un effet utile; l'accumulation annuelle multiplie tous les éléments producteurs, les profits augmentent, sinon en intensité, au moins en étendue; les salaires réels s'élèvent, la population s'accroît, la consommation se développe dans toutes les classes, le nombre plus grand des produits ne fait pas diminuer la valeur du produit total, parce que la demande s'est accrue simultanément, la richesse augmente et avec elle grandit le bien-être général.

Dans la seconde éventualité, jamais l'accroissement du capital n'est égal à la somme épargnée ; les économies n'étant réalisées qu'aux dépens de la consommation, la demande des produits fabriqués s'affaiblit et entraîne une baisse des prix courants; pour connaître le résultat définitif par rapport à la fortune publique, il faut comparer l'augmentation reçue par le capital à la diminution subie par le produit total.

Trois circonstances peuvent se présenter : la perte sur les valeurs d'échange est moindre que le montant de l'épargne, elle lui est égale, elle lui est supérieure.

Le premier cas est le plus fréquent : le capital reçoit alors un accroissement élevant le fonds des salaires ; cette hausse des prix de la main-d'œuvre, favorable aux ouvriers, se fait aux dépens des entrepreneurs ; l'accumulation opérée par l'épargne fournit sans doute de nouveaux éléments de production, elle augmente le capital circulant actif et peut même accroître la puissance productive ; mais, en diminuant le taux des profits, elle tend à ralentir l'ardeur des entrepreneurs et à faire disparaître par suite en très-grande partie l'avantage acquis par l'accroissement du capital.

Dans le second cas, il n'y a aucune augmentation de capital, on perd d'un côté ce qu'on a gagné de l'autre, mais ce n'est pas à cet état stationnaire que s'arrêtent les conséquences de l'épargne ; les pertes faites par les entrepreneurs industriels jettent l'hésitation et le découragement parmi les producteurs des objets manufacturés, les capitaux se dirigent vers l'agriculture, c'est-à-dire vers la branche de la production où il est le plus difficile de maintenir la puissance productive, les profits baissent, l'accroissement du capital s'arrête, la richesse reste immobile jusqu'à ce que de nouveaux incidents viennent changer la manière dont se fait l'épargne ou rendre une nouvelle énergie aux forces productives.

Dans la dernière hypothèse, il y a diminution du capital actif, et ce seul fait démontre que l'épargne a été nuisible.

L'examen auquel on vient de se livrer sur les circonstances dans lesquelles peut avoir lieu l'épargne, conduit à cette conclusion générale que, pour être vraiment utile, l'épargne doit se faire sur les gains réalisés par chaque classe et non par une diminution dans la consommation établie. Quelles sont donc les circonstances impliquant ce caractère ?

Les différentes classes prenant part à la distribution des revenus annuels, sont celles des travailleurs manuels, des propriétaires fonciers, des capitalistes, des entrepreneurs, des fonctionnaires publics, des créanciers de l'État et enfin celles des personnes privées donnant une aide indirecte à la production. Chacune de ces classes peut réaliser des économies, et l'épargne faite par elles remplit toutes les conditions désirables, lorsqu'elle ne dépasse pas l'augmentation de revenu qu'elles ont pu obtenir ; à moins de circonstances tout à fait particulières, l'épargne ne doit être pour chaque classe qu'une fraction de l'accroissement de revenu.

Que peut-on regarder comme le revenu de chaque classe ? Quelle est pour chacune d'elles la relation normale entre l'épargne et la consommation ?

Le revenu de la classe des travailleurs manuels paraît, au premier coup d'œil, se composer de la totalité du fonds des salaires ; il se divise toutefois en deux parts : l'une fournit les salaires naturels, l'autre est formée par l'excédant des salaires réels sur les salaires naturels ; la première, essentielle à l'existence même du travail et des travailleurs, est nécessairement dépensée ; la seconde toujours faible, amoindrie encore par les rares jouissances et les plaisirs peu nombreux que se donne la classe ouvrière, ne peut être mieux employée qu'à l'amélioration du sort des travailleurs, qu'à leur procurer une nourriture plus saine et plus abondante, des vêtements plus chauds, des logements plus spacieux et plus agréables. Il ne reste, ainsi, à la classe laborieuse que des facultés très-réduites ne permettant guère de faire quelques économies, réserve prudente pour parer aux accidents et aux maladies. L'épargne réalisée par les ouvriers ne saurait donc être une cause de perturbation.

Les propriétaires fonciers jouissent d'un revenu considérable, recevant de la marche régulière des choses un successif accroissement ; leur consommation nécessaire n'est qu'une minime part de la dépense totale ; cette classe peut donc, d'un moment à l'autre, restreindre notablement sa consommation, faire une épargne énorme et amener une grande diminution dans la demande des objets manufacturés de toute espèce.

Quand on considère la propriété foncière sous le point de vue politique, elle se présente sous deux aspects différents : elle est indivisible, immobile, inaliénable et attachée à certaines familles par des institutions particulières, telles que les substitutions et le droit d'aînesse ; elle est, au contraire, divisible, mobile et aliénable par suite du droit d'égal partage. Dans le premier cas, la transmission des biens d'agnat en agnat, fonde une classe de grands propriétaires dont le revenu territorial va toujours en s'accroissant ; dans le second, il se forme une classe de petits propriétaires dont le nombre augmente sans cesse, mais dont le revenu moyen individuel tend plutôt à décroître : le premier cas est celui de l'Angleterre et de la plupart des États européens ; le second, celui de la France et de tous les États démocratiques.

Lorsque la classe des grands propriétaires, maîtresse presque exclusive du sol, possédant des biens indivisibles et presque toujours inaliénables, compose une oligarchie limitée en nombre et certaine de ses revenus, elle fait une dépense énorme ; la totalité de ses rentes fournit au luxe de ses mœurs, à la splendeur de ses habitudes, aux profusions de son hospitalité. Dans les pays où l'industrie est très-développée, cette caste, avide de jouissances qu'elle peut acheter, exerce une vive action sur la demande des produits manufacturés et sur la hausse des valeurs d'échange ; l'admirable spectacle du luxe qu'elle déploie sollicite et excite la consommation des autres classes ; dans un pays où domine une pareille aristocratie, la demande est active, les entreprises industrielles et commerciales reçoivent de progressifs encouragements. Ainsi, il n'est pas douteux que l'existence d'une classe de propriétaires fonciers aussi riches et aussi fastueux que l'est l'aristocratie anglaise, n'ait contribué pour beaucoup au développement de l'industrie et de la richesse de la Grande-Bretagne.

Mais l'interruption subite de l'importante dépense de cette classe prodigue, peut entraîner de véritables crises. Un fait de ce genre s'est réalisé en 1814, au moment où la paix de Paris vint ouvrir le continent à l'ardeur voyageuse de la nation anglaise. L'*absentéisme* qui se manifesta à cette époque, eut sans aucun doute une grande part dans la baisse considérable éprouvée par les articles manufacturés de l'industrie anglaise ; alors la consommation des grands propriétaires fonciers se fit en forte partie à l'étranger, la demande intérieure diminua tout à coup, il y eut dépréciation sensible des produits indigènes, les manufacturiers et les commerçants anglais firent des pertes considérables, le produit total diminua et la richesse nationale en reçut une grave atteinte.

Chez les peuples où les biens à la mort des parents se partagent par portions égales entre tous les enfants, la classe des propriétaires beaucoup plus nombreuse en individus prend des mœurs plus simples et des habitudes moins luxueuses ; le père de famille ne croit pas avoir accompli tous ses devoirs en conservant la fortune qu'il a reçue de ses ancêtres, il faut encore que, par son travail et ses économies, il s'efforce d'élever ses enfants à la portion d'aisance dont il a joui ; par une bonne éducation, il prépare ses fils à entrer dans les diverses professions ; ses filles apprennent à devenir de bonnes ménagères ; tous travaillent et épargnent ; les propriétaires fonciers ne forment plus alors une classe essentiellement consommatrice, leur dépense improductive n'est qu'une fraction des fermages qu'ils touchent et c'est beaucoup si elle croît comme eux ; mais il faut reconnaître, d'un autre côté, que la division de la propriété immobilière tend à créer un nombre considérable de fortunes moyennes et que la consommation de cette foule de personnes jouissant de revenus modérés, mais assurés, est régulière, durable et persistante, parce qu'elle est sobre et raisonnable. Si la transformation d'une caste de grands seigneurs en une agglomération nombreuse de petits propriétaires a, dans les premiers temps, quelques effets nuisibles aux entreprises fabriquant les articles les plus élégants et du goût le plus distingué, il arrive toutefois, lorsque l'activité laborieuse des nouveaux propriétaires a augmenté le produit retiré de la terre, quand la multiplication des familles établies sur le sol a grandi les besoins, que la consommation variée de cette classe naissante devient plus considérable et surtout plus constante que celle des grands propriétaires qu'elle a remplacés.

Dans les pays où l'industrie n'a fait encore que de faibles progrès et dans lesquels la terre est la propriété de quelques familles privilégiées, la consommation de ces riches maisons princières ne saurait en aucun point être comparable à ce que deviendrait celle d'une classe moyenne se formant sous l'empire d'une législation libérale. Un nombre limité de grands seigneurs peuvent étonner par l'immensité de leurs palais, le faste de leurs demeures et la magnificence de leur train ; ils peuvent conquérir l'admiration par le luxe de leurs équipages et l'élégance de leurs livrées ; mais ces dépenses une fois réalisées, ne sauraient être indéfiniment renouvelées ; si l'industrie et les arts du pays où ils vivent ne leur présentent pas de nouveaux objets à désirer et ne font point naître de nouveaux goûts, la consommation s'arrête d'elle-même ; possédant abondamment toutes les jouissances que la production nationale peut donner, ils sortent du pays, vont chercher ailleurs de nouvelles sensations et prendre de nouveaux goûts ; s'ils restent chez eux, ils aspirent au pouvoir et, pour l'acquérir, ils usent de l'influence que leur donne la fortune. Dans chaque pays, la consommation de ces grands propriétaires est limitée par les retards de l'industrie et l'état de la civilisation.

Quand on considère d'une manière générale l'influence

économique de la dépense de cette classe, on est conduit à penser que la constitution de la propriété la plus favorable à l'établissement d'une relation normale entre la production et la consommation est celle qui, par le partage égal et la libre aliénabilité des biens, multiplie le nombre des propriétaires. Alors l'épargne est proportionnelle au revenu ; alors aussi la consommation s'accroît progressivement et marche comme le capital : si, dans les premiers moments, la demande est un peu moins vive et d'un goût moins élevé, elle est plus stable et s'accroît d'une manière plus régulière. Elle n'est point non plus exposée à ces perturbations subites arrivant dans la consommation de grands propriétaires qui, par opposition politique, par caprice ou par nécessité, suppriment brusquement la plus grande partie de leurs dépenses. Il n'en saurait être de même dans la classe moyenne : les jouissances qu'elle trouve dans un genre de vie bien ordonné, lui en font une habitude dont elle ne peut se départir ; les membres qui la composent ne cèdent point à des caprices politiques ; attachés au sol que leurs efforts rendent fertile, on ne les voit point dépenser à l'étranger une grande partie de leurs revenus. Quand ils sont parvenus à établir leurs enfants, ils accroissent graduellement leur dépense et atteignent aux jouissances les plus relevées : c'est l'admirable exemple que donne cette brave race de propriétaires agriculteurs du nord de la France ; récompensés de leur activité laborieuse et de leur prévoyante économie par des fortunes croissantes, ils établissent dans nos plaines d'admirables exploitations, ils couvrent nos champs de luxuriantes moissons, ils élèvent dans nos campagnes de magnifiques usines et ornent nos contrées de belles demeures ; les salaires élevés que l'industrie sucrière solde, pendant l'hiver, à la population rurale, répandent partout une aisance inaccoutumée ; d'un autre côté, les succès d'une agriculture perfectionnée s'appuyant sur l'industrie, ajoutent les profits de la fabrication aux bénéfices de la culture, les gains s'accroissant permettent une dépense plus grande, l'hospitalité généreuse de ces propriétaires cultivateurs et industriels et leurs habitudes d'un luxe modéré par la raison remplacent avec grand avantage le train de vie des anciennes maisons seigneuriales et offrent comme encouragement à l'industrie manufacturière une consommation bien plus large et bien plus régulière.

Quoiqu'il paraisse certain que la division des propriétés territoriales soit favorable au développement de la richesse et à l'accroissement graduel de l'aisance commune, on est cependant porté à croire qu'il doit y avoir une limite au morcellement. L'étendue des exploitations est un des éléments nécessaires de la puissance productive agricole ; la petite culture ne devient plus avantageuse que la grande qu'autant qu'elle s'exerce dans un certain cadre ; c'est à cette condition qu'elle augmente la richesse nationale, qu'elle crée un grand nombre de fortunes moyennes et forme une demande croissante pour des produits variés. Quand le morcellement est porté au point que chaque parcelle suffit à peine à la nourriture d'une famille, la consommation de la classe des propriétaires ruraux se réduit comme la consommation de la classe ouvrière, avec les denrées alimentaires, à un très-petit nombre d'articles fabriqués de l'espèce la plus simple ; une foule de branches d'industrie souffrent de la dégradation de la demande, la production manufacturière est troublée et découragée ; les capitaux se dirigent vers l'agriculture ; dans un pareil état des choses, les progrès de la richesse et de l'aisance générale seraient moindres que si les exploitations avaient conservé une plus grande étendue et les propriétaires fonciers, un plus gros revenu ; mais cette dépression dans l'état de la richesse serait en partie rachetée par la position plus assurée et plus heureuse d'une plus grande masse du peuple. La plupart des familles rurales posséderaient quelque terrain leur fournissant la subsistance ; elles échapperaient par là aux anxiétés terribles que leur impose la crainte de manquer d'ouvrage ou le renchérissement des denrées alimentaires ; mais ce très-réel avantage disparaîtrait entièrement, si la population s'accroissait outre mesure et s'élevait rapidement au niveau des moyens de subsistance ; alors, sous l'empire de circonstances météorologiques défavorables, d'effroyables misères viendraient atteindre cette population fixée au sol et lui demandant une nourriture qu'il lui refuserait. Ce peuple affamé n'aurait rien à espérer du travail industriel, car l'industrie souffrante aurait graduellement diminué la demande de main-d'œuvre. Il faut donc une limite technique au morcellement de la propriété et une restriction morale à l'accroissement de la population.

Réunion de toutes les personnes ayant réussi dans le commerce, l'industrie ou l'agriculture, ou s'étant retirées soit des affaires, soit des professions libérales, soit des fonctions publiques, la classe des capitalistes est riche et puissante dans tous les pays où le mouvement productif est considérable; quand elle se trouve en présence d'une aristocratie prépondérante et fastueuse, elle déploie aussi beaucoup de luxe et de magnificence; sa consommation peut alors se rapprocher beaucoup de celle des propriétaires fonciers; avec le temps elle pourrait même la dépasser; car chez les nations industrielles, le capital circulant s'accroît plus rapidement que les fermages et le revenu des capitalistes, bien que les profits réels aient une tendance à diminuer, doit s'augmenter plus vite que la rente des propriétaires.

La demande formée par la classe des capitalistes s'augmente d'une manière progressive et régulière; car les personnes qui la composent, conservent, en général, les habitudes ordonnées qui les ont conduites à la fortune : les capitalistes dépensent, parce qu'ils peuvent le faire, mais ils dépensent avec modération et mesure; leurs capitaux et leurs revenus grossissent en même temps; cette prospérité croissante entraîne d'une façon presque obligatoire le développement de leur état de maison. Dans les pays où les capitalistes n'ont pas à lutter contre une riche aristocratie, propriétaire du sol, ils maintiennent des habitudes plus simples et conservent des mœurs exemptes de faste; par suite leur consommation est un peu moins active; il s'établit toutefois entre les fortunes mobilières une rivalité amenant toujours une certaine recherche dans le genre de vie.

Chez tous les peuples où l'activité productive a pu se développer librement, les capitalistes représentent l'agglomération des fortunes moyennes et ce sont elles qui forment la demande la plus grande et la mieux soutenue. Cette classe dont la consommation prudente suit le développement du capital et, par conséquent, les progrès de la production, est l'une de celles qu'il est le plus désirable de voir s'accroître et se multiplier, et, comme elle se recrute dans toutes les classes, sa prospérité croissante est à la fois le signe et la conséquence de la prospérité nationale.

Les entrepreneurs forment une classe essentiellement économe; mais l'épargne qu'ils font n'étant jamais prise que sur les profits et non réalisée par un amoindrissement d'une consommation antérieurement établie, ne détermine, en aucun cas, une baisse des valeurs d'échange. C'est à cette classe, pratiquant l'épargne sur le surplus annuel et accroissant le capital sans affaiblir la demande, qu'est principalement dévolue la mission de recueillir les éléments épars de la richesse future, de les conserver et de les faire fructifier; c'est elle qui engendre les fortunes individuelles, causes permanentes et perpétuelles de l'augmentation progressive de la demande et de la consommation.

Parmi les grands consommateurs, il faut placer en premier lieu les gouvernements, dont les dépenses sont variables dans des limites assez grandes pour devenir souvent une cause véritable de perturbation entre la production et la consommation.

Ces dépenses sont ordinaires ou extraordinaires : les dépenses ordinaires, n'éprouvant que de lentes et faibles variations, n'ont aucune influence marquée sur les variations de la demande générale ; mais les dépenses extraordinaires, telles que celles amenées, soit pour préparer ou soutenir la guerre, soit pour exécuter de grandes constructions sans utilité productive, augmentent subitement la demande et rehaussent les valeurs d'échange ; ce premier état des choses, favorable à certains entrepreneurs, devient souvent funeste à l'avenir de la production ; car il est sujet à de brusques changements et il y a fréquemment dans ces dépenses de subites interruptions ; à la perte de richesse causée par des préparatifs belliqueux ou de grands travaux improductifs, il faut ajouter encore la dépréciation amenée par la cessation du travail dans plusieurs grandes fabrications au moment où l'on arrête ces dépenses. La crise qui a sévi en Angleterre, en 1816 et en 1817, alors que le continent tout entier était ouvert aux produits de l'industrie britannique et que la diminution des impôts laissait toute son énergie à la puissance productive, fut autant la conséquence de l'énorme diminution des valeurs d'échange, diminution résultant de la suppression des dépenses de guerre, que de l'amoindrissement de la consommation des grandes familles anglaises voyageant à l'étranger.

Les dépenses des fonctionnaires publics et celles des créanciers de l'État, sont des suites nécessaires ou éventuelles de l'existence d'une autorité centrale et de l'établissement d'un gouvernement.

Dans les États aristocratiques, les fonctionnaires publics ont de gros traitements et, pour leur consommation, on doit les ranger dans une catégorie semblable à celle des grands propriétaires fonciers ou des riches capitalistes. Dans les États démocratiques, les appointements sont beaucoup moins élevés pour les hauts emplois, plus forts, au contraire, dans les fonctions les plus humbles, et les employés de l'administration publique sont, en général, une race sobre et économe ; on peut les assimiler, pour leurs dépenses, aux petits propriétaires des pays où domine la loi d'égal partage.

Les créanciers de l'État sont des capitalistes et leur genre de vie ne s'écarte en rien de celui de la classe à laquelle ils appartiennent ; ils ne diffèrent des autres capitalistes qu'en un point, ils ont l'État pour débiteur, fatale différence dans le cas d'insolvabilité ; quand des personnes privées ne soldent pas les intérêts des sommes qu'elles doivent, c'est une perte ne frappant qu'un petit nombre d'individus isolés, et ce fait malheureux n'exerce qu'une influence peu importante sur la consommation ; quand un gouvernement cesse de payer les arrérages de sa dette, les conséquences sont tout autres ; car des classes nombreuses de citoyens peuvent être frappées à la fois par une semblable faillite. L'intérêt de la dette anglaise s'approche de 600 millions de francs, celle de la France menace de dépasser cette somme : si l'un ou l'autre de ces deux pays venait à interrompre le payement des arrérages, quel malheur pour toutes les familles des rentiers, quel vide dans la demande générale, de quelle dépréciation ne serait pas frappée la valeur du produit total !

Les classes des personnes privées dont les services sont utiles à la production ou aux producteurs, se divisent en deux groupes : l'un renfermant les professions libérales, l'autre comprenant les serviteurs.

Par ses habitudes et sa manière de vivre, la classe des personnes occupant les professions libérales se rapproche beaucoup des classes des industriels et des négociants : comme elle est plus en relief et mêlée davantage aux gens de loisir, elle est portée à prendre des goûts plus recherchés ; mais elle est, comme la classe des entrepreneurs, prudente, économe et régulière dans sa dépense.

La classe des serviteurs ressemble en grande partie, par ses habitudes, à celle des travailleurs manuels et s'en distingue seulement en ce point qu'une forte quote-part de leur consommation se confond dans celle des personnes qui les emploient.

Du coup d'œil général que l'on vient de jeter sur les différentes classes se partageant le produit net annuel, sur la nature et l'importance de leurs revenus, sur leurs mœurs et leurs habitudes on peut tirer quelques conclusions importantes : deux classes, celles des entrepreneurs et des personnes exerçant les professions libérales, épargnent la plus grande partie des gains annuels qu'elles réalisent ; deux autres classes, celles des propriétaires fonciers et des capitalistes, dépensent, au contraire, une forte partie de leurs revenus, mais elles peuvent faire encore une épargne notable ; les classes restantes, celles des fonctionnaires publics, des travailleurs manuels et des serviteurs à gages, emploient à leur consommation convenable ou nécessaire la presque totalité de leurs appointements ou de leurs salaires et ne mettent en réserve que de faibles économies. Pour qu'un désirable équilibre puisse s'établir entre l'offre et la demande, entre la production et la consommation, la dépense des propriétaires fonciers, des capitalistes, du gouvernement et de ses employés augmentée de celle faite par les personnes occupant les professions libérales et par les entrepreneurs, par les serviteurs et les travailleurs manuels, doit égaler le capital circulant actif augmenté des profits ordinaires; s'il n'en est pas ainsi, il y a baisse dans les valeurs d'échange et diminution dans les profits.

Les deux termes composant le premier membre de cette équation, ayant des influences différentes sur la consommation improductive, ne peuvent indifféremment être substitués l'un à l'autre et doivent, dans chaque pays, conserver entre eux un certain rapport assez constant pour permettre le maintien des valeurs d'échange ; car, si la demande formée par les entrepreneurs et les personnes exerçant les professions libérales porte sur des articles variés, et peut jusqu'à un certain point remplacer la demande des capitalistes et des propriétaires, si la consommation de ces quatre classes peut avantageusement se substituer à celle du gouvernement, il n'en saurait être de même de la consommation des travailleurs manuels et de celle des domestiques. Ce dernier groupe forme une demande pour des denrées alimentaires et pour quelques articles manufacturés très-simples ; or une demande particulière ne saurait remplacer une demande générale sans désavantage pour les valeurs de nombreux produits et sans préjudice notable pour les profits. Il ne suffit donc pas pour conserver l'équilibre normal que les deux termes du premier membre atteignent une grandeur déterminée, il faut encore que les différentes consommations gardent entre elles un rapport semblable à celui existant précédemment ou amélioré dans le sens de l'augmentation de la demande générale.

La distinction que l'on vient de faire entre la consommation des travailleurs manuels et celles des autres classes pourrait se continuer et s'étendre dans ces dernières classes elles-mêmes; il y a, en effet, des différences sensibles entre les consommations des groupes qu'on pourrait former en subdivisant chacune d'elles; ainsi, la consommation des petits propriétaires fonciers, presque entièrement bornée aux denrées alimentaires et aux articles manufacturés les plus simples et les plus utiles, peut être distinguée de celle des grands propriétaires dont la consommation s'étend aux objets du plus grand luxe; on pourrait signaler de pareilles différences dans les classes des capitalistes, des fonctionnaires publics et même dans celles des entrepreneurs ou des personnes faisant partie des professions libérales.

Les progrès de l'aisance générale tendent, chaque jour, à rendre moins distinctes et même à effacer successivement les différences que l'on vient d'indiquer; la consommation des classes les moins aisées va toujours en se développant et se rapproche sans cesse de celles des classes dont on regarde la position comme plus élevée. Cet heureux résultat se manifeste surtout dans les pays où les salaires proportionnels sont très-hauts et les denrées alimentaires à bon marché; alors la classe ouvrière peut employer une grande partie de ce qu'elle gagne à se procurer les jouissances attachées à la consommation des articles manufacturés; d'un autre côté, la baisse successive des prix courants de tous les objets fabriqués permet aux travailleurs manuels d'en faire d'année en année un plus ample usage; le cercle de leur consommation va toujours en s'agrandissant et leur demande peut graduellement remplacer avec moins de désavantage la demande faite par les autres classes.

Un mouvement semblable, mais encore plus prononcé, se fait sentir dans les diverses subdivisions des autres classes : les consommations spéciales à chaque groupe se développent, grandissent et se confondent de plus en plus avec celles des classes occupant les plus hautes positions sociales; les bienfaits de la richesse se répandent par degré sur un plus grand nombre d'hommes et le bonheur matériel se communique à une plus large partie du peuple.

Pour bien comprendre l'importance de ce mouvement et pour apprécier combien il est désirable de le voir se propager et s'accroître, il est essentiel d'estimer la part que chaque classe prend dans la consommation générale. La demande la plus grande et la première de toutes est celle formée par les entrepreneurs pour acheter les matières premières et les matières brutes employées dans la production; puis vient celle de la classe ouvrière; à elles deux, ces consommations productives forment une demande dont le montant est égal à la totalité du capital circulant actif. Le gouvernement et les autres classes sociales, en y comprenant les entrepreneurs, à raison de la portion de leurs profits dépensée pour subvenir à leur entretien et à celui de leurs familles, font une demande ne pouvant dépasser le produit net et qui souvent n'en est qu'une fraction, la fraction complémentaire étant l'épargne réalisée. Or, d'après les recherches que l'on a faites sur la comparaison, pour la France, des parts afférentes aux différentes classes, on a vu que la part de la classe ouvrière est à peu près égale à tout le produit net. On peut donc affirmer que, en général, la demande de la classe des travailleurs manuels est supérieure à la demande de toutes les autres classes réunies en y comprenant le gouvernement et ses fonctionnaires; car la demande de ces deux classes est nécessairement diminuée par l'épargne qu'elles font, épargne toujours considérable et que des écrivains économistes ont évaluée à 3 milliards pour l'Angleterre et à 2 milliards 600 millions pour la France. Comme la consommation de la classe ouvrière ne souffre ni arrêt ni interruption, qu'elle ne peut guère être diminuée par des épargnes notables, il est d'un grand intérêt pour l'équilibre entre la production et la consommation, que les salaires réels aillent progressivement en augmentant afin que les classes ouvrières puissent augmenter et rehausser leur consommation.

Quand on considère les quatre classes se partageant le produit net, le gouvernement et ses agents, les propriétaires fonciers, les capitalistes et les entrepreneurs, on remarque malheureusement que le gouvernement prend une des plus fortes parts. C'est au moins ce que l'on doit admettre pour la France et probablement aussi pour l'Angleterre. On sait, en effet, qu'on ne peut évaluer le montant du produit net dans notre pays à plus de 6 milliards de francs, en 1866 ; or, depuis 1854, la moyenne des dépenses budgétaires s'est élevée, par année, à plus de 2 milliards. Ainsi, pendant cet espace de douze années, le gouvernement français a enlevé à la nation, chaque année, le tiers du produit net.

On peut diviser en deux groupes les classes venant prendre part dans le produit net : l'un dépensier, l'autre économe. Le groupe économe, composé des entrepreneurs et des capitalistes, fait une consommation régulière, modérée et raisonnable, s'accroissant graduellement avec la masse des profits et peu sujette à des arrêts ou à une interruption durable ; elle ne saurait causer de perturbation et tend, au contraire, à accroître les valeurs par la successive augmentation de sa demande. L'autre groupe, comprenant le gouvernement et les grands propriétaires fonciers, dépense la totalité de ses revenus et fait une demande considérable ; mais le gouvernement et les grands propriétaires, entraînés par des causes différentes, peuvent, en arrêtant subitement leur dépense, opérer tout à coup une réduction notable dans la demande générale et amener une baisse dans les valeurs d'échange ; les propriétaires fonciers, maîtres de leurs revenus, ne diminuent leur consommation que de leur propre mouvement, par caprice, lorsqu'ils quittent le pays pour aller chercher à l'étranger des distractions ou de nouvelles jouissances ; par opinion, lorsque des événements viennent les blesser dans leurs sentiments politiques ; quand les causes particulières ayant amené l'amoindrissement de leur demande viennent à cesser, des motifs inverses tendent à accroître de nouveau la consommation de cette classe et il y a une sorte de compensation.

Il n'en saurait être de même pour les dépenses gouvernementales, l'administration publique prélève les ressources dont elle a besoin sur la fortune des citoyens et, dans les États libres, elle les demande au vote des représentants de la nation; il est rare que les sommes votées ne soient pas dépensées, et, sous ce rapport, on n'a pas à craindre que la demande soit diminuée ; mais il peut arriver, et il arrive quelquefois, soit par les progrès de l'opinion publique, soit par le résultat des élections, que les chambres repoussent des dépenses imprudemment entamées ; à la perte causée par des consommations improductives longtemps continuées s'ajoute alors la baisse des valeurs d'échange amenée par la réduction subite de la demande. Voici une nouvelle raison montrant avec quelle sollicitude les assemblées représentatives doivent refuser toute dépense dont la nécessité n'est point établie ; les fautes d'une administration prodigue sont de telle nature, qu'on ne peut les arrêter sans courir le risque de frapper certaines branches de fabrication ; un gouvernement dépensier grève le présent et compromet l'avenir.

CHAPITRE SIXIÈME.

Conclusion.

Parvenus au terme de notre exploration, il faut nous élever comme sur une hauteur et jeter un regard en arrière pour embrasser d'un coup d'œil le terrain parcouru ; nous apercevons d'abord la richesse sortant d'une source unique, mais éternelle, du travail de l'homme ; nous la voyons, consacrée par les vertus sobres de ceux qui l'ont créée, s'accumuler par leur prévoyance économe, grossir et former le capital. Le capital ou l'ensemble des choses matérielles propres, soit à fournir les objets sur lesquels la main-d'œuvre doit s'appliquer, soit à assurer l'existence, la durée et l'efficacité du travail, comprend les matières sur lesquelles il va s'exercer ; les denrées nécessaires à la subsistance des travailleurs, les outils dont on doit les armer, les machines destinées à grandir les résultats de leurs efforts, les matières diverses propres à mettre en jeu ces grands outils et à les entretenir ; cet amas de richesses mises en action par l'intelligence humaine s'aidant des forces naturelles et disposant de la puissance des éléments, va fournir en quantité illimitée toutes les choses aptes à satisfaire tous les besoins, à contenter tous les appétits, à donner toutes les jouissances.

Au milieu de cette abondance de toutes les choses utiles, répandant une aisance générale, les hommes augmentent en nombre et en intelligence : le nombre donne les bras qui vont multiplier le travail ; l'intelligence invente les moyens de le rendre plus efficace. L'augmentation du capital et l'accroissement consécutif de la population sont ainsi les deux puissances qui, par leur concours et leur harmonie, amènent le développement continu de la richesse et la magnifique splendeur de la production ; ce sont elles aussi qui fondent les grandes nations.

Mais la production ne peut s'avancer et grandir sans que la consommation suive une marche semblable et à peu près parallèle. Les nations ne peuvent croître en population, en richesse et en puissance sans que les citoyens qui les composent et les gouvernements qui les dirigent, augmentent leurs dépenses et leur consommation ; l'importance de la consommation peut donc être un signe révélateur du progrès économique d'une nation.

La consommation peut varier en quantité et en qualité : la quantité dépend surtout du chiffre de la population ; la qualité résulte principalement de la divison des citoyens entre les diverses classes sociales.

Les progrès de la richesse ne se bornent pas uniquement à procurer aux hommes en quantité immense les produits variés destinés à satisfaire tous les besoins du corps, ils ont encore des effets plus larges et plus élevés : à mesure que se développe la civilisation économique, elle enlève d'abord au travail de l'ouvrier tout ce qu'il a de plus pénible, de plus dur, de plus mécanique, pour le transporter aux animaux ou en charger les puissances brutes, réservant l'homme pour en surveiller le travail ou l'action, relevant et rehaussant ainsi sa condition, et le replaçant à son rang de maître et de dominateur.

Si, par exemple, on vient à considérer un des arts les plus importants, celui de l'agriculture, on aperçoit, dans les premiers temps, l'homme courbé sur le sol le fendre avec la bêche ou le fouiller avec la pioche et la houe, retourner et briser péniblement la terre ; puis, un peu plus tard, lorsque le cultivateur, laborieux et économe, a su accumuler un capital suffisant pour élever et nourrir des bêtes de trait ou de joug, on le voit atteler à l'araire des chevaux ou des bœufs, laisser aux animaux la fatigue énorme d'ouvrir la terre et de briser la glèbe endurcie, l'homme bornant ses efforts à presser l'attelage et à maintenir l'outil agricole. Attendons encore quelques années et nous pourrons admirer ce laboureur mécanicien assis commodément sur le banc d'une charrue à vapeur dirigeant cette puissante machine et, sans dépense apparente de force musculaire, ouvrant à la fois cinq sillons d'une régularité et d'une profondeur qu'on ne saurait obtenir par aucun autre moyen.

Cette heureuse influence s'étend à toutes les professions et relève par degré la position du travailleur manuel dans toutes les branches de la production ; du manœuvre elle fait un ouvrier, de l'ouvrier un artisan, de l'artisan un mécanicien et quelquefois un artiste ; le métayer devient fermier, le fabricant qui prospère arrive à être grand manufacturier, le détaillant qui réussit se fait marchand en gros et souvent banquier.

Cette amélioration continue ne se renferme pas dans l'enceinte de chaque classe ; elle fait successivement passer d'une classe à l'autre les sujets les plus méritants des groupes regardés comme les moins favorisés ; c'est ainsi qu'on voit à chaque instant un ouvrier habile et sobre devenir un fabricant distingué ou un entrepreneur achalandé ; c'est ainsi que les fermiers intelligents deviennent propriétaires, que les industriels et les commerçants qui font de bonnes affaires parviennent à être de riches capitalistes ou de gros propriétaires fonciers.

L'avancement progressif de la fortune publique amène la formation et l'accroissement graduel des classes des propriétaires fonciers et des capitalistes, jouissant dans l'aisance et dans un repos comparatif des biens que le travail leur a acquis et que leur abstinence a conservés. Ces deux classes ont du loisir et peuvent se livrer, soit à l'étude de la littérature et des sciences, étude qui élargit l'esprit, soit à celle des arts qui embellissent la vie.

Enfin l'accumulation croissante de la richesse donne à l'homme une faculté plus précieuse encore, celle d'assurer l'avenir de ses enfants. Combien de pères, obéissant à des sentiments intimes, se sacrifient dans le présent pour assurer aux êtres qu'ils préfèrent à eux-mêmes la certitude d'une vie plus facile que celle qu'ils ont eu à traverser ! Ce sont ces dévouements naturels et nombreux, mais toujours admirables, qui, pareils à la Providence divine dont ils émanent, préparent l'avenir des familles ainsi que celui des nations et assurent à l'humanité tout entière une marche progressive vers de meilleures destinées.

Quand on veut mesurer les progrès d'un peuple vers l'aisance et le bien-être, il ne faut donc pas se borner aux simples relevés de sa production et de sa consommation, il convient de voir aussi comment la population se partage entre les différentes classes sociales.

L'aisance générale d'un peuple dépend réellement de trois termes : du produit net annuel, du chiffre de la population, de la manière suivant laquelle le revenu national se partage entre les différentes classes.

La division d'un peuple entre les quatre groupes producteurs prend toujours son origine dans les conditions économiques de la production et doit varier avec elles. De plus, il est rare que la distribution des citoyens dans les quatre situations déterminées par les nécessités de l'œuvre à acccomplir, ne soit pas gênée par les institutions particulières à chaque pays. On assure qu'en Chine, les professions des fils sont toujours fixées par celles des pères ; si un pareil fait était réel, il y aurait une véritable immobilité dans la classification. C'est là un cas extrême ; mais, dans un grand nombre de pays, à raison des majorats, du droit d'aînesse et des substitutions, la classe des propriétaires fonciers tend à rester stationnaire et ne s'augmente aucunement dans le rapport de la population. Par une sorte d'imitation, chez les mêmes peuples, la classe des capitalistes a une tendance à se contenir aussi dans de certaines limites. Il n'existe, enfin, en Europe, qu'un petit nombre de nations dans lesquelles la formation des groupes soit complétement libre et n'obéisse qu'aux lois économiques. L'avancement de la raison publique et l'amélioration graduelle de la législation civile et politique faciliteront, chaque jour, davantage ce mouvement vraiment civilisateur; car, c'est un droit naturel pour tout homme de pouvoir atteindre, par le travail et le mérite, à toutes les positions sociales; la justice le demande et l'intérêt public le sollicite.

Quand on veut examiner le véritable état économique d'un peuple, il y a donc une réelle importance à constater, si, indépendamment de l'amélioration dans l'aisance de chaque classe sociale, il ne se fait pas simultanément une heureuse modification dans la manière dont la population se fractionne en différents groupes ; car, si le bonheur, toujours rare sur la terre où nous vivons, habite aussi souvent la chaumière du pauvre que le palais du riche, on ne peut disconvenir cependant que le bien-être matériel, objet et but principal de l'économie politique, ne varie beaucoup avec les diverses positions que l'homme peut occuper. Le rehaussement de la situation économique d'un peuple peut donc dépendre tant de l'amélioration dans le sort de chaque classe que de l'augmentation comparative plus considérable des classes les mieux pourvues.

Une recherche de ce genre appliquée aux nations les plus civilisées et les plus importantes serait d'un extrême intérêt ; car, au moyen des faits, elle ferait découvrir les lois économiques et les institutions politiques les plus propres à améliorer le sort des hommes. Les documents font défaut pour permettre d'accomplir une œuvre aussi belle ; il faut l'attendre du temps. Profitant de renseignements statistiques recueillis en France et en Angleterre, on va essayer de montrer comment, pendant la marche progressive de la richesse, s'est opéré, dans ces deux pays, le fractionnement de la population. On cherchera, en même temps, à constater quelle a été, pendant toute l'évolution productive, la situation matérielle de la classe ouvrière, celle de toutes les classes qui, par le nombre des individus qui la composent et les difficultés de leur vie, mérite le plus d'attirer une attention particulière.

Si l'on en croit des documents rassemblés par sir Gregory King, voici quelle était en Angleterre, vers 1688, la distribution de la population entre les différentes classes [1] :

Ecclésiastiques avec leurs familles..	52,52
Nobles, sans les squires..........	27,000
Bourgeois, squires, gentlemen.....	126,000
Professions libérales..............	150,000
Fonctionnaires.....................	70,000
Négociants.........................	64,000
Propriétaires, freeholders.........	980,000
Fermiers...........................	750,000
Marchands..........................	180,000
Artisans, ouvriers.................	240,000
Laboureurs, journaliers............	1,275,000
Pauvres............................	1,300,000
Mendiants..........................	30,000
Marins.............................	170,000
Armée..............................	76,000
	5,490,520

Quand on rassemble ces diverses parties de la population anglaise, en 1688, et qu'on en forme deux classes, l'une comprenant toutes les personnes vivant de fermages, d'intérêts de capitaux ou de profits personnels, les fonctionnaires et les personnes appartenant aux professions libérales, c'est-à-dire toute la population aisée, l'autre se composant des artisans et des ouvriers, des laboureurs et des journaliers, des marins et des soldats, des pauvres et des mendiants, c'est-à-dire de toute la population peu aisée, on trouve que le premier groupe renferme 2,399,000 individus et le second 3,091,000 ; mais les personnes formant la première catégorie entretiennent un certain nombre de domestiques, en comptant un serviteur par cinq individus, il convient de distraire 479,000 personnes de la première classe et de les ajouter à la seconde ; en faisant cette double opération, on trouve que l'ensemble de cette

[1] Moreau de Jonnès, *Statistique de l'Angleterre*, t. I, page 118.

classe vivant de solde, de gages, de salaires, du travail de ses mains ou de charités était de 3,570,000 individus tandis que la classe aisée n'en contenait que 1,920,000, c'est-à-dire que, sur 100 personnes, 65 appartenaient à la classe peu aisée et 35 à la classe jouissant d'une assez grande aisance. A la même époque, d'après Moreau de Jonnès, il y avait une famille sur sept participant à la propriété foncière, et six à la classe non propriétaire du sol [1].

Dans son excellente statistique de l'Angleterre, Moreau de Jonnès, au moyen de nombreuses données économiques, relevées dans des documents officiels, a présenté dans le tableau suivant les éléments de la population de la Grande-Bretagne en 1811 [2].

	Nombre d'individus.
Clergé d'Angleterre et d'Écosse..........	80,000
Noblesse................................	12,500
Administration..........................	15,000
Gens de loi, professions libérales..........	95,000
Propriétaires de terres.....................	597,000
Négociants................................	72,500
Marchands, commis, employés de commerce.	500,000
Ouvriers et employés des manufactures....	4,325,000
Marine du commerce......................	385,500
Pêcheurs, mariniers.......................	10,000
Marine militaire et troupe de marine.......	400,000
Armée et milice...........................	240,000
Fermiers, 600,000, avec leurs familles.....	3,000,000
Journaliers, laboureurs....................	1,603,000
Domestiques des deux sexes..............	1,000,000
Pauvres recevant le secours de la taxe.....	1,040,000
Condamnés, prisonniers....................	12,000
Mendiants, vagabonds, voleurs, prolétaires.	280,000
Population totale..........	13,667,500

1 Moreau de Jonnès, *Statistique de l'Angleterre*, t. I, pp. 119 et 120.
2 Id., *ibid.*

Si l'on ajoute aux sept premières classes les trois millions de fermiers, un sixième du chiffre des marins militaires et des soldats pour obtenir le nombre des officiers, un cinquième de la marine du commerce pour avoir le nombre des capitaines et patrons, on arrive à un chiffre de 4,513,000 personnes pour la classe comparativement aisée et à celui de 9,245,000 pour la classe vivant de salaires, de gages ou d'aumônes, c'est-à-dire que, sur 100 personnes, 34 appartenaient à la première classe et 66 à la seconde. Ainsi, en admettant que les chiffres comparés, chiffres pris dans les deux tableaux que l'on vient de citer, soient parfaitement comparables, ce qui, à vrai dire, est douteux, la classe la moins aisée se serait un peu accrue relativement à la classe placée dans une situation plus heureuse.

Ce résultat semble indiquer qu'entre 1688 et le commencement du XIXe siècle, il ne s'est manifesté dans la Grande-Bretagne aucune amélioration réelle dans la répartition des groupes composant la population anglaise.

Un document plus récent et d'une grande autorité présente des résultats plus favorables. D'après un tableau de la distribution par classes de la population de la Grande-Bretagne, dressé par M. G. R. Porter et complété tant par des données prises dans l'*Économie rurale de l'Angleterre* par M. Léonce de Lavergne que par des chiffres tirés d'un travail publié par M. Marshall sur le fractionnement de la population britannique en 1824, on peut estimer avec quelque certitude que, sur les 18,717,831 individus formant la population totale de ce pays en 1841, les classes aisées formaient un total de 8,798,271 personnes distribuées de la manière suivante :

	Nombre de personnes.
Industriels et leurs familles............	2,630,000 [1]
Négociants et marchands..............	2,100,000
Propriétaires fonciers................	225,000 [2]
A reporter................	4,955,000

[1] Marshall.

[2] L. de Lavergne, *Économie rurale de l'Angleterre*, page 101.

	Nombre de personnes.
Report........................	4,955,000
Leurs familles........................	900,000
Fermiers........................	282,000[1]
Leurs familles........................	1,148,000
Officiers de l'armée, 1/6e des soldats....	21,797
Officiers de la flotte et capitaines de navires marchands........................	42,670
Professions libérales........................	583,167
Capitalistes, rentiers et leurs familles...	635,637
	8,568,271

En admettant ces chiffres, qui nous paraissent se rapprocher du véritable état des choses à l'époque citée, les classes aisées seraient aux classes moins bien partagées comme 42,8 est à 50,8 ; sur 100 individus, 45 appartiendraient aux classes aisées et 55 aux classes moins favorisées. Ainsi dans les trente années écoulées de 1811 à 1841, une grande amélioration se serait réalisée dans la population britannique, un sixième des individus vivant du travail de leurs mains seraient passés dans les classes dont la position matérielle est incomparablement meilleure.

Ce n'est point la seule amélioration qui se soit réalisée : le sort de cette portion notable de la classe des travailleurs manuels qui n'a pu s'élever à une situation plus favorisée s'est toutefois graduellement amélioré, car, depuis 1688, le salaire réel de l'ouvrier anglais s'est continuellement accru.

D'après des recherches déjà mises sous les yeux du lecteur, on a vu que le capital circulant de la Grande-Bretagne était devenu, en 1840, huit fois plus considérable qu'il ne l'était à l'époque du renversement de Jacques II. Pendant ce même espace de temps, la population a triplé ; or, comme le fonds des salaires a dû s'accroître dans le rapport direct du montant du capital circulant et diminuer dans le rapport de l'augmen-

[1] L. de Lavergne, *Économie rurale*, etc., t. I, p. 459.

tation de la population, il s'ensuit que les salaires en argent devaient être, en 1841, les $\frac{8}{3}$ de ce qu'ils étaient en 1688. Pour avoir les salaires réels, il faut comparer les salaires courants aux prix du blé aux deux époques. Or on sait par les relevés donnés par Adam Smith [1], que le prix moyen du quarter de froment de 1677 à 1700 était de 21,8 schellings, soit 18 fr. 67 centimes l'hectolitre ; dans les dix années entre 1834 et 1844, le prix du quarter n'a pas dépassé 50 schellings, soit 23 fr. 62 centimes l'hectolitre ; en sorte que, pendant les 156 années écoulées de 1688 à 1844, le prix du blé ne s'est élevé en Angleterre que de 26,5 pour cent. Pour obtenir le chiffre mesurant le salaire réel, il faut diviser le salaire en argent $\frac{8}{3}$ par le nombre 1,26, ce qui donne 2,1 pour le salaire réel en 1846. Ainsi, sauf la faible variation éventuelle du coefficient donnant le rapport du fonds des salaires au montant du capital circulant, l'aisance comparative de la classe ouvrière a dû doubler de 1688 à 1844.

Comme cette importante conclusion est en grande partie fondée sur l'application de principes théoriques, il est à propos de vérifier dans quelle mesure l'examen des faits vient la confirmer ou la modifier. D'après des recherches contrôlées par Malthus [2], le prix moyen des salaires de 1665 à 1700 ne dépassait pas un shelling par jour ; le prix moyen du quarter de blé, pendant le même temps, était de 2l, 2 schellings 6 pence, soit 18 fr. 64 centimes l'hectolitre. A ce taux, le travailleur manuel ne gagnait que 3/4 d'un peck de froment par jour ; de 1766 à 1770, le prix du quarter fut en moyenne de 2l, 7 sch. 8 pence ou près de 48 schellings ; comme le taux moyen des salaires était alors de 7 sch. 4 pence 1/2 par semaine, l'ouvrier gagnait à peu près 5/6 de peck par jour. Selon un relevé publié par M. Dent, dont l'exactitude est établie par le témoignage de sir John Russel, en 1834, le quarter était à 46l, 2 pence et les salaires s'élevaient à 8 schellings par

[1] Adam Smith, *Richesse des nations*, tome II, page 172.

[2] Malthus, *Principles of political economy*, chapitre IV, section II.

semaine; en 1835, le quarter était à 39l, 4 pence, le salaire était encore au même taux ; en prenant la moyenne entre ces deux années, on trouve qu'à cette époque, le quarter ayant le prix moyen de 42 schellings 9 pence, les salaires étaient à 8 schellings par semaine, et les travailleurs gagnaient 1 peck 1/15 par jour ; enfin, en 1846, le quarter étant à 46 schellings, le taux moyen des salaires était, d'après M. Graham, dans le Norfolk et le Suffolk au-dessus de 10 schellings par semaine et les journaliers obtenaient 1 peck 1/5 par jour ; en comparant le salaire moyen en blé, en 1688, au salaire moyen réel, en 1846, on voit que ce dernier salaire exprimé en blé était 1 et 3/5 plus considérable qu'en 1688, c'est-à-dire qu'il s'était accru de 60 pour cent ; il n'aurait pas tout à fait doublé.

Ce résultat est plus faible que celui indiqué par la théorie, mais il faut dire qu'il est aussi moins fort que celui présenté au chapitre Ier du livre III en nous appuyant sur les recherches de M. L. de Lavergne. Depuis ce temps, la position des travailleurs manuels s'est encore améliorée et nous croyons pouvoir affirmer que, dans l'espace d'un siècle et demi, les salaires en blé de l'ouvrier anglais ont presque doublé. Si l'on ajoute à cette amélioration l'avantage que la classe ouvrière a trouvé dans l'abaissement de prix des objets manufacturés, on doit reconnaître que, pendant cet espace de temps, la situation des travailleurs manuels de la Grande-Bretagne a dû considérablement s'améliorer.

Comment, en présence d'un résultat aussi favorable, ne s'est-il pas produit une modification plus avantageuse dans le fractionnement de la population ? Il y en a deux grandes causes : la première et la plus puissante est l'influence des institutions et des mœurs aristocratiques de la vieille Angleterre ; la seconde, la disposition des classes ouvrières de ce pays à employer en consommations la presque totalité de leurs salaires.

Pour donner une idée de la marche de la consommation du peuple anglais de 1688 à 1831, on citera ce qui a eu lieu pour la viande.

La consommation de la viande a été, en Angleterre, par individu [1] :

En 1688	74 livres
— 1700	89 —
— 1810	160 —
— 1831	162 —

Elle avait ainsi plus que doublé.

Les lois anglaises sur la transmission des biens ont une manifeste tendance à rendre stationnaire le nombre des détenteurs du sol. Les grands domaines restent intacts. Les mœurs anglaises et une multitude de précautions législatives s'opposent à la division des propriétés. « Depuis cent soixante ans, dit Moreau de Jonnès [2], « la population a doublé en Angle- « terre et le nombre des propriétaires fonciers est resté le « même ou ne s'est augmenté que de fort peu ; d'où il suit « que l'accroissement de la population n'a multiplié que les « industriels et les capitalistes. Ce fait est attesté par un « document, tiré du cabinet de Guillaume d'Orange, publié « par John Dalrymple et qui fait connaître qu'en 1670 le « nombre des propriétaires fonciers (*freeholders*) s'élevait à « 2,599,786 habitants. Or Gregory King nous apprend qu'à « peu près à la même époque, la population de l'Angleterre « était de 5,500,000 habitants. D'où il suit que près de la « moitié participait à la propriété foncière. On comptait alors « 520,000 propriétaires ou 1 sur 10 personnes. Il y en a « maintenant (1831) 581 ou 1 sur 21. En l'espace d'un siècle « et demi, lorsque la population s'accroissait de 6 millions et « demi d'habitants, le nombre des propriétaires fonciers ne « s'augmentait que de 31,000. » M. L. de Lavergne a établi que le mouvement de division de la terre s'était un peu accéléré et que le nombre des maisons de campagne et des petits domaines s'était accru en ces derniers temps ; mais cette augmentation des landlords a eu lieu au profit des grosses for-

[1] Moreau de Jonnès, *Statistique de l'Angleterre*, t. I, pp. 217 à 221.

[2] Id., *ibid.*, pp. 139 et 140.

tunes de l'industrie et du commerce. Exclu par les institutions et les mœurs de son pays de la possession de la terre et privé de la sécurité qu'elle donne, ne pouvant espérer, dans la production industrielle, de lutter contre les gros capitaux, l'ouvrier se contente de placer ses économies dans les caisses d'épargne et les *friendly societies.* Le manque d'encouragement ou d'aide pour changer sa position sociale, le porte à vivre au jour le jour et l'engage à dépenser dans le confort d'une alimentation substantielle les salaires élevés qu'il gagne. Il en prend de la vigueur et de la force corporelle, sa puissance productive en est augmentée et la classe entière des travailleurs manuels s'accroît en nombre ; mais l'ouvrier n'accumule pas un capital ; il ne devient pas propriétaire foncier et arrive rarement à devenir patron. Voilà ce qui explique comment, en regard de l'immense accroissement de richesse réalisé en Angleterre, depuis la glorieuse révolution de 1688, il y a encore pour une population donnée un si grand nombre d'individus gagnant leur pain à la sueur de leur front.

Notre population française vit sous une législation plus libérale, et nos mœurs admettent une égalité beaucoup plus grande : de là résultent une fusion plus facile entre les divers groupes et une répartition plus favorable des individus parmi les différentes classes sociales. D'après M. Schnitzler[1] les 35 millions de Français se divisaient, en 1842, de la manière suivante :

Il y avait, dans la campagne,

En ouvriers, journaliers, garçons de ferme, serviteurs et indigents	874,000
Dans les villes,	
En ouvriers et hommes de peine	3,000,000
Domestiques	500,000
Indigents	1,780,000
Total	6,154,000
Avec leurs familles	14,000,000

[1] Schnitzler, *Statistique générale de la France*, t. I, pp. 338 à 346.

Le restant de la population se composait de la manière uivante :

Propriétaires fonciers	4,100,000
Propriétaires et rentiers	400,000
Patentés	1,440,000
Fermiers	960,000
Fonctionnaires publics	128,700
Ecclésiastiques	43,500
Personnes vouées à l'enseignement	260,000
Personnes suivant les professions libérales	200,000
Total	7,532,200
Avec leurs familles	21,000,000

D'après ces relevés, la population aisée serait à la population vivant de salaires, de gages et d'aumônes comme 3 est à 2.

On trouve dans la *Statistique de la France* de M. Block des données permettant de contrôler ce résultat [1].

En prenant pour base la population adulte, on a constaté, à la suite du recensement de 1851, que la population française se divisait ainsi :

Agriculteurs	20,351,628	56,9 p. 0/0
Autres professions	15,431,542	43,10
Total	35,783,170	

D'après ce même recensement, pour 10,000 agriculteurs on comptait :

Propriétaires-cultivateurs	3,518	
Fermiers	1,272	dont 437 propriétaires.
Métayers	694	dont 111 propriétaires.
Journaliers	3,008	dont 511 propriétaires.
Domestiques	1,350	
Bûcherons, charbonniers, etc.	158	
Total	10,000	

[1] Maurice Block, *Statistique de la France*, t. II, pp. 17 et 18.

D'où l'on tire cette conséquence, que les 20,351,628 individus tirant leur subsistance de l'agriculture peuvent se diviser comme il suit :

Propriétaires-cultivateurs et leurs familles.	7,159,699
Fermiers	2,588,727
Métayers	1,412,402
	11,160,828
Journaliers, domestiques, bûcherons, etc.	9,190,800
Total	20,351,628

Ajoutons les autres professions :

Propriétaires vivant de leurs fermages, rentiers, capitalistes, fonctionnaires publics, fonctionnaires de l'État, avec leurs familles	3,991,026 [1]
Patentés (1850) 1,524,152 avec leurs familles.	6,096,608
Ouvriers de l'industrie	3,807,967
Domestiques	753,505
Mendiants, détenus, individus sans profession, infirmes et divers	782,496
Total général	35,783,130

Si, pour avoir les classes vivant dans un état d'aisance comparative, on réunit les 11,160,828 individus cultivateurs-propriétaires, fermiers et métayers aux propriétaires fonciers vivant de fermages, aux rentiers, aux fonctionnaires publics, aux personnes appartenant aux professions libérales et aux patentés, on a un total de 21,867,862 personnes, tandis que les ouvriers de l'industrie, les journaliers et serviteurs agricoles, les individus sans profession ou vivant d'aumônes ne forment qu'un total de 14,505,308 personnes. Ces deux chiffres sont dans le rapport de 3 à 2.

On peut donc regarder comme un fait établi qu'en France, vers le milieu du XIXe siècle, la population aisée, celle qui tire en grande partie sa subsistance des fermages, de l'intérêt

[1] Maurice Block, *Statistique de la France*, t. I, p. 55.

des capitaux ou des profits personnels était à la population vivant de salaires, de gages ou d'aumônes dans le rapport de 3 à 2, c'est-à-dire que, sur cinq individus, trois appartenaient à la classe aisée et deux à la classe vivant de son travail ou de la charité publique. Cette heureuse situation est due à l'équité de nos lois, à l'égalité régnant en France, à la faculté accordée à tous les Français d'arriver à toutes les positions sociales ; elle a été produite par l'accroissement de la richesse et la libéralité de nos institutions.

En 1788, la population française était de 25 millions d'âmes ; sur ce nombre, il n'y avait pas au-delà de 2 millions de propriétaires fonciers et cultivateurs. Il n'existait à cette époque que 659,712 patentés, et, si l'on accepte ce chiffre comme représentant la classe des industriels et des commerçants, on trouve, en supposant que la population totale de cette époque gardât avec la population actuelle le même rapport que celui calculé en 1851, et, en multipliant ces chiffres par 2,61, expression de ce rapport, on trouve que les personnes vivant de revenus fonciers ou de profits agricoles ne dépassaient pas le nombre de 5,240,000, et que les personnes s'entretenant au moyen de profits réels et de profits personnels industriels et commerciaux, devaient être au nombre de 1,728,445. Si l'on porte à 2 millions d'individus les personnes faisant partie des professions libérales, près des deux tiers de la population devaient trouver les moyens d'existence dans le travail des mains ou dans la bienfaisance privée ou publique. A cette même époque, la situation du peuple français se rapprochait beaucoup de celle du peuple anglais.

Au moment de la révolution de 1789, la plus grande partie du sol était aux mains de la noblesse et du clergé ; les propriétés rurales avaient une étendue considérable ; la vente des possessions territoriales du clergé qui mit dans la circulation tous les biens de mainmorte, l'abolition des substitutions qui amena l'aliénabilité d'un grand nombre de domaines jusqu'alors inaliénables, les lois d'égal partage qui facilitèrent la division des biens, multiplièrent singulièrement le nombre des propriétaires fonciers. Un mouvement semblable ne se fit point sentir d'abord dans les classes des capitalistes, des industriels et des commerçants, car les désordres qui suivirent les premiers élans vers la liberté furent loin de favoriser la production industrielle et l'accroissement du capital. Mais à peine l'ordre fut-il rétabli que les éléments du progrès se développèrent avec énergie : pendant la haute fortune que les gloires du premier Empire firent à la France, l'industrie manufacturière éprouva une merveilleuse extension, et l'on trouve ce fait constaté de la manière la plus nette par l'accroissement du nombre des patentés, accroissement qui dépassa de beaucoup la marche de la population ; en 1816, la population avait atteint 30 millions d'âmes, le nombre des propriétaires fonciers était de 4,350,000, celui des patentés de 847,100 ; il y avait 11,400,000 personnes vivant de revenus territoriaux, 3,200,000 soutenues par les profits réels et personnels ; en admettant qu'à cette époque, les professions libérales comprissent 2,400,000 individus, la moitié seulement de la population avait à gagner sa vie par le travail de ses bras.

Le progrès se continua lentement sous la Restauration ; mais l'accroissement de la richesse prit une marche rapide sous le régime plus libéral qui suivit la révolution de juillet 1830. En 1834, le nombre des propriétaires fonciers, des fermiers et des métayers s'élevait à plus de 5 millions et ces propriétaires ou possesseurs du sol composaient avec leurs familles une classe de 13 millions d'individus ; les patentés atteignaient le chiffre de 1,440,000 ; ce qui suppose que 3,770,000 personnes étaient entretenues par les profits réels et personnels du commerce et de l'industrie. Si l'on accepte que les professions libérales continssent 3,430,000 personnes, sur les 34,500,000 habitants composant alors la population, il y en avait 20,300,000 dans une position aisée et 14,200,000 demandant l'existence aux salaires, aux gages et aux aumônes. Dans l'espace de 28 années, un nouvel et considérable progrès s'était encore manifesté : sur 17 personnes, 10 se trouvaient placées dans les classes les plus favorisées de la fortune, et 7 seulement, dans les classes dont la situation est plus dépendante.

Malgré les désordres amenés par la crise de février 1848 et la perte de la liberté qui la suivit de près, les progrès obtenus sous la monarchie constitutionnelle furent maintenus et continuèrent à se développer dès que l'ordre fut rétabli ; car on a constaté qu'en 1851, sur 9 individus, 5 appartenaient à la classe réputée dans l'aisance et 4 à la classe vivant de son travail ou de la charité publique et privée.

Quand on vient à comparer la division actuelle de la population au fractionnement existant en 1789, on voit que la classe vivant de son travail et ne recevant, en général, ni fermages, ni profits réels ou personnels, ni traitements, ni honoraires, formait, en 1788, les deux tiers des Français, soit 66 pour 100 de la population totale ; et qu'en 1851, elle n'en formait plus que les quatre neuvièmes, soit 44 pour 100. Ainsi, dans l'espace de soixante-deux années, un tiers de la population ouvrière ou destituée était passée dans les classes regardées comme plus favorisées.

Pendant cet admirable mouvement progressif, la classe des travailleurs manuels qui a vu tant de ses membres s'élever à une position meilleure est-elle restée sans profiter elle-même de l'accroissement de la richesse ? Non. Le sort du travailleur ne demandant de secours qu'à lui-même, n'ayant d'autres ressources que le travail de ses bras, d'autres soutiens que son énergie et son intelligence, le sort du travailleur manuel a été toujours en s'améliorant. On a déjà vu [1] que les salaires réels avaient doublé de 1780 à 1866. Ainsi, en moins d'un siècle, l'aisance de la classe ouvrière s'est considérablement accrue, égalant, si même elle ne le surpasse, le progrès moyen obtenu par l'ensemble de la nation.

Ce fait si heureux de l'amélioration progressive du sort de l'ouvrier a été établi avec une vive éloquence par l'illustre M. Thiers [2].

[1] Tome II, livre III, chapitre I, section II.

[2] Discours à l'Assemblée législative en 1849.

« Avant 1789, » dit-il, « le manouvrier aux portes de Paris « gagnait 20 à 26 sols par jour ; en 1814, il en gagnait 30, « quelquefois plus. Savez-vous combien il gagne aujourd'hui ? « 40 sols. Le tisserand qui gagnait 30 sols, non pas aux portes « de Paris, mais à Lille, en gagne 46. (Rumeurs et dénéga- « tions à gauche.) Croyez-vous que ce soit d'aujourd'hui et « pour les besoins de la discussion que j'ai recueilli ces faits ? « L'année dernière, un peu avant cette époque, j'étais membre « d'une commission des douanes, j'ai pressé mes collègues de « rechercher les faits. J'ai des masses énormes de documents ; « c'est sur ces faits que je vous apporte des chiffres ; qu'on « les conteste, je les rétablirai ; mais c'est la vraie question. « (Oui, oui.) Je dis et j'affirme que le tisserand qui gagnait « 30 sols en moyenne, en gagne 40 ; que le fileur qui en ga- « gnait 40, en gagne 50, et quelquefois 3 fr. Pour la métal- « lurgie, si je vous disais à quel point, grâce aux nouveaux « procédés, les prix ont changé, vous en seriez surpris ; vous « les contesteriez bien plus. Il y a, à Paris, quelques-uns des « plus grands établissements qui soient en Europe et en « France ; allez-y, si l'on veut ordonner une enquête, nous « irons tous. Nous verrons les faits. Eh bien ! voici ce que « j'affirme : grâce aux perfectionnements, grâce à ces amé- « liorations, filles de la concurrence et de l'émulation, dans « la métallurgie, à Paris, les prix ont doublé, triplé quelque- « fois. Un tourneur, un forgeron, un ajusteur, qui gagnaient « 3 fr., gagnent aujourd'hui 5, 6 et 7 fr. Il y a une profession « dans la métallurgie, les modeleurs, qui arrivent à gagner « jusqu'à 8 et 10 francs.

« Maintenant comparons les prix de la main-d'œuvre aux « prix de la consommation, les voici. Quant à la nourriture, « les prix sont à peu près les mêmes ; la viande a un peu « augmenté ; le pain, j'ai ici un tableau du prix du pain dans « quelques villes manufacturières depuis 1814, eh bien ! le prix « du pain est le même. Les salaisons, qui sont l'une des ma- « tières les plus importantes de l'alimentation, ont peu varié et « se sont beaucoup améliorées. Les vêtements, tout ce qui est

« coton, est de 80 pour 100 meilleur marché. Les tissus qui « coûtaient 35 sols coûtent aujourd'hui 7 sols. Pour la dra« perie, qui est encore un important objet de consommation « pour l'ouvrier, les prix sont réduits de 50 pour 100. Pour « les logements, les prix sont augmentés, c'est vrai, savez« vous dans quelle mesure ? Tout cela résulte d'une enquête. « Les logements de l'ouvrier, qui représentaient 96 francs, re« présentent 120 francs ; cela tient à une cause accidentelle, « le penchant des industries à se rapprocher des villes. C'est « un malheur.

« En somme, l'ouvrier gagne davantage et paye un peu « moins la plupart des objets de consommation, quelques-uns « seulement un peu plus ; en somme, sa condition s'est amé« liorée depuis trente ans, voilà un fait incontestable.

« Et à quoi cela est-il dû ? A cette concurrence qui a changé « tous les procédés. D'un côté, les machines ayant pris le rôle « de la force brutale, le rôle de la force intelligente a été ré« servé à l'ouvrier et sa condition a été plus relevée. D'un « autre côté, consommateur autant que producteur, l'ouvrier « a pris sa part, sa très-grande part du bon marché que la « société a obtenu, et quel est au milieu de tout cela celui « dont la condition s'est empirée ? C'est l'entrepreneur.

« Voilà cette loi admirable qui fait qu'à mesure que la « société fait des progrès, l'ouvrier gagne davantage et comme « consommateur paye moins, tandis que l'entrepreneur, placé « entre la société et l'ouvrier, obligé de satisfaire tous les « deux, est contraint à des efforts inouïs et forcé de se conten« ter de profits très-inférieurs. Voilà la marche des choses. »

Dans ces éloquentes paroles, on retrouve la démonstration des principes que la science a laborieusement établis : les salaires réels et la part relative des travailleurs manuels croissent avec le temps, alors que diminuent successivement les profits des entrepreneurs et l'intérêt des capitaux ; on sait aussi que la part absolue de l'ouvrier s'accroît dans la mesure du capital circulant, et, comme les progrès de ce capital sont dus aux succès des entrepreneurs, par une admirable harmonie des choses, le bien-être des travailleurs manuels est attaché à la réussite des personnes qui les emploient ; toutes les classes sociales sont reliées entre elles par une intime solidarité d'intérêts et d'avantages réciproques.

Cette importante conclusion reçoit, dans notre pays, une éclatante confirmation par la marche progressive de la consommation générale, et, comme le principal but que l'on a en vue est de constater l'amélioration du sort de la classe laborieuse, on examinera particulièrement la consommation des objets de première nécessité.

D'après les documents recueillis par Moreau de Jonnès, la consommation du pain blanc a toujours augmenté depuis 1789 et la consommation du pain bis s'est toujours atténuée ; en telle sorte que la classe ouvrière tout entière fait usage du pain blanc. C'est là une première et très-grande amélioration.

La consommation de la viande de boucherie (bœuf, veau et mouton) qui par tête d'habitant était [1] :

en 1812	de	8 kil.	85	grammes
— 1830	—	11	037	—
— 1856	—	14	070	—

a depuis ce temps toujours augmenté ; en 1866, elle était plus que doublée et elle tend encore à s'accroître. Ce progrès est fort heureux ; car il est parfaitement établi que l'usage de la viande maintient la santé de l'ouvrier et augmente sa vigueur.

Le sel est pour le peuple un article de première nécessité ; c'est le condiment obligé de l'alimentation végétale ; il entre pour une forte proportion dans les salaisons qui sont un aliment recherché par les classes ouvrières.

Voici les progrès de la consommation moyenne annuelle du sel par tête depuis 1789 jusqu'en 1856 [2] :

[1] Maurice Block, *Statistique de la France*, t. II, p. 361.
[2] Id., *ibid.*, t. II, p. 376.

1788	1 kil. 50	1849	9 kil. 02
1812	5 — 00	1851	7 — 04
1830	6 kil. 00	1855	9 kil. 08
1848	6 — 50	1856	9 — 08

Le sucre paraît être un objet de luxe, mais il entre dans la préparation de nombreux aliments ; il améliore un grand nombre de boissons; la consommation en a tellement augmenté, qu'il est entré dans les usages alimentaires du peuple.

Voici la progression qu'a suivie la consommation [1] :

	par tête.			par tête.	
1812-1816	0 kil.	500	1842-1846	3 kil.	250
1817-1822	1	330	1847-1851	3	260
1823-1826	1	730	1852-1856	4	240
1827-1831	2	370	1857	4	710
1832-1836	2	530	1858	6	910
1837-1841	3	130			

De 1812 à 1858, la consommation du sucre est devenue quatorze fois plus considérable.

Le café et le chocolat sont entrés aussi en bien plus grande quantité dans l'alimentation générale : de 1816 à 1856, la consommation du café a triplé; celle du chocolat a quadruplé depuis 1827.

Le choix des vêtements est pour le peuple un des plus grands indices de l'aisance : l'ouvrier ne pense à se mieux vêtir qu'après avoir assuré le contentement de ses besoins alimentaires ; il est cependant très-important de choisir avec soin les étoffes devant protéger le corps contre les intempéries ; certains articles de vêtement présentent des avantages particuliers : ainsi, les étoffes de coton sont préférables à la toile ; les étoffes de laine à tous les autres tissus ; il y a donc un grand intérêt à examiner les progrès de l'emploi de ces diverses espèces d'étoffes.

La consommation des toiles de lin et de chanvre est restée à peu près stationnaire : de 1837 à 1846, la consommation du

[1] Maurice Block, *Statistique de la France*, t. II, p. 371.

lin et du chanvre était de 3 kilogrammes 59 grammes par individu ; en 1858, elle a été de 3 kilog. 72 grammes.

A la fin du siècle dernier, la consommation moyenne de coton par individu était d'environ 500 grammes ; elle a subi une grande diminution pendant la Révolution de 1789 ; elle a repris quelque peu sous le premier Empire. Voici la suite des progrès qu'elle a faits depuis 1815 :

	par individu.			par individu.	
1815-1820	0 kil.	540	1841-1845	1 kil.	700
1821-1825	0	765	1846-1850	1	560
1826-1830	0	970	1851-1855	1	970
1831-1835	1	060	1856	2	335
1836-1840	1	300	1857	2	000
			1858	2	200

En retranchant les exportations, il reste par individu, en 1858, une consommation moyenne de 1 kilog. 942 grammes de coton ; ainsi, depuis 1815, la consommation des étoffes de coton avait quadruplé.

En 1789, la consommation de la laine était de 700 grammes par individu ; en 1812, elle s'élevait à 1 kilog. 400 grammes ; en 1858, M. Maurice Block évaluait la consommation des lainages de 2 kilogrammes 400 grammes à 3 kilogrammes par individu ; ainsi, depuis 1789, la consommation des étoffes de laine avait quadruplé.

L'accroissement considérable de la consommation des étoffes de laine et de coton, alors que celle de la toile de chanvre et de lin est restée stationnaire, indique une grande amélioration dans la condition des vêtements des classes populaires et constate un réel progrès dans l'aisance générale.

L'extension graduelle et progressive de la consommation individuelle des objets les plus nécessaires et les plus utiles, apporte une nouvelle preuve de l'amélioration successive qui s'est opérée dans la situation économique de tous les Français et particulièrement dans celle des classes ouvrières. A cette amélioration pour ainsi dire matérielle, se joint encore un mouvement plus relevé et plus grand ; une foule de Français, quittant les métiers les plus pénibles, sont entrés en nombre toujours croissant dans les positions sociales les plus élevées.

Tel est le caractère providentiel du progrès économique; mais les individus, comme les masses, ne peuvent en recueillir les fruits qu'à de certaines conditions qu'il importe de rappeler : il faut que chaque citoyen comprenne que, sans l'ordre dans l'État et sans stabilité dans le gouvernement, il ne saurait espérer ni succès dans ses efforts pour acquérir, ni sécurité dans la possession de ce qu'il a acquis; il faut que le peuple apprenne que les aspirations politiques les plus légitimes ne doivent se réaliser et ne peuvent s'établir que par le perfectionnement des mœurs publiques, et non par des mouvements improvisés et tumultueux; il faut, enfin, que chaque classe améliore sa position et s'enrichisse par le travail, l'abstinence et l'épargne, et non par la spoliation ou l'oppression des autres classes. A ces conditions, les agglomérations humaines s'avancent à pas lents, mais assurés, vers un meilleur avenir, et les masses populaires atteignent au plus haut point d'aisance et de bonheur auquel il est donné à l'homme d'arriver sur cette terre.

Par le développement libre et sans entrave de la production, le sort des individus, comme la condition de toutes les classes sociales, tend sans cesse à s'élever vers de plus heureuses destinées. Mais les individus et les classes sociales ne peuvent grandir et prospérer sans que la nation grandisse et prospère en même temps. Deux choses mesurent, en effet, la puissance des empires, ce sont la population et la richesse, les hommes et les capitaux : les hommes signalent la grandeur des nations par la liberté dont ils jouissent, l'intelligence qu'ils montrent, l'énergie qu'ils déploient, le nombre qu'ils présentent; la richesse donne aux peuples les moyens matériels de briller dans la paix et de s'armer dans la guerre; avec la richesse, s'accroît aussi pareillement la population en nombre et en vigueur. Ainsi, par un admirable enchaînement, le progrès économique fait croître ensemble les deux grands éléments de la puissance des peuples, le nombre des hommes et la richesse nationa e.

Note A.

Part des travailleurs manuels.

Salaires agricoles.

On peut admettre sans difficulté que les salaires agricoles doivent être fixés à la somme totale de 2 milliards 700 millions.

C'est probablement un minimum ponr l'année 1866.

Salaires de l'industrie manufacturière et des arts et métiers.

La détermination du montant des salaires dans les diverses fabrications industrielles est beaucoup plus délicate et demande à être discutée.

Dans la *Statistique de l'industrie de la France*, Moreau de Jonnès évalue, en 1850, les salaires des ouvriers des manufactures ainsi que ceux des arts et métiers à la somme totale de 1680 millions [1] :

Manufactures	770	millions.
Arts et métiers	910	
Total	1,680	

Dans les arts et métiers, Moreau de Jonnès comprend les divers emplois du commerce; il faut donc distraire du chiffre de 910 millions une fraction devant représenter les salaires commerciaux; on supposera cette fraction égale à un tiers : d'après Moreau de Jonnès, les salaires dans la grande et la petite industrie seraient ainsi qu'il suit :

Manufactures	770	millions.
Arts et métiers	607	
Total	1,377	mill. en 1850.

Or, comme on l'a déjà établi [2], de 1850 à 1866, la production manufacturière a augmenté au moins de 18 pour 100; les salaires dans les industries qu'elle comprend ont dû éprouver d'abord une augmentation correspondante :

Salaires en 1850	1,377	million .
Augmentation de 18 p. 100	248	
Total	1,625	

[1] *Statistique de l'industrie*, p. 339.

[2] Voyez la note à la fin du premier volume.

Cette estimation tirée des documents fournis par Moreau de Jonnès paraît beaucoup trop faible. Dans l'enquête de 1834, M. Cunin-Gridaine, grand manufacturier à Sedan, a déclaré que dans la grande industrie une moitié du capital était employée en matières et l'autre moitié en salaires ; or, comme le capital employé se renouvelle deux fois dans l'année et que l'on établira par la suite que le fonds de roulement de la grande et de la petite industrie était en 1866 de 3,300 millions, il résulterait, en admettant l'opinion de M. Cunin-Gridaine, que le fonds des salaires serait dans l'industrie manufacturière comme dans celle des arts et métiers, de 3,300 millions. On pense se rapprocher de l'état réel des choses en prenant une moyenne entre l'estimation de M. Cunin-Gridaine et celle de Moreau de Jonnès; cette moyenne serait 2,465 millions; on la réduira à 2,200 millions : on supposera le renouvellement de deux fois par année et à chaque fois, un tiers du capital employé en salaires.

Salaires commerciaux.

D'après la supposition faite sur le partage des salaires évalués par Moreau de Jonnès pour les arts et métiers, en 1850, les salaires commerciaux devraient être estimés à 303 millions. Mais depuis cette époque, le commerce s'est beaucoup développé et les salaires ont dû s'accroître proportionnellement : or, dans cette même année 1850, le commerce extérieur avait été (exportations et importations réunies) de 1,904 millions; en 1865, l'importance du même commerce s'est élevée à 5,730 millions ayant ainsi triplé en quinze années [1]; le commerce extérieur n'a pu recevoir une pareille extension sans que le commerce intérieur reçût un développement sensible; on supposera qu'il a augmenté de 125 p. 100 ; les salaires commerciaux recevront un accroissement proportionnel :

Salaires commerciaux en 1850..........	303 millions.
Augmentation de 125 p. 0/0 en 1866...	379
Total..............	682

On prendra en nombre rond 680 millions pour le chiffre des salaires commerciaux en 1866.

[1] *Annuaire de l'économie politique* pour 1867, p. 62.

Note B.

Revenu des propriétaires fonciers.

D'après le rapport sur l'enquête agricole de 1858, rapport fait par M. le Directeur de l'Agriculture, commissaire général de l'enquête, le revenu général foncier était, en 1862, de 3 milliards 216 millions [1].

Pour avoir le revenu de la propriété territoriale, il faut en retrancher 28 pour 100, soit 900 millions afférents à la propriété bâtie :

Revenu général foncier	3,216	mill.
— de la propriété bâtie	900	
Revenu de la propriété territoriale	2,316	

En 1866, la totalité de la contribution foncière s'élevait (en y comprenant les centimes additionnels) à	299 mill. [2]	
Sur lesquels il fallait attribuer à la propriété bâtie	84	
La contribution foncière territoriale s'élevait donc à	215 millions	215
Le revenu territorial était		2,101

Lorsqu'on veut obtenir les fermages proprement dits, ceux résultant des différences de fertilité, il faut retrancher du revenu territorial les intérêts des capitaux incorporés au sol.

Ces incorporations ont un effet permanent et elles sont faites par les propriétaires fonciers, ou elles ont un effet temporaire et elles sont faites généralement alors par les fermiers ou les propriétaires exploitants.

Les intérêts des sommes dépensées par les propriétaires non exploitants se rapportent aux objets désignés ci-après et ont l'importance suivante :

Mise en culture	255	mill.
Incorporations postérieures à la mise en culture	333	
Constructions, clôtures, chemins d'exploitation	570	
A reporter	1,158	

[1] Rapport sur l'enquête, p. 232.

[2] *Idem*, p. 233.

Report....................	1,158
Intérêts des dépenses faites par les exploitants........................	333
Total.............	1,491

Revenu territorial................................	2,101
Total des intérêts des sommes incorporées au sol..	1,491
Fermages proprement dits........................	610

Note C.

Compte de l'engrais incorporé au sol.

Les argiles, les ocres, les terreaux ont la qualité de retenir dans leurs pores une quantité notable de l'engrais confié à la terre qui les contient; il peut ainsi être accumulé dans le sol des masses d'engrais d'une valeur énorme avant que ces éléments absorbants en soient saturés; comment peut-on estimer la valeur de l'engrais incorporé?

On y parvient à l'aide de données fournies par la culture. On sait, en effet, que chaque plante prend, dans les conditions météorologiques ordinaires, une certaine aliquote de l'engrais incorporé dans le sol exploité, et lorsqu'après un certain nombre d'années de culture et avec des fumures régulières remplaçant les engrais enlevés par les moissons, on arrive à connaître le rendement moyen par hectare d'une plante usuelle, par exemple du blé, on peut aisément trouver la quantité d'engrais incorporé dans le sol.

Le rapport sur l'enquête agricole de 1868 nous apprend que de 1857 à 1866, la moyenne du produit par hectare a été de 14 hectolitres 60 de blé par hectare[1] : chaque hectolitre de blé prenant à la terre 2 kilog. 05 d'azote, les 14 hectolitres 60 enlèveront 29 kilogrammes 93 par hectare; et le blé ayant une aliquote de 28 pour 100, la terre contenait par hectare 106 kilogrammes 88 d'azote; en retranchant de cette somme totale les 29 kilogrammes 93 enlevés par la récolte de blé, il reste 76 kilog. 95 d'azote incorporé au sol.

76 kilogrammes 9 d'azote à 2 fr. 50 le kilogramme 192 fr. 37.

[1] Rapport du Commissaire général à l'enquête, p. 120.

Note D.

Revenu des capitalistes.

Propriété bâtie.

Revenu total...........................	900 millions.	
Il faut en retrancher l'impôt foncier....	83	
Reste net.........	817	817 mill.

Agriculture.

(Capital circulant.)

5,400 millions à 5 p. 100............	270 millions.	

Capital fixe.

Propriétaires fonciers, 21,264...........	1,158	2,011
Cultivateurs, 6,664..................	333	

Cheptel.

Cheptel vivant 3,500................	175	
— mort 1,500................	75	

Industrie.

(Fonds de roulement.)

3,300 millions à 4 p. 100...........	132 millions.	

Capital fixe.

(Manufactures.)

885 millions à 5 p. 100..............	44,25	195

D'après Moreau de Jonnès en 1850 :

Production minérale..	150 millions.
— végétale ..	300
— animale ..	300
Total.......	750
Augmentation de 0,18 p. 100 pour atteindre la production en 1866.....	135
Total en 1866..	885

(Arts et métiers.)

372 millions à 5 p. 100............	18,60

En 1850, d'après Moreau de Jonnès, une somme

totale de.........................	350 millions.
A retrancher pour le commerce 1/10	35
Reste...............	315

Augmentation de 18 p. 100 pour atteindre la production totale en 1866	57	
Total.............. .	372	

Revenu des capitalistes.

Commerce.		
Capital circulant 3,300 à 4 p. 100.....	132 millions.	
Capital fixe. (Moyens de transport.) —		
Chemins de fer. (Voie.)		
14,000 kilomètres exploités à 372,000 f. le kilomètre[1]. 5,200 millions à 5 pour 100..........	260	
Matériel roulant.		
14,000 kilomètres à 150,000 f. par kil. 2,100 millions à 5 p. 100............	105	528
Navigation. (à voiles.)		
900,000 tonneaux[2] à 300 f. le tonneau. 270 millions à 5 p. 100..............	13,5	
(à vapeur.)		
120,000 tonneaux à 350 f. 38 millions, 5 à 5 p. 100............	1,9	
Batellerie.		
50 millions à 5 p. 100.............	2,5	
Roulage.		
200 millions à 5 p. 100..............	10	
Machines.		
60 millions à 5 p. 100..............	3	
Total.........................		3,551

1 *Annuaire de l'économie politique* pour 1867, p. 500.
2 *Idem*, pp. 69, 70.

Note E.

Fonds de roulement des diverses industries.

Agriculture.

Salaires annuels		2,700 mill.
Dépenses en matières.		
Semences	400 millions.	
Pailles, fourrages, nourriture	1,600	
Achats d'engrais	80	
Entretien des cheptels.		2,700
Cheptel vivant	175	
— mort	75	
Renouvellement des dépenses incorporées au sol, 1/18 de 6,664 millions	370	
Total du fonds de roulement		5,400 mill.

Industrie manufacturière et arts et métiers.

D'après Moreau de Jonnès, les matières premières employées par l'industrie en 1850 s'élevaient à une valeur totale de 2,260 millions [1]; il faut augmenter ce chiffre de 18 pour 100 pour avoir le montant des valeurs premières mises en œuvre en 1866; on a :

En 1850, matières premières	2,261 millions.
Augmentation de 18 pour 100	407
Valeur totale des matières en 1866.	2,668

Calcul du fonds de roulement.

Matières premières	2,668 millions.
Salaires	2,200
Loyers des bâtiments et constructions affectés à l'industrie	40
Augmentation de la valeur des matières premières passant à la petite industrie :	
Pour les salaires	1,268
Pour les profits	416
Amortissement à 10 pour 100 sur le capital fixe de 885 millions	88,5
Total.	6,680,5

[1] *Statistique de la France*, p. 323.

En supposant que le capital de roulement se renouvelle deux fois, il faut prendre la moitié de cette somme ; le fonds de roulement serait ainsi de 3,340 millions, soit 3,300 millions.

Commerce en gros.

Marchandises agricoles..............	2,000 millions.
— manufacturées............	4,000
— étrangères...............	2,351

Dépenses diverses.

Salaires................................	550
Frais de transport.....................	352
Loyers de bâtiments....................	25
Total..............	9,278

Le quart est 2,319 millions soit 2,200 millions.

Commerce en détail.

Marchandises agricoles.................	2,000 millions.
— manufacturées............	2,000
— étrangères...............	2,351

Dépenses diverses.

Salaires................................	130
Frais de transport.....................	176
Loyers de magasin.....................	13
Total..............	6,670

On suppose que dans le commerce de détail le capital se renouvelle six fois dans l'année, en divisant par 6, on a 1,111 mill., net 1,100 millions

FIN DU TOME SECOND.

TABLE DES MATIÈRES

CONTENUES DANS LE TOME SECOND

LIVRE TROISIÈME.

LIVRE QUATRIÈME.

FIN DE LA TABLE DES MATIÈRES DU TOME SECOND.

LE MANS. — TYPOGRAPHIE ED. MONNOYER. — 1878.

DERNIÈRES PUBLICATIONS

Histoire du Commerce de Marseille, pendant vingt ans (1855-1874), par M. OCTAVE TEISSIER, archiviste de la ville de Marseille. 1 vol. in-4. Prix. 10 fr.

Mélanges philosophiques, par M. DUPONT-WHITE. 1 vol. in-8. Prix. 6 fr.

Statistique internationale des grandes villes, 2e section. Statistique des finances, tome Ier, rédigé par JOSEPH MOROSI, directeur du bureau de statistique de la ville de Budapest. 1 vol. in-8. Prix. 15 fr.

Histoire financière de l'Égypte, depuis Saïd-Pacha, 1854-1876. In-18. Prix. 4 fr.

Les Caisses de secours et de prévoyance des ouvriers mineurs en Europe, par GEORGES SALOMON, ingénieur civil des mines. 1 vol. in-8. Prix. 4 fr.

Le Bon Sens dans les doctrines morales et politiques ou Appréciation de la méthode expérimentale à la philosophie, à la morale, à l'économie politique et à la politique, par M. AMBROISE CLÉMENT. 2 vol. in-8. Prix. 16 fr.

Introduction à l'étude de l'économie politique, cours public professé à Lyon pendant l'hiver 1864-1865 sous les auspices de la Chambre de commerce, par M. H. DAMETH, professeur à l'Université de Genève. Deuxième édition, revue et augmentée, avec un appendice sur le Socialisme de la chaire. 1 vol. in-8. Prix. 7 fr. 50

Annuaire des finances russes, 6e année. 1 vol. in-8. Prix. 12 fr.

De la Démocratie dans ses rapports avec l'économie politique, par M. MAILFER. 1 vol. in-8. Prix. 7 fr. 50

Traité théorique et pratique de statistique, par MAURICE BLOCK. 1 vol. in-8. Prix. 8 fr.

Manuel pratique pour l'organisation et le fonctionnement des Sociétés coopératives de production dans leurs diverses formes, par M. SCHULZE-DELITZSCH. — 2e partie, Agriculture, précédée d'une lettre aux cultivateurs français, par M. BENJAMIN RAMPAL. 1 vol. in-18. Prix. 2 fr.

Études sur le régime financier de la France avant la révolution de 1789, par M. AD. VUITRY, de l'Institut. Les impôts romains dans la Gaule du Ve au Xe siècle. Le régime financier de la monarchie féodale aux XIe, XIIe et XIIIe siècles. 1 vol. grand in-8. Prix. 10 fr.

46 francs par an et 24 francs pour six mois pour : *Australie, Bolivie, Brésil, Chili, Équateur, Pérou, États de l'Amérique du Centre : Costa-Rica, Guatemala, Honduras, Nicaragua, San-Salvador.*

Pour s'abonner, envoyer un mandat sur la poste ou sur une maison de Paris.

Les abonnements partent de janvier et de juillet.

On ne fait pas d'abonnements pour moins de *six mois.*

Chaque numéro séparément, 3 francs 50.

COLLECTIONS ET TABLES :

Le prix de la 1re série, comprenant les 12 années de 1842 à 1853 inclus, et formant 37 volumes grand in-8, est de 366 francs.

Le prix de la 2e série, comprenant les 12 années de 1854 à 1865 inclus, et formant 48 volumes grand in-8, est de 432 francs.

Le prix de la 3e série, comprenant les 12 années de 1866 à 1877 inclus, et formant 48 volumes grand in-8, est de 432 francs.

Le prix total de la **Collection**, formant, à la n de 1877, 132 volumes grand in-8, est donc de 1,230 francs.

La Collection forme, à elle seule, une *Bibliothèque* facile à consulter à l'aide de TABLES analytiques et détaillées.

La librairie GUILLAUMIN ne possède plus qu'un très-petit nombre de Collections complètes de chacune des deux séries, qui se vendent séparément.

ON TROUVE A LA LIBRAIRIE GUILLAUMIN ET Cie

Les **Traités généraux**, les **Traités élémentaires** et les ouvrages de théorie relatifs à l'Economie sociale ou politique ou industrielle;

Les **Traités spéciaux**, les **Monographies** et un grand nombre d'Écrits sur les diverses questions relatives à l'**Économie politique** ou **sociale**, à la **statistique**, aux **finances**, à la **population**, au **paupérisme**, à **l'esclavage**, à **l'émigration**, au **commerce**, aux **douanes**, aux **tarifs**, au **calcul**, à la **comptabilité**, aux **changes**, au **droit des gens**, au **droit administratif**, au **droit commercial** et au **droit industriel**.

Les **documents statistiques** et autres : Tableaux de douane, Enquêtes, Tarifs, etc.

Le Mans. — Typ. Ed. Monnoyer. — 1878.

LIBRAIRIE GUILLAUMIN & Cie

Journal des économistes. Revue mensuelle de l'économie politique et de la statistique. Années 1842 à 1876, 132 vol. grand in-8°. 1,230 fr.
Abonnement annuel. Prix.......................... 36 fr.

Dictionnaire de l'économie politique, contenant par ordre alphabétique, l'exposition des principes de la science, l'opinion des écrivains qui ont le plus contribué à sa fondation et à ses progrès, la biographie générale de l'Economie politique par noms d'auteurs et par ordre de matières, avec des notices biographiques et une application raisonnée des principaux ouvrages, sous la direction de MM. Ch. Coquelin et Guillaumin, 2 beaux volumes très-grand in-8° de près de 1,000 pages chacun, à deux colonnes, papier collé et fabriqué exprès, avec huit magnifiques portraits sur acier. Prix, broché.......... 50 fr.
Demi-reliure veau ou chagrin.......................... 56 fr.

Dictionnaire universel théorique et pratique du commerce et de la navigation, contenant : Marchandises ; — Géographie et statistique commerciales ; — Métrologie universelle et comparée ; — Comptabilité ; — Droit commercial terrestre et maritime ; — Navigation ; — Douanes ; — Economie politique, commerciale et industrielle ; — Finances, administration commerciale ; — Etablissements commerciaux et financiers ; — publié sous la direction de M. Guillaumin. 2 superbes volumes grand in-8° de 3,380 pages à deux colonnes, contenant la matière de plus de 40 volumes in-8°. Imprimés avec le plus grand soin sur papier collé et glacé. Prix.................. 60 fr.
Reliés en demi-veau ou chagrin. Prix.......................... 69 fr.
Reliés en veau plein, tranche marbrée. Prix.................. 80 fr.

Collection des principaux économistes. 15 beaux volumes grand in-8°, enrichis de commentaires, notes explicatives et notices historiques, contenant les œuvres des *Économistes financiers du XVIIIe siècle* (Vauban, Boisguillebert, Law, Melon, Dutot, etc.), de Quesnay et des Physiocrates, de Turgot, de Malthus, de J.-B. Say, de Ricardo, et Mélanges divers (Hume, Forbonnais, Condillac, Condorcet, Lavoisier, Franklin, Necker, Galiani et Morellet, Montyon, Bentham).

Économistes et Publicistes contemporains. Volumes in-8°. — Contenant : Banfield, — Frédéric Bastiat, — Ad. Blanqui, — Bluntschli, — Block, — Boissonade, — Carey, — Michel Chevalier, — Cibrario, — Benjamin Constant, — Dunoyer, — Léon Faucher, — Théodore Fix, — Joseph Garnier, — Grotius, — Hautefeuille, — Klüber, — de Lavergne, — Livingston, — Mac Culloch, — Martens, — Massé, — John Stuart Mill, — Minghetti, — Hippolyte Passy, — Pradier-Fodéré, — Roscher, — Rossi, — Vattel, etc.

Bibliothèque des sciences morales et politiques. Volumes in-18, contenant les précédents et d'autres auteurs : Beccaria, J.-B. Say, Vivien, de Lavergne, L. Reybaud, Moreau de Jonnès, Lerminier, Rapet, Adam Smith, Arthur Young, Hippolyte Passy, Laferrière, Baudrillart, Coquelin, Joseph Garnier, Saint-Simon, l'abbé de Saint-Pierre, etc.

Annuaire de l'économie politique et de la statistique, depuis 1841, 33 volumes, avec la table. Prix de chaque année.......... 6 fr.

Le Mans. — Typ. Ed. Monnoyer. — 1878.

www.ingramcontent.com/pod-product-compliance
Ingram Content Group UK Ltd.
Pitfield, Milton Keynes, MK11 3LW, UK
UKHW021842190726
13855UKWH00001B/107

9 782013 465304